WANDER GARCIA, GABRIELA PINHEIRO E LARISSA DIAS PUERTA DOS SANTOS

5ª EDIÇÃO
2021

COMO PASSAR

OAB 2ª FASE

PRÁTICA CIVIL

Peças práticas

Questões discursivas

Conteúdo on-line

Exercícios práticos OAB/Exame unificado resolvidos pela OAB

Peças prático-profissionais OAB/Exame unificado resolvidos

Modelos de peças práticas

WANDER GARCIA
COORDENADOR DA COLEÇÃO

ANA PAULA GARCIA
COCOORDENADORA DA COLEÇÃO

CB042595

EDITORA FOCO

2021 © Editora Foco

Coordenador: Wander Garcia
Cocoordenadora: Ana Paula Garcia
Autores: Wander Garcia, Gabriela Pinheiro e Larissa Dias Puerta dos Santos
Editor: Roberta Densa
Diretor Acadêmico: Leonardo Pereira
Assistente editorial: Paula Morishita
Revisora Sênior: Georgia Dias
Projeto Gráfico: R2 Editorial
Diagramação: Ladislau Lima
Capa: Leonardo Hermano
Impressão e acabamento: GRÁFICA FORMA CERTA

Dados Internacionais de Catalogação na Publicação (CIP) de acordo com ISBD

S237c   Garcia, Wander

Como passar na OAB 2ª fase: prática civil / Wander Garcia, Larissa Dias Puertas dos Santos, Gabriela Pinheiro ; organizado por Wander Garcia, Ana Paula Garcia. - 5. ed. - Indaiatuba, SP : Editora Foco, 2021.

240 p. ; 16cm x 23cm.

ISBN: 978-65-5515-238-8

1. Metodologia de estudo. 2. Concursos jurídicos. 3. Prática civil. 4. Ordem dos Advogados do Brasil - OAB. I. Santos, Larissa Dias Puertas dos. II. Pinheiro, Gabriela. III. Garcia, Ana Paula. IV. Título.

2021-489   CDD 001.4   CDU 001.8

Elaborado por Vagner Rodolfo da Silva - CRB-8/9410
Índices para Catálogo Sistemático:

1. Metodologia de estudo 001.4   2. Metodologia de estudo 001.8

DIREITOS AUTORAIS: É proibida a reprodução parcial ou total desta publicação, por qualquer forma ou meio, sem a prévia autorização da Editora Foco, com exceção do teor das questões de concursos públicos que, por serem atos oficiais, não são protegidas como Direitos Autorais, na forma do Artigo 8º, IV, da Lei 9.610/1998. Referida vedação se estende às características gráficas da obra e sua editoração. A punição para a violação dos Direitos Autorais é crime previsto no Artigo 184 do Código Penal e as sanções civis às violações dos Direitos Autorais estão previstas nos Artigos 101 a 110 da Lei 9.610/1998.

NOTAS DA EDITORA:

Atualizações do Conteúdo: A presente obra é vendida como está, atualizada até a data do seu fechamento, informação que consta na página II do livro. Havendo a publicação de legislação de suma relevância, a editora, de forma discricionária, se empenhará em disponibilizar atualização futura. Os comentários das questões são de responsabilidade dos autores.

Bônus ou *Capítulo On-line*: Excepcionalmente, algumas obras da editora trazem conteúdo extra no *on-line*, que é parte integrante do livro, cujo acesso será disponibilizado durante a vigência da edição da obra.

Erratas: A Editora se compromete a disponibilizar no site www.editorafoco.com.br, na seção Atualizações, eventuais erratas por razões de erros técnicos ou de conteúdo. Solicitamos, outrossim, que o leitor faça a gentileza de colaborar com a perfeição da obra, comunicando eventual erro encontrado por meio de mensagem para contato@editorafoco.com.br. O acesso será disponibilizado durante a vigência da edição da obra.

Impresso no Brasil (02.2021)   Data de Fechamento (02.2021)

2021
Todos os direitos reservados à Editora Foco Jurídico Ltda.
Rua Nove de Julho, 1779 – Vila Areal
CEP 13333-070 – Indaiatuba – SP
E-mail: contato@editorafoco.com.br
www.editorafoco.com.br

APRESENTAÇÃO

Após anos dedicados ao estudo do direito, das leis, dos mais diversos modelos e resultados de interpretação, nos tornamos pouco a pouco mais conservadores, desenvolvemos um certo apego à ordem e à previsibilidade. A segurança jurídica que nos é apresentada como conceito vago no início da Graduação, ganha forma, contexto e valor para quem pretende o exercício da advocacia.

Esse livro foi feito para você, bacharel em Direito que busca a aprovação no Exame de Ordem dos Advogados do Brasil. Com o objetivo de te auxiliar na construção do seu sonho idealizamos uma obra científica que fosse capaz de concentrar as mais recentes provas e questões apresentadas nos últimos exames realizados no Brasil.

Você acaba de adquirir um exemplar totalmente renovado, revisado e com as mais preciosas dicas e sugestões idealizadas especialmente para a sua preparação para o exame que te concederá autorização para o exercício de uma fundamental carreira essencial à função jurisdicional.

É sabido que o efetivo exercício da advocacia, pública ou particular, depende da aprovação no Exame de Ordem, que felizmente está consagrado em nosso cenário jurídico pois é inegavelmente reconhecido como ferramenta básica para o ingresso de profissionais de qualidade no mercado de trabalho.

Foi justamente visando a melhor preparação dos nossos profissionais que essa obra foi idealizada. Fruto de parceria entre os professores Wander Garcia e Larissa Dias Puerta dos Santos, a obra se vale de conceitos técnicos e jurídicos para o auxílio do examinando em sua adequada preparação e consequente concretização de um sonho.

Nosso objetivo primordial é o seu sucesso!

Bons estudos!

Wander Garcia, Gabriela Pinheiro e Larissa Dias Puerta dos Santos

SUMÁRIO

ORIENTAÇÕES AO EXAMINANDO VII

1. PROVIMENTOS CFOAB 144/2011, 156/2013 E 174/2016: O NOVO EXAME DE ORDEM VII
2. PONTOS A SEREM DESTACADOS NO EDITAL DO EXAME X
   2.1. Materiais/procedimentos permitidos e proibidos X
   2.2. Legislação nova e legislação revogada XI
   2.3. Critérios de correção XI
3. DICAS DE COMO ESTUDAR XII
   3.1. Tenha calma XII
   3.2. Tenha em mãos todos os instrumentos de estudo e treinamento XIII
   3.3. 1º Passo – Leitura dos enunciados das provas anteriores XIII
   3.4. 2º Passo – Reconhecimento das leis XIV
   3.5. 3º Passo – Estudo holístico dos exercícios práticos (questões discursivas) XIV
   3.6. 4º Passo – Estudo holístico das peças práticas (peças prático-profissionais) XV
   3.7. 5º Passo – Verificar o que faltou XV
   3.8. Dicas finais para resolver os problemas XVI
   3.9. Dicas finais para o dia da prova XVI

EXERCÍCIOS PRÁTICOS 1

1. NEGÓCIO JURÍDICO 1
2. OBRIGAÇÕES 6
3. CONTRATOS 14
4. COMPRA E VENDA 36
5. DOAÇÃO 42
6. LOCAÇÃO 45
7. RESPONSABILIDADE CIVIL 51
8. DIREITO DAS COISAS 79
9. USUCAPIÃO 80
10. VIZINHANÇA 82
11. FAMÍLIA 83
12. ALIMENTOS 118
13. SUCESSÃO 121

14. CONSUMIDOR 132
15. PROCESSO CIVIL 134
16. QUESTÕES COMBINADAS E OUTROS TEMAS 140

PEÇAS PRÁTICO-PROFISSIONAIS 145

MODELO: AÇÃO REVISIONAL DE ALUGUEL 146
MODELO: CONTESTAÇÃO 152
MODELO: AÇÃO DE CONSIGNAÇÃO EM PAGAMENTO 156
MODELO: AÇÃO DE COBRANÇA DE DÉBITO CONDOMINIAL 160
AÇÃO DE COBRANÇA DE DESPESAS CONDOMINIAIS 160
MODELO: AÇÃO DE RECONHECIMENTO E DISSOLUÇÃO DE SOCIEDADE DE FATO 163
MODELO: AÇÃO DE INDENIZAÇÃO PELA EVICÇÃO 169
MODELO: AÇÃO DE INVESTIGAÇÃO DE PATERNIDADE C.C ALIMENTOS 171
MODELO: AÇÃO DE INDENIZAÇÃO PELA EVICÇÃO 174
MODELO: APELAÇÃO 178
RAZÕES DE RECURSO DE APELAÇÃO 179
MODELO: APELAÇÃO 182
RAZÕES DE RECURSO DE APELAÇÃO 182
MODELO: APELAÇÃO 186
RAZÕES DE RECURSO DE APELAÇÃO 187
MODELO: PETIÇÃO INICIAL - INDENIZATÓRIA DANOS MATERIAIS E MORAIS 191
AÇÃO DE RESSARCIMENTO DE DANOS MATERIAIS E MORAIS 191
MODELO: PETIÇÃO INICIAL - AÇÃO DE ALIMENTOS 196
EMBARGOS À EXECUÇÃO C/C PEDIDO DE EFEITO SUSPENSIVO 222

ORIENTAÇÕES AO EXAMINANDO

1. Provimentos CFOAB 144/2011, 156/2013 e 174/2016: o Novo Exame de Ordem

O Conselho Federal da Ordem dos Advogados do Brasil (OAB), publicou em novembro de 2013 o Provimento 156/2013 que alterou o Provimento 144/2011, estabelecendo as normas e diretrizes do Exame de Ordem. Confira o texto integral do provimento, com as alterações dadas pelos provimentos 167/2015 e 172 e 174/2016:

> **PROVIMENTO Nº 144**, de 13 de junho de 2011, com as alterações dada pelos Provimentos 156/2013 e 174/2016.
> Dispõe sobre o Exame de Ordem.
>
> O CONSELHO FEDERAL DA ORDEM DOS ADVOGADOS DO BRASIL, no uso das atribuições que lhe são conferidas pelos arts. 8º, § 1º, e 54, V, da Lei n. 8.906, de 4 de julho de 1994 – Estatuto da Advocacia e da OAB, tendo em vista o decidido nos autos da Proposição n. 2011.19.02371-02, resolve:
>
> CAPÍTULO I
> DO EXAME DE ORDEM
> Art. 1º O Exame de Ordem é preparado e realizado pelo Conselho Federal da Ordem dos Advogados do Brasil – CFOAB, mediante delegação dos Conselhos Seccionais. § 1º A preparação e a realização do Exame de Ordem poderão ser total ou parcialmente terceirizadas, ficando a cargo do CFOAB sua coordenação e fiscalização.
> § 2º Serão realizados 03 (três) Exames de Ordem por ano.
>
> CAPÍTULO II
> DA COORDENAÇÃO NACIONAL DE EXAME DE ORDEM
> Art. 2º É criada a Coordenação Nacional de Exame de Ordem, competindo-lhe organizar o Exame de Ordem, elaborar-lhe o edital e zelar por sua boa aplicação, acompanhando e supervisionando todas as etapas de sua preparação e realização. (NR. Ver Provimento n. 156/2013)
> Art. 2º-A. A Coordenação Nacional de Exame de Ordem será designada pela Diretoria do Conselho Federal e será composta por:
> I – 03 (três) Conselheiros Federais da OAB;
> II – 03 (três) Presidentes de Conselhos Seccionais da OAB;
> III – 01 (um) membro da Escola Nacional da Advocacia;
> IV – 01 (um) membro da Comissão Nacional de Exame de Ordem;
> V – 01 (um) membro da Comissão Nacional de Educação Jurídica;

VI – 02 (dois) Presidentes de Comissão de Estágio e Exame de Ordem de Conselhos Seccionais da OAB.
Parágrafo único. A Coordenação Nacional de Exame de Ordem contará com ao menos 02 (dois) membros por região do País e será presidida por um dos seus membros, por designação da Diretoria do Conselho Federal. (NR. Ver Provimento n.50/2013)

CAPÍTULO III
DA COMISSÃO NACIONAL DE EXAME DE ORDEM, DA COMISSÃO NACIONAL DE EDUCAÇÃO JURÍDICA, DO COLÉGIO DE PRESIDENTES DE COMISSÕES DE ESTÁGIO E EXAME DE ORDEM E DAS COMISSÕES DE ESTÁGIO E EXAME DE ORDEM

Art. 3º À Comissão Nacional de Exame de Ordem e à Comissão Nacional de Educação Jurídica compete atuar como órgãos consultivos e de assessoramento da Diretoria do CFOAB.

Art. 4º Ao Colégio de Presidentes de Comissões de Estágio e Exame de Ordem compete atuar como órgão consultivo e de assessoramento da Coordenação Nacional de Exame de Ordem.

Art. 5º Às Comissões de Estágio e Exame de Ordem dos Conselhos Seccionais compete fiscalizar a aplicação da prova e verificar o preenchimento dos requisitos exigidos dos examinandos quando dos pedidos de inscrição, assim como difundir as diretrizes e defender a necessidade do Exame de Ordem.

CAPÍTULO IV
DOS EXAMINANDOS

Art. 6º A aprovação no Exame de Ordem é requisito necessário para a inscrição nos quadros da OAB como advogado, nos termos do art. 8º, IV, da Lei 8.906/1994.

§ 1º Ficam dispensados do Exame de Ordem os postulantes oriundos da Magistratura e do Ministério Público e os bacharéis alcançados pelo art. 7º da Resolução n. 02/1994, da Diretoria do CFOAB. (NR. Ver Provimento n. 167/2015).

§ 2º Ficam dispensados do Exame de Ordem, igualmente, os advogados públicos aprovados em concurso público de provas e títulos realizado com a efetiva participação da OAB até a data da publicação do Provimento n. 174/2016-CFOAB. (NR. Ver Provimento n. 174/2016).

§ 3º Os advogados enquadrados no § 2º do presente artigo terão o prazo de 06 (seis) meses, contados a partir da data da publicação do Provimento n. 174/2016-CFOAB, para regularização de suas inscrições perante a Ordem dos Advogados do Brasil. (NR. Ver Provimento n. 174/2016)

Art. 7º O Exame de Ordem é prestado por bacharel em Direito, ainda que pendente sua colação de grau, formado em instituição regularmente credenciada.

§ 1º É facultado ao bacharel em Direito que detenha cargo ou exerça função incompatível com a advocacia prestar o Exame de Ordem, ainda que vedada a sua inscrição na OAB.

§ 2º Poderá prestar o Exame de Ordem o portador de diploma estrangeiro que tenha sido revalidado na forma prevista no art. 48, § 2º, da Lei n. 9.394, de 20 de dezembro de 1996.

§ 3º Poderão prestar o Exame de Ordem os estudantes de Direito dos últimos dois semestres ou do último ano do curso. (NR. Ver Provimento n. 156/2013)

CAPÍTULO V
DA BANCA EXAMINADORA E DA BANCA RECURSAL

Art. 8º A Banca Examinadora da OAB será designada pelo Coordenador Nacional do Exame de Ordem.
Parágrafo único. Compete à Banca Examinadora elaborar o Exame de Ordem ou atuar em conjunto com a pessoa jurídica contratada para a preparação, realização e correção das provas, bem como homologar os respectivos gabaritos. (NR. Ver Provimento n. 156/2013)

Art. 9º À Banca Recursal da OAB, designada pelo Coordenador Nacional do Exame de Ordem, compete decidir a respeito de recursos acerca de nulidade de questões, impugnação de gabaritos e pedidos de revisão de notas, em decisões de caráter irrecorrível, na forma do disposto em edital. (NR. Ver Provimento n. 156/2013)

§ 1º É vedada, no mesmo certame, a participação de membro da Banca Examinadora na Banca Recursal.

§ 2º Aos Conselhos Seccionais da OAB são vedadas a correção e a revisão das provas.

§ 3º Apenas o interessado inscrito no certame ou seu advogado regularmente constituído poderá apresentar impugnações e recursos sobre o Exame de Ordem. (NR. Ver Provimento n. 156/2013)

Art. 10. Serão publicados os nomes e nomes sociais daqueles que integram as Bancas Examinadora e Recursal designadas, bem como os dos coordenadores da pessoa jurídica contratada, mediante forma de divulgação definida pela Coordenação Nacional do Exame de Ordem. (NR. Ver Provimento n. 172/2016)

§ 1º A publicação dos nomes referidos neste artigo ocorrerá até 05 (cinco) dias antes da efetiva aplicação das provas da primeira e da segunda fases. (NR. Ver Provimento n. 156/2013)

§ 2º É vedada a participação de professores de cursos preparatórios para Exame de Ordem, bem como de parentes de examinandos, até o quarto grau, na Coordenação Nacional, na Banca Examinadora e na Banca Recursal. (NR. Ver Provimento n. 156/2013)

CAPÍTULO VI
DAS PROVAS

Art. 11. O Exame de Ordem, conforme estabelecido no edital do certame, será composto de 02 (duas) provas:

I – prova objetiva, sem consulta, de caráter eliminatório;

II – prova prático-profissional, permitida, exclusivamente, a consulta a legislação, súmulas, enunciados, orientações jurisprudenciais e precedentes normativos sem qualquer anotação ou comentário, na área de opção do examinando, composta de 02 (duas) partes distintas;

a) redação de peça profissional;

b) questões práticas, sob a forma de situações-problema.

§ 1º A prova objetiva conterá no máximo 80 (oitenta) questões de múltipla escolha, sendo exigido o mínimo de 50% (cinquenta por cento) de acertos para habilitação à prova prático-profissional, vedado o aproveitamento do resultado nos exames seguintes.

§ 2º Será considerado aprovado o examinando que obtiver, na prova prático-profissional, nota igual ou superior a 06 (seis) inteiros, vedado o arredondamento.

§ 3º Ao examinando que não lograr aprovação na prova prático-profissional será facultado computar o resultado obtido na prova objetiva apenas quando se submeter ao Exame de Ordem imediatamente subsequente. O valor da taxa devida, em tal hipótese, será definido em edital, atendendo a essa peculiaridade. (NR. Ver Provimento n. 156/2013)

§ 4º O conteúdo das provas do Exame de Ordem contemplará as disciplinas do Eixo de Formação Profissional, de Direitos Humanos, do Estatuto da Advocacia e da OAB e seu Regulamento Geral e do Código de Ética e Disciplina, podendo contemplar disciplinas do Eixo de Formação Fundamental. (NR. Ver Provimento n. 156/2013)

§ 5º A prova objetiva conterá, no mínimo, 15% (quinze por cento) de questões versando sobre Estatuto da Advocacia e seu Regulamento Geral, Código de Ética e Disciplina, Filosofia do Direito e Direitos Humanos. (NR. Ver Provimento n. 156/2013)

CAPÍTULO VII
DAS DISPOSIÇÕES FINAIS

Art. 12. O examinando prestará o Exame de Ordem no Conselho Seccional da OAB da unidade federativa na qual concluiu o curso de graduação em Direito ou na sede do seu domicílio eleitoral.

Parágrafo único. Uma vez acolhido requerimento fundamentado, dirigido à Comissão de Estágio e Exame de Ordem do Conselho Seccional de origem, o examinando poderá realizar as provas em localidade distinta daquela estabelecida no *caput*.

Art. 13. A aprovação no Exame de Ordem será declarada pelo CFOAB, cabendo aos Conselhos Seccionais a expedição dos respectivos certificados.

§ 1º O certificado de aprovação possui eficácia por tempo indeterminado e validade em todo o território nacional.

§ 2º O examinando aprovado somente poderá receber seu certificado de aprovação no Conselho Seccional onde prestou o Exame de Ordem, pessoalmente ou por procuração.

§ 3º É vedada a divulgação de nomes e notas de examinados não aprovados.

Art. 14. Fica revogado o Provimento n. 136, de 19 de outubro de 2009, do Conselho Federal da Ordem dos Advogados do Brasil.

Art. 15. Este Provimento entra em vigor na data de sua publicação, revogadas as disposições em contrário.

Ophir Cavalcante Junior
Presidente
Marcus Vinicius Furtado Coêlho
Conselheiro Federal – Relator

2. Pontos a serem destacados no edital do exame
2.1. Materiais/procedimentos permitidos e proibidos

O Edital do Exame Unificado da OAB vem adotando as seguintes regras em relação aos materiais:

MATERIAL/PROCEDIMENTOS PERMITIDOS

- Legislação não comentada, não anotada e não comparada.
- Códigos, inclusive os organizados que não possuam índices temáticos estruturando roteiros de peças processuais, remissão doutrinária, jurisprudência, informativos dos tribunais ou quaisquer comentários, anotações ou comparações.
- Leis de Introdução dos Códigos.
- Instruções Normativas.
- Índice remissivo.
- Exposição de Motivos.
- Súmulas.
- Enunciados.
- Orientações Jurisprudenciais.
- Regimento Interno.
- Resoluções dos Tribunais.
- Simples utilização de marca-texto, traço ou simples remissão a artigos ou a lei.
- Separação de códigos por clipes e/ou por cores, providenciada pelo próprio examinando, sem nenhum tipo de anotação manuscrita ou impressa nos recursos utilizados para fazer a separação.
- Utilização de separadores de códigos fabricados por editoras ou outras instituições ligadas ao mercado gráfico, desde que com impressão que contenha simples remissão a ramos do Direito ou a leis.

Observação: As remissões a artigo ou lei são permitidas apenas para referenciar assuntos isolados. Quando for verificado pelo fiscal advogado que o examinando se utilizou de tal expediente com o intuito de burlar as regras de consulta previstas neste edital, formulando palavras, textos ou quaisquer outros métodos que articulem a estrutura de uma peça jurídica, o uso do material será impedido, sem prejuízo das demais sanções cabíveis ao examinando.

MATERIAL/PROCEDIMENTOS PROIBIDOS

Códigos comentados, anotados, comparados ou com organização de índices temáticos estruturando roteiros de peças processuais.

Jurisprudências.

Anotações pessoais ou transcrições.

Cópias reprográficas (xerox).

Utilização de marca-texto, traços, post-its ou remissões a artigos ou a lei de forma a estruturar roteiros de peças processuais e/ou anotações pessoais.

Impressos da Internet.

Informativos de Tribunais.

Livros de Doutrina, revistas, apostilas, calendários e anotações.

Dicionários ou qualquer outro material de consulta.

Legislação comentada, anotada ou comparada.

Súmulas, Enunciados e Orientações Jurisprudenciais comentados, anotados ou comparados.

Quando possível, a critério do fiscal advogado e dos representantes da Seccional da OAB presentes no local, poderá haver o isolamento dos conteúdos proibidos, seja por grampo, fita adesiva, destacamento ou qualquer outro meio. Caso, contudo, seja constatado que a obra possui trechos proibidos de forma aleatória ou partes tais que inviabilizem o procedimento de isolamento retromencionado, o examinando poderá ter seu material recolhido pela fiscalização, sendo impedido seu uso.

Os materiais que possuírem conteúdo proibido não poderão ser utilizados durante a prova prático-profissional, sendo garantida ao fiscal advogado a autonomia de requisitar os materiais de consulta para nova vistoria minuciosa durante todo o tempo de realização do Exame.

O examinando que, durante a aplicação das provas, estiver portando e/ou utilizando material proibido, ou se utilizar de qualquer expediente que vise burlar as regras deste edital, especialmente as concernentes aos materiais de consulta, terá suas provas anuladas e será automaticamente eliminado do Exame.

Por fim, é importante que o examinando leia sempre o edital publicado, pois tais regras podem sofrer algumas alterações a cada exame.

2.2. Legislação nova e legislação revogada

Segundo o edital do exame, "legislação com entrada em vigor após a data de publicação deste edital, bem como alterações em dispositivos legais e normativos a ele posteriores não serão objeto de avaliação nas provas do Exame de Ordem".

Repare que há dois marcos: a) data da entrada em vigor da lei (não é a data da publicação da lei, mas a data em que esta entra em vigor); b) data da publicação do edital.

Portanto, atente para esse fato quando for estudar.

2.3. Critérios de correção

Quando você estiver redigindo qualquer questão, seja um exercício prático (questão discursiva), seja uma peça prático-profissional (peça), lembre-se de que serão levados em conta, para os dois casos, os seguintes critérios previstos no Edital:

a) adequação das respostas ao problema apresentado;
   - peça inadequada (inepta, procedimento errado): nota zero;
   - resposta incoerente ou ausência de texto: nota zero;
b) vedação de identificação do candidato;
   - o caderno de textos definitivos não poderá ser assinado, rubricado ou conter qualquer palavra ou marca que o identifique em outro local que não o apropriado (capa do caderno), sob pena de ser anulado;
c) prova deve ser manuscrita, em letra legível, com caneta esferográfica de tinta azul ou preta;
   - letra ilegível: nota zero;
d) respeito à extensão máxima;
   - 150 linhas na peça processual / 30 linhas em cada questão;
   - fragmento de texto fora do limite: será desconsiderado;
e) respeito à ordem de transcrição das respostas;

f) caso a prova exija assinatura, deve-se usar:
   ADVOGADO...
   - Penas para o desrespeito aos itens "e" e "f": nota zero;
g) nas peças/questões, examinando deve incluir todos dados necessários, sem identificação e com o nome do dado seguido de reticências:
   - Ex: Município..., Data..., OAB...;
   - Omissão de dados: descontos na pontuação;

Por outro lado, apesar de não previstos textualmente no edital, temos percebido que a examinadora tem adotando, também, os seguintes critérios:

a) objetividade;
   - as respostas devem ser claras, com frases e parágrafo curtos, e sempre na ordem direta;
b) organização;
   - as respostas devem ter começo, meio e fim; um tema por parágrafo; e divisão em tópicos (na peça processual);
c) coesão textual;
   - um parágrafo deve ter ligação com o outro; assim, há de se usar os conectivos (dessa forma, entretanto, assim, todavia...);
d) correção gramatical;
   - troque palavras que você não conheça, por palavras que você conheça;
   - leia o texto que você escreveu;
e) quantidade de fundamentos;
   - Cite a premissa maior (lei), a premissa menor (fato concreto) e chegue a uma conclusão (subsunção do caso à norma e sua aplicação);
   - Traga o maior número de fundamentos pertinentes; há questões que valem 1,25 pontos, sendo 0,25 para cada fundamento trazido; o examinando que fundamenta sua resposta num ponto só acaba por tirar nota 0,25 numa questão desse tipo;
   - Tempestade de ideias; criatividade; qualidade + quantidade;
f) indicação do nome do instituto jurídico aplicável e/ou do princípio aplicável;
g) indicação do dispositivo legal aplicável;
   - Ex: para cada fundamento usando pelo examinando, é NECESSÁRIO citar o dispositivo legal em que se encontra esse fundamento, sob pena de perder até 0,5 ponto, a depender do caso;
h) indicação do entendimento doutrinário aplicável;
i) indicação do entendimento jurisprudencial aplicável;
j) indicação das técnicas interpretativas;
   - Ex: interpretação sistemática, teleológica etc.

3. Dicas de como estudar

3.1. Tenha calma

Em primeiro lugar, é preciso ter bastante calma. Quem está para fazer a 2ª fase do Exame de Ordem já está, literalmente, com meio caminho andado.

A diferença é que, agora, você não terá mais que saber uma série de informações sobre as mais de quinze principais disciplinas do Direito cobradas na 1ª fase. Agora você fará uma prova delimitada, na qual aparecem questões sobre um universo muito menor que o da 1ª fase.

Além disso, há a possibilidade de consultar a legislação no momento da prova. Ah, mas antes era possível consultar qualquer livro, você diria. Pois é. Mas isso deixava muitos examinandos perdidos. Primeiro porque não sabiam o que comprar, o que levar e isso gerava estresse, além de um estrago orçamentário. Segundo porque, na hora da prova, eram tantos livros, tantas informações, que não se sabia o que fazer, por onde atacar, o que levava a uma enorme perda de tempo, comprometendo o bom desempenho no exame. E mais, o examinando deixava de fazer o mais importante, que é conhecer e usar a lei. Vi muitas provas em que o examinando só fazia citações doutrinárias, provas essas que, se tivessem feito menção às palavras-chave (aos institutos jurídicos pertinentes) e aos dispositivos legais mencionados no Padrão de Resposta da examinadora, fariam com que o examinando fosse aprovado. Mas a preocupação em arrumar a melhor citação era tão grande que se deixava de lado o mais importante, que é a lei e os consequentes fundamentos jurídicos.

Ademais, caso não o examinando não lograr aprovação na prova prático-profissional terá a faculdade de reaproveitar o resultado da prova objetiva, para fins de realização da prova prático-profissional do Exame imediatamente subsequente.

Então, fica a lembrança de que você fará um exame com temas delimitados e com a possibilidade, ainda, de contar com o apoio da lei na formulação de suas respostas, e esses são fatores muito positivos, que devem te dar tranquilidade. Aliás, você já é uma pessoa de valor, um vencedor, pois não anda fácil ser aprovado na 1ª, e você conseguiu isso.

3.2. Tenha em mãos todos os instrumentos de estudo e treinamento

Uma vez acalmado o ânimo, é hora de separar os materiais de estudo e de treinamento.

Você vai precisar dos seguintes materiais:
a) todos os exercícios práticos de provas anteriores do Exame Unificado da OAB **(contidos neste livro)**;
b) todas as peças práticas de provas anteriores da Exame Unificado da OAB **(contidas neste livro)**;
c) resolução teórica e prática de todos os exercícios e peças mencionadas **(contida neste livro)**;
d) todos os informativos com os principais julgamentos dos Tribunais Superiores do último ano;
e) todas as súmulas da sua área de concentração;
f) explicação teórica e modelo das principais peças processuais da sua área de concentração **(contidos neste livro)**;
g) doutrina de qualidade sobre o direito material e o direito processual de sua área de escolha; nesse sentido recomendamos o livro "Super-Revisão OAB: Doutrina Completa", da Editora Foco (www.editorafoco.com.br); você também pode usar outros livros de apoio, podendo ser um livro que você já tenha da sua área.
h) *Vade mecum* ou coletâneas de legislação, além de leis impressas que não estiverem no livro de legislação que tiver adquirido.

3.3. 1º Passo – Leitura dos enunciados das provas anteriores

A primeira providência que deve tomar é ler todos os exercícios e todas as peças já cobradas pelo Exame Unificado da OAB. Nesse primeiro momento não leia as resoluções teóricas dessas questões.

Repito: leia apenas os **enunciados** dos exercícios e das peças práticas. A ideia é que você tenha um "choque de realidade", usando uma linguagem mais forte. Numa linguagem mais adequada, eu diria que você, ao ler os enunciados das questões da 2ª fase, ficará **ambientado com o tipo de prova** e também ficará com as **"antenas" ligadas sobre o tipo de estudo** que fará das peças, da jurisprudência e da doutrina.

3.4. 2º Passo – Reconhecimento das leis

Logo após a leitura dos enunciados das questões das provas anteriores, **separe** o livro de legislação que vai usar e todas as leis que serão necessárias para levar no exame e **faça um bom reconhecimento** desse material.

Quando chegar o dia da prova, você deverá estar bem íntimo desse material. A ideia, aqui, não é ler cada artigo da lei, mas sim conhecer as leis materiais e processuais pertinentes, atentando-se para seus capítulos e suas temáticas. Leia o sumário dos códigos. Leia o nome dos capítulos e seções das leis que não estão dentro de um código. Procure saber como é dividida cada lei. Coloque marcações nas principais leis. Dê uma olhada no índice remissivo dos códigos e procure se ambientar com ele.

Os dois primeiros passos devem durar, no máximo, um dia estudo.

3.5. 3º Passo – Estudo holístico dos exercícios práticos (questões discursivas)

Você deve ter reparado que as questões discursivas presentes neste livro estão classificadas por temas de direito material e de direito processual.

Deve ter reparado também que as súmulas e os informativos de jurisprudência deste livro estão separados por temas de direito material e de direito processual.

E você deve lembrar que é fundamental ter à sua disposição, além das questões e da jurisprudência que estão no livro, um bom livro de doutrina de sua área e uma coletânea de leis.

Muito bem. Agora sua tarefa é fazer cada questão discursiva (não é a *peça prática*; trata-se do *exercício prático*), uma a uma.

Primeiro leia o enunciado da questão e tente fazê-lo sozinho, como se estivesse no dia da prova. Use apenas a legislação. E não se esqueça de utilizar os **índices**!!!

Antes de fazer cada questão, é muito importante coletar todas as informações que você tem sobre o tema e que conseguiu extrair da lei.

Num primeiro momento, seu trabalho vai ser de "tempestade de ideias". Anote no rascunho tudo que for útil para desenvolver a questão, tais como dispositivos legais, princípios, entendimentos doutrinários que conhecer, entendimentos jurisprudenciais, técnicas interpretativas que pode citar etc.

Depois da tempestade de ideias, agrupe os pontos que levantou, para que sejam tratados de forma ordenada, e crie um esqueleto de resposta. Não é para fazer um rascunho da resposta e depois copiá-lo. A ideia é que faça apenas um esqueleto, um esquema para que, quando estiver escrevendo a resposta, você o faça de modo bem organizado e não esqueça ponto algum.

Quando terminar de escrever uma resposta (e somente depois disso), leia a resolução da questão que está no livro e anote no papel onde escreveu sua resposta **o que faltou nela**. Anote os fundamentos que faltaram e também a eventual falta de organização de ideias e eventuais outras falhas que identificar. Nesse momento, tenha autocrítica. A ideia é você cometer cada vez menos erros a cada exercício. Depois de ler a resolução da questão presente neste livro, deverá buscar na legislação cada lei citada em nosso comentário. Leia os dispositivos citados por nós e aproveite também para conferir os dispositivos legais que têm conexão com o assunto.

Em seguida, pegue seu livro de doutrina de referência e leia o capítulo referente àquela temática.

Por fim, você deve ler todas as súmulas e precedentes jurisprudenciais referentes àquela temática, que estão devidamente classificados neste livro.

Faça isso com todas as questões discursivas (*exercícios práticos*). E anote nos livros (neste livro e no livro de doutrina de referência) tudo o que você já tiver lido. Com essa providência você já estará se preparando tanto para os *exercícios práticos* como para a *peça prática, só* não estará estudando os modelos de peça.

Ao final desse terceiro passo seu *raciocínio jurídico* estará bastante apurado, com um bom *treinamento da escrita* e também com um bom conhecimento da *lei*, da *doutrina* e da *jurisprudência*.

3.6. 4º Passo – Estudo holístico das peças práticas (peças prático-profissionais)

Sua tarefa, agora, é resolver todas as peças práticas que já apareceram no Exame Unificado da OAB.

Primeiro leia o enunciado do problema que pede a realização da peça prática e tente fazê-la sozinho, como se estivesse fazendo a prova. Mais uma vez use apenas a legislação. Não se esqueça de fazer a "tempestade de ideias" e o esqueleto.

Terminado o exercício, você vai ler a resolução da questão e o modelo da peça trazido no livro e anotará no papel onde escreveu sua resposta o que faltou nela. Anote os fundamentos que faltaram, a eventual falta de organização de ideias, dentre outras falhas que perceber. Lembre-se da importância da autocrítica.

Agora você deve buscar na legislação cada lei citada no comentário trazido neste livro. Leia os dispositivos citados e aproveite, mais uma vez, para ler os dispositivos legais que têm conexão com o assunto.

Em seguida, leia a jurisprudência que consta do presente livro e o livro de doutrina de sua confiança, com o objetivo de rememorar os temas que apareceram naquela peça prática, tanto na parte de direito material, como na parte de direito processual.

Faça isso com todas as peças práticas. E continue anotando nos livros tudo o que já tiver lido.

Ao final desse terceiro passo você sairá com o *raciocínio jurídico* ainda mais apurado, com uma melhora substancial na *sua escrita* e também com ótimo conhecimento da *lei*, da *doutrina* e da *jurisprudência*.

3.7. 5º Passo – Verificar o que faltou

Sua tarefa, agora, é verificar o que faltou. Leia os temas doutrinários que ainda não foram lidos, por não terem relação alguma com as questões resolvidas neste livro. Confira também as súmulas e os informativos de jurisprudência que restaram. Se você fizer a marcação do que foi e do que não foi lido, não haverá problema em identificar o que está faltando. Faça a marcação com um lápis. Poder ser um "x" ao lado de cada precedente jurisprudencial lido e, quanto ao livro de doutrina, faça um "x" nos temas que estão no índice do livro. Nos temas mais importantes pode fazer um "x" e um círculo. Isso permitirá que você faça uma leitura dinâmica mais perto da prova, apenas para relembrar esses pontos.

Leia também as demais peças processuais que se encontram no livro e reserve o tempo restante para pesquisa de jurisprudência de anos anteriores e treinamento, muito treinamento. Para isso, reescreva as peças que já fez até chegar ao ponto em que sentir que pegou o jeito.

3.8. Dicas finais para resolver os problemas

Em resumo, recomendamos que você resolva as questões e as peças no dia da prova usando as seguintes técnicas:

a) leia o enunciado pelo menos duas vezes, a primeira para ter ideia do todo e a segunda para anotar os detalhes;

b) anote as informações, perguntas e solicitações feitas no enunciado da questão;
   - Ex: qual é o vício? / fundamente / indique o dispositivo legal;

c) busque a resposta nas leis relacionadas;

d) promova uma tempestade de ideias e ANOTE TUDO o que for relacionado;
   - Ex: leis, princípios, doutrina, jurisprudência, fundamentos, exemplos etc;

e) agrupe as ideias e crie um esqueleto de resposta, respondendo às perguntas e solicitações feitas;

f) redija;

g) revise o texto, buscando erros gramaticais.

3.9. Dicas finais para o dia da prova

Por fim, lembre-se que você está na reta final para a sua prova. Falta pouco. Avise aos familiares e amigos que neste último mês de preparação você estará um pouco mais ausente. Peça ajuda nesse sentido. E lembre-se também de que seu esforço será recompensado.

No dia da prova, tome os seguintes cuidados:

a) chegue com muita antecedência;
   - o Edital costuma determinar o comparecimento com antecedência mínima de uma 1 hora e 30 minutos do horário de início;

b) leve mais de uma caneta permitida;
   - a caneta deve ser azul ou preta, fabricada em material transparente;
   - não será permitido o uso de borracha e corretivo;

c) leve comprovante de inscrição + documento original de identidade, com foto;

d) leve água e chocolate;

e) se ficar nervoso: se você for religioso, faça uma oração antes de iniciar a prova; outra providência muito boa, havendo ou não religiosidade, é você fazer várias respirações profundas, de olhos fechados. Trata-se de uma técnica milenar para acalmar e concentrar. Além disso, antes de ir para a prova, escute suas músicas preferidas, pois isso acalma a dá um ânimo bom.

No mais, tenha bastante foco, disciplina, perseverança e fé!

Tenho certeza de que tudo dará certo.

Wander Garcia
Coordenador da Coleção

EXERCÍCIOS PRÁTICOS

1. NEGÓCIO JURÍDICO

(OAB/Exame Unificado – 2012.3 – 2ª fase) Caio foi submetido a uma cirurgia de alto risco em decorrência de graves problemas de saúde. Durante a realização da cirurgia, o médico informa à esposa de Caio a respeito da necessidade de realização de outros procedimentos imprescindíveis à manutenção da vida de seu marido, não cobertos pela apólice. Diante da necessidade de adaptação à nova cobertura, a esposa de Caio assina, durante a cirurgia de seu marido, aditivo contratual com o plano de saúde (que sabia da grave situação de Caio), cujas prestações eram excessivamente onerosas.

Em face dessa situação, responda, de forma fundamentada, aos itens a seguir.

A) O negócio jurídico firmado entre a esposa de Caio e o plano de saúde é inquinado por um vício de consentimento. Qual seria esse vício? (Valor: 0,60)

B) O vício presente no negócio jurídico acima descrito faz com que o ato firmado se torne nulo ou anulável? Justifique (Valor: 0,65).

GABARITO COMENTADO – EXAMINADORA

A) A hipótese trata de estado de perigo, conforme descrito no art. 156, do CC.

B) O estado de perigo gera anulabilidade do negócio jurídico, conforme preconiza o art. 171, II, ou o art. 178, II, do CC.

Distribuição dos Pontos

Quesito Avaliado	Valores
A) Identificação do vício como estado de perigo (0,40), nos termos do art. 156, do CC (0,20). Obs.: A mera citação do artigo não pontua.	0,00 / 0,40 / 0,60
B) O estado de perigo gera anulabilidade do negócio jurídico (0,40), de acordo com os art. 171, II, ou o art. 178, II, do CC (0,25). Obs.: A mera citação do artigo não pontua	0,00 / 0,40 / 0,65

(OAB/Exame Unificado – 2011.3 – 2ª fase) Fábio, em junho de 2006, dirigindo embriagado e sem habilitação, causou, com culpa exclusiva sua, um acidente de trânsito no qual danificou o carro de Marly e lesionou gravemente o passageiro Heron, sobrinho de Marly, com 12 anos de idade. Logo em seguida, no mesmo mês, pretendendo resguardar seu patrimônio de uma possível ação judicial a ser intentada por Marly e/ou Heron para compensação dos danos sofridos, Fábio transmitiu todos os seus bens, gratuitamente, a Antônio, um amigo de longa data que, mesmo sabendo da intenção maliciosa de Fábio, concordou em auxiliá-lo.

Em face dessa situação hipotética, responda, de forma fundamentada:

A) O negócio jurídico está eivado por qual vício? Fundamente (Valor: 0,65).

B) Qual a ação de que podem se valer Marly e Heron para pleitear a anulação do negócio jurídico realizado por Fábio? Fundamente (Valor: 0,3).

C) Em junho de 2011 já teria escoado o prazo, tanto para Marly quanto para Heron, para ingressarem em juízo? (Valor: 0,3)

GABARITO COMENTADO – EXAMINADORA

A hipótese trata do defeito do negócio jurídico denominado de fraude contra credores, previsto no art. 158 e seguintes do Código Civil. A anulação deste ato, por meio da ação revocatória ou pauliana, está subordinada a um prazo decadencial de 4 (quatro) anos tal como dispõe o art. 178, II, do Código Civil. Ocorre que contra o absolutamente incapaz, Heron, não corre o prazo decadencial por força do disposto no art. 208 c/c o art. 198, I, do Código Civil. Assim, contra Marly precluiu o prazo em junho de 2010. Entretanto, para Heron, absolutamente incapaz, os 4 (quatro) anos iniciariam a sua contagem quando completasse 16 (dezesseis) anos, ocasião em que passaria a ser relativamente incapaz. Apenas em 2010 é que iniciaria o prazo quadrienal para Heron.

Distribuição dos Pontos

Item	Pontuação
A) Identificação do vício/defeito do negócio jurídico como fraude contra credores (0,4), nos termos do art. 158 do Código Civil (0,25). Obs.: A mera menção ao artigo não é pontuada.	0 / 0,4 / 0,65
B) Identificação da ação anulatória/revocatória/pauliana. Art. 158, §2º (0,3). Obs.: A mera menção ao artigo não é pontuada.	0 / 0,3
C) Identificação da decadência/preclusão do prazo para Marly em junho de 2010 (0,15). Identificação da não decadência/preclusão do prazo para Heron (0,15).	0 / 0,15 / 0,3

(OAB/Exame Unificado – 2009.1 – 2ª fase) Antônio submeteu-se a uma angioplastia, no curso da qual, em caráter de emergência, tornou-se necessária a realização de procedimento para implantação de dispositivo necessário ao funcionamento da circulação cardiovascular. Em contato com a seguradora de saúde, sua esposa, Ana, obteve a informação de que seria indispensável a assinatura de termo aditivo ao contrato inicial para que o procedimento estivesse sujeito a cobertura. Em face dessa situação, Ana assinou o aludido aditivo, aceitando as condições impostas pela seguradora, inclusive no tocante ao valor da prestação mensal, o qual seria bem superior àquele que vinha sendo pago. Entretanto, mesmo após a referida assinatura, a empresa recusou-se a cobrir as despesas pertinentes ao procedimento. Em virtude disso, Antônio e Ana ingressaram com ação, sob o rito ordinário, contra a empresa de seguro saúde, visando à obtenção de tutela jurisdicional que declarasse a nulidade do termo aditivo ao contrato assinado com a empresa e o respectivo reembolso dos valores pagos pelo segurado. A propositura da ação fundou-se no argumento de que os fatos caracterizariam estado de perigo. Em face dessa situação hipotética, responda, de forma fundamentada, às seguintes perguntas.

- Nos fatos apresentados, estão presentes os requisitos para que se configure estado de perigo?
- É possível a declaração de nulidade do negócio jurídico sob o fundamento de ocorrência do estado de perigo?

RESOLUÇÃO DA QUESTÃO

O caso, de fato, configura situação de estado de perigo. Isso porque tanto os requisitos subjetivos, como os requisitos objetivos estão presentes no caso em tela.

O art. 156 do Código Civil traz como requisitos subjetivos para a configuração do instituto a existência de uma pessoa, que pode ser quem se obriga ou alguém de sua família, em situação de perigo, e o dolo de aproveitamento, consistente no grave dano conhecido da outra parte. No caso, Ana assinou o aditivo contratual em favor de seu próprio marido, que estava em situação de perigo de grave dano para a sua vida, conhecido da outra parte, de modo que o requisito subjetivo restou cumprido.

O mesmo dispositivo traz como requisito objetivo a assunção de uma obrigação excessivamente onerosa. No caso, o aditivo foi contratado, aumentando em muito o valor que vinha sendo pago, e, não bastasse, sem que a contrapartida esperada fosse dada pela segurada. Essa situação faz configurar o requisito objetivo, previsto na segunda parte do art. 156, *caput*, do Código Civil.

Resta, agora, saber, se configurado o instituto do estado de perigo, a consequência jurídica é a nulidade do negócio. Nesse sentido, e considerando o disposto no art. 171 do Código Civil, conclui-se que o negócio, em verdade, é anulável, e não nulo.

Assim, a ação adequada para o caso é a ação anulatória, e não a ação declaratória de nulidade, sendo que a primeira deve ser promovida no prazo de quatro anos, nos termos do art. 178, II, do Código Civil.

É possível, também, cumular o pedido de indenização por danos morais. Tais danos decorrem da injusta recusa de cobertura pela seguradora, fato que agrava a situação de aflição psicológica e angústia no espírito do segurado, que se encontrava diante de grave problema de saúde.

Comentários adicionais.

Confira o acórdão do STJ, que possivelmente inspirou a questão discursiva acima resolvida:

CIVIL E PROCESSUAL CIVIL. SEGURO SAÚDE ANTERIOR À LEI 9.656/98. SUBMISSÃO DO SEGURADO À CIRURGIA QUE SE DESDOBROU EM EVENTOS ALEGADAMENTE NÃO COBERTOS PELA APÓLICE. NECESSIDADE DE ADAPTAÇÃO A NOVA COBERTURA, COM VALORES MAIORES. SEGURADO E FAMILIARES QUE SÃO LEVADOS A ASSINAR ADITIVO CONTRATUAL DURANTE O ATO CIRÚRGICO. ESTADO DE PERIGO. CONFIGURAÇÃO. É EXCESSIVAMENTE

ONEROSA O NEGÓCIO QUE EXIGE DO ADERENTE MAIOR VALOR POR AQUILO QUE JÁ LHE É DEVIDO DE DIREITO. DANO MORAL CONFIGURADO. O estado de perigo é tratado pelo Código Civil de 2002 como defeito do negócio jurídico, um verdadeiro vício do consentimento, que tem como pressupostos: (i) a "necessidade de salvar-se, ou a pessoa de sua família"; (ii) o dolo de aproveitamento da outra parte ("grave dano conhecido pela outra parte"); e (iii) assunção de "obrigação excessivamente onerosa". Deve-se aceitar a aplicação do estado de perigo para contratos aleatórios, como o seguro, e até mesmo para negócios jurídicos unilaterais. O segurado e seus familiares que são levados a assinar aditivo contratual durante procedimento cirúrgico para que possam gozar de cobertura securitária ampliada precisam demonstrar a ocorrência de onerosidade excessiva para que possam anular o negócio jurídico. A onerosidade configura-se se o segurado foi levado a pagar valor excessivamente superior ao preço de mercado para apólice equivalente, se o prêmio é demasiado face às suas possibilidades econômicas, ou se sua apólice anterior já o assegurava contra o risco e a assinatura de novo contrato era desnecessária. É considerada abusiva, mesmo para contratos celebrados anteriormente à Lei 9.656/98, a recusa em conferir cobertura securitária, para indenizar o valor de próteses necessárias ao restabelecimento da saúde. Impõe-se condições negociais excessivamente onerosas quando o aderente é levado a pagar maior valor por cobertura securitária da qual já gozava, revelando-se desnecessária a assinatura de aditivo contratual. O direito subjetivo assegurado em contrato não pode ser exercido de forma a subtrair do negócio sua finalidade precípua. Assim, se determinado procedimento cirúrgico está incluído na cobertura securitária, não é legítimo exigir que o segurado se submeta a ele, mas não instale as próteses necessárias para a plena recuperação de sua saúde. É abusiva a cláusula contratual que exclui de cobertura a colocação de "stent", quando este é necessário ao bom êxito do procedimento cirúrgico coberto pelo plano de saúde. Precedentes. Conquanto geralmente nos contratos o mero inadimplemento não seja causa para ocorrência de danos morais, a jurisprudência desta Corte vem reconhecendo o direito ao ressarcimento dos danos morais advindos da injusta recusa de cobertura de seguro saúde, pois tal fato agrava a situação de aflição psicológica e de angústia no espírito do segurado, uma vez que, ao pedir a autorização da seguradora, já se encontra em condição de dor, de abalo psicológico e com a saúde debilitada (REsp 918.392/RN, Rel. Ministra Nancy Andrighi, Terceira Turma, julgado em 11/03/2008, DJe 01/04/2008)

(OAB/Exame Unificado – 2008.3 – 2ª fase) Rogério, em razão da necessidade de custear tratamento médico, no exterior, para o filho que contraíra grave enfermidade, vendeu a Jorge um apartamento de dois quartos, por R$ 200 mil, enquanto seu valor de mercado correspondia a R$ 400 mil. Jorge não tinha conhecimento da situação de necessidade do alienante e dela não se aproveitara, mas Rogério, após dois meses, com a melhora do filho, refletiu sobre o negócio e, sentindo-se prejudicado, procurou escritório de advocacia para se informar acerca da validade do negócio. Em face dessa situação hipotética, na qualidade de advogado(a) contratado(a) por Rogério, esclareça, com o devido fundamento jurídico, se existe algum vício no negócio celebrado e indique a solução mais adequada para proteger os interesses de seu cliente.

RESOLUÇÃO DA QUESTÃO

O atual Código Civil acrescentou dois novos defeitos do negócio jurídico, que devem ser avaliados no caso em tela, a fim de se verificar se um deles se aplica à situação em que se encontra Rogério.

Os institutos são o estado de perigo e a lesão. Ambos reclamam, para sua configuração, o preenchimento de um requisito objetivo, qual seja, a excessiva onerosidade da obrigação e a manifesta desproporção entre as obrigações, respectivamente.

No caso de Rogério, está patente a configuração dos requisitos objetivos dos institutos, pois a diferença entre o valor de mercado e o valor de venda de seu imóvel é de 50%, caracterizando sensível desequilíbrio.

Os dois institutos reclamam também o preenchimento de requisitos subjetivos. No caso do estado de perigo, requer-se que o negócio tenha sido feito para salvar a própria pessoa que se obriga ou alguém de sua família, de grave dano, conhecido da outra parte. Já no caso de lesão, exige-se que quem se obriga esteja sob premente necessidade ou tenha agido por inexperiência.

No caso em tela, ficou também claro tanto a situação de perigo, caracterizadora do estado de perigo, como a premente necessidade, caracterizadora da lesão. No entanto, não se deve olvidar que Jorge, comprador do imóvel, não conhecia a situação de necessidade de Rogério, o que afasta a incidência do instituto do estado de perigo.

Dessa forma, ficou caracterizado o instituto da lesão, previsto no art. 157 do Código Civil, que torna o negócio jurídico anulável (art. 171, II, do Código Civil).

O advogado de Rogério deve, num primeiro momento, tentar uma solução extrajudicial para o caso, e, caso não seja possível, e dentro do prazo decadencial previsto no art. 178, II, do Código Civil, promover a ação anulatória do negócio jurídico.

De qualquer forma, é bom ressaltar que Jorge tem como evitar a anulação do negócio, oferecendo suplemento suficiente para atingir o valor de mercado do bem (art. 157, § 2º, do Código Civil).

(OAB/Exame Unificado – 2008.1 – 2ª fase) Luís, aproveitando-se da situação econômica notoriamente difícil vivida por sua vizinha Ana, que não tinha patrimônio suficiente para pagar todas as dívidas que contraíra, acertou, com ela, a compra do automóvel de Ana, por R$ 19.500,00, sabendo que o valor de mercado do veículo chegava a R$ 20.000,00. Realizada a tradição e ajustado o pagamento para dali a 10 dias, Luís, acreditando ter feito bom negócio, contou o ocorrido a um amigo, que o alertou acerca da possível invalidade do negócio. Preocupado, Luís resolveu consultar um advogado para obter maiores detalhes acerca da validade do negócio e da possibilidade de preservá-lo, caso fosse inválido, já que ainda não pagara o preço ajustado. Diante da situação hipotética apresentada, na qualidade de advogado(a) consultado(a) por Luís, exponha a solução adequada ao caso, esclarecendo, com base no que dispõe o Código Civil, a possibilidade, ou não, da validade do negócio e de preservá-lo diante da disponibilidade do valor ajustado.

RESOLUÇÃO DA QUESTÃO

O enunciado da questão narra que Ana está em situação de insolvência. Assim, sendo, e considerando que Ana celebrou negócio oneroso com Luís, incide o disposto no art. 160 do Código Civil, pelo qual será anulável o negócio praticado.

Todavia, se o adquirente do bem (no caso, Luís) ainda não tiver pago o preço e este for, aproximadamente, o corrente, desobrigar-se-á depositando-o em juízo, com a citação de todos os interessados (art. 160 do Código Civil). Se o valor for inferior ao corrente, o adquirente poderá depositar o preço que corresponde ao valor real da coisa (parágrafo único do art. 160 do Código Civil).

No caso em tela, em nossa opinião Luís pagou aproximadamente o preço corrente. A diferença entre o valor de mercado (possivelmente o valor da tabelas de carros usados) e o valor efetivamente pago é de apenas 2,5%. O valor de mercado, como se sabe, é uma média, e diferenças como a encontrada no caso não podem ser consideradas como suficientes para que a venda seja considerada fora do valor de mercado. Ademais, a lei não exige que se tenha acertado exatamente o preço corrente, para que o negócio seja mantido, mas que se tenha combinado preço aproximado ao corrente.

Essa tese deve, no mínimo, ser apresentada em juízo, quando se fizer a consignação em pagamento, com citação de todos os interessados. Deve-se requerer, alternativamente, depósito de eventual complemento, caso se entenda que esse valor seja necessário, aplicando-se ao caso o disposto no art. 545 do Código de Processo Civil.

Dessa forma, apesar de o negócio ser anulável, é possível preservá-lo caso Luís deposite em juízo o valor contratado, citando todos os interessados, no caso os credores de Ana.

2. OBRIGAÇÕES

(OAB/Exame Unificado – 2012.3 – 2ª fase) Renato, maior e capaz, efetuou verbalmente, no dia 07/03/2012, na cidade de João Pessoa, a compra de uma motocicleta usada por R$ 9.000,00, de Juarez, maior e capaz. Como Renato não tinha o dinheiro disponível para cumprir com sua obrigação e, visando solucionar este problema, ofereceu a Juarez um jet-ski, de valor equivalente como pagamento.

Com base em tal situação, utilizando os argumentos jurídicos apropriados e a fundamentação legal pertinente ao caso, responda aos itens a seguir.

A) É cabível efetivar o pagamento pelo meio sugerido por Renato? Justifique (Valor: 0,65).

B) Se Juarez recusasse a proposta de Renato, o pagamento se efetivaria mesmo assim? Justifique (Valor: 0,60).

GABARITO COMENTADO – EXAMINADORA

A) A hipótese trata de Dação em Pagamento, pois existia uma dívida e Renato ofereceu prestação diversa da anteriormente combinada, nos termos do art. 356 do CC.

B) Não é possível efetivar o instituto da Dação em Pagamento sem o consentimento de Juarez, pois tal consentimento é um dos três elementos constitutivos da Dação em Pagamento, nos termos do art. 356 ou do art. 313 do CC.

Distribuição dos Pontos

Quesito Avaliado	Valores
A) Trata-se de Dação em Pagamento, o instituto que admite a forma de extinção da obrigação adotada por Renato (0,40), nos termos do art. 356, do CC (0,25). Obs.: A mera citação do artigo não pontua.	0,00 / 0,40 / 0,65
B) Não, o consentimento de Juarez é um dos três elementos constitutivos da dação em pagamento, (0,40) nos termos do art. 356 ou do art. 313, do CC (0,20). Obs.: A mera citação do artigo não pontua.	0,00 / 0,40 / 0,60

(OAB/Exame Unificado – 2012.1 – 2ª fase) Carlos, arquiteto famoso e extremamente talentoso, assina um contrato de prestação de serviços com Marcelo, comprometendo-se a elaborar e executar um projeto de obra de arquitetura no prazo de 06 (seis) meses. Destaque-se, ainda, que Marcelo procurou os serviços de Carlos em virtude do respeito e da reputação que este possui em seu ramo de atividade. Entretanto, passado o prazo estipulado e, após tentativas frustradas de contato, Carlos não realiza o serviço contratado, não restando alternativa para Marcelo a não ser a propositura de uma ação judicial.

Diante do caso concreto, responda fundamentadamente:

A) Tendo em vista tratar-se de obrigação de fazer infungível (personalíssima), de que maneira a questão poderá ser solucionada pelo Poder Judiciário? (valor: 0,65)

B) Considere que em uma das cláusulas contratuais estipuladas, Carlos e Marcelo, em vez de adotarem o prazo legal previsto no Código Civil, estipulam um prazo contratual de prescrição de 10 anos para postular eventuais danos causados. Isso é possível? (valor: 0,60)

GABARITO COMENTADO – EXAMINADORA

A) Existem duas opções: a tutela específica da obrigação (que deverá ser cumprida pelo devedor, visto se tratar de obrigação infungível), sendo possível a fixação de astreintes ou a resolução em perdas e danos, se assim o autor requerer ou se for impossível a obtenção da tutela específica, nos termos do art. 461 do CPC ou artigos 247 ou 248 do CC.

B) A justificativa da prescrição é a segurança jurídica. O que se quer é evitar que um conflito de interesses permaneça em aberto por prazo indeterminado. Então, todo conflito de interesses caracterizado pela violação de um direito prescreve. E quem determina o prazo de prescrição será sempre a Lei, consoante art. 192 do Código Civil.

Distribuição dos Pontos:

Quesito Avaliado	Faixa de valores
A) Identificação da tutela específica da obrigação, que deverá ser cumprida pelo próprio devedor, posto se tratar de obrigação infungível ou da possibilidade de indenização por perdas e danos. (0,45), nos termos do art. 461 do CPC ou artigos 247 ou 248 do CC (0,20). Obs.: A mera menção dos dispositivos legais não pontua	0,00/0,45/0,65.
B) Os prazos prescricionais são sempre legais (0,40), conforme art. 192 do Código Civil (0,20). Obs.: A mera menção dos dispositivos legais não pontua.	0,00/ 0,40/0,60.

(OAB/Exame Unificado – 2010.3 – 2ª fase) Márcio Moraes Veloso, famoso perfumista, foi contratado para desenvolver uma nova fragrância de um perfume pela empresa Cheiro Bom. O perfumista criou a fórmula inspirado em sua namorada, Joana, e deu o seu nome ao perfume. Foi pactuado entre Márcio e a empresa Cheiro Bom que o perfumista jamais revelaria a fórmula da nova fragrância a terceiros. Contudo, objetivando fazer uma surpresa no dia do aniversário de Joana, Márcio presenteia a namorada com uma amostra do perfume e, por descuido, inclui na caixa anotações sobre a fórmula. Joana, acreditando que as anotações faziam parte da surpresa, mostra para todos os colegas da empresa Perfumelândia, onde trabalha. Dias depois, Márcio é surpreendido com a notícia de que a fórmula da nova fragrância havia sido descoberta pela concorrente.

Considerando o caso relatado, responda aos itens a seguir, empregando os argumentos jurídicos apropriados e a fundamentação legal pertinente ao caso.

A) Ao revelar a fórmula do perfume, pode-se afirmar que Márcio está em mora?

B) Neste caso, pode o credor demandar judicialmente o cumprimento da obrigação cumulada com pedido de perdas e danos?

RESOLUÇÃO DA QUESTÃO

A) A hipótese não é de mora (CC, art. 394. Considera-se em mora o devedor que não efetuar o pagamento e o credor que não quiser recebê-lo no tempo, lugar e forma que a lei ou a convenção estabelecer), mas sim de inadimplemento de obrigação de não fazer (CC, art. 390. Nas obrigações negativas o devedor é havido por inadimplente desde o dia em que executou o ato de que se devia abster.).

B) Uma vez que já houve a divulgação – ainda que involuntária – da fórmula por Márcio, o pedido de voltar à situação pretérita é impossível. Assim, não pode ser formulado em juízo (CPC, art. 485, VI).

Portanto, apenas será viável o pedido de ressarcimento por perdas e danos (CC, arts. 186 e 927 e CPC, art. 499).

GABARITO COMENTADO – EXAMINADORA

A) Não se poderá dizer ter havido mora, mas inadimplemento por tratar-se de obrigação de não fazer (art. 390 CC). O inadimplemento da obrigação de não fazer evidencia-se quando o devedor pratica o ato proibido, sendo desnecessária a sua constituição em mora.

B) Trata-se de obrigação de não fazer instantânea. Como não há possibilidade de restituir o *status quo ante*, não poderá o devedor ser demandado judicialmente a cumprir a obrigação de não fazer, cabendo tão somente a tutela ressarcitória (art. 251 CC e 499, do CPC).

Distribuição de Pontos

Em relação à correção, levou-se em conta o seguinte critério de pontuação:

Item	Pontuação
A) Não, pois houve inadimplemento da obrigação (0,25) – art. 390, CC (0,25).	0 / 0,25 / 0,5
B) Por não haver possibilidade de restituir o *status quo ante*, não poderá o devedor ser demandado judicialmente a cumprir a obrigação de não fazer, cabendo tão somente a tutela ressarcitória (0,25) artigos 251, CC e 461, § 1°, do CPC (0,25).	0 / 0,25 / 0,5

(OAB/Exame Unificado – 2010.2 – 2ª fase) Marlon, famoso jogador de futebol, é contratado para ser o garoto propaganda da Guaraluz, fabricante de guaraná natural. O contrato de prestação de serviços tem prazo de três anos, fixando-se uma remuneração anual de R$ 50.000,00. Contém, além disso, cláusula de exclusividade, que impede Marlon de atuar como garoto-propaganda de qualquer concorrente da Guaraluz, e cláusula que estipula o valor de R$ 10.000,00 para o descumprimento contratual, não prevendo direito a indenização suplementar.

Durante o primeiro ano de vigência do contrato, Marlon recebe proposta para se tornar garoto-propaganda da Guaratudo, sociedade do mesmo ramo da Guaraluz, que oferece expressamente o dobro do valor anual pago pela 'concorrente'.

Marlon aceita a proposta da Guaratudo, descumprindo a cláusula de exclusividade contida no seu contrato anterior. Pelo descumprimento, Marlon paga à Guaraluz o montante de R$ 10.000,00, estipulado. Como advogado consultado pela Guaraluz, responda:

I. Se o prejuízo da Guaraluz for superior a R$ 10.000,00, será possível obter, de Marlon, judicialmente, a reparação integral do dano sofrido?

II. Além do valor pago por Marlon, a Guaraluz tem direito a receber alguma indenização por parte da Guaratudo?

RESOLUÇÃO DA QUESTÃO

"Não é possível a majoração da cláusula penal, ainda que o credor prove prejuízo superior ao valor estipulado, pois não houve convenção acerca de indenização suplementar, na forma do art. 416, parágrafo único do Código Civil.

A Guaratudo deve indenização à Guaraluz no valor que seria devido por dois anos de contato, tendo em vista a prática de aliciamento descrita no Código Civil (art. 608), observados os princípios da boa-fé objetiva, da função social do contrato e ainda da responsabilidade contratual de terceiro." Assim"

I. Não é possível a majoração da cláusula penal, ainda que o credor prove prejuízo superior ao valor estipulado, pois não houve convenção acerca de indenização suplementar, na forma do art. 416, parágrafo único do Código Civil.

II. A Guaratudo deve indenização à Guaraluz no valor que seria devido por dois anos de contato, tendo em vista a prática de aliciamento descrita no código Civil (art. 608), observados os princípios da boa-fé objetiva, da função social do contrato e ainda da responsabilidade contratual de terceiro.

Distribuição de Pontos

Item	Pontuação
Item 01 – Não é possível a majoração da cláusula penal – art. 416, parágrafo único do CC. Fundamentar e justificar.	0 / 0,25 / 0,5
Item 02 Indenização por dois anos de contrato – art. 608 do CC. Fundamentar e justificar	0 / 0,25 / 0,5

(OAB/Exame Unificado – 2009.1 – 2ª fase) Renata, em razão de transação realizada com Carla e firmada por seus respectivos advogados, comprometeu-se a entregar a esta, em 29/2/2009, um apartamento de dois quartos ou uma casa de um quarto com varanda, no mesmo bairro. Não houve acordo quanto a quem caberia a escolha do objeto. Dez dias antes da data avençada para o cumprimento da prestação, Carla ainda estava em dúvida sobre qual seria o melhor imóvel, enquanto Renata, que fizera pesquisa nas imobiliárias da localidade, verificou que o valor de mercado do apartamento prometido lhe seria mais vantajoso. Em face dessa situação hipotética e com vistas à solução do impasse e ao cumprimento da obrigação, indique, com a devida fundamentação legal, a natureza jurídica da obrigação contraída e a medida judicial cabível para Carla ver satisfeita a obrigação, caso Renata deixe de cumpri-la.

RESOLUÇÃO DA QUESTÃO

Quando credor e devedor pactuam obrigação pela qual o segundo tem a opção entre cumprir uma ou outra prestação pré-definidas, está-se diante do instituto da obrigação alternativa (arts. 252 e seguintes do Código Civil).

Nesse caso, não se estipulando a pessoa a quem caberá a escolha, esta caberá ao devedor (art. 252 do Código Civil).

Dessa forma, no caso em tela, a escolha caberá a Renata, a devedora.

De qualquer forma, caso Renata deixe de cumprir a obrigação, Carla terá à sua disposição o instrumento processual previsto no art. 800 do Código de Processo Civil. Trata-se da ação de execução de obrigação alternativa, que, no caso, é admitida, por estar fundada em título executivo extrajudicial, consistente no instrumento de transação referendado pelos advogados das partes (art. 784, II, III e IV, do Código de Processo Civil).

(OAB/Exame Unificado – 2008.2 – 2ª fase) Amauri deve R$ 1.000,00 a Márcio e se encontra em mora. Reunidos para resolver o problema, Márcio aceitou como pagamento da dívida a transferência de uma nota promissória em que Amauri figurava como beneficiário de promessa de pagamento no valor de R$ 1.200,00 feita por Artur, comerciante conhecido na praça. Com o vencimento do referido título de crédito, Márcio procurou receber o seu crédito de Artur, momento em que tomou ciência da condição de insolvência em que este vivia já há muitos anos, razão pela qual acabou sem conseguir receber o valor pretendido e voltou a cobrar a dívida de Amauri. Em face da situação hipotética acima apresentada, identifique o tipo de operação firmada entre Amauri e Márcio assim como seus efeitos jurídicos, esclarecendo se subsiste a obrigação de Amauri. Fundamente sua resposta conforme as normas aplicáveis do Código Civil e do Código de Processo Civil, se houver.

RESOLUÇÃO DA QUESTÃO

Operou-se entre Amauri e Márcio dação em pagamento (art. 356 do Código Civil). A dação se deu por meio da cessão de crédito do primeiro em favor do segundo (art. 358 do Código Civil).

De acordo com o art. 359 do Código Civil, se o credor (Márcio) for evicto da coisa recebida em pagamento, ou seja, se Amauri não era o verdadeiro titular do direito representado no título de crédito, fica sem efeito a quitação operada pela dação em pagamento, podendo Márcio acionar Amauri.

Num primeiro momento, então, a obrigação original só se restaura se o credor for evicto da coisa recebida em pagamento.

Resta saber se a situação de insolvência de Artur, devedor do título de crédito, também tem o poder de restaurar a dívida originária.

De acordo com o art. 296 do Código Civil, salvo estipulação em contrário, o cedente não responde pela solvência do devedor.

(OAB/Exame Unificado – 2008.1 – 2ª fase) Márcio, José e Pedro, proprietários de partes ideais iguais de um barco de pesca, venderam o bem para Maria, receberam o preço ajustado pelo negócio e assinaram um contrato de compra e venda no qual se obrigavam a entregar o bem até o início da temporada de pesca da lagosta no litoral cearense, isso sob pena de multa no valor de R$ 3.000,00. Entretanto, próximo à data da entrega do barco, José resolveu utilizá-lo e o danificou, de modo que só conseguiu cumprir a obrigação de entrega do bem com um mês de atraso. Maria, inconformada com o ocorrido, cobrou dos três vendedores o pagamento da cláusula penal estipulada. Em face dessa situação hipotética, na condição de advogado(a) consultado(a) por Márcio acerca da cobrança da cláusula penal, apresente a orientação adequada a respeito do pagamento devido em razão da mora causada por José, com base no que dispõe o Código Civil.

RESOLUÇÃO DA QUESTÃO

O caso em tela revela a existência de cláusula penal e da configuração de mora, por parte dos devedores. Nesse sentido, incide o art. 411 do Código Civil, pelo qual terá o credor (Maria) o arbítrio de exigir a satisfação da pena cominada, juntamente com o desempenho da obrigação principal.

Outra temática do caso em tela diz respeito à responsabilidade de cada um dos devedores pelo pagamento da pena convencionada. No caso, o art. 414 do Código Civil dispõe que, se a obrigação original é indivisível (no caso, o barco é indivisível), todos os devedores incorrerão na pena, na cláusula penal. Porém, o mesmo dispositivo esclarece que somente o culpado pode ser cobrado na integralidade da pena. Os demais só podem ser acionados em relação à sua quota. E mais, os demais devedores poderão ingressar com ação regressiva contra o culpado para cobrar o que tiveram que desembolsar.

Dessa forma, e considerando que José foi o culpado pela mora, Márcio só poderá ser cobrado por Maria em R$ 1.000,00. E, se tiver que arcar com essa quantia, poderá entrar com ação de regresso contra José, para reaver a quantia desembolsada.

(OAB/Exame Unificado – 2006.3 – 2ª fase) Bernardo e Celso celebraram um contrato de promessa de compra e venda de imóvel, com cláusula contratual que previa o perdimento do sinal em caso de arrependimento, relativo a uma casa localizada nesta capital, em 12/9/2004, no valor total de R$ 30.000,00. Celso pagou R$ 15.000,00 como sinal, ficando o restante a ser pago em 12/12/2004. Por ocasião do contrato, Celso imitiu-se na posse do imóvel, sendo que a escrituração seria feita após o pagamento da segunda parcela, o que não ocorreu. Diante da situação hipotética acima descrita, responda, fundamentadamente, qual a consequência jurídica do inadimplemento contratual do comprador.

RESOLUÇÃO DA QUESTÃO

Arras é sinônimo de sinal. Há dois tipos de arras.

O primeiro tipo são as arras confirmatórias (arts. 417 a 419 do Código Civil – CC). Como o próprio nome diz, essas arras visam a confirmar a celebração do contrato. Quando estiverem presente tais arras, não há que se falar em cláusula de arrependimento. Isso significa que uma vez não cumprido ou executado o contrato, estar-se-á diante de uma hipótese de inadimplemento. E este confere à parte inocente duas opções: a) de exigir o cumprimento da obrigação, mais as perdas e danos, valendo as arras como indenização mínima (se for necessária indenização suplementar o inocente deve provar o maior prejuízo); b) de resolver o contrato (dá-lo por desfeito), retendo o valor das arras (se as tiver recebido) ou pedindo sua devolução mais o equivalente (se as tiver dado à outra parte), podendo a parte inocente pedir indenização suplementar, se provar maior prejuízo, valendo as arras como taxa mínima.

O segundo tipo são as arras penitenciais (art. 420 do CC). Essas arras são fixadas quando o contrato tiver cláusula de arrependimento. Nesse caso, a função das arras é unicamente indenizatória, daí o nome "penitencial". Quem as tiver dado e se arrependido, perdê-las-á em benefício da outra parte. Quem as tiver recebido e se arrependido, devolvê-las-á, mais o equivalente. Nesse tipo de arras, não haverá direito à indenização suplementar. Quem sofrer o arrependimento do outro terá como indenização apenas o valor das arras, não podendo pedir indenização suplementar, mesmo que demonstre prejuízo, diferente do que acontece nas arras confirmatórias.

Assim, as arras de que trata o caso em tela são arras penitenciais, pois ficou claro no enunciado a presença, no contrato, de cláusula de arrependimento. Celso, o comprador, perderá a parcela paga em benefício de Bernardo, ficando o compromisso de compra e venda desfeito (art. 420 do CC e Súmula 412 do STF).

Todavia, o caso presente tem uma peculiaridade. As arras combinadas equivalem a 50% do valor total do contrato. E essa proporção parece-nos manifestamente excessiva, tendo-se em vista a natureza e a finalidade do negócio.

Negócios dessa natureza costumam ter sinal entre 10% e 20% do valor do contrato. Assim, poderia o juiz reduzir equitativamente o valor das arras, levando em conta esse limite e também o período em que Celso se aproveitou da coisa.

Comentários adicionais.

Confira a redação da Súmula 412 do STF:

Súmula 412 do STF: no compromisso de compra de venda, com cláusula de arrependimento, a devolução do sinal, por quem o deu, ou a sua restituição em dobro, por quem o recebeu, exclui indenização maior a título de perdas e danos, salvo os juros moratórios e os encargos do processo.

Sobre a possibilidade do juiz reduzir equitativamente a penalidade, confira o seguinte enunciado do Conselho da Justiça Federal:

Enunciado 165 do CJF: em caso de penalidade, aplica-se a regra do art. 413 ao sinal, sejam as arras confirmatórias ou penitenciais.

Confira acórdão do STJ, sobre os percentuais que se admite razoáveis para retenção em caso de arras:

PROCESSUAL CIVIL. CONTRATO DE COMPRA E VENDA. PARTE SUBSTANCIAL DA DÍVIDA. RESTITUIÇÃO. RESCISÃO CONTRATUAL. INDENIZAÇÃO. RETENÇÃO. 1. O pagamento inicial do valor do negócio descaracteriza-se como arras confirmatórias quando representa o adimplemento de parte substancial da dívida.

2. É cabível a retenção pelo vendedor de percentual entre 10% e 20% a título de indenização em caso de rescisão contratual decorrente de culpa do comprador, sob pena de enriquecimento ilícito do vendedor. (REsp 761.944/DF, Rel. Ministro JOÃO OTÁVIO DE NORONHA, QUARTA TURMA, julgado em 05/11/2009, DJe 16/11/2009)

A respeito da compra de imóveis de incorporadoras e construtoras em relações de consumo, confira o seguinte entendimento do Superior Tribunal de Justiça:

RECURSO ESPECIAL – CONTRATO DE PROMESSA DE COMPRA E VENDA – RESILIÇÃO PELO PROMITENTE-COMPRADOR – RETENÇÃO DAS ARRAS – IMPOSSIBILIDADE – DEVOLUÇÃO DOS VALORES PAGOS – PERCENTUAL QUE DEVE INCIDIR SOBRE TODOS OS VALORES VERTIDOS E QUE, NA HIPÓTESE, SE COADUNA COM A REALIDADE DOS AUTOS. 1. A Colenda Segunda Seção deste Superior Tribunal de Justiça já decidiu que o promitente-comprador, por motivo de dificuldade financeira, pode ajuizar ação de rescisão contratual e, objetivando, também reaver o reembolso dos valores vertidos (EREsp nº 59870/SP, 2º Seção, Rel. Min. Barros, DJ 9/12/2002, pág. 281). 2. As arras confirmatórias constituem um pacto anexo cuja finalidade é a entrega de algum bem, em geral determinada soma em dinheiro, para assegurar ou confirmar a obrigação principal assumida e, de igual modo, para garantir o exercício do direito de desistência. 3. Por ocasião da rescisão contratual o valor dado a título de sinal (arras) deve ser restituído ao *reus debendi*, sob pena de enriquecimento ilícito. 4. O artigo 53 do Código de Defesa do Consumidor não revogou o disposto no artigo 418 do Código Civil, ao contrário, apenas positivou na ordem jurídica o princípio consubstanciado na vedação do enriquecimento ilícito, portanto, não é de se admitir a retenção total do sinal dado ao promitente-vendedor. 5. O percentual a ser devolvido tem como base de cálculo todo o montante vertido pelo promitente-comprador, nele se incluindo as parcelas propriamente ditas e as arras. (REsp 1056704/MA, Rel. Ministro MASSAMI UYEDA, TERCEIRA TURMA, julgado em 28/04/2009, DJe 04/08/2009)

AGRAVO REGIMENTAL. AGRAVO DE INSTRUMENTO. CIVIL. PROMESSA DE COMPRA E VENDA DE IMÓVEL. RESCISÃO CONTRATUAL. INICIATIVA DO DEVEDOR. PERDA DO SINAL. IMPOSSIBILIDADE. ARRAS CONFIRMATÓRIAS. – A jurisprudência desta Corte Superior prega ser possível a resilição contratual do compromisso de compra e venda por iniciativa do devedor, quando ele não possuir mais condições econômicas para arcar com o pagamento das prestações pactuadas com a promitente-vendedora (construtora ou incorporadora), mormente se estas se tornarem excessivamente onerosas. – A resolução unilateral, nesses casos, enseja a restituição das parcelas pagas pelo promissário-comprador, mas não em sua totalidade, haja vista a incidência de parcela de retenção para fazer frente ao prejuízo causado com o desgaste da unidade imobiliária e as despesas com administração, corretagem, propaganda e outras congêneres suportadas pela empresa vendedora. – O arrependimento do promitente comprador só importa em perda do sinal se as arras forem penitenciais, não se estendendo às arras confirmatórias. (AgRg no Ag 717.840/MG, Rel. Ministro VASCO DELLA GIUSTINA (DESEMBARGADOR CONVOCADO DO TJ/RS), TERCEIRA TURMA, julgado em 06/10/2009, DJe 21/10/2009)

Confira acórdão que leva em conta a ocupação do imóvel, além de reformas nele empreendidas:

CIVIL E PROCESSUAL. COMPROMISSO DE COMPRA E VENDA. ARRAS. DESISTÊNCIA. AÇÃO PRETENDENDO A RESCISÃO E RESTITUIÇÃO DAS IMPORTÂNCIAS PAGAS. RECONVENÇÃO DA CONSTRUTORA PARA RETENÇÃO DE VALORES E INDENIZAÇÃO POR OCUPAÇÃO E ESTRAGOS NO IMÓVEL. PROCEDÊNCIA PARCIAL DE AMBOS OS FEITOS. RESTITUIÇÃO DE 50% DO SINAL FIXADA PELO TRIBUNAL DE JUSTIÇA. SITUAÇÃO PECULIAR DOS AUTOS. RAZOABILIDADE. I. A c. 2ª Seção do STJ, em posição adotada por maioria, admite a possibilidade de resilição do compromisso de compra e venda por iniciativa do devedor, se este não mais reúne condições econômicas para suportar o pagamento das prestações avençadas com a empresa vendedora do imóvel (EREsp n. 59.870/SP, rel. Min. Barros Monteiro, DJU de 09.12.2002). II. O desfazimento do contrato dá ao comprador o direito à restituição das parcelas pagas, porém não em sua totalidade. III. Situação peculiar, corretamente decidida pelo Tribunal estadual, em que além de não identificada responsabilidade da construtora, o comprador teve a posse precária do imóvel e nele empreendeu reforma parcial, alterando as características originais, a justificar a retenção de metade dos valores pagos a título de ocupação e ressarcimento pelos prejuízos administrativos e físicos causados à ré. (REsp 187.963/SP, Rel. Ministro ALDIR PASSARINHO JUNIOR, QUARTA TURMA, julgado em 19/03/2009, DJe 20/04/2009)

3. CONTRATOS

(OAB/Exame Unificado – 2018.1 – 2ª fase) A sociedade empresária Madeira Certificada Ltda. firmou com Só Móveis Ltda. um contrato de fornecimento de material, visando ao abastecimento de suas indústrias moveleiras. Depois de dois anos de relação contratual, Só Móveis deixou de pagar as notas fiscais emitidas por Madeira Certificada, alegando dificuldades financeiras, o que levou à rescisão do contrato, restando em aberto os pagamentos do fornecimento de material dos meses de outubro, novembro e dezembro de 2015. Madeira Certificada, de posse do contrato, firmado por duas testemunhas, das notas fiscais e de declaração subscrita pela sociedade reconhecendo a existência da dívida, ajuizou execução de título extrajudicial em 01/04/2016.

Citada, a sociedade empresária Só Móveis não efetuou o pagamento, e a tentativa de penhora on-line de dinheiro e de bens imóveis foi infrutífera, não tendo sido localizado patrimônio para satisfação do crédito. Madeira Certificada constatou, contudo, que um dos sócios administradores da Só Móveis havia tido um acréscimo substancial de patrimônio nos últimos dois anos, passando a ser proprietário de imóvel e carros, utilizados, inclusive, pela devedora.

Diante de tal situação, responda aos itens a seguir.

A) O que a sociedade empresária Madeira Certificada deve alegar para fundamentar a extensão da responsabilidade patrimonial e possibilitar a satisfação do crédito? (Valor: 0,70)

B) Com base em tal alegação, qual seria a medida processual incidental adequada para estender a responsabilidade patrimonial e possibilitar a satisfação do crédito? (Valor: 0,55)

Obs.: o(a) examinando(a) deve fundamentar as respostas. A mera citação do dispositivo legal não confere pontuação.

GABARITO COMENTADO

A) Madeira Certificada deve alegar que a ocorrência de confusão patrimonial evidencia abuso da personalidade jurídica, com o objetivo de que seja desconsiderada a personalidade jurídica, e de que os bens do sócio administrador respondam pelas dívidas da sociedade Só Móveis, nos termos do art. 50 do Código Civil.

B) A medida processual para que os bens do responsável fiquem sujeitos à execução, no caso de abuso da personalidade jurídica (art. 790, inciso VII, do CPC/15), é o incidente de desconsideração da personalidade jurídica (art. 795, § 4º, do CPC/15), previsto no art. 134 do CPC/15, aplicável à execução.

Distribuição dos Pontos

ITEM	PONTUAÇÃO
A. Desconsideração da personalidade jurídica (0,35) em face da confusão patrimonial (0,25), na forma do Art. 50 do Código Civil (0,10).	0,00 / 0,25 / 0,35 / 0,45 / 0,60 / 0,70
B. A medida processual para que os bens do responsável fiquem sujeitos à execução é o incidente de desconsideração da personalidade jurídica (0,45), na forma do Art. 133 **OU** 134 do CPC/15 (0,10).	0,00/0,45/0,55

(OAB/Exame Unificado – 2013.2 – 2ª fase) Humberto celebrou contrato de corretagem com Renata, inserindo cláusula de exclusividade pelo prazo de 6 (seis) meses, a fim de que esta mediasse a venda de seu imóvel. Passados três meses, Renata, embora diligente, não conseguiu o resultado pretendido. Por sua vez, Humberto, caminhando pela praia, encontrou um velho amigo, Álvaro, que se interessou pelo imóvel, vindo a efetivar a compra do bem. Renata, ao saber do negócio jurídico celebrado, ajuizou ação indenizatória em face de Humberto, cobrando-lhe o percentual ajustado sobre o valor da venda do imóvel a título de corretagem.

Nessa situação, indaga-se:

A) Tem Humberto o dever jurídico de indenizar Renata por inadimplemento de obrigação contratual? Fundamente.(Valor: 0,65)

B) Na hipótese de Renata ter aproximado as partes e o negócio não ter se realizado por arrependimento de Humberto, seria devida a corretagem? (Valor: 0,60)

A simples menção ou transcrição do dispositivo legal não pontua.

GABARITO COMENTADO – EXAMINADORA

A) A resposta é afirmativa. Humberto deve pagar a Renata o percentual ajustado a título de corretagem. Tendo sido ajustada a cláusula de exclusividade, ainda que concluído o negócio diretamente entre as partes sem a intermediação da corretora, Renata terá direito à remuneração integral pela sua corretagem, salvo se comprovada sua inércia ou ociosidade, nos termos do art. 726, do Código Civil.

B) A resposta também é afirmativa, pois mesmo que o negócio não fosse concluído por arrependimento de qualquer das partes, a remuneração seria devida, conforme dispõe o art. 725, do Código Civil.

(OAB/Exame Unificado – 2012.3 – 2ª fase) Joana de Castro celebrou um contrato de mútuo garantido por alienação fiduciária com o Banco "X", para aquisição de um automóvel marca Speed, ano 2010. Ficou acordado que Joana deveria pagar 48 parcelas de R$ 2.000,00 até o dia 05 de cada mês. Em virtude do inadimplemento no pagamento das seis últimas parcelas, a instituição financeira notificou a devedora via Cartório de Títulos e Documentos.

Considerando o caso relatado, utilizando os argumentos jurídicos apropriados e a fundamentação legal pertinente ao caso, responda aos itens a seguir.

A) Nas obrigações com termo de vencimento certo, a constituição do devedor em mora opera-se, em regra, independentemente de interpelação? (Valor: 0,65)

B) Deve o credor, nos termos do Decreto Lei 911/69, interpelar o devedor para comprovar a mora? (Valor: 0,60)

GABARITO COMENTADO – EXAMINADORA

A) Em regra, o não cumprimento de obrigação com termo de vencimento certo constitui de pleno direito em mora o devedor (mora ex re).

B) A mora, no caso de Contrato de Alienação Fiduciária em Garantia inadimplido, se constitui de acordo com a disposição expressa no art. 2º, § 2º, do Decreto Lei 911/69, devendo, portanto, o credor interpelar o devedor para comprová-la. Ainda, segundo a Súmula 72 do STJ, "a comprovação da mora é imprescindível à busca e apreensão do bem alienado fiduciariamente".

Distribuição dos Pontos

Quesito Avaliado	Valores
A) Em regra, o não cumprimento de obrigação com termo de vencimento certo constitui de pleno direito em mora o devedor (mora ex re) (0,40), nos termos do art. 397 do CC (0,25). Obs.: A mera indicação do artigo não pontua.	0,00 / 0,40 / 0,65
B) O credor deve interpelar o devedor para comprovar a mora (0,30), pois no caso de Contrato de Alienação Fiduciária em Garantia inadimplido, a mora do devedor deve ser comprovada nos termos do art. 2º, § 2º, do Decreto Lei 911 / 69 (0,30).	0,00 / 0,30 / 0,60

(**OAB/Exame Unificado – 2012.2 – 2ª fase**) Francisco confiou a Joaquim a guarda de determinada escultura italiana; para tanto, celebraram contrato de depósito, a título gratuito. Francisco, ao ser comunicado sobre o falecimento de Joaquim, reclama a devolução do bem; no entanto, os herdeiros argumentam que desconheciam a existência do contrato e informam que alienaram o bem a André.

Com base em tal situação, responda aos itens a seguir, utilizando os argumentos jurídicos apropriados e a fundamentação legal pertinente ao caso.

A) Qual ação judicial deverá ser ajuizada contra André? (Valor: 0,60)

B) Qual (ou quais) medida (s) pode (m) ser exigida (s) dos herdeiros por Francisco? (Valor: 0,65)

GABARITO COMENTADO – EXAMINADORA

A hipótese narrada refere-se ao depósito voluntário, previsto nos artigos 627 e seguintes do Código Civil .

A) Ação reivindicatória, de acordo com o art. 637, do CC (ou art. 1.228 do CC) ou Ação de obrigação de entregar a coisa certa, de acordo com art. 498 do CPC .

B) No caso, tendo os herdeiros agido de boa-fé, porquanto ignoravam o depósito, deverão assistir Francisco na referida ação reivindicatória e restituir a André o preço recebido, nos termos do art. 637, do CC/2002.

Distribuição dos Pontos:

Quesito Avaliado	Valores
A) Ação reivindicatória (0,35), de acordo com o art. 637, do CC ou art. 1.228 do CC (0,25). OU Ação de obrigação de entregar a coisa certa (0,35), de acordo com art. 461-A do CPC (0,25). Obs1.: Não cabe ação de depósito do art. 901 do CPC diante do falecimento do depositário. Obs2.: A mera citação do dispositivo legal não pontua.	0.00 / 0,35 / 0,60

B) No caso, tendo os herdeiros agido de boa-fé, porquanto ignoravam o depósito (0,15), deverão assistir Francisco na referida ação reivindicatória (0,15) e restituir a André o preço recebido (0,15). art. 637, do CC / 2002 (0,20). Obs.: A mera citação do dispositivo legal não pontua.	0,00 / 0,15 / 0,30 / 0,35 / 0,45 / 0,50 / 0,65

(OAB/Exame Unificado – 2012.1 – 2ª fase) Rodrigo, casado pelo regime da comunhão parcial com Liandra, garante à Indústria Bandeirantes S/A satisfazer obrigação assumida por seu amigo João. De posse do contrato de confissão de dívida, também assinado por duas testemunhas, a Bandeirantes S/A cedeu o contrato ao estudante Marcos, com anuência de João e Rodrigo. Decorrido o prazo contratual para pagamento da quantia de R$5.000,00, configurada a inadimplência, Marcos ajuizou demanda executiva em face de Rodrigo e João, junto à Vara do Juizado Especial Cível de Colatina/ES, local de cumprimento da obrigação.

De acordo com os elementos do enunciado:

A) Aponte qual a relação contratual acessória existente entre Rodrigo e João? A relação acessória pode ser objeto de questionamento? Fundamente (valor: 0,85).

B) Fazendo uma análise processual dos elementos do enunciado, a demanda ajuizada reúne condições de procedibilidade? (valor: 0,40)

GABARITO COMENTADO – EXAMINADORA

A) Entre Rodrigo e João, há contrato de fiança, conforme art. 818, do CC (*Pelo contrato de fiança, uma pessoa garante satisfazer ao credor uma obrigação assumida pelo devedor, caso este não a cumpra*).

Rodrigo é casado com Liandra pelo regime da comunhão parcial, exigindo-se para a validade da fiança a outorga uxória do cônjuge (Art. *1.647, CC. Ressalvado o disposto no art. 1.648, nenhum dos cônjuges pode, sem autorização do outro, exceto no regime da separação absoluta: [...] III – prestar fiança ou aval;*). Não havendo anuência de Liandra à fiança, esta poderá questionar a obrigação acessória assumida por Rodrigo, na forma do art. 1.642, do CC (*Qualquer que seja o regime de bens, tanto o marido quanto a mulher podem livremente: [...] IV – demandar a rescisão dos contratos de fiança e doação, ou a invalidação do aval, realizados pelo outro cônjuge com infração do disposto nos incisos III e IV do art. 1.647;*).

B) Embora doutrinariamente possível a cessão contratual firmada por Indústria Bandeirantes S/A em favor de Marcos, inclusive contando com a anuência do devedor João e seu fiador Rodrigo, a demanda ajuizada por Marcos perante Vara de Juizado Especial Cível, portanto, regida pela Lei 9.099/95, não reúne condições de procedibilidade. Como se vê do art. 8°, § 1°, I, da Lei 9.099/95 (*§ 1° Somente serão admitidas a propor ação perante o Juizado Especial: I – as pessoas físicas capazes, excluídos os cessionários de direito de pessoas jurídicas;*), é vedado aos cessionários de pessoas jurídicas não admitidas a figurar como parte autora nos juizados especiais. Na situação-problema proposta, figurou como cedente pessoa jurídica 'Sociedade Anônima' que não é admitida a figurar como autora nos Juizados Especiais Cíveis.

Distribuição dos Pontos:

Quesito Avaliado	Faixa de valores
A) Entre Rodrigo e João há contrato de fiança (0,25), conforme art. 818, do CC (0,20). Rodrigo é casado com Liandra pelo regime da comunhão parcial, exigindo-se para a validade da fiança a outorga uxória do cônjuge (0,20) nos termos do art. 1.642 ou 1647, CC ou Súmula 332 do STJ (0,20). Obs.: A mera menção dos dispositivos legais não pontua.	0,00/0,20/0,25/ 0,40/0,45/0,65/ 0,85
B) A demanda ajuizada por Marcos perante Vara de Juizado Especial Cível, regida pela Lei 9.099/95, não reúne condições de procedibilidade (0,25), conforme previsão do art. 8º, § 1º, I, da Lei 9.099/95 (0,15). Obs.: A mera menção dos dispositivos legais não pontua.	0,00/0,25/0,40

(OAB/Exame Unificado – 2011.2 – 2ª fase) Maria, funcionária de uma empresa transnacional, foi transferida para trabalhar em outro país e, por isso, celebrou contrato de compra e venda de seu apartamento com João, prevendo que Maria poderia resolver o contrato no prazo de um ano, desde que pagasse o preço recebido pelo imóvel e reembolsasse as despesas que João tivesse com ele. O referido contrato de compra e venda foi devidamente levado ao registro de imóveis com atribuição para tal.

Nesse período, João vendeu o apartamento para Mário, que tinha conhecimento de que ainda estava no prazo de Maria retomar o imóvel e lá foi residir com sua esposa.

Contudo, Maria retornou ao Brasil antes do período de um ano estipulado e, ao ter ciência de que o novo proprietário do apartamento era Mário, notificou-o de que desejaria retomar o imóvel, com o pagamento do valor do imóvel mais as despesas realizadas. Mário, porém, recusou o recebimento das quantias, afirmando que o contrato sujeito à cláusula resolutiva foi pactuado com João, não vinculando a terceiros.

Responda aos itens a seguir, empregando os argumentos jurídicos apropriados e a fundamentação legal pertinente ao caso.

A) Assiste razão a Mário? (Valor: 0,75)

B) Qual deverá ser o procedimento adotado por Maria a partir da recusa de Mário em receber a quantia? (Valor: 0,50)

RESOLUÇÃO DA QUESTÃO

A) O contrato celebrado entre as partes qualifica-se como compra e venda com cláusula de retrovenda (CC, art. 505 e ss.).

Tendo em vista o registro do contrato, há presunção de veracidade em relação a terceiros. Por isso, Mário não pode alegar desconhecimento da cláusula de retrovenda. Sendo assim, também a ela se submete, nos termos do art. 507 do CC:

"O direito de retrato, que é cessível e transmissível a herdeiros e legatários, poderá ser exercido contra o terceiro adquirente".

Portanto, não assiste razão a Mário.

B) Considerando a resposta anterior e a eficácia da cláusula de retrovenda em relação ao terceiro (Mário), deverá Maria ingressar com uma consignação em pagamento.

A base de direito material está no CC, art. 335, I. Já o procedimento a ser seguido está no art. 539 e ss. do CPC (procedimento especial).

GABARITO COMENTADO – EXAMINADORA

O examinando deve identificar que Maria celebrou contrato de compra e venda de bem imóvel com João, com previsão de cláusula de retrovenda, nos termos do art. 505 do Código Civil, sendo que foi pactuado pelas partes um prazo decadencial menor do que o previsto pela legislação. O referido contrato foi devidamente levado a registro, nos termos do art. 167, I, 29 da Lei 6.015/73, trazendo a presunção de conhecimento a terceiros que se trata de propriedade que fica sujeita a cláusula resolutiva. Assim, não assiste razão a Mário, que também fica submetido à cláusula de retrovenda (art. 507 do Código Civil) e não pode alegar ignorância de que sua propriedade é resolúvel, nos termos dos artigos 1.359 e 1.360 do Código Civil.

No item B, diante da recusa sem justa causa de Mário em receber o valor do imóvel e o reembolso das despesas, já que a cláusula de retrovenda se opera também em face de terceiros, abre-se a Maria o caminho da consignação em pagamento (art. 335, I, do Código Civil). Dessa forma, Maria deverá ajuizar uma ação de consignação em pagamento, nos termos do art. 539 do Código de Processo Civil, depositando a quantia devida, para poder exercer seu direito de resgate.

Distribuição de Pontos

Item	Pontuação
A) Identificação de que o contrato foi celebrado com cláusula de retrovenda, de acordo com o art. 505 do Código Civil, possibilitando que Maria retome o imóvel no prazo estabelecido, desde que pague o preço recebido e reembolse as despesas (0,25) e que o terceiro adquirente do imóvel também estará sujeito à cláusula resolutiva (0,25), nos termos do art. 507 do Código Civil, não podendo alegar ignorância de que a sua propriedade é resolúvel (0,25).	0 / 0,25 / 0,5 / 0,75
B) Maria deverá ajuizar uma ação de consignação em pagamento, nos termos do art. 890 do CPC (0,25), já que a recusa de Mário em receber a quantia ocorreu sem justa causa, conforme dispõe o art. 335, I, do CC (0,25).	0 / 0,25 / 0,5

(OAB/Exame Unificado – 2010.2 – 2ª fase) Em março de 2008, Pedro entrou em uma loja de eletrodomésticos e adquiriu, para uso pessoal, um forno de micro-ondas. Ao ligar o forno pela primeira vez, o aparelho explodiu e causou sérios danos à sua integridade física. Desconhecedor de seus direitos, Pedro demorou mais de dois anos para propor ação de reparação contra a fabricante do produto, o que somente ocorreu em junho de 2010. Em sua sentença, o juiz de primeiro grau acolheu o argumento da fabricante, julgando improcedente a demanda com base no art. 26 do Código de Defesa do Consumidor, segundo o qual "o direito de reclamar pelos vícios aparentes ou de fácil constatação caduca em: (...) II – noventa dias, tratando-se de fornecimento de serviço e de produtos duráveis." Afirmou, ademais, que o autor não fez prova do defeito técnico do aparelho. Com base nas normas do Código de Defesa do Consumidor, analise os fundamentos da sentença.

RESOLUÇÃO DA QUESTÃO

A sentença foi equivocada. A questão relata a ocorrência de fato do produto e não de vício do produto. O fato do produto é decorrente da existência de defeito, eis que não ofereceu a segurança que se esperava, que é a hipótese da questão.

No caso, o fabricante será responsável pela reparação dos danos causado ao consumidor por defeito decorrente de projeto ou fabricação, conforme disposto no art. 12 do Código de Defesa do Consumidor.

Assim, como se trata de fato do produto, o prazo prescricional será aquele previsto no art. 27 do Código de Defesa do Consumidor, ou seja, de 5 (cinco) anos a partir do conhecimento do dano e de sua autoria.

Por fim, quanto à prova do defeito técnico do aparelho, caberia ao juiz, no caso, por se tratar de relação de consumo, aplicar o disposto no art. 6°, VIII, do Código de Defesa do Consumidor, invertendo o ônus da prova, dada a hipossuficiência do consumidor, determinando que a empresa comprovasse a inexistência do defeito técnico.

Comentários adicionais

Sobre o tema seguem alguns acórdãos do STJ:

RESPONSABILIDADE CIVIL. CONSUMIDOR. FATO DO PRODUTO. TABAGISMO. PRESCRIÇÃO QUINQUENAL. INÍCIO DA CONTAGEM DO PRAZO. CONHECIMENTO DO DANO.

1. A pretensão do autor, apoiada na existência de vícios de segurança, é de informação relativa ao consumo de cigarros – responsabilidade por fato do produto.

2. A ação de responsabilidade por fato do produto prescreve em cinco anos, consoante dispõe o art. 27 do Código de Defesa do Consumidor.

3. O prazo prescricional começa a correr a partir do conhecimento do dano.

4. Recurso especial conhecido e provido.

(REsp 489.895/SP, Rel. Ministro FERNANDO GONÇALVES, SEGUNDA SEÇÃO, julgado em 10/03/2010, DJe 23/04/2010)

Direito Processual Civil. Recurso especial. Ação de indenização por danos morais e materiais. Ocorrência de saques indevidos de numerário depositado em conta poupança. Inversão do ônus da prova.

Art. 6°, VIII, do CDC. Possibilidade. Hipossuficiência técnica reconhecida.

- O art. 6°, VIII, do CDC, com vistas a garantir o pleno exercício do direito de defesa do consumidor, estabelece que a inversão do ônus da prova será deferida quando a alegação por ele apresentada seja verossímil, ou quando constatada a sua hipossuficiência.

- Na hipótese, reconhecida a hipossuficiência técnica do consumidor, em ação que versa sobre a realização de saques não autorizados em contas bancárias, mostra-se imperiosa a inversão do ônus probatório.

- Diante da necessidade de permitir ao recorrido a produção de eventuais provas capazes de ilidir a pretensão indenizatória do consumidor, deverão ser remetidos os autos à instância inicial, a fim de que oportunamente seja prolatada uma nova sentença.

Recurso especial provido para determinar a inversão do ônus da prova na espécie.

(REsp 915.599/SP, Rel. Ministra NANCY ANDRIGHI, TERCEIRA TURMA, julgado em 21/08/2008, DJe 05/09/2008)

GABARITO COMENTADO – EXAMINADORA

O candidato deve esclarecer, inicialmente, que se trata de fato do produto, e não de vício do produto. O prazo aplicável não é, portanto, o do art. 26 do CDC, mas o do art. 27, ou seja, cinco anos. O candidato deve, ainda, explorar a questão atinente à responsabilidade civil (art. 12, caput e parágrafo 3º) e falar do instituto da inversão do ônus da prova em favor do consumidor, nos termos do art. 6º, inciso VIII do CDC.

Dessa forma, deve ser capaz de identificar e examinar criticamente esses dois fundamentos, e apresentar as razões legais que indicam a incorreção da decisão judicial. Ressalta-se que não basta a simples menção a um ou mais dispositivos do CDC. É necessário demonstrar a sua aplicabilidade, fundamentando analiticamente a resposta.

Distribuição de Pontos

Item 01 – Dizer que se trata de fato do produto – arts. 12, caput e § 3º, e 27 CDC – prazo cinco anos. Fundamentar e justificar.	0 / 0,25 / 0,5
Item 02 – Falar da inversão do ônus da prova – art. 6, VIII CDC. Fundamentar e justificar.	0 / 0,25 / 0,5

(OAB/Exame Unificado – 2010.1 – 2ª fase) Edson vendeu veículo de sua propriedade a Bruna, estipulando que o pagamento deveria ser feito a Tânia. Trinta dias depois da aquisição, o motor do referido veículo fundiu. Edson, embora conhecesse o vício, não o informou a Bruna e, ainda, vendeu o veículo pelo preço de mercado. Desejando resolver a situação, Bruna, que depende do automóvel para o desenvolvimento de suas atividades comerciais, procurou auxílio de profissional da advocacia, para informar-se a respeito de seus direitos.

Em face dessa situação hipotética, indique, com a devida fundamentação legal, a(s) medida(s) judicial(is) cabível(is) e a(s) pretensão(ões) que pode(m) ser(em) deduzida(s), a parte legítima para figurar no polo passivo da demanda e o prazo para ajuizamento.

RESOLUÇÃO DA QUESTÃO

Vide o gabarito comentado pela organizadora, que traz a resposta completa com os argumentos que o leitor deveria trazer na prova.

Como se trata de caso clássico de vício redibitório, a adquirente do veículo pode rejeitar o produto ou pedir abatimento do preço da coisa.

Da mesma forma, como o alienante era sabedor do vício que maculava o veículo, ele deverá restituir o valor pago e mais perdas e danos ou sujeitar-se à redução do preço.

Como se trata de vício oculto, a compradora tem o prazo de 180 dias, a contar do descobrimento do vício, para o ajuizamento da ação de rescisão ou da ação "quanti minoris" com perdas e danos e lucros cessantes, que deverá ser proposta contra o alienante, e não contra quem recebeu o valor.

Os fundamentos estão nos artigos 441 (ação redibitória), 442 (ação *quanti minoris*) e 445, § 1º (prazo de 180 dias), todos do Código Civil."

Como se trata de caso clássico de vício redibitório, a adquirente do veículo pode rejeitar o produto ou pedir abatimento do preço da coisa. Da mesma forma, como o alienante era sabedor do vício que maculava o veículo, ele deverá restituir o valor pago e mais perdas e danos ou sujeitar-se à redução do preço. Como se trata de vício oculto, a compradora tem o prazo de 180 dias, a contar do descobrimento do vício, para o ajuizamento da ação de rescisão ou da ação *quanti minoris* com perdas e danos e lucros cessantes, que deverá ser proposta contra o alienante, e não contra quem recebeu o valor.

Os fundamentos estão nos artigos 441 (ação redibitória), 442 (ação *quanti minoris*) e 445, § 1.º (prazo de 180 dias), todos do Código Civil.

Observação para a correção: atribuir pontuação integral às respostas em que esteja expresso o conteúdo do dispositivo legal, ainda que não seja citado, expressamente, o número do artigo.

(OAB/Exame Unificado – 2009.2 – 2ª fase) Marcos emprestou uma casa de praia de sua propriedade a Fábio, seu amigo de infância, para ele passar as férias de verão com a família. As chaves da casa foram entregues a Fábio no início das férias, ficando acertada a restituição do bem imóvel após trinta dias. Escoado o prazo ajustado, Fábio se recusou a devolver o bem sob o argumento de que ele deveria ser reembolsado das despesas feitas com o uso e o gozo da casa, tendo direito de retenção. Marcos tentou amigavelmente a restituição do bem, não tendo obtido êxito. Nessa situação hipotética, que espécie de negócio jurídico foi realizada entre Marcos e Fábio? Justifique sua resposta, indicando a medida judicial cabível para assegurar a pretensão de Marcos e a responsabilidade de Fábio pela mora, conforme as disposições do Código Civil e do Código de Processo Civil.

RESOLUÇÃO DA QUESTÃO

Marcos e Fábio celebraram contrato de comodato, vez que se trata de um empréstimo gratuito de coisa infungível (art. 579 do Código Civil).

Findo o prazo fixado para o empréstimo, Fábio deveria ter devolvido a coisa. As despesas feitas com o uso e o gozo da casa não ensejam direito de retenção em seu favor. Primeiro porque tais despesas são de responsabilidade do próprio comodatário (Fábio), conforme dispõe o art. 584 do Código Civil. Segundo porque o direito de retenção, quando existente, diz respeito às benfeitorias úteis e necessárias feitas na coisa.

No caso, Marcos deverá constituir em mora Fábio, o que poderá ser feito por meio de notificação extrajudicial. Em seguida, deverá ingressar com ação de reintegração de posse, na qual deve-se cumular o pedido reintegratório com o pedido indenizatório, sendo que a indenização consistirá no pagamento de alugueres pelo uso da coisa até sua restituição, em quantia arbitrada pelo comodante (art. 582 do Código Civil).

(OAB/Exame Unificado – 2009.2 – 2ª fase) André constituiu, como mandatário, seu irmão caçula, de 17 anos de idade, a fim de que ele procedesse à venda de um automóvel, tendo o referido mandatário realizado, desacompanhado de assistente, negócio jurídico em nome de André. Em face dessa situação hipotética, discorra acerca da capacidade, como mandatário, do irmão de André, explicando se é válido o negócio jurídico realizado por ele, inclusive, em relação aos direitos de terceiros.

RESOLUÇÃO DA QUESTÃO

O art. 666 do Código Civil estabelece que o maior de dezesseis e menor de dezoito anos, ainda que não emancipado, pode ser mandatário, de modo que a procuração outorgada por André ao seu irmão caçula é valida.

Nesse sentido, e para que o dispositivo legal citado tenha eficácia, há de se considerar válido também o negócio jurídico realizado pelo indivíduo de 17 anos de idade, mesmo feito sem a presença de assistente. Do contrário, de nada valeria a possibilidade de outorgar alguém mandado para a prática de atos da vida civil.

Assim, o mandante (André) deve responder perante terceiros pelos atos praticados pelo mandatário (seu irmão caçula), nos limites dos poderes outorgado, conforme dispõe o art. 679 do Código Civil.

(OAB/Exame Unificado – 2009.1 – 2ª fase) Em contrato de empreitada mista, o dono de uma obra verificou que o preço dos materiais empregados na execução dos serviços sofrera significativa queda no mercado, o que acarretou redução, no valor total da obra, superior a 12% do que fora convencionado pelas partes. Diante disso, pleiteou ao empreiteiro a revisão do preço original, de modo a garantir abatimento correspondente à redução verificada. Em resposta a tal pedido, o empreiteiro argumentou que não seria possível qualquer revisão porque a queda no preço dos materiais resultara de fenômeno sazonal e, portanto, não se apresentava como motivo imprevisível capaz de justificar o requerimento. Inconformado com a resposta, o dono da obra procurou escritório de advocacia para se informar a respeito da possibilidade de pleitear o abatimento pretendido. Nessa situação hipotética, o dono da obra tem garantia legal para pleitear o abatimento pretendido frente ao argumento apresentado pelo empreiteiro? Justifique sua resposta com base no Código Civil.

RESOLUÇÃO DA QUESTÃO

O atual Código Civil positivou em nosso Direito, com caráter de lei geral, a chamada Teoria da Imprevisão.

Os arts. 317 e 478 do Código Civil asseguram a revisão do contrato quando, por motivos ou acontecimentos imprevisíveis sobrevier desproporção manifesta ou excessiva onerosidade na prestação.

Repare que os dispositivos citados trazem dois conceitos indeterminados. O primeiro deles é o de "imprevisibilidade". E o segundo de "desproporção manifesta" ou "excessiva onerosidade".

Essas duas regras se aplicam às obrigações civis e aos contratos, em geral, previstos ou não no Código Civil, desde que não haja lei específica tratando da questão, como é o caso do Código de Defesa do Consumidor (art. 6º, V).

Ocorre que, em matéria de empreitada, o Código Civil traz disposição específica. E essa disposição é bem objetiva, trazendo conceitos determinados. Trata-se do disposto no art. 620 do Código Civil, pelo qual diminuições no preço do material ou da mão de obra, previstas ou imprevistas (a lei não faz discriminação), desde que superior a um décimo do preço global convencionado (10%), ensejam, a pedido do dono da obra, revisão contratual.

No caso em tela, tratando-se de empreitada mista e de redução do custo superior a 10%, incide o disposto, havendo garantia legal para pleitear revisão contratual com vistas ao abatimento pretendido pelo dono da obra.

(OAB/Exame Unificado – 2008.3 – 2ª fase) Teresa, em 10/11/2008, celebrou com Artur contrato, registrado no cartório competente, no qual ela prometia vender a ele seu veículo, ano 2004, na primeira semana de janeiro de 2009, sem estipulação de direito de retratação. O interesse de Artur em adquirir o veículo deveu-se à quantidade ínfima de quilômetros rodados, cerca de 1.000 por ano. Ficou acertado que Artur pagaria a Teresa o preço constante na tabela FIPE. Entretanto, na data avençada para cumprimento da obrigação, Teresa comunicou a Artur que a promessa de vender o veículo devia-se à sua intenção de adquirir um carro novo, o que ela desistira de fazer, e, por isso, o contrato estaria desfeito. Inconformado com a decisão de Teresa, Artur procurou escritório de advocacia para informar-se acerca de seus direitos. Considerando essa situação hipotética, especifique, com a devida fundamentação, o negócio jurídico celebrado entre Artur e Teresa e indique as providências que podem ser adotadas para cumprimento do contrato.

RESOLUÇÃO DA QUESTÃO

O caso trazido à analise diz respeito ao instituto do contrato preliminar. Nesse sentido, há de se analisar o fundamento trazido por Teresa, a luz do disposto nos arts. 462 a 466 do Código Civil.

A alegação de Teresa no sentido de que só celebrou o negócio porque tinha interesse em adquirir um carro novo, interesse que não teria mais, não procede, pois, como se sabe, todo contrato, mesmo os preliminares, vinculam as partes, que, assim, devem cumpri-los. Mas não é só. A avença fica ainda mais sólida quando há convenção expressa no sentido de que o contrato é irretratável, previsão contida no contrato celebrado entre as partes.

Ademais, o art. 463 do Código Civil é expresso ao dizer que apenas a existência de uma cláusula de arrependimento –, situação que está bem distante dos contornos do caso concreto – pode impedir que qualquer das partes exija a celebração do contrato definitivo, assinando prazo à outra para que o efetive.

Uma vez assinado o prazo para a conclusão do contrato definitivo e esgotado seu período, o interessado (no caso, Artur) poderá pedir ao juiz que supra a vontade da outra parte (no caso, Teresa), conferindo caráter definitivo ao contrato preliminar (art. 464).

O Código de Processo Civil traz previsão da providência que o juiz deve tomar no caso em seu art. 466-B.

(OAB/Exame Unificado – 2008.3 – 2ª fase) Marta, microempresária, utilizou os serviços de uma oficina mecânica para reparar o veículo de sua confeitaria, o qual havia parado de funcionar durante uma entrega de bolos. Entre os fatos que a levaram a escolher aquela oficina, estava a oferta de um veículo da própria oficina para transportar os bolos até seu destino. No curso da viagem, o condutor do veículo oferecido pela oficina, por não ter observado a distância de segurança, colidiu-o contra a traseira de veículo que seguia à sua frente. Marta, então, requereu do dono da oficina a indenização correspondente à destruição dos bolos, cujo valor final apurado correspondeu a R$ 1.500,00. O dono da oficina, contudo, negou-se a indenizar os danos, ao argumento de que, em transporte gratuito, o transportador só responderia em caso de dolo ou culpa grave, situação que não se configurara, dada a culpa leve do motorista. Em face dessa negativa, Marta procurou escritório de advocacia para obter informações a respeito de seus direitos à reparação de danos. Considerando a situação hipotética apresentada, na qualidade de advogado(a) consultado(a) por Marta, discuta o argumento utilizado pelo dono da oficina para eximir-se da responsabilidade e indique, se for o caso, a via judicial adequada e o juízo competente para o encaminhamento do pedido de reparação de danos.

RESOLUÇÃO DA QUESTÃO

O dono da oficina, ao argumentar, encaminhou seu raciocínio utilizando como premissa maior o fato de que, em transporte gratuito, o transportador só responde se tiver agido com culpa grave ou dolo. Em seguida, utilizou como premissa menor o argumento de que o condutor do veículo agiu com culpa leve. E por fim, concluiu no sentido de que não haveria responsabilidade por parte da oficina, empregadora do condutor.

A premissa maior utilizada pelo dono da oficina é verdadeira. Isso porque, em que pese o Código Civil ser ainda mais benéfico àquele que não se beneficia com contratos gratuitos, exigindo dolo de sua parte para que responda civilmente (art. 392 do Código Civil), a jurisprudência conferiu maiores responsabilidades ao transportador, estabelecendo que este, no transporte gratuito, responde não só quando age com dolo, como também quando age com culpa grave (Súmula 145 do Superior Tribunal de Justiça).

Quanto à premissa menor formulada pelo dono da oficina, é falsa. Isso porque, diferente do que este alegou, o transporte dos bolos, no caso, não foi gratuito. Trata-se de verdadeiro transporte oneroso, que se subordina às disposições do contrato de transporte, vez que a oferta de transporte feita pela oficina foi elemento levado em conta para que Marta escolhesse aquela empresa para reparar o veículo de sua confeitaria.

Nesse sentido, o próprio Código Civil é claro ao dispor que "não se considera gratuito o transporte quando, embora feito sem remuneração, o transportador auferir vantagens indiretas" (art. 736, parágrafo único). No caso, o transporte oferecido trouxe diferencial competitivo ao dono da oficina, para que este conseguisse fechar o negócio entre as partes.

Assim, Marta poderá acionar a oficina para que esta a indenize dos prejuízos que experimentou. Considerando o valor e a natureza do direito material envolvidos, bem como fato de o autor tratar-se de microempresa, a ação poderá ser promovida no Juizado Especial Cível (arts. 3º e 8º, § 1º, II, da Lei 9.099/95). Outra possibilidade é intentar ação junto à Vara Cível no Procedimento Comum.

Comentários adicionais.

Súmula 145 do STJ. No transporte desinteressado, de simples cortesia, o transportador só será civilmente responsável por danos causados ao transportado quando incorrer em dolo ou culpa grave.

(OAB/Exame Unificado – 2008.2 – 2ª fase) Rodrigo, colecionador de automóveis antigos, vendeu a seu amigo Felipe um dos veículos de sua coleção, estabelecendo, no entanto, que, no caso de o adquirente pretender vender o bem, este deveria ser primeiramente oferecido ao atual vendedor. Passados dois meses do negócio, Patrícia se interessou pelo automóvel e, desconhecendo quaisquer das condições estabelecidas entre original proprietário e Felipe, adquiriu o bem e pagou o preço ajustado, realizando todos os trâmites administrativos necessários ao registro junto ao órgão de trânsito. Concretizado o negócio, Rodrigo tomou conhecimento da sua existência e, tendo a sua disposição a mesma quantia paga por Patrícia, pretende reaver o bem com base na condição que ajustara com Felipe. Em face dessa situação hipotética, assumindo a posição de advogado(a) procurado(a) por Rodrigo, identifique a natureza do ajuste celebrado entre Rodrigo e Felipe, esclarecendo qual seria o comportamento adequado à preservação dos direitos de seu cliente, conforme as disposições pertinentes do Código de Civil e do Código de Processo Civil.

RESOLUÇÃO DA QUESTÃO

Rodrigo vendeu o automóvel a Felipe e acertou com este direito de preferência na aquisição da coisa, caso o segundo fosse vendê-la no futuro. Assim, firmou-se uma compra e venda de bem móvel, com direito de preferência na aquisição futura do bem.

A posterior venda do automóvel a Patrícia, dois meses depois, sem que o bem tivesse sido oferecido a Rodrigo, viola o direito de preferência instituído em favor deste.

Incide, nesse caso, o disposto no art. 518 do Código Civil, pelo qual o comprador (Felipe) responde por perdas e danos, por ter alienado sem ter dado ao vendedor (Rodrigo) oportunidade de exercer o direito de preferência. A adquirente, Patrícia, não responderá, eis que não sabia da existência desse direito em favor de Rodrigo (segunda parte art. 518 do Código Civil).

Repare que o direito de preferência convencional, regulamentado nos arts. 513 a 520 do Código Civil não confere ao seu titular poderes para perseguir a coisa. Ou seja, trata-se de direito de natureza pessoal, e não de natureza real.

Assim, Rodrigo terá de provar que sofreu prejuízos com o desrespeito a esse direito, para que possa ingressar com a ação indenizatória por perdas e danos. Um exemplo seria o caso de o automóvel ter se valorizado no período e Felipe, mesmo assim, ter vendido o bem por valor inferior ao de mercado, estando Rodrigo com disponibilidade para comprá-lo.

(OAB/Exame Unificado – 2007.3 – 2ª fase) Carlos e Cláudia celebraram, mediante instrumento particular, contrato de promessa de compra e venda de imóvel, obrigando-se o promitente vendedor e a promitente compradora à celebração do contrato definitivo no prazo de 90 dias, após o pagamento da última parcela de preço, que as partes ajustaram em R$ 300.000,00 e que deveria ser pago em três parcelas iguais, mensais e sucessivas. Do instrumento constou cláusula de irretratabilidade e irrevogabilidade. Tendo Cláudia pago todas as parcelas do preço, nos prazos do contrato, Carlos se recusou a outorgar a escritura definitiva, alegando que o contrato preliminar era nulo, porque celebrado por instrumento particular e, não, por escritura pública, e que, além disso, tinha o direito de se arrepender. Considerando essa situação hipotética, redija, na qualidade de advogado de Cláudia, texto argumentativo acerca dos fundamentos invocados por Carlos para se recusar à celebração do contrato definitivo.

RESOLUÇÃO DA QUESTÃO

O caso trazido à analise diz respeito ao instituto do contrato preliminar. Nesse sentido, há de se analisar os dois fundamentos trazidos por Carlos, a luz do disposto nos arts. 462 a 466 do Código Civil.

Quanto à primeira alegação de Carlos – nulidade por vício de forma –, o Código Civil é expresso no sentido de que o contrato preliminar deve conter os requisitos essenciais do contrato definitivo, salvo quanto à forma (art. 462). Assim, em que pese num contrato definitivo de compra e venda de imóvel no valor de R$ 300 mil ser necessário escritura pública (art. 108 do CC), a forma do contrato preliminar não precisa ser idêntica à do contrato definitivo, de modo que não é nulo o compromisso de compra e venda firmado entre Carlos e Cláudia, por esse aspecto.

Quanto à segunda alegação de Carlos – de que tinha o direito de se arrepender –, também não procede, pois, como se sabe, o contrato vincula as partes, que, assim, devem cumpri-los. A avença fica ainda mais sólida quando há convenção expressa no sentido de que o contrato é irretratável e irrevogável, previsão contida no contrato celebrado entre as partes.

Ademais, o art. 463 do Código Civil é expresso ao dizer que apenas a existência de uma cláusula de arrependimento – situação que está bem distante dos contornos do caso concreto – pode impedir que qualquer das partes exija a celebração do contrato definitivo, assinando prazo à outra para que o efetive.

Uma vez assinado o prazo mencionado e esgotado seu período, o interessado (no caso, Cláudia) poderá pedir ao juiz que supra a vontade da outra parte (no caso, Carlos), conferindo caráter definitivo ao contrato preliminar (art. 464).

Tudo isso pode acontecer mesmo que o compromisso de compra e venda de imóvel não tenha sido registrado no Registro de Imóveis, vez que o requisito constante do parágrafo único do art. 463 do Código Civil é mero requisito de eficácia perante terceiros, segundo a jurisprudência pacífica do Superior Tribunal de Justiça.

Por fim, vale lembrar que a ação que Cláudia poderá mover em face de Carlos tem o nome de adjudicação compulsória e o Código de Processo Civil traz previsão da providência que o juiz deve tomar no caso em seu art. 466-B.

Comentários adicionais.

Direito civil. Recurso especial. Processo de execução de obrigação de fazer. Compromisso de venda e compra. Anuência em escritura definitiva de venda e compra a ser celebrada com terceiro. Possibilidade jurídica do pedido. Legitimidade ativa ad causam. Direito de arrependimento. Não pactuação. Execução do contrato já iniciada. Compromisso de compra e venda. Registro. Desnecessidade. Ação. Direito real imobiliário. Cônjuge. Citação. Litisconsórcio passivo necessário. Escritura definitiva a ser celebrada por terceiro. Mera aposição de anuência do réu. Desnecessidade de citação do cônjuge. – Celebrado o compromisso de compra e venda, ainda que não registrado, mas sem cláusula de direito de arrependimento e pago o preço dos imóveis pelo promissário-comprador, é cabível a tutela jurisdicional que tenha por escopo a pretensão executiva de suprir, por sentença, a anuência do promitente-vendedor em outorgar a escritura definitiva de compra e venda do imóvel. – Se o promitente-vendedor não prometeu celebrar em seu nome o contrato definitivo de compra e venda, mas tão somente apor anuência em escritura pública a ser outorgada por terceiro, desnecessária é a citação de sua mulher, que menos protegida estaria se citada fosse, hipótese em que poderia responder pelo descumprimento da obrigação de natureza pessoal assumida por seu cônjuge. (REsp 424.543/ES, Rel. Ministra NANCY ANDRIGHI, TERCEIRA TURMA, julgado em 06/03/2003, DJ 31/03/2003 p. 217)

Súmula 239 do STJ. O direito à adjudicação compulsória não se condiciona ao registro do compromisso de compra e venda no cartório de imóveis.

PROMESSA DE COMPRA E VENDA. Escritura definitiva. Adjudicação. Prescrição. Não prescreve o direito de a promissária compradora obter a escritura definitiva do imóvel, direito que só se extingue frente ao de outrem, amparado pelo usucapião. Recurso não conhecido. (REsp 369.206/MG, Rel. Ministro CESAR ASFOR ROCHA, Rel. p/ Acórdão Ministro RUY ROSADO DE AGUIAR, QUARTA TURMA, julgado em 11/03/2003, DJ 30/06/2003 p. 254)

(OAB/Exame Unificado – 2007.1 – 2ª fase) Paulo contratou a locação de um apartamento de propriedade de Carlos. Intervieram como fiadores José e Márcio, todos qualificados no instrumento do respectivo pacto locatício, oportunidade em que renunciaram expressamente ao benefício de ordem na forma da lei civil. No momento, Paulo encontra-se inadimplente com suas obrigações locatícias relativas às três últimas prestações, motivo pelo qual o advogado de Carlos ajuizou demanda judicial abraçando pedidos de despejo e cobrança de aluguéis, proposta apenas em desfavor de José. Na qualidade de advogado contratado por José, forneça, de maneira fundamentada, as seguintes informações.

1. Informe sobre a possibilidade jurídica de se proceder à ampliação subjetiva no polo passivo da relação jurídico-processual instaurada por Carlos.
2. Se for o caso, aponte o instituto processual adequado e a(s) pessoa(s) legitimada(s) para compor(em) tal ampliação, levando-se em consideração as vinculações de ordem legal e contratual.

RESOLUÇÃO DA QUESTÃO

De acordo com o art. 62, I, da Lei 8.245/91, é possível cumular o pedido de despejo com o pedido de cobrança de aluguéis e acessórios da locação. A jurisprudência entende que esse pedido deve ser deduzido em face do locatário e do fiador, caso se deseje, depois, executar os valores devidos em face deste.

O fiador deve ser chamado já na ação de conhecimento, pois, segundo o Superior Tribunal de Justiça, o fiador que não integrou a relação processual na ação de despejo não responde pela execução do julgado.

O locatário também deve estar presente na ação em tela, pois a rescisão da locação e o despejo são pedidos que afetam diretamente sua esfera jurídica.

O fiador, numa situação dessas, deve alegar ser parte ilegítima para sofrer a ação de despejo, requerendo sua extinção, nos termos do art. 485, VI, do Código de Processo Civil.

Com relação, à cobrança de alugueres, os fiadores renunciaram ao benefício de ordem, conforme faculta o art. 828, I, do Código Civil. O benefício de ordem, se existisse no caso concreto, permitiria que o fiador, no momento da penhora de bens na execução, requeresse que fossem excutidos, primeiro, os bens do devedor (art. 827 do Código Civil).

Resta saber o efeito de se estar diante de uma fiança conjunta ou de uma cofiança. Nesse sentido, dispõe o art. 829 do Código Civil que, não estipulado expressamente entre os fiadores o benefício da divisão, haverá solidariedade entre os fiadores.

Nesse sentido, e havendo solidariedade entre José e Márcio, o primeiro, acionado sozinho, poderá se valer do instituto do chamamento ao processo, próprio para os casos de solidariedade, chamamento que também poderá se fazer em relação a Paulo, o devedor, tudo nos termos do art. 77, II e I, do Código de Processo Civil, respectivamente.

Comentários adicionais.

Súmula 335 STJ. Nos contratos de locação, é válida a cláusula de renúncia à indenização das benfeitorias e ao direito de retenção.

Súmula 268 STJ. O fiador que não integrou a relação processual na ação de despejo não responde pela execução do julgado.

Súmula 214 STJ. O fiador na locação não responde por obrigações resultantes de aditamento ao qual não anuiu.
PROCESSUAL CIVIL E CIVIL. LOCAÇÃO. AÇÃO DE DESPEJO CUMULADA COM COBRANÇA. FIADOR. POSSIBILIDADE. INTELIGÊNCIA DO ARTIGO 62, INCISO I, DA LEI 8.245/91. FIANÇA. INTERPRETAÇÃO RESTRITIVA. PRORROGAÇÃO DO CONTRATO SEM ANUÊNCIA DOS FIADORES. RESPONSABILIDADE. ENTREGA DAS CHAVES. IMPOSSIBILIDADE. SÚMULA 214/STJ. MULTA CONTRATUAL. REDUÇÃO. CÓDIGO DE DEFESA DO CONSUMIDOR. INAPLICABILIDADE. JUROS MORATÓRIOS. REDUÇÃO. IMPOSSIBILIDADE. SÚMULAS 05 E 07/STJ.

– É firme o entendimento deste Tribunal no sentido de que é possível a cumulação das ações de despejo e cobrança formulados em um único processo contra o locatário e fiador, a teor da regra especial prevista no artigo 62, inciso I da Lei do Inquilinato.

– A jurisprudência assentada nesta Corte construiu o pensamento de que, devendo ser o contrato de fiança interpretado restritivamente, não se pode admitir a responsabilização do fiador por encargos locatícios decorrentes de contrato de locação prorrogado sem a sua anuência, ainda que exista cláusula estendendo sua obrigação até a entrega das chaves.

– Consoante iterativos julgados desse Tribunal, as disposições contidas no Código de Defesa do Consumidor não são aplicáveis ao contrato de locação predial urbana, que se regula por legislação própria – Lei 8.245/91, descabendo, na espécie, a redução da multa contratualmente pactuada para 2%.

– Tendo o acórdão vergastado constatado que foram pactuados juros moratórios de 1% ao mês, inviável a redução ao patamar legal, sob alegação de afronta ao art. 1.063 do Código Civil, em razão do óbice contido nas Súmulas 05 e 07 desta Corte.

– Recurso especial parcialmente conhecido e, nesta extensão, provido.

(REsp 432.093/MG, Rel. Ministro VICENTE LEAL, SEXTA TURMA, julgado em 27/08/2002, DJ 16/09/2002 p. 243)

Fiador

AGRAVO REGIMENTAL NO RECURSO ESPECIAL. LOCAÇÃO. FIANÇA. PRORROGAÇÃO LEGAL POR PRAZO INDETERMINADO. OBRIGAÇÃO DO FIADOR ATÉ A EFETIVA ENTREGA DAS CHAVES DO IMÓVEL. Havendo no contrato locatício cláusula expressa de responsabilidade do garante até a entrega das chaves, o fiador responde pela prorrogação do contrato até a efetiva entrega das chaves do imóvel, a menos que tenha se exonerado na forma do art. 1.500 do Código Civil de 1916 ou do art. 835 do Código Civil vigente, a depender da época da avença (EREsp 661.344/RS, 3ª Seção, Rel. Min. Arnaldo Esteves Lima, DJe de 20/05/2009).

Agravo regimental desprovido.

(AgRg no REsp 1115868/MG, Rel. Ministro FELIX FISCHER, QUINTA TURMA, julgado em 06/10/2009, DJe 16/11/2009)

LOCAÇÃO. FIANÇA. EXONERAÇÃO. PRORROGAÇÃO CONTRATUAL. ENUNCIADO Nº 214/STJ. INAPLICABILIDADE. 1. Na linha da atual jurisprudência da Terceira Seção desta Corte, não sendo hipótese de aditamento, mas de prorrogação contratual, a que os fiadores comprometeram-se até a entrega das chaves, tem-se como inaplicável o enunciado de nº 214 de nossa Súmula. 2. Agravo regimental a que se nega provimento. (AgRg no Ag 1164633/SP, Rel. Ministro HAROLDO RODRIGUES (DESEMBARGADOR CONVOCADO DO TJ/CE), SEXTA TURMA, julgado em 06/10/2009, DJe 23/11/2009)

LOCAÇÃO. PROCESSO CIVIL. AÇÃO REVISIONAL DE ALUGUEL. NECESSIDADE DE CITAÇÃO DOS FIADORES, A FIM DE QUE ELES POSSAM SER RESPONSABILIZADOS PELOS VALORES ACRESCIDOS. PRECEDENTES DESTA CORTE. 1. É pacífico nesta Casa o entendimento de que é indispensável a citação dos fiadores em ação revisional de aluguel, a fim de que eles possam ser responsabilizados pelos valores que por ela foram acrescidos ao originalmente contratado. 2. Na hipótese vertente, restou consignado nos autos que os fiadores realmente não foram cientificados da propositura da ação revisional de aluguel, razão por que não podem ser parte em execução proposta pelo locador com vistas a exigir os valores acrescidos. 3. Agravo regimental improvido. (AgRg nos EDcl no REsp 421.028/SP, Rel. Ministra MARIA THEREZA DE ASSIS MOURA, SEXTA TURMA, julgado em 15/05/2008, DJe 02/06/2008)

LOCAÇÃO. FIANÇA. BEM DE FAMÍLIA DO FIADOR. PENHORABILIDADE. PRECEDENTES. O Supremo Tribunal Federal, no julgamento do RE 407.688, assentou que "a penhorabilidade do bem de família do fiador do contrato de locação, objeto do art. 3º, inc. VII, da Lei 8.009, de 23 de março de 1990, com a redação da Lei 8.245, de 15 de outubro de

1991, não ofende o art. 6º da Constituição da República".(AgRg no Ag 705.169/RJ, Rel. Ministra MARIA THEREZA DE ASSIS MOURA, SEXTA TURMA, julgado em 01/09/2009, DJe 21/09/2009)
AGRAVO INTERNO. LOCAÇÃO. FIANÇA. BEM DE FAMÍLIA. PENHORA. POSSIBILIDADE (PRECEDENTES). Este Superior Tribunal de Justiça, na linha do entendimento do Supremo Tribunal Federal, firmou jurisprudência no sentido da possibilidade de se penhorar, em contrato de locação, o bem de família do fiador, ante o que dispõe o art. 3º, VII da Lei 8.009/90. (AgRg no Ag 923.763/RJ, Rel. Ministro CELSO LIMONGI, convocado, SEXTA TURMA, julgado em 02/06/2009, DJe 22/06/2009)

Renovatória

Este eg. Superior Tribunal de Justiça possui entendimento no sentido de que se considera proposta a ação renovatória, nos termos do art. 51, § 5º, da Lei do Inquilinato combinado com o art. 263, do CPC, com o ingresso em juízo do pedido bastando, portanto, protocolizar no foro competente, para afastar a decadência. (AgRg no REsp 866.672/MG, Rel. Ministro GILSON DIPP, QUINTA TURMA, julgado em 19/06/2007, DJ 06/08/2007 p. 670)

CIVIL. LOCAÇÃO COMERCIAL. DISTRIBUIDORA DE DERIVADOS DE PETRÓLEO. SUBLOCAÇÃO TOTAL AO REVENDEDOR VAREJISTA. ILEGITIMIDADE DAQUELA PARA PROPOR AÇÃO RENOVATÓRIA. ART. 51, § 1º, DA LEI 8.245/91. PRECEDENTES. RECURSO ESPECIAL IMPROVIDO. Esta Corte já pacificou o entendimento de que a distribuidora de petróleo, legalmente impedida de comercializar diretamente seus produtos, que subloca totalmente o imóvel ao revendedor varejista, não possui legitimidade para propor ação renovatória da locação, diante do óbice do art. 51, § 1º, da Lei 8.245/91 e da circunstância de que cabe ao sublocatário buscar a proteção ao fundo de comércio, por estar na posse do bem. (REsp 862.818/PR, Rel. Ministra MARIA THEREZA DE ASSIS MOURA, SEXTA TURMA, julgado em 12/06/2007, DJ 25/06/2007 p. 323)

Locação comercial. Ação renovatória. Soma de mais de dois contratos ininterruptos. Prazo da prorrogação. Período referente ao último contrato. 1. Tratando-se de soma de dois ou mais contratos ininterruptos, o prazo a ser fixado na renovatória deve ser o mesmo do último contrato em vigor, observado o limite máximo de cinco anos. 2. No caso, tendo sido o último pacto estabelecido por dois anos, por esse período deve ser prorrogada a locação na renovatória. (REsp 693.729/MG, Rel. Ministro NILSON NAVES, SEXTA TURMA, julgado em 22/08/2006, DJ 23/10/2006 p. 359)

RECURSO ESPECIAL. LOCAÇÃO. RETOMADA DEFERIDA EM RENOVATÓRIA. DESVIO DE USO. INDENIZAÇÃO. POSSIBILIDADE. ART. 52, § 1º, DA LEI 8.245/91. TRANSFERÊNCIA DO FUNDO DE COMÉRCIO JUNTAMENTE COM A LOCAÇÃO. PREQUESTIONAMENTO. AUSÊNCIA. SÚMULAS 282 E 356/STF. REEXAME DE MATÉRIA FÁTICO-PROBATÓRIA. IMPOSSIBILIDADE. SÚMULA 7/STJ. RECURSO ESPECIAL CONHECIDO E IMPROVIDO. 1. É firme a jurisprudência do Superior Tribunal de Justiça no sentido de que, nos termos do art. 52, § 3º, da Lei 8.245/91, é assegurado ao locatário o direito de ressarcimento por eventuais danos causados pelo locador que, utilizando-se indevidamente da prerrogativa legal insculpida no art. 52, II, da Lei do Inquilinato, empregando-a como subterfúgio especulativo, confere ao imóvel destinação diversa daquela declarada na ação renovatória. 2. O art. 52, § 1º, da Lei 8.245/91 não versa sobre hipótese autônoma a autorizar a retomada do imóvel, devendo ser interpretada em consonância com o inciso II do mesmo dispositivo legal. (REsp 594.637/SP, Rel. Ministro ARNALDO ESTEVES LIMA, QUINTA TURMA, julgado em 09/05/2006, DJ 29/05/2006 p. 286)

Revisional

LOCAÇÃO. AÇÃO REVISIONAL DE ALUGUEL. PRAZO PARA SUA A PROPOSITURA. TRIÊNIO PREVISTO NO ART. 19 DA LEI 8.245/91. REALIZAÇÃO DE ACORDO DE MAJORAÇÃO DO ALUGUEL. NOVO VALOR QUE NÃO ALCANÇA O PATAMAR DE MERCADO. OBSERVÂNCIA DO PRAZO. PRECEDENTES. 1. Hipótese em que o locador ajuizou ação revisional dentro de três anos do acordo de majoração de aluguel realizado com o locatário. 2. A orientação predominante nesta Corte é no sentido da impossibilidade de se propor lide revisional nos três anos posteriores a acordo de majoração de aluguel firmado entre locador e locatário, nos termos do art. 19 da Lei 8.245/91, independentemente se o novo valor alcançou ou não o patamar de mercado. (REsp 264.556/RJ, Rel. Ministra MARIA THEREZA DE ASSIS MOURA, SEXTA TURMA, julgado em 22/04/2008, DJe 19/05/2008)

CIVIL. LOCAÇÃO COMERCIAL. AÇÃO REVISIONAL. NOVO ALUGUEL. INCLUSÃO DAS BENFEITORIAS. – Em sede de ação revisional de locação comercial, o novo aluguel deve refletir o valor patrimonial do imóvel locado, inclusive decorrente de benfeitorias nele realizadas pelo locatário, pois estas incorporam-se ao domínio do locador, proprietário do bem. (REsp 201.563/RJ, Rel. Ministro VICENTE LEAL, SEXTA TURMA, julgado em 06/09/2001, DJ 01/10/2001 p. 254)

(OAB/Exame Unificado – 2006.3 – 2ª fase) Manoel firmou um contrato de mútuo com alienação fiduciária, com determinada instituição financeira, para adquirir um veículo automotor que foi dado em garantia do pagamento da dívida. No referido contrato, além da garantia, foi inserida a seguinte cláusula representando um pacto comissório: no caso de inadimplência do devedor, o credor fiduciário poderá retomar o bem e permanecer com ele em seu poder, como forma de satisfação da dívida. Diante da situação acima descrita e a respeito dos contratos de alienação fiduciária em garantia, responda, fundamentadamente, aos seguintes questionamentos.

- Como se constitui em mora o devedor fiduciário?
- É válida a estipulação de cláusula contratual que autorize o credor fiduciário a ficar com a coisa alienada em garantia, no caso de inadimplemento contratual do devedor?

RESOLUÇÃO DA QUESTÃO

O contrato celebrado por Manuel é um contrato comum no âmbito do Direito Privado, e está regulamentado no Decreto-lei 911/69, podendo ser considerado contrato típico.

De acordo com esse contrato, a instituição financeira empresta dinheiro a alguém (mutuário), e esta pessoa adquire determinado bem móvel. No mesmo ato, e em garantia ao empréstimo feito, o mutuário transfere ao credor o domínio resolúvel e a posse indireta da coisa.

No caso de inadimplemento do contrato de mútuo, o proprietário pode vender a coisa a terceiros e aplicar o preço da venda no pagamento de seu crédito, entregando ao devedor o saldo apurado, se houver.

O art. 2º, § 2º, do Decreto-lei 911/69 dispõe que a mora decorrerá do simples vencimento do prazo para pagamento e poderá ser comprovada por carta registrada expedida por Cartório ou pelo protesto do título, a critério do credor.

A estipulação de cláusula contratual que autorize o credor a ficar com a coisa não está prevista no art. 2º, *caput*, do Decreto-lei 911/69, pois este dispositivo determina que o destino da coisa seja a venda, com o objetivo de quitar o crédito que o credor tem e, se o dinheiro apurado for superior ao crédito, devolver o saldo ao devedor.

Aliás, o art. 66, § 6º, da Lei 4.728/65 (alterado pelo Decreto-lei 911/69) é claro ao dispor que é nula a cláusula que autoriza o proprietário fiduciário a ficar com a coisa dada em garantia, se a dívida não for paga no seu vencimento.

Comentários adicionais.

Para resolver a questão é suficiente que o candidato saiba a legislação aplicável, e, antes de começar a escrever, leia todos os dispositivos da lei, marcando aqueles que serão úteis na redação da resposta. De qualquer forma, segue, para conhecimento, acórdãos do STJ, sobre a temática tratada na questão:

DIREITO CIVIL E PROCESSUAL CIVIL. AGRAVO NO RECURSO ESPECIAL. BUSCA E APREENSÃO. ALIENAÇÃO FIDUCIÁRIA. CARACTERIZAÇÃO DA MORA. PRECEDENTES. COMPROVAÇÃO DA MORA. – A jurisprudência da 2.ª Seção do STJ é pacífica no sentido de que na alienação fiduciária a mora constitui-se ex re, isto é, decorre automaticamente do vencimento do prazo para pagamento. – Na alienação fiduciária, comprova-se a mora do devedor pelo protesto do titulo, se houver, ou pela notificação extrajudicial feita por intermédio do Cartório de Títulos e Documentos. (AgRg no REsp 1041543 / RS, Ministra Nancy Andrighi, julgado em 06/05/2008)

PROCESSUAL CIVIL. ALIENAÇÃO FIDUCIÁRIA. AÇÃO DE BUSCA E APREENSÃO. CONVERSÃO EM DEPÓSITO. CONSTITUIÇÃO EM MORA. NOTIFICAÇÃO ENTREGUE NO ENDEREÇO DO DEVEDOR. VALIDADE. DECRETO-LEI N. 911, ART. 2º, § 2º. EXEGESE. Válida a notificação para constituição em mora do devedor efetuada em seu domicílio, ainda que não lhe entregue pessoalmente. Precedentes do STJ. (REsp 692.237/MG, Rel. Ministro Aldir Passarinho Junior, DJ de 11/4/2005).

DIREITO CIVIL E PROCESSUAL CIVIL. RECURSO ESPECIAL. BUSCA E APREENSÃO. ALIENAÇÃO FIDUCIÁRIA. CARACTERIZAÇÃO DA MORA. PRECEDENTES. COMPROVAÇÃO DA MORA. VALIDADE DA NOTIFICAÇÃO. REQUISITO PARA CONCESSÃO DE LIMINAR. – Ainda que haja possibilidade de o réu alegar, na ação de busca e apreensão, a nulidade das cláusulas do contrato garantido com a alienação fiduciária, ou mesmo seja possível rever, de ofício, cláusulas contratuais consideradas abusivas, para anulá-las, com base no art. 51, IV do CDC, a jurisprudência da 2.ª Seção do STJ é pacífica no sentido de que na alienação fiduciária a mora constitui-se ex re, isto é, decorre automaticamente do vencimento do prazo para pagamento, por isso não cabe qualquer inquirição a respeito do montante ou origem da dívida para a aferição da configuração da mora. – Na alienação fiduciária, comprova-se a mora do devedor pelo protesto do titulo, se houver, ou pela notificação extrajudicial feita por intermédio do Cartório de Títulos e Documentos, que é considerada válida se entregue no endereço do domicílio do devedor, ainda que não seja entregue pessoalmente a ele. – A busca e apreensão deve ser concedida liminarmente se comprovada a mora do devedor fiduciante. (REsp 810717/RS, Rel. Ministra NANCY ANDRIGHI, TERCEIRA TURMA, julgado em 17/08/2006, DJ 04/09/2006 p. 270)

(OAB/Exame Unificado – 2006.2 – 2ª fase) Oscar adquiriu de determinada concessionária um veículo novo para uso comercial (táxi). Em razão de defeito de fabricação na mangueira de alimentação de combustível, ocorreu incêndio no veículo. A concessionária efetuou o reparo do veículo com ônus para Oscar, no valor de R$ 5.000,00, alegando que o incêndio decorreu da falta de adequada manutenção do veículo. Oscar, que contava com uma média salarial diária de R$ 150,00, perdeu seu meio de sustento, com consequências negativas na sua esfera moral, visto que, devido ao evento danoso, o veículo permaneceu 10 dias na oficina. Diante da situação hipotética acima apresentada, redija um texto dissertativo acerca da responsabilidade civil, que aborde, necessariamente, a legitimidade passiva pela indenização dos danos causados e identifique quais parcelas são devidas a Oscar. extensão máxima: 30 linhas

RESOLUÇÃO DA QUESTÃO

A responsabilidade civil contratual é tema que encontra mais de uma regulamentação jurídica, a depender do tipo de relação jurídica existente entre ofensor e vítima.

O caso de que trata o presente – responsabilidade civil decorrente de defeito em automóvel adquirido por taxista – traduz-se em situação em que há dúvida sobre se deve ser aplicado o Código Civil – CC ou o Código do Consumidor – CDC, dúvida que deve ser dirimida, para que se possa responder às perguntas sobre quem tem legitimidade passiva para responder pela indenização e quais parcelas são devidas a Oscar.

Considerando que o CDC é lei especial em relação ao CC, caso configurada uma relação de consumo, de rigor a aplicação daquele diploma, em detrimento deste.

Nesse sentido, e considerando não haver dúvida de que se tem um objeto de consumo e um fornecedor, resta saber se há a figura do consumidor no caso presente.

Consumidor, segundo o art. 2º do CDC, "é toda pessoa física ou jurídica que adquire ou utiliza serviço como destinatário final". Para alguns, a expressão destinatário final significa destinatário final fático (teoria maximalista); para outros, destinatário final fático e econômico (teoria finalista); e para uma terceira corrente, destinatário final fático e econômico, aplicando-se, todavia, o CDC quando o adquirente for vulnerável (teoria intermediária).

O taxista, para a teoria finalista, não é consumidor, pois, apesar de ser destinatário fático, não é destinatário econômico, vez que o utiliza o bem adquirido em sua atividade econômica. Essa teoria, todavia, vem sendo espaço para a teoria intermediária, pela qual o CDC também protege simples destinatários finais fáticos, quando essas pessoas, mesmo sendo profissionais, são vulneráveis. Há acórdãos do STJ, inclusive, no sentido de que o taxista merece essa proteção.

Uma vez que se conclui pela aplicabilidade do CDC, e estando claro no enunciado que houve um fato do serviço ou defeito, pois ocorreu incêndio, com risco a segurança, deve-se aplicar o disposto no art. 12 do CDC, pelo qual é legitimado passivo para responder civilmente o fabricante, e não a concessionária.

Quantos às parcelas devidas, considerando o princípio da reparação integral dos danos (art. 6º, VI, do CDC), devem incluir os danos emergentes (prejuízos com o incêndio e com o reparo, este no importe de R$ 5 mil), lucros cessantes (prejuízos com os dias parados, à base de R$ 150,00 por dia) e danos morais, estes com aplicação independente de prova da dor, do sofrimento, sendo necessário provar apenas o fato que gerou esses sentimentos (fatos esses já comprovados), conforme entendimento do Superior Tribunal de Justiça.

Em situações como esse o Superior Tribunal de Justiça vem fixando em R$ 5 mil o valor a título de danos morais.

Comentários adicionais.

Sobre o tema confira os seguintes acórdãos do STJ, sendo que o primeiro deles, deve ser o que inspirou a questão formulada pela CESPE:

CIVIL. PROCESSUAL CIVIL. RECURSO ESPECIAL. DIREITO DO CONSUMIDOR. VEÍCULO COM DEFEITO. RESPONSA-BILIDADE DO FORNECEDOR. INDENIZAÇÃO. DANOS MORAIS. VALOR INDENIZATÓRIO. REDUÇÃO DO *QUANTUM*. PRECEDENTES DESTA CORTE. 1. Aplicável à hipótese a legislação consumerista. O fato de o recorrido adquirir o veículo para uso comercial – taxi – não afasta a sua condição de hipossuficiente na relação com a empresa-recorrente, ensejando a aplicação das normas protetivas do CDC. 2. Verifica-se, in casu, que se trata de defeito relativo à falha na segurança, de caso em que o produto traz um vício intrínseco que potencializa um acidente de consumo, sujeitando-se o consumidor a um perigo iminente (defeito na mangueira de alimentação de combustível do veículo, propiciando vazamento causador do incêndio). Aplicação da regra do artigo 27 do CDC. 3. O Tribunal a quo, com base no conjunto fático-probatório trazido aos autos, entendeu que o defeito fora publicamente reconhecido pela recorrente, ao proceder ao "recall" com vistas à substituição da mangueira de alimentação do combustível. A pretendida reversão do decisum recorrido demanda reexame de provas analisadas nas instâncias ordinárias. Óbice da Súmula 07/STJ. 4. Esta Corte tem entendimento firmado no sentido de que "quanto ao dano moral, não há que se falar em prova, deve-se, sim, comprovar o fato que gerou a dor, o sofrimento, sentimentos íntimos que o ensejam. Provado o fato, impõe-se a condenação" (Cf.. AGA. 356.447-RJ, DJ 11.06.01). 5. Consideradas as peculiaridades do caso em questão e os princípios de moderação e da razoabilidade, o valor fixado pelo Tribunal a quo, a titulo de danos morais, em 100 (cem) salários mínimos, mostra-se excessivo, não se limitando à compensação dos prejuízos advindos do evento danoso, pelo que se impõe a respectiva redução a quantia certa de R$ 5.000,00 (cinco mil reais). 6. Recurso conhecido parcialmente e, nesta parte, provido. (REsp 575.469/RJ, Rel. Ministro JORGE SCARTEZZINI, QUARTA TURMA, julgado em 18/11/2004, DJ 06/12/2004 p. 325)

Não vislumbro a alegada ofensa ao art. 2ª do CDC. O egrégio Tribunal de origem levou em consideração a vulnerabilidade do recorrido na relação jurídica que manteve com a recorrente, empresa multinacional, e a empresa Catalão Veículos Ltda., concessionária e veículos, para considerá-lo consumidor . Colhe-se do voto da ilustrada Juíza Maria Elza, relatora do agravo: 'Desse modo, seja com fundamento na doutrina finalista ou na maximalista, o fato é que o agravante pode e deve ser considerado consumidor, nos termos do art. 2º, da Lei 8.078/90. Afinal, o desequilíbrio de forças entre as partes é tão evidente, que somente com a aplicação do Código de Defesa do Consumidor ao caso em tela, diploma legal que assegura à parte débil da relação jurídica uma tutela especial, poderia se restabelecer um equilíbrio e uma igualdade entre as partes' (fl. 212). (...). **O fato de o recorrido adquirir o veículo para transporte de passageiro não afasta a sua condição de hipossuficiente na relação que manteve com as rés**. (REsp nº 502.797/MG, Rel. Ministro RUY ROSADO DE AGUIAR, DJU 10.11.2003)

Confira também trecho da doutrina citada no primeiro acórdão:

Em face da experiência no direito comparado, a escolha do legislador brasileiro, do critério da destinação final, com o parágrafo único do art. 2º e com uma interpretação teleológica permitindo exceções, parece ser uma escolha sensata. A regra é a exclusão 'ab initio' do profissional da proteção do Código, mas as exceções virão através da ação da jurisprudência, que em virtude da vulnerabilidade do profissional, excluirá o contrato da aplicação das regras normais do Direito Comercial e aplicará as regras protetivas do CDC. (CLÁUDIA LIMA MARQUES, "Contratos no Código de Defesa do Consumidor: o novo regime das relações contratuais", 4ª ed., São Paulo, Ed. Revista dos Tribunais, 2002, pp. 278/280)

(OAB/Exame Unificado – 2006.1 – 2ª fase) Saulo ajuizou ação de reintegração de posse contra Sandra, com o objetivo de retomar imóvel residencial de sua propriedade que foi cedido à requerida mediante contrato de comodato verbal por tempo indeterminado. Aduz o autor que tentou reaver amigavelmente o imóvel e não logrou êxito, o que o obrigou a notificar a ré para que desocupasse o imóvel de sua propriedade no prazo de 30 dias. Ante a não desocupação, caracterizado o esbulho possessório, pediu judicialmente a sua reintegração. O juiz extinguiu o processo sem julgamento do mérito, indeferindo a petição inicial por inepta, por impossibilidade jurídica do pedido, ao entendimento de que o contrato de comodato verbal por prazo indeterminado deve se estender pelo tempo necessário ao seu uso concedido, e condenando o autor ao pagamento das custas processuais e honorários advocatícios fixados em 20% sobre o valor da causa. Considerando a situação hipotética apresentada, elabore um texto argumentativo acerca da decisão do juiz, abordando, necessariamente, os seguintes aspectos:

- possibilidade da reintegração de posse do imóvel concedido em comodato verbal por prazo indeterminado;
- fixação de honorários advocatícios na sentença que extingue o processo sem julgamento do mérito.

RESOLUÇÃO DA QUESTÃO

Em relação ao contrato de comodato, deve-se distinguir três hipóteses. A primeira diz respeito ao comodato com prazo certo para acabar; a segunda, ao comodato sem prazo certo, mas para um determinado uso; e a terceira, ao comodato sem especificação de prazo e de uso.

Nas duas primeiras hipóteses não pode o comodante retomar a coisa antes do prazo convencionado ou do prazo necessário para o uso concedido, salvo necessidade imprevista e urgente, reconhecida pelo juiz (art. 581 do Código Civil).

Na terceira hipótese, remanesce a regra de que os contratos por prazo indeterminados podem ser denunciados a qualquer tempo pela parte interessada.

Assim, no caso em tela, está correto o procedimento de Saulo de notificar Sandra, para que esta desocupasse o imóvel em 30 dias, seguindo-se a propositura de ação de reintegração de posse.

O indeferimento da petição inicial, nesse sentido, é indevido. Primeiro porque, no mérito, Saulo tem razão. Segundo porque a retomada de um imóvel por meio de reintegração de posse não é um pedido juridicamente impossível. A questão é de mérito, e não de condição de ação. E, no mérito, como se viu, Saulo também tem razão.

De qualquer forma, o indeferimento da petição inicial por inépcia não ensejava honorários advocatícios, eis que estes só são devidos se a outra parte for citada, o que não ocorreu no caso.

No entanto, citada a outra parte, a extinção do processo, ainda que sem apreciação de mérito, enseja fixação de honorários advocatícios.

Comentários adicionais.

CIVIL. AÇÃO DE REINTEGRAÇÃO DE POSSE. COMODATO VERBAL. PEDIDO DE DESOCUPAÇÃO. NOTIFICAÇÃO. SUFICIÊNCIA. CC ANTERIOR, ART. 1.250. DISSÍDIO JURISPRUDENCIAL COMPROVADO. PROCEDÊNCIA. I. Dado em comodato o imóvel, mediante contrato verbal, onde, evidentemente, não há prazo assinalado, bastante à desocupação a notificação ao comodatário da pretensão do comodante, não se lhe exigindo prova de necessidade imprevista e urgente do bem. II. Pedido de perdas e danos indeferido. (REsp 605.137/PR, Rel. Ministro ALDIR PASSARINHO JUNIOR, QUARTA TURMA, julgado em 18/05/2004, DJ 23/08/2004 p. 251)

1. CIVIL. COMODATO POR PRAZO INDETERMINADO. RETOMADA DO IMÓVEL. Se o comodato não tiver prazo convencional, presumir-se-lhe-á o necessário para o uso concedido, salvo necessidade imprevista e urgente do comodante (CC, art. 1.250). 2. PROCESSO CIVIL. REINTEGRAÇÃO DE POSSE. MEDIDA LIMINAR. A só notificação do comodatário de que já não interessa ao comodante o empréstimo do imóvel é insuficiente para que o juiz determine a imediata reintegração de posse; ainda que deferida a medida liminar, deve ser assegurado o prazo necessário ao uso concedido sem perder de vista o interesse do comodante, para não desestimular a benemerência. (REsp 571.453/MG, Rel. Ministro ARI PARGENDLER, TERCEIRA TURMA, julgado em 06/04/2006, DJ 29/05/2006 p. 230)

(OAB/Exame Unificado – 2004 – 2ª fase) Sérgio adquiriu de Wilson um veículo usado e regularizou a transferência do bem no DETRAN local. Posteriormente, o veículo foi apreendido por autoridade policial, sob o argumento de que era objeto de furto. Constatou-se que, no número de identificação veicular do chassi, havia uma adulteração quase imperceptível. Em face da situação hipotética relatada, redija texto dissertativo que contemple a análise da possibilidade de haver ocorrido evicção. Se for este o caso, identifique o responsável pela indenização a ser paga a Sérgio.

> **RESOLUÇÃO DA QUESTÃO**
>
> De acordo com o atual Código Civil (arts. 447 a 457) a evicção ocorre quando, em contratos onerosos, o adquirente perde a coisa por tê-la adquirido de quem não tem direito sobre ela, pouco importando se tal perda se deu por sentença judicial ou por decisão administrativa.
>
> Essa última característica não havia no Código Civil anterior, pelo qual a evicção só se configurava pela perda da coisa em virtude de sentença judicial.
>
> Segundo o art. 447 do Código Civil, quem responde pela evicção é o alienante. Assim, Sérgio deverá acionar Wilson.

Comentários adicionais.

Sobre a evicção confira dois entendimentos importantes do STJ:

1. Segundo precedentes da 2ª Turma deste Egrégio Superior Tribunal de Justiça, sobre o tema aquisição veículos importados ilegalmente com consequente pena de perdimento pela Receita Federal, firmou-se o entendimento de que o adquirente, uma vez não se cercando das cautelas de praxe no momento da compra entre particulares, assume o risco pela irregular importação e tem, em razão disso, a boa-fé afastada. (REsp n. 436.342/SC, rel. Ministra Eliana Calmon; REsp n. 587.615-RS, rel. Min. João Otávio de Noronha). 2. Todavia, se reveste de boa-fé o adquirente de veículo importado que ignorando a litigiosidade do bem, vez que os documentos públicos nada registravam, paga preço de mercado ante a omissão do vendedor no momento do negócio jurídico. 3. O direito de demandar pela evicção não supõe, necessariamente, a perda da coisa por sentença judicial. A autoridade administrativa aduaneira, que decretou o perdimento do bem, em razão da ilegal circulação de veículo importado no país, equipara-se a autoridade policial para fins do exercício da evicção, porquanto exerce o mesmo poder de apreensão. 4. Recurso especial conhecido em parte, e nessa extensão, não provido. (STJ, REsp 1047882/RJ, Rel. Ministro HONILDO AMARAL DE MELLO CASTRO, convocado, 4ª T., julgado em 03/11/2009, DJe 30/11/2009)

Direito civil e processual civil. Recurso especial. Compra e venda de imóvel rural. Evicção. Ação de indenização por perdas e danos. Denunciação da lide. Ausência de obrigatoriedade. Natureza da venda. Reexame de fatos e provas. Interpretação de cláusulas contratuais. Embargos de declaração. Ausência de omissão, contradição ou obscuridade. Juros moratórios. Sucumbência recíproca.

- Para que possa exercitar o direito de ser indenizado, em ação própria, pelos efeitos decorrentes da evicção, não há obrigatoriedade de o evicto promover a denunciação da lide em relação ao antigo alienante do imóvel na ação em que terceiro reivindica a coisa. Precedentes. (REsp 880.698/DF, Rel. Ministra NANCY ANDRIGHI, TERCEIRA TURMA, julgado em 10/04/2007, DJ 23/04/2007 p. 268)

4. COMPRA E VENDA

(OAB/Exame Unificado – 2017.1 – 2ª fase) Em 10 de maio de 2016, Pedro, comprador, celebrou contrato de compra e venda com Bruno, vendedor, cujo objeto era uma motocicleta seminova (ano 2013), modelo X, pelo preço de R$ 10.000,00, pagos à vista.

Em setembro de 2016, Pedro foi citado para responder a ação na qual Anderson alegava ser proprietário da referida moto. Sem entender a situação e com receio de perder o bem, Pedro ligou imediatamente para Bruno, que lhe respondeu não conhecer Anderson e não ter nenhuma relação com o problema, pois se trata de fato posterior à venda da moto, ainda afirmando que "Pedro resolva diretamente com Anderson e procure seus direitos na justiça".

Com base nos fatos narrados, responda aos itens a seguir.

A) Qual a responsabilidade de Bruno caso Pedro venha a perder o bem por sentença judicial? Fundamente com o instituto de Direito Civil adequado, indicando as verbas do ressarcimento devido **(Valor: 0,80)**.

B) Como Pedro deverá proceder caso queira discutir a responsabilidade de Bruno na própria ação reivindicatória ajuizada por Anderson? Fundamente com o instituto de direito processual adequado **(Valor: 0,45)**.

Obs.: o examinando deve fundamentar suas respostas. A mera citação do dispositivo legal não confere pontuação.

GABARITO COMENTADO

A) Bruno responde pela evicção, caso Pedro perca o bem (moto) por sentença judicial em favor de Anderson, conforme o art. 447 do Código Civil. Além da restituição integral do preço, Pedro deverá ser indenizado por Bruno das despesas do contrato e de outros prejuízos que diretamente resultem da evicção, além das custas judiciais e dos honorários advocatícios, nos termos do art. 450 do CC.

B) Para exercer os direitos oriundos da evicção na própria ação reivindicatória, Pedro deverá denunciar-lhe a lide, nos termos do art. 125, inciso I, do CPC/15.

Tabela de Pontos

ITEM	PONTUAÇÃO
A. Responsabilidade pela evicção (0,30), conforme o Art. 447 do CC (0,10). Além da restituição integral do preço, a responsabilidade do alienante inclui despesas do contrato e outros prejuízos que diretamente resultem da evicção, além das custas judiciais e dos honorários advocatícios (0,30), nos termos do Art. 450 do CC (0,10).	0,00/0,30/0,40/ 0,60/0,70/0,80
B. Denunciação da lide (0,35), nos termos do Art. 125, inciso I, do CPC/15 (0,10).	0,00/0,35/0,45

(OAB/Exame Unificado – 2016.1 – 2ª fase) No dia 14/07/2015, João, estando em São Caetano do Sul (SP) interessado em vender seu carro usado, enviou mensagem via celular para Maria, na qual indicava o preço mínimo do bem (quinze mil reais, com pagamento à vista), as condições físicas do automóvel e a informação sobre a inexistência de ônus sobre o objeto do negócio jurídico. Maria, em Birigui (SP), tendo recebido e lido de pronto a mensagem de João e, sem que houvesse prazo específico para a aceitação da proposta, deixa de respondê-la imediatamente.

No dia 16/07/2015, Maria responde a João, via mensagem por celular, informando ter interesse em comprar o veículo, desde que o preço fosse parcelado em sete vezes. Contudo, João informa a Maria que o veículo fora vendido na véspera.

Tendo em vista o enunciado, responda aos itens a seguir.

A) A oferta de João foi feita entre pessoas presentes ou ausentes? **(Valor: 0,65)**

B) A resposta de Maria, a partir do momento em que envia mensagem via celular a João alterando as condições do que fora originalmente ofertado, poderia qualificá-la como mera proposta? **(Valor: 0,60)**

Obs.: o examinando deve fundamentar suas respostas. A mera citação do dispositivo legal não confere pontuação.

GABARITO COMENTADO

A) Trata-se de proposta feita entre pessoas juridicamente *"presentes"*, visto que a tecnologia permitiu a cognoscibilidade da oferta e a possibilidade de resposta imediata, ainda que estivessem fisicamente em locais diversos.

B) A partir do momento em que Maria alterou o escopo da oferta original, saiu do papel de *proposta/aceitação* para se tornar proponente de uma nova proposta, na forma do art. 431 do Código Civil.

Distribuição dos Pontos

ITEM	PONTUAÇÃO
A. Trata-se de proposta feita entre pessoas juridicamente *"presentes"* (0,10), pelo fato de que a houve a possibilidade de conhecimento da proposta e resposta imediata (0,45), na forma do Art. 428, I, do Código Civil (0,10)	0,00 / 0,10 / 0,20 / 0,45 / 0,55 / 0,65
B. Sim. Maria se tornou proponente/policitante, no momento em que realizou nova proposta (0,50), nos termos do Art. 431 do Código Civil (0,10)	0,00 / 0,50 / 0,60

(OAB/Exame Unificado – 2015.3 – 2ª fase) Guilherme efetuou a compra do televisor de seu amigo Marcelo, que estava em dificuldades financeiras. Todavia, após 02 (dois) meses de uso por Guilherme, o referido bem passou a apresentar problemas. Registre-se, ainda, que, no momento da venda, Marcelo já tinha ciência da existência do problema, tendo-se omitido quanto ao fato, eis que sabia que o mesmo só seria conhecido por Guilherme em momento posterior.

Em face da situação apresentada, responda, de forma fundamentada, aos itens a seguir.

A) Quais as medidas cabíveis na presente hipótese e quais as pretensões que poderão ser deduzidas em juízo por Guilherme? **(Valor: 0,65)**

B) Suponha que Guilherme tenha ingressado com a medida judicial cabível logo após o aparelho apresentar defeito e que Marcelo, ao apresentar contestação, alegue a decadência do direito invocado por Guilherme, uma vez que foi ultrapassado o prazo de 30 (trinta) dias previsto no Código Civil. No caso ora analisado, o argumento de Marcelo procede? **(Valor: 0,60)**

Obs.: o examinando deve fundamentar suas respostas. A mera citação do dispositivo legal não confere pontuação.

GABARITO COMENTADO

A) A questão trata do tema vício redibitório, conforme preconiza o art. 441 do Código Civil. Na hipótese, considerando se tratar de vício redibitório, o adquirente poderá rejeitar a coisa, redibindo o contrato (ação de rescisão), ou, ainda, poderá reclamar o abatimento do preço (ação *quanti minoris*), consoante disposto no art. 442 do Código Civil. Ademais considerando que o alienante conhecia o vício ou defeito da coisa, como o próprio enunciado da questão denota, caso se opte pela restituição do valor, poderá ser pleiteado o pagamento de perdas e danos (art. 443 do Código Civil). Igualmente será considerada a hipótese do candidato apontar a existência de dolo por omissão, atacável por ação de anulação de negócio jurídico com cabimento de perdas e danos.

B) O argumento de Marcelo não procede. Como se trata de vício oculto que somente poderia ser conhecido mais tarde, Guilherme tem o prazo de 180 dias, contados a partir do descobrimento do vício, para o ajuizamento da ação cabível. É exatamente isto que preconiza o art. 445, § 1º: "*Quando o vício, por sua natureza, só puder ser conhecido mais tarde, o prazo contar-se-á do momento em que dele tiver ciência, até o prazo máximo de 180 dias, em se tratando de bens móveis; e de um ano, para os imóveis*".

Distribuição dos Pontos

ITEM	PONTUAÇÃO
GABARITO VÍCIO REDIBITÓRIO	0,00 / 0,15/ 0,20 / 0,35
A.1. O examinando deverá identificar que, por se tratar de hipótese de vício redibitório, caberá ao adquirente a rejeição da coisa (ação redibitória) (0,20), ou, ainda, o abatimento do preço (ação *quanti minoris*) (0,15).	
A.2. O candidato deve perceber, ainda, que o alienante conhecia o vício ou defeito da coisa, razão pela qual pode ser pleiteado o pagamento de perdas e danos (0,20), nos termos do Art. 443 do Código Civil (0,10).	0,00 / 0,20 / 0,30
B1. O argumento de Marcelo não procede, não havendo que se falar em decadência, pois se trata de vício oculto que somente poderia ser conhecido mais tarde (0,25), Guilherme tem o prazo de 180 dias, contados a partir do descobrimento do vício, para o ajuizamento da ação cabível (0,25) nos termos do Art. 445, § 1º, do CC (0,10).	0,00 / 0,25 / 0,35 / 0,50 / 0,60
GABARITO DOLO POR OMISSÃO	
Gabarito Dolo por omissão A.1. Alegação de dolo por omissão, que gera a anulabilidade do negócio jurídico, através de ação de anulação de negócio jurídico. (0,25) Conforme Art. 147 e 171, inc. II, do CC. (0,10).	0,00 / 0,25 / 0,35
A.2. Deverá indicar o cabimento de perdas e danos (0,20). Conforme Art. 186, do CC E/OU Art. 927, CC (0,10).	0,00 / 0,20 / 0,30
B2. O argumento de Marcelo não procede, não havendo que se falar em decadência, pois se trata de ação anulatória por omissão dolosa (0,25), cujo prazo decadencial é de quatro anos para o ajuizamento da ação cabível (0,25) nos termos do Art. 178, inc. II do CC (0,10).	0,00 / 0,25 / 0,35 / 0,50 / 0,60

(OAB/Exame Unificado – 2014.2 – 2ª fase) Ester, artesã, maior e capaz, entregou a Diogo, empresário, maior e capaz, oitenta esculturas de argila para que fossem vendidas em sua loja. Ficou ajustado no contrato, ainda, que, decorridos dois meses, Diogo pagaria a Ester o valor de vinte reais por escultura vendida, cabendo-lhe restituir à artesã as esculturas que porventura não tivessem sido vendidas no referido prazo. Decorrido um mês, Diogo constatou que estava encontrando grandes dificuldades para vender as esculturas, o que o levou a promover uma liquidação em sua loja, alienando cada escultura por dez reais. A liquidação foi bem-sucedida, ocasionando a venda de setenta e cinco esculturas. Transcorrido o prazo previsto no contrato, Ester procura Diogo, solicitando que ele pague o preço ajustado relativo às esculturas vendidas, bem como que restitua aquelas remanescentes. Diante disso, Diogo decide consultar um advogado.

Na condição de advogado(a) consultado(a) por Diogo, responda aos itens a seguir, utilizando os argumentos jurídicos apropriados e a fundamentação legal pertinente ao caso.

A) Deverá Diogo pagar a Ester o preço inicialmente ajustado por cada escultura vendida? (Valor: 0,65)

B) Independentemente da resposta ao item anterior, Diogo pode deduzir do preço inicialmente ajustado o valor por ele pago referente aos custos regulares de conservação das esculturas durante o período em que as colocou à venda? (Valor: 0,60)

GABARITO COMENTADO

A) Sim, de acordo com o art. 534, CC/02. Por se tratar de contrato estimatório ou de consignação, cabe a Diogo (consignatário ou *accipiens*) pagar a Ester (consignante ou *tradens*) vinte reais por escultura alienada, independentemente do valor de venda das esculturas a terceiros.

Destaque-se que esta questão tem como escopo verificar se o examinando identifica a espécie de contrato em análise como contrato estimatório ou de consignação e se fundamenta a sua resposta de acordo com as normas e princípios que regem especificamente essa modalidade contratual.

B) Não, de acordo com os artigos 400 ou 535 do CC, no contrato estimatório, por ser dever do consignatário restituir a coisa não vendida, cabe a ele arcar com as despesas necessárias à sua conservação, sem deduzi-las do preço a ser pago à consignante.

Distribuição dos Pontos

ITEM	PONTUAÇÃO
A. Sim. Diogo deve pagar o valor inicialmente ajustado porque é consignatário ou accipiens (0,55), de acordo com o Art. 534, CC/02 (0,10).	0,00 – 0,55 – 0,65
B. Não. Sendo Diogo o consignatário da relação contratual ele assume o ônus de arcar com as despesas de conservação (0,50), nos termos do Art. 400 ou do Art. 535 CC/02 (0,10).	0,00 – 0,50 – 0,60

(OAB/Exame Unificado – 2014.2 – 2ª fase) Em julho de 2011, Rufus, taxista, adquiriu um automóvel seminovo, obrigando-se perante Jonas, vendedor, a pagar o preço em 30 (trinta) prestações mensais de R$ 2.000,00 (dois mil reais). No contrato de compra e venda, constou expressamente que o atraso de mais de 5 (cinco) dias no pagamento de qualquer das parcelas provocaria a resolução automática do contrato, com a perda das parcelas pagas. Em novembro de 2013, Rufus, enfrentando dificuldade financeira, deixou de efetuar o pagamento da parcela devida. Passados 12 (doze) dias do vencimento, Rufus oferece a Jonas dois relógios no valor de R$ 1.000,00 cada um. Jonas recusa a oferta e propõe, em seguida, ação judicial de resolução do contrato, com pedido liminar de busca e apreensão do veículo.

Responda, fundamentadamente, aos itens a seguir.

A) A ação de resolução do contrato deve ter seu pedido julgado procedente? (Valor: 0,75)

B) Jonas é obrigado a aceitar os relógios? (Valor: 0,50)

GABARITO COMENTADO

A) Não. Como, em novembro de 2013, já terão sido pagas 28 das 30 parcelas, aplica-se aqui a teoria do adimplemento substancial. Tal teoria, embora não encontre expresso acolhimento no Código Civil, já se encontra sedimentada na jurisprudência. O adimplemento substancial impede o exercício do direito de resolução, por ser abusivo nas hipóteses em que o débito em aberto é pouco significativo diante da parcela da obrigação já adimplida.

B) Não. Jonas não é obrigado a aceitar os relógios. Trata-se de dação em pagamento, instituto que não prescinde do consentimento do credor (Código Civil, art. 356 ou art. 313). Jonas pode continuar cobrando a dívida, estando impedido apenas de promover a resolução do contrato, medida excessivamente gravosa diante do percentual representado pelo inadimplemento.

Distribuição dos Pontos

ITEM	PONTUAÇÃO
A. Não. Como, em novembro de 2013, já terão sido pagas 28 das 30 parcelas, aplica-se aqui a teoria do adimplemento substancial. (0,40). O adimplemento substancial impede o exercício do direito de resolução, por abusivo nas hipóteses em que o débito em aberto é pouco significativo diante da parcela da obrigação já adimplida. (0,35)	0,00 – 0,35 – 0,40 – 0,75
B. Não. Jonas não é obrigado a aceitar os relógios, porque constitui prestação diversa da contratada. Tratar-se-ia de dação em pagamento, instituto que não prescinde do consentimento do credor (0,40). (Código Civil, Art. 356 ou Art. 313). (0,10)	0,00 – 0,40 – 0,50

5. DOAÇÃO

(OAB/Exame Unificado – 2017.1 – 2ª fase) Poucos anos antes de morrer, Silas vendeu, no ano de 2012, por dois milhões de reais, a cobertura luxuosa onde residia. Com o dinheiro da venda, comprou, no mesmo ano, dois apartamentos em um mesmo prédio, cada um avaliado em trezentos mil reais, e mudou-se para um deles. Doou o outro imóvel para sua filha Laura e seu genro Hélio, local onde o casal passou a morar. Mesmo sem o consentimento dos demais herdeiros, Silas fez questão de registrar, na escritura de doação, que a liberalidade era feita em favor do casal, não mencionando, todavia, se seria ou não adiantamento de legítima.

Silas morreu no dia 20 de março de 2016 e deixou, além de Laura, dois outros herdeiros: Mauro e Noel, netos oriundos do casamento de um filho pré-morto, Wagner. O processo de inventário foi iniciado poucos dias depois de sua morte. Laura foi nomeada inventariante e apresentou as primeiras declarações em setembro de 2016, sem mencionar o imóvel em que residia.

Diante desses fatos, responda aos itens a seguir.

A) A doação realizada é válida? **(Valor: 0,65)**

B) Há fundamento no direito processual que obrigue Laura a declarar o imóvel? **(Valor: 0,60)**

Obs.: o examinando deve fundamentar suas respostas. A mera citação do dispositivo legal não confere pontuação.

GABARITO COMENTADO

A) A doação é válida. Em relação a Helio (genro), porque o valor do imóvel não ultrapassa a metade do patrimônio de Silas (art. 549, CC) e, em relação a Laura (filha), porque traduz adiantamento de legítima e, pois, não necessita da anuência dos demais herdeiros (art. 544 do CC).

B) Laura está obrigada a declarar o bem que recebeu por liberalidade não só pelo fato de ser herdeira (art. 639 do CPC/15), mas também por ser inventariante (art. 620, inciso IV, do CPC/15).

Distribuição dos Pontos

ITEM	PONTUAÇÃO
A. A doação é válida, porque o valor do imóvel não ultrapassa a metade do patrimônio de Silas (0,25), cujo limite é disposto no Art. 549 do CC (0,10) e, porque, traduzindo adiantamento de legítima, não necessita da anuência dos demais herdeiros (0,20), conforme Art. 544 do CC (0,10).	0,00 / 0,20 / 0,25 / 0,30 / 0,35 / 0,45 / 0,55 / 0,65
B. Laura está obrigada a declarar o bem que recebeu por liberalidade por ser herdeira (0,50), conforme o Art. 639 do CPC/15 (0,10) **OU** por ser inventariante (0,50), conforme o Art. 620, inciso IV, do CPC/15 (0,10).	0,00/0,50/0,60

(OAB/Exame Unificado – 2016.3 – 2ª fase) Ronaldo tem um crédito de R$ 20.000,00 com Celso. O referido crédito foi proveniente de contrato de mútuo celebrado entre as partes, subscrito por duas testemunhas. Apesar do vencimento da obrigação, Celso não cumpre o avençado.

Ronaldo propõe ação de execução para o adimplemento da obrigação, restando evidenciado que Celso efetivamente doou seus dois únicos bens (automóveis) para Jorge antes da propositura da ação.

De acordo com as informações constantes no caso, responda aos itens a seguir.

A) É possível identificar algum vício na doação dos bens (automóveis)? **(Valor: 0,60)**

B) Indique o instrumento processual do qual Ronaldo pode se valer para permitir que os bens doados possam ser expropriados na execução proposta. Fundamente a resposta com os dispositivos legais pertinentes. **(Valor: 0,65)**

Obs.: o(a) examinando(a) deve fundamentar as respostas. A mera citação do dispositivo legal não confere pontuação.

GABARITO COMENTADO

A) No caso, pode-se identificar a fraude contra credores, prevista no art. 158 do Código Civil, pois a doação dos únicos bens reduz o devedor à insolvência.

B) Para que o credor prejudicado consiga perseguir os bens alienados em fraude contra credores, terá que se valer de Ação Pauliana, prevista no art. 161 do Código Civil, pois a doação ocorreu antes do ajuizamento da execução.

Distribuição dos Pontos

ITEM	PONTUAÇÃO
A. Sim. Identifica-se a fraude contra credores (0,20), pois a doação dos únicos bens reduz o devedor à insolvência (0,30), nos termos do Art. 158 do CC (0,10)	0,00/0,20/0,30/ 0,40/0,50/0,60
B. O credor terá que se valer de Ação Pauliana OU Ação Revocatória (0,55), nos termos do Art. 161 do CC (0,10)	0,00/0,55/0,65

(OAB/Exame Unificado – 2015.3 – 2ª fase) João, 38 anos, solteiro e sem filhos, possui um patrimônio de cinco milhões de reais. Preocupado com o desenvolvimento da cultura no Brasil, resolve, por meio de escritura pública, destinar 50% de todos os seus bens à promoção das artes Plásticas no país, constituindo a Fundação *"Pintando o Sete"* que, 120 dias depois, é devidamente registrada, sendo a ela transferidos os bens.

Ocorre, todavia, que João era devedor em mora de três milhões e quinhentos mil reais a diversos credores, dentre eles o Banco Lucro S/A, a quem devia um milhão e quinhentos mil reais em virtude de empréstimo contraído com garantia hipotecária de um imóvel avaliado em dois milhões de reais.

Outros credores de João, preocupados com a constituição da referida Fundação, o procuram para aconselhamento jurídico.

Considerando os fatos narrados como verdadeiros, responda aos itens a seguir.

A) O ato de destinação de 50% dos bens de João para a criação da Fundação pode ser invalidado? O Banco Lucro S/A poderia tomar alguma medida nesse sentido? **(Valor: 0,75)**

B) Na eventual possibilidade de propositura de uma ação buscando a invalidação da doação dos bens destinados à criação da Fundação, quem deveria figurar no polo passivo? **(Valor: 0,50)**

Obs.: o examinando deve fundamentar suas respostas. A mera citação do dispositivo legal não confere pontuação.

GABARITO COMENTADO

A) A doação de 50% do patrimônio de João para a constituição da Fundação pode ser anulada por fraude contra credores, defeito do negócio jurídico previsto nos artigos 158 e 159, do Código Civil, buscando a disponibilização aos credores do patrimônio transferido à Fundação, segundo o art. 165 do Código Civil. Protege-se assim o interesse de seus credores, desde que quirografários ou aqueles cuja garantia se revele insuficiente (art. 158, c/c § 1º, do CC/2002). Contudo, o Banco Lucro S/A é um credor hipotecário com garantia real suficiente à satisfação de seu crédito, não estando legitimado, portanto, a mover ação anulatória do negócio jurídico conhecida por "*ação pauliana*".

B) A transferência do patrimônio à Fundação configura uma alienação patrimonial gratuita que reduz o devedor à insolvência, hipótese de configuração da Fraude Contra Credores (art. 158, CC), de modo que, João e a Fundação "*Pintando o Sete*", beneficiária, que já foi criada e a quem os bens já foram transmitidos, devem figurar no polo passivo da "*ação pauliana*", por se tratar de litisconsórcio passivo necessário (art. 114 do CPC ou art. 161 do CC).

Distribuição dos Pontos

ITEM	PONTUAÇÃO
A1. A doação de 50% do patrimônio de João para a constituição da fundação pode ser anulada por fraude contra credores (0,30), defeito do negócio jurídico previsto no Art. 158 do Código Civil (0,10).	0,00 / 0,30 / 0,40
A2. O Banco Lucro S/A é credor hipotecário com garantia real suficiente à satisfação de seu crédito, não estando legitimado, portanto, a mover ação anulatória do negócio jurídico conhecida por "revocatória" ou "ação pauliana" (0,25), de acordo com o Art. 158, *caput* e § 1º, do Código Civil. (0,10)	0,00 / 0,25 / 0,35
B. João e a Fundação "Pintando o Sete", beneficiária, que já foi criada e a quem os bens já foram transmitidos, devem figurar no polo passivo da ação revocatória ou pauliana (0,30), por se tratar de litisconsórcio passivo necessário (0,10), de acordo com o artigo 47 do CPC OU Art. 161, do CC (0,10).	0,00 / 0,30 / 0,40 / 0,50

(OAB/Exame Unificado – 2014.1 – 2ª fase) Julieta possui dois filhos, Pedro e Miguel. Ao longo da vida, amealhou patrimônio no valor de R$1.000.000,00 (um milhão de reais). Diante da idade avançada, Julieta resolveu doar ao seu filho Pedro – o qual sempre foi mais atencioso com a mãe – a quantia de R$600.000,00. Miguel, indignado, procura você na qualidade de advogado, solicitando providências. Diante do caso narrado, responda às seguintes indagações, fundamentadamente:

A) É válido o contrato de doação? **(Valor: 0,65)**

B) Qual medida judicial poderá Miguel propor e com que finalidade? **(Valor: 0,60)**

A simples menção ou transcrição do dispositivo legal não pontua.

GABARITO COMENTADO

A) A doação é válida na parte que não ultrapasse o valor disponível. Trata-se de doação inoficiosa de acordo com o art. 549 E art. 1.789 ou 1.846 ou 2.007, §3º, CC.

B) Miguel poderá propor ação ordinária para a redução da doação inoficiosa, objetivando a nulidade parcial do contrato de doação no que tange ao valor de R$100.000,00.

Distribuição dos Pontos

ITEM		PONTUAÇÃO
A.	A doação é válida na parte que não ultrapasse o valor disponível (0,40). Trata- se de doação inoficiosa (0,10), de acordo com o art. 549 E art. 1.789 ou 1.846 ou 2.007, §3º, CC (0,15).	0,00 –0,10 – 0,25 – 0,40 – 0,50 - 0,65
B.	Miguel poderá propor ação ordinária para a redução da doação inoficiosa (0,30), objetivando a nulidade parcial do contrato de doação no que tange ao valor de R$100.000,00 (0,30).	0,00 – 0,30– 0,60

6. LOCAÇÃO

(OAB/Exame Unificado – 2018.2 – 2ª fase) José Carlos é locatário de um apartamento situado no Condomínio Morar Feliz, situado na cidade do Rio de Janeiro. O imóvel pertence a André Luiz. O contrato de locação possui vigência de 01/05/2015 a 01/05/2019 e contém cláusula de vigência. O referido contrato se encontra averbado à matrícula do imóvel no Registro Geral de Imóveis da respectiva circunscrição desde 07/06/2015.

Em 15/05/2018, José Carlos recebe uma notificação de João Pedro, informando-o de que adquiriu o imóvel de André Luiz através de contrato de compra e venda, a qual foi registrada em 30/01/2018 e averbada à matrícula do imóvel no mesmo dia, e solicitando a desocupação do imóvel no prazo de noventa dias. José Carlos não fora informado por André Luiz a respeito da alienação do apartamento.

Em 05/06/2018, ao se dirigir até o local pactuado contratualmente para o pagamento dos alugueres, José Carlos é informado por João Pedro que não irá receber o pagamento de nenhum valor a título de aluguel, solicitando novamente a desocupação do imóvel.

Diante do cenário descrito, responda aos itens a seguir.

A) Qual(is) argumento(s) de defesa José Carlos poderá arguir em face da pretensão de João Pedro em desocupar o imóvel? **(Valor: 0,80)**

B) Diante da recusa de João Pedro em receber os alugueres, de que(quais) instrumento(s) o locatário dispõe para adimplir sua prestação e se exonerar dos efeitos da mora? **(Valor: 0,45)**

Obs.: o(a) examinando(a) deve fundamentar as respostas. A mera citação do dispositivo legal não confere pontuação.

GABARITO COMENTADO

A) José Carlos poderá sustentar que a locação possui prazo determinado, cláusula de vigência e se encontra averbada junto à matrícula do imóvel. Desta forma, João Pedro não pode, validamente, denunciar o contrato de locação, na forma do art. 8°, *caput*, da Lei 8.245/91. Além disso, a denúncia foi exercida após o prazo de noventa dias a contar do registro da compra e venda, o que atrai a incidência do art. 8°, § 2°, da Lei 8.245/91, que prevê tal prazo decadencial. Por fim, houve desrespeito ao direito de preferência assegurado pelo art. 27 da mesma Lei.

B) A recusa do credor em receber o pagamento permite o uso da consignação em pagamento, de forma a exonerar o devedor da ocorrência de mora. No caso, João Pedro poderá, alternativamente, ajuizar ação de consignação em pagamento, observando o disposto no art. 67 da Lei 8.245/91 e no art. 534 do CPC, ou realizar consignação extrajudicial em pagamento, por se tratar de obrigação em dinheiro, na forma do art. 539, § 1°, do CPC.

Distribuição dos Pontos

ITEM	PONTUAÇÃO
A1. O contrato de locação possui prazo determinado, cláusula de vigência e se encontra averbada junto à matrícula do imóvel (0,20), atraindo a incidência da parte final do Art. 8° da Lei n° 8.245/91 (0,10).	0,00/0,20/0,30
A2. A denúncia foi exercida após o prazo decadencial de noventa dias a contar do registro da compra e venda (0,20), o que atrai a incidência do Art. 8°, § 2°, da Lei n° 8.245/91 (0,10)	0,00/0,20/0,30
A3. Houve desrespeito ao direito de preferência do locatário (0,10), nos termos do Art. 27 da Lei n° 8.245/91 (0,10).	0,00/0,10/0,20
B. João Pedro dispõe da consignação em pagamento (0,25), podendo optar pela via judicial observando o disposto no Art. 67 da Lei n° 8.245/91 **OU** no Art. 539 e seguintes do CPC (0,10), bem como realizar a consignação extrajudicial, por se tratar de obrigação em dinheiro, na forma do Art. 539, § 1°, do CPC (0,10).	0,00/0,25/0,35/0,45

(OAB/Exame Unificado – 2016.3 – 2ª fase) Miguel e Joana, irmãos, figuram respectivamente como locatário e fiadora em contrato de locação residencial celebrado com Antônio, no qual consta cláusula em que Joana renuncia ao benefício de ordem. Diante da ausência de pagamento dos valores acordados, Antônio promoveu ação de execução por título extrajudicial em face de ambos os devedores. Miguel foi citado cinco dias úteis antes de Joana, sendo que o comprovante de citação de Joana foi juntado aos autos vinte dias úteis após o de Miguel.

Diante do exposto, responda aos itens a seguir.

A) Opostos embargos à execução por Joana, esta pleiteia que primeiro sejam penhorados os bens de Miguel. Deve ser acolhida essa alegação? **(Valor: 0,50)**

B) O prazo para Miguel apresentar embargos à execução findou antes ou depois de iniciar o prazo para Joana embargar a execução? **(Valor: 0,40)**

C) O prazo para oposição de embargos seria de 15 (quinze) dias, contados em dobro, se Miguel e Joana possuíssem advogados distintos? **(Valor: 0,35)**

Obs.: o(a) examinando(a) deve fundamentar as respostas. A mera citação do dispositivo legal não confere pontuação.

GABARITO COMENTADO

A) Não. Tendo em vista a cláusula em que Joana renunciou ao benefício de ordem, não a assiste direito de que primeiro sejam penhorados os bens do afiançado, conforme previsto no art. 828, inciso I, do CC e no art. 794, § 3º, do CPC/15.

B) Antes. Quando houver mais de um executado, o prazo para cada um deles embargar é contado a partir da juntada do respectivo comprovante da citação. O prazo para Miguel apresentar embargos terminou quinze dias úteis após a juntada de seu comprovante de citação, o que ocorreu antes da juntada do comprovante de citação de Joana, nos termos do art. 915, § 1º, do CPC/15.

C) Não. Conforme o art. 915, § 3º, do CPC/15, não se aplica o disposto no art. 229 do CPC/15 em relação ao prazo para oferecimento dos embargos à execução.

Distribuição dos Pontos

ITEM	PONTUAÇÃO
A. Não. Como Joana renunciou ao benefício de ordem, não lhe assiste direito a que primeiro sejam penhorados os bens do afiançado (0,40), segundo o Art. 828, inciso I, do CC **OU** o Art. 794, § 3º, do CPC/15 (0,10).	0,00/0,40/0,50
B. Antes. Quando houver mais de um executado, o prazo para cada um deles embargar é contado a partir da juntada do respectivo comprovante da citação (0,30), segundo o Art. 915, § 1º, do CPC/15 (0,10).	0,00/0,30/0,40
C. Não se aplica o prazo em dobro (Art. 229 do CPC/15) para oferecimento dos embargos à execução (0,25), conforme o Art. 915, § 3º, do CPC/15 (0,10).	0,00/0,25/0,35

(OAB/Exame Unificado – 2015.2 – 2ª fase) Eduardo, jovem engenheiro, pouco depois de graduar-se e conseguir o seu primeiro emprego, deixou a casa do pai, alugando de José um pequeno apartamento próximo ao seu trabalho. O contrato de locação foi celebrado por instrumento escrito, estabelecendo prazo determinado de trinta meses. Rodrigo, viúvo, pai de Eduardo, interveio no contrato na qualidade de fiador do locatário, renunciando ao benefício de ordem e declarando-se solidariamente responsável pelas obrigações assumidas pelo afiançado. Pouco tempo depois, Ana, namorada de Eduardo, passa a residir com ele no imóvel alugado, tendo ambos o objetivo de constituir família. A união, porém, durou apenas dois anos, o que levou Eduardo a deixar o lar familiar quando ainda faltavam oito meses para o término do prazo contratualmente ajustado.

Diante do fato apresentado, utilizando os argumentos jurídicos apropriados e a fundamentação legal pertinente ao caso, responda aos itens a seguir.

A) Com a saída de Eduardo de casa, Ana pode continuar residindo no imóvel locado? Que providências ela deve tomar se tiver interesse em permanecer no imóvel locado? **(Valor: 0,50)**

B) A partir do momento em que Eduardo deixou o lar, seu pai, Rodrigo, não tendo mais interesse em continuar garantindo a locação, pode, de alguma forma, desvincular-se da fiança? **(Valor: 0,50)**

C) O que José pode fazer para evitar que o contrato fique sem garantia? **(Valor: 0,25)**

Obs.: o examinando deve fundamentar suas respostas. A mera citação do dispositivo legal não confere pontuação.

GABARITO COMENTADO

A) Sim, na qualidade de sucessora do locatário, tendo em vista a dissolução da união estável em que vivia com Eduardo, conforme permite o art. 12, da Lei 8.245/91. A locação, nesse caso, *"prosseguirá automaticamente"* caso Ana permaneça no imóvel, segundo o mesmo dispositivo legal. Incumbe-lhe, porém, comunicar a sub-rogação por escrito tanto ao locador quanto ao fiador, como determina o art. 12, § 1º, da mesma Lei.

B) Rodrigo pode exonerar-se, desde que o faça no prazo de trinta dias, contados do recebimento da notificação oferecida por Ana. Ainda assim, contudo, continuará responsável pelos efeitos da fiança durante 120 dias após a notificação ao locador, de acordo com o art. 12, § 2º, da Lei do Inquilinato.

C) Neste caso, José pode exigir que Ana ofereça nova modalidade de garantia ou indique novo fiador, no prazo de trinta dias, sob pena de desfazimento da locação, conforme dispõe o art. 40, inciso IV e o parágrafo único, da Lei 8.245/91.

Distribuição dos Pontos

ITEM	PONTUAÇÃO
A1. Sim, Ana pode continuar no imóvel na qualidade de sucessora do locatário, tendo em vista a dissolução da união estável em que vivia com Eduardo (0,20), conforme permite o Art. 12 da Lei nº 8.245/91 (0,10). *Obs.: a mera citação do dispositivo legal não confere pontuação.*	0,00 / 0,20 / 0,30
A2. Neste caso, a locação *"prosseguirá automaticamente"* caso Ana permaneça no imóvel (0,10), como determina o mesmo Art. 12, § 1º (0,10). *Obs.: a mera citação do dispositivo legal não confere pontuação.*	0,00 / 0,10 / 0,20

B1. Caso não pretenda continuar garantindo o contrato, Rodrigo pode exonerar-se, desde que o faça no prazo de trinta dias (0,10), contados do recebimento da notificação remetida por Ana (0,10), conforme dispõe o Art. 12, § 2º, da Lei do Inquilinato (0,10). *Obs.: a mera citação do dispositivo legal não confere pontuação.*	0,00 / 0,10 / 0,20 / 0,30
B2. Ainda assim, o fiador continuará responsável pelos efeitos da fiança durante 120 dias após a notificação ao locador (0,20). *Obs.: a mera citação do dispositivo legal não confere pontuação.*	0,00 / 0,20
C. José pode exigir que Ana ofereça nova modalidade de garantia ou indique novo fiador, no prazo de trinta dias, sob pena de desfazimento da locação (0,15), conforme dispõe o Art. 40, inciso IV e parágrafo único, da Lei nº 8.245/91 (0,10). *Obs.: a mera citação do dispositivo legal não confere pontuação.*	0,00 / 0,15 / 0,25

(OAB/Exame Unificado – 2014.3 – 2ª fase) João e José celebraram contrato de locação, por dois anos, de um veículo de propriedade de José, que seria utilizado por João para fazer passeios turísticos com seus clientes. No contrato de locação, foi estipulada cláusula penal de 10% do valor total do contrato para o caso de resolução por quaisquer das partes, em especial, a decorrente do não pagamento de dois alugueis.

Diante de tal previsão, caso João tivesse incorrido em mora, dando causa à resolução, responda aos itens a seguir.

A) Para a execução da cláusula penal, José tem que comprovar a existência de prejuízo equivalente ao seu montante? **(Valor: 0,65)**

B) Caso José consiga comprovar que o prejuízo excede ao valor da cláusula penal, poderia cobrar a cláusula penal e a indenização suplementar? **(Valor: 0,60)**

O examinando deve fundamentar suas respostas. A mera citação do dispositivo legal não confere pontuação.

GABARITO COMENTADO

A) No primeiro tópico, deve o candidato destacar que a incidência da cláusula penal independe da prova de prejuízo, conforme dispõe o art. 416, *caput*, do Código Civil.

B) No segundo tópico deve o candidato destacar que, para José cobrar indenização suplementar, tem que haver previsão expressa dessa possibilidade no contrato diante do preceituado no parágrafo único, do art. 416, do CC/02, hipótese em que, existindo tal cláusula, a cláusula penal serve de princípio indenizatório (indenização mínima).

Distribuição dos Pontos

ITEM	PONTUAÇÃO
A. Não, pois a incidência da cláusula penal independe da prova de prejuízo (0,55), conforme dispõe o Art. 416, *caput*, do Código Civil. (0,10) *Obs.: a simples citação do artigo não pontua.*	0,00 – 0,55 – 0,65
B. Não, pois para que José possa cobrar indenização suplementar tem que haver previsão expressa desta possibilidade no contrato (0,50), diante do preceituado no parágrafo único, do Art. 416, do CC/02 (0,10). *Obs.: a simples citação do artigo não pontua.*	0,00 – 0,50 – 0,60

(**OAB/Exame Unificado – 2014.1 – 2ª fase**) João celebrou contrato de locação residencial, por escrito, com Miguel, relativamente ao imóvel situado na Av. Ataulfo de Paiva, 10.000 – Leblon/RJ, ficando ajustado o valor para pagamento do aluguel mensal em R$5.000,00. Por serem velhos amigos, João dispensou Miguel de apresentar um fiador ou qualquer outra garantia da locação. Sucede que, decorridos 10 meses de vigência do contrato, Miguel passou a não mais honrar sua obrigação quanto ao pagamento dos aluguéis e acessórios. Com base em tal situação, responda aos itens a seguir, utilizando os argumentos jurídicos apropriados e a fundamentação legal pertinente ao caso.

A) Caso João venha a ajuizar a ação de despejo por falta de pagamento, qual deverá ser o valor atribuído à causa? (**Valor: 0,25**)

B) O que poderá João pleitear em tal situação a fim de que Miguel desocupe imediatamente o imóvel? (**Valor: 0,50**)

C) Indique os procedimentos que Miguel deverá adotar para evitar a rescisão do contrato (**Valor: 0,50**).

A simples indicação do dispositivo legal não pontua.

GABARITO COMENTADO

A) A resposta encontra-se inserta no art. 58, III, da Lei de Locações (Lei 8.245/91), devendo corresponder a doze vezes o valor do aluguel.

B) A situação em tela admite o despejo liminar, sem a oitiva da parte contrária, com desocupação do imóvel, no prazo de 15 dias, desde que preste caução no valor correspondente a três meses de aluguel, conforme preceitua o art. 59, §1º, IX, da Lei 8.245/91.

C) Miguel poderá elidir a liminar de desocupação se, dentro dos 15 dias concedidos para a desocupação do imóvel e independentemente de cálculo, efetuar o depósito judicial que contemple a totalidade dos valores devidos, consoante prevê o art. 59, §3º ou do art. 62, ambos da Lei 8.245/91.

Distribuição dos pontos

ITEM	PONTUAÇÃO
A. A resposta encontra-se inserta no artigo 58, III, da Lei de Locações (Lei n. 8.245/91) (0,10), devendo corresponder a doze vezes o valor do aluguel (0,15). **Obs.:** *a simples indicação do dispositivo legal não pontua.*	0,00 – 0,10 – 0,15 – 0,25
B. A situação em tela admite o despejo liminar (0,25), sem a oitiva da parte contrária, com desocupação do imóvel, no prazo de 15 dias, desde que preste caução no valor correspondente a três meses de aluguel (0,15), conforme preceitua o artigo 59, §1º, IX, da Lei nº 8.245/91 (0,10). **Obs.:** *a simples indicação do dispositivo legal não pontua.*	0,00 – 0,15 – 0,25 – 0,35– 0,40– 0,50
C. Miguel poderá elidir a liminar de desocupação se, dentro dos 15 dias concedidos para a desocupação do imóvel e independentemente de cálculo, efetuar o depósito judicial que contemple a totalidade dos valores devidos (0,40), consoante prevê o artigo 59, §3º OU artigo 62 da Lei nº 8.245/91 (0,10). **Obs.:** *a simples indicação do dispositivo legal não pontua.*	0,00 – 0,40 – 0,50

7. RESPONSABILIDADE CIVIL

(OAB/Exame Unificado – 2018.2 – 2ª fase) A sociedade empresária Fictícia Produções Ltda. (Fictícia) vendeu um imóvel de sua propriedade à Diversão Produções artísticas Ltda. (DPA), que passou a funcionar no local. Dois meses após o registro da compra no cartório de registro de imóveis e início das atividades da DPA, a nova proprietária é surpreendida por uma ação de cobrança de cotas condominiais anteriores à aquisição e não pagas pela Fictícia.

Inconformado com o fato, e diante da previsão contratual na qual a sociedade empresária Fictícia se responsabiliza por débitos relativos ao período anterior à imissão na posse de sua empresa, o diretor Ronaldo procura uma orientação jurídica especializada.

Sobre a hipótese narrada, responda aos itens a seguir.

A) As cotas condominiais anteriores à aquisição são devidas pela atual proprietária do imóvel? **(Valor: 0,60)**

B) Qual a medida processual mais célere, econômica e adequada para exigir da sociedade empresária Fictícia, nos mesmos autos, a responsabilização pela dívida? **(Valor: 0,65)**

Obs.: o(a) examinando(a) deve fundamentar as respostas. A mera citação do dispositivo legal não confere pontuação.

GABARITO COMENTADO

A) Sim, tendo em vista o caráter *propter rem* da obrigação, DPA é devedora das cotas, conforme o art. 1.345 do CC.

B) Denunciação da lide (art. 125, inciso II, do CPC), a fim de obter da sociedade empresária Fictícia Produções os valores que eventualmente tiver que arcar com o processo em razão da responsabilidade contratual.

Distribuição dos Pontos

ITEM	PONTUAÇÃO
A. Sim, tendo em vista o caráter *propter rem* da obrigação (0,50), conforme o Art. 1345 do CC (0,10).	0,00/0,50/0,60
B. Denunciação da lide (0,30), em razão da responsabilização contratual (0,25), na forma do Art. 125, inciso II, do CPC (0,10).	0,00/0,30/ 0,40/0,55/0,65

(**OAB/Exame Unificado – 2018.2 – 2ª fase**) Jonas, médico dermatologista, atende a seus pacientes em um consultório particular em sua cidade. Ana Maria, após se consultar com Jonas, passou a utilizar uma pomada indicada para o tratamento de micoses, prescrita pelo médico. Em decorrência de uma alergia imprevisível, sequer descrita na literatura médica, a pele de Ana Maria desenvolveu uma grave reação à pomada, o que acarretou uma mancha avermelhada permanente e de grandes proporções em seu antebraço direito.

Indignada com a lesão estética permanente que sofreu, Ana Maria decidiu ajuizar ação indenizatória em face de Jonas. Tomando conhecimento, contudo, de que Jonas havia contratado previamente seguro de responsabilidade civil que cobria danos materiais, morais e estéticos causados aos seus pacientes, Ana Maria optou por ajuizar a ação apenas em face da seguradora.

A respeito do caso narrado, responda, fundamentadamente, aos itens a seguir.

A) Provada a ausência de culpa de Jonas, poderia Ana Maria ser indenizada? (**Valor: 0,65**)

B) A demanda proposta por Ana Maria em face da seguradora preenche elementos suficientes para ter seu mérito apreciado? (**Valor: 0,60**)

Obs.: o(a) examinando(a) deve fundamentar as respostas. A mera citação do dispositivo legal não confere pontuação.

GABARITO COMENTADO

A) Não. A responsabilidade dos profissionais liberais é subjetiva e, portanto, depende da demonstração de culpa do causador do dano, conforme o art. 951 do CC **OU** o art. 14, § 4º, do CDC.

B) Não. Está ausente nessa demanda uma das condições/elementos da ação, a saber, a legitimidade passiva, prevista pelo art. 17 do CPC. No seguro de responsabilidade civil facultativo, não pode o terceiro prejudicado ingressar com ação exclusivamente em face da seguradora, nos termos do art. 787 do CC ou do verbete nº 529 da Súmula do STJ.

Distribuição dos Pontos

ITEM	PONTUAÇÃO
A. Não. A responsabilidade dos profissionais liberais é subjetiva **OU** depende da demonstração de culpa do causador do dano (0,55), conforme o Art. 951 do CC **OU** o Art. 14, § 4º, do CDC (0,10).	0,00/0,55/0,65
B. Não, pois não há legitimidade passiva (0,40), nos termos do Art. 787 do CC **OU** no verbete nº 529 da Súmula do STJ (0,10) **E** nos termos do Art. 17 **OU** Art. 330, II, **OU** Art. 485, VI, do CPC (0,10).	0,00/0,40/ 0,50/0,60

(OAB/Exame Unificado – 2018.1 – 2ª fase) Ana Flávia dirigia seu carro em direção à sua casa de praia quando, no caminho, envolveu-se em um acidente grave diante da imprudência de outro veículo, dirigido por Sávio, que realizou ultrapassagem proibida. Como consequência do acidente, ela permaneceu no hospital por três dias, ausentando-se de seu consultório médico, além de ter ficado com uma cicatriz no rosto. Como apenas o hospital particular da cidade oferecia o tratamento adequado e ela não possuía plano de saúde, arcou com as despesas hospitalares.

Ciente de que o automóvel de Sávio está segurado junto à seguradora Fique Seguro Ltda., com cobertura de danos materiais, Ana Flávia ajuizou ação em face de ambos. Sávio e a seguradora apresentaram contestação, esta alegando a culpa exclusiva de Ana Flávia e a impossibilidade de figurar no polo passivo. Em seguida, o juízo determinou a exclusão da seguradora do polo passivo e o prosseguimento da demanda exclusivamente em face de Sávio.

Tendo em vista o caso exposto, responda aos itens a seguir.

A) Qual o recurso cabível contra a decisão? Qual o seu fundamento? (Valor: 0,65)

B) Além do prejuízo material, quais outros danos Ana Flávia poderia ter pedido para garantir a maior extensão da reparação? (Valor: 0,60)

Obs.: o(a) examinando(a) deve fundamentar as respostas. A mera citação do dispositivo legal não confere pontuação.

GABARITO COMENTADO

A) O recurso cabível em face da decisão que determinou a exclusão de litisconsorte é o agravo de instrumento (art. 1.015, inciso VII, do CPC/15). Conforme entendimento consolidado do STJ, é possível o ajuizamento direto em face do causador do dano e da seguradora. Não é necessário aguardar que o causador do dano denuncie a lide em face da seguradora. O que não se admite é o ajuizamento exclusivamente em face da seguradora, uma vez que não possui legitimidade para figurar no polo passivo isoladamente (Súmula 529 do STJ, REsp 943.440/SP e julgado sob o regime de repetitivo: REsp 962.230/RS).

B) Ana Flávia poderia ter deduzido pedido de indenização por danos morais (art. 186 do Código Civil ou art. 5º, inciso V ou inciso X, da CRFB/88) e dano estético (Súmula 387 do STJ), sendo este em razão da cicatriz.

Distribuição dos Pontos

ITEM	PONTUAÇÃO
A. O recurso cabível é o agravo de instrumento (0,35), por se tratar de decisão interlocutória que determinou a exclusão de litisconsorte (0,20), conforme o Art. 1.015, inciso VII, do CPC/15 (0,10).	0,00/0,35/0,45/ 0,55/0,65
B. Ana Flávia poderia ter deduzido pedido de indenização por danos morais (0,20) E dano estético (0,30), com fundamento no Art. 186 OU Art. 927 do Código Civil OU Art. 5º, inciso V ou inciso X, da CRFB/88 OU Súmula 387 do STJ (0,10).	0,00/0,20/0,30/ 0,40/0,50/0,60

(OAB/Exame Unificado – 2017.3 – 2ª fase) Marcos estacionou seu automóvel diante de um prédio de apartamentos. Pouco depois, um vaso de plantas caiu da janela de uma das unidades e atingiu o veículo, danificando o para-brisa e parte da lataria. Não foi possível identificar de qual das unidades caiu o objeto. O automóvel era importado, de modo que seu reparo foi custoso e demorou cerca de dez meses.

Dois anos e meio depois da saída do automóvel da oficina, Marcos ajuíza ação indenizatória em face do condomínio do edifício.

De acordo com o caso acima narrado, responda fundamentadamente às questões a seguir.

A) Considerando que o vaso de plantas caiu da janela de apenas um dos apartamentos, pode o condomínio alegar fato exclusivo de terceiro para se eximir do dever de indenizar? **(Valor: 0,60)**

B) Após a contestação, ao perceber que a pretensão de Marcos está prescrita, pode o juiz conhecer de ofício dessa prescrição se nenhuma das partes tiver se manifestado a respeito? **(Valor: 0,65)**

Obs.: o(a) examinando(a) deve fundamentar as respostas. A mera citação do dispositivo legal não confere pontuação.

GABARITO COMENTADO

A) Trata-se de hipótese da chamada *causalidade alternativa*, em que é possível saber que um ou alguns dos membros de um grupo determinado de pessoas deu causa ao dano, mas não é possível identificar o efetivo causador. No caso específico, não sendo possível identificar, desde logo, o apartamento de onde efetivamente caiu o objeto, o legislador autoriza expressamente a responsabilização de todos os condôminos, nos termos do art. 938 do Código Civil, ao prever a imputabilidade não apenas do único morador do prédio como também do morador de parte da edificação.

B) A pretensão encontra-se prescrita, aplicando-se à hipótese o prazo trienal previsto pelo art. 206, § 3º, inciso V, do Código Civil, contado da data do evento danoso. Trata-se de matéria que pode ser conhecida de ofício pelo julgador (art. 487, inciso II, do CPC/15). No entanto, após a contestação da lide pelo réu, não se autoriza ao juiz conhecer da prescrição sem antes oportunizar a manifestação das partes, em homenagem ao princípio da não surpresa (art. 10 ou art.487, parágrafo único, ambos do CPC/15).

Distribuição dos Pontos

ITEM	PONTUAÇÃO
A. Não. Admite-se a responsabilização de todos os moradores quando não se puder identificar a origem do objeto (0,50), como autoriza o Art. 938 do Código Civil (0,10).	0,00/0,50/0,60
B. Sim, mas deve antes provocar a manifestação das partes, em nome do princípio do contraditório ou da não-surpresa (0,55), nos termos do Art. 10 **OU** do Art. 487, parágrafo único, ambos do CPC/15 (0,10).	0,00/0,55/0,65

(OAB/Exame Unificado – 2017.2 – 2ª fase) Após sofrer acidente automobilístico, Vinícius, adolescente de 15 anos, necessita realizar cirurgia no joelho direito para reconstruir os ligamentos rompidos, conforme apontam os exames de imagem. Contudo, ao realizar a intervenção cirúrgica no Hospital Boa Saúde S/A, o paciente percebe que o médico realizou o procedimento no seu joelho esquerdo, que estava intacto. Ressalta-se que o profissional não mantém relação de trabalho com o hospital, utilizando sua estrutura mediante vínculo de comodato, sem relação de subordinação.

Após realizar nova cirurgia no joelho correto, Vinícius, representado por sua mãe, decide ajuizar ação indenizatória em face do Hospital Boa Saúde S/A e do médico que realizou o primeiro procedimento. Em face do exposto, responda aos itens a seguir.

A) Na apuração da responsabilidade do hospital, dispensa-se a prova da culpa médica? **(Valor: 0,75)**

B) O procedimento do juizado especial cível é cabível? **(Valor: 0,50)**

Obs.: o(a) examinando(a) deve fundamentar suas respostas. A mera citação ou transcrição do dispositivo legal não confere pontuação.

GABARITO COMENTADO

A) Não. A responsabilidade pessoal do profissional liberal *"será apurada mediante a verificação da culpa"*, como prevê o art. 14, § 4º, do CDC. A inclusão do hospital, que responde objetivamente, na forma do art. 14, *caput*, do referido diploma, não tem o condão de dispensar a prova da culpa médica. Desse modo, o hospital responde solidária e objetivamente, dispensado a prova de sua culpa na causação do dano, mas depende da comprovação da culpa do médico, na forma do art. 14, § 4º, da Lei 8.078/90.

B) Não. Na forma do art. 8º, *caput*, da Lei 9.099/95, *"não poderão ser partes, no processo instituído por esta Lei, **o incapaz**, o preso, as pessoas jurídicas de direito público, as empresas públicas da União, a massa falida e o insolvente civil"*. Como o autor da ação é um adolescente de 15 anos, trata-se de pessoa absolutamente incapaz, na forma do art. 3º do CC, motivo pelo qual deve buscar a Justiça Comum para o ajuizamento da demanda.

Distribuição dos Pontos

ITEM	PONTUAÇÃO
A. Não. A responsabilidade objetiva do hospital (0,20), conforme o Art. 14, caput, do CDC (0,10), não tem o condão de dispensar a prova da culpa médica (0,35), na forma do Art. 14, § 4º, da Lei nº 8.078/90 (0,10).	0,00/0,20/0,30/0,35/0,45/ 0,55/0,65/0,75
B. Não, pois o incapaz não pode ser parte nos procedimentos dos Juizados Especiais Cíveis (0,40), conforme o Art. 8º, *caput*, da Lei nº 9.099/95 (0,10).	0,00/0,40/0,50

(OAB/Exame Unificado – 2017.1 – 2ª fase) Danilo ajuizou ação cominatória com pedido de reparação por danos morais contra a financeira Boa Vida S/A, alegando ter sofrido dano extrapatrimonial em virtude da negativação equivocada de seu nome nos bancos de dados de proteção ao crédito. Danilo sustenta e comprova que nunca atrasou uma parcela sequer do financiamento do seu veículo, motivo pelo qual a negativação de seu nome causou-lhe dano moral indenizável, requerendo, liminarmente, a retirada de seu nome dos bancos de dados e a condenação da ré à indenização por danos morais no valor de R$5.000,00.

O juiz concedeu tutela provisória com relação à obrigação de fazer, apesar de reconhecer que não foi vislumbrado perigo de dano ou risco ao resultado útil do processo; contudo, verificou que a petição inicial foi instruída com prova documental suficiente dos fatos constitutivos do direito do autor, não havendo oposição do réu capaz de gerar dúvida razoável. Em sentença, o juiz julgou parcialmente procedentes os pedidos, condenando a ré à obrigação de retirar o nome do autor dos bancos de dados de proteção ao crédito, confirmando a tutela provisória, mas julgando improcedente o pedido de indenização, pois se constatou que o autor já estava com o nome negativado em virtude de anotações legítimas de dívidas preexistentes com instituições diversas, sendo um devedor contumaz.
Em face do exposto, responda aos itens a seguir.

A) À luz da jurisprudência dos tribunais superiores, é correta a decisão do juiz que julgou improcedente o pedido de indenização por danos morais? **(Valor: 0,65)**

B) Poderia o advogado requerer a tutela provisória mesmo constatando-se a inexistência de perigo de dano ou de risco ao resultado útil do processo? **(Valor: 0,60)**

Obs.: O examinando deve fundamentar suas respostas. A mera citação do dispositivo legal não confere pontuação.

GABARITO COMENTADO

A) Sim; com apoio na jurisprudência consolidada no Superior Tribunal de Justiça, *"da anotação irregular em cadastro de proteção ao crédito, não cabe indenização por dano moral quando preexistente legítima inscrição, ressalvado o direito ao cancelamento"*. É o que dispõe o teor da Súmula 385 do STJ.

B) Sim. Trata-se de tutela provisória de evidência, que dispensa a prova de perigo de dano ou de risco ao resultado útil do processo, quando *"a petição inicial for instruída com prova documental suficiente dos fatos constitutivos do direito do autor, a que o réu não oponha prova capaz de gerar dúvida razoável"*, nos termos art. 311, inciso IV, do CPC/15.

Distribuição dos Pontos

ITEM	PONTUAÇÃO
A) Sim, pois há entendimento jurisprudencial consolidado segundo o qual a anotação irregular em banco de dados não gera dano moral indenizável quando preexistente legítima inscrição (0,55), conforme dispõe a Súmula 385 do STJ (0,10).	0,00/0,55/0,65
B) Sim, porque se trata de tutela provisória de evidência (0,50), nos termos do Art. 311, inciso IV, do CPC/15 (0,10).	0,00/0,50/0,60

(OAB/Exame Unificado – 2016.2 – 2ª fase) Patrícia e sua vizinha Luiza estão sempre em conflito, pois Nick, o cachorro de Luiza, frequentemente pula a cerca entre os imóveis e invade o quintal de Patrícia, causando diversos danos à sua horta. Patrícia já declarou inúmeras vezes que deseja construir uma divisória para evitar as constantes invasões de Nick, mas não quer assumir sozinha o custo da alteração, ao passo que Luiza se recusa a concordar com a mudança da cerca limítrofe entre os terrenos. Em determinado dia, Nick acabou preso no quintal de Patrícia que, bastante irritada com toda a situação, recusou-se a devolvê-lo e não permitiu que Luiza entrasse em seu terreno para resgatá-lo.

Sobre a situação descrita, responda aos itens a seguir.

A) Tendo se recusado a devolvê-lo, pode Patrícia impedir a entrada de Luiza em sua propriedade com o intuito de resgatar o cachorro? **(Valor: 0,50)**

B) Com relação ao pleito de Patrícia acerca da divisória entre os imóveis, é possível exigir de Luiza a concordância com a alteração da cerca? Em caso positivo, de quem seriam os custos da colocação da nova divisória? **(Valor: 0,75)**

Obs.: o examinando deve fundamentar suas respostas. A mera citação do dispositivo legal não confere pontuação.

GABARITO COMENTADO

A) A questão envolve problema de limite entre prédios e direito de tapagem, bem como disposições sobre direitos de vizinhança constantes na seção do Código Civil que versa sobre o direito de construir. Com relação à primeira pergunta, não pode Patrícia impedir que Luiza entre em seu terreno, mediante aviso prévio, a fim de resgatar o cachorro Nick (art. 1.313, inciso II, do Código Civil), a não ser que o devolva por conta própria, o que não ocorreu no caso em tela.

B) Já se levando em conta o pleito de Patrícia sobre a alteração da divisória entre os imóveis, observa-se que esse direito pode ser exigido pelo proprietário de um terreno a fim de evitar a passagem de animais de pequeno porte, sendo responsável pelas despesas aquele que provocou a necessidade dos tapumes especiais, ou seja, no presente caso, Luiza (art. 1.297, § 3º, do Código Civil).

Distribuição dos Pontos

ITEM	PONTUAÇÃO
A. Por força do Art. 1.313, inciso II, do Código Civil (0,10) desde que exista aviso prévio (0,15), Patrícia não pode impedir a entrada OU deve permitir a entrada de Luiza em seu terreno (0,25)	0,00 / 0,15 / 0,25 / 0,35 / 0,40 / 0,50
B1. Patrícia pode exigir de Luiza a construção de tapumes especiais para evitar a passagem do animal para sua propriedade (0,35).	0,00 / 0,35
B2. Sendo que os custos da colocação desses tapumes deverão correr por conta de Luiza (0,30), por força do Art. 1.297, § 3º, do Código Civil (0,10).	0,00 / 0,30 / 0,40

(OAB/Exame Unificado – 2016.1 – 2ª fase) Antônia, estudante de Jornalismo, foi contratada por Cristina, jornalista reconhecida nacionalmente, para transcrever os áudios de entrevistas gravadas em razão de estudo inédito sobre a corrupção na América Latina, sendo o sigilo sobre as informações parte de obrigação prevista expressamente no contrato. O trabalho contratado duraria cinco anos, mas, no curso do segundo ano, Cristina descobriu, em conversa com alguns colegas, que Antônia franqueara a uma amiga o acesso ao material de áudio. Inconformada, Cristina ajuizou ação de resolução contratual, cumulada com indenizatória, em face de Antônia, que, em contestação, alegou: i) que o contrato por ela assinado não vedava a subcontratação, e ii) que não teve alternativa senão delegar o trabalho a uma amiga, em razão de ter sido vítima de acidente automobilístico que a impossibilitou de usar o computador por quase três meses, sendo o caso, portanto, de força maior.

Com base na situação apresentada, utilizando os argumentos jurídicos apropriados e a fundamentação legal pertinente ao caso, responda aos itens a seguir.

A) As alegações de Antônia em contestação configuram justo motivo para o inadimplemento contratual, a evitar sua condenação ao pagamento de indenização? **(Valor: 0,75)**

B) Nessa hipótese, pode o juiz, independentemente de dilação probatória, após a contestação apresentada por Antônia, conhecer diretamente do pedido e proferir sentença? **(Valor: 0,50)**

Obs.: o examinando deve fundamentar suas respostas. A mera citação do dispositivo legal não confere pontuação.

GABARITO COMENTADO

A) Não, pois apesar de inexistir a proibição contratual para a subcontratação da prestação de serviço, o Código Civil veda expressamente esta possibilidade, sem que haja a anuência do tomador, de acordo com o art. 605, CC. Ademais, Antônia não pode alegar força maior nesse caso para eximir-se da responsabilidade, vez que a força maior deu causa ao acidente por ela sofrido e a sua incapacitação temporária para a prestação de serviços contratada, mas não deu causa ao dano da quebra de sigilo gerado pela subcontratação, ato voluntário de Antônia.

B) Sim, o juiz pode conhecer diretamente do pedido e julgar a lide antecipadamente, na forma do art. 330, I, do CPC, uma vez que se trata de questão meramente de direito, já que a ré confessou a subcontratação, tornando os fatos incontroversos.

Distribuição dos Pontos

ITEM	PONTUAÇÃO
A. Não. Antônia descumpriu a expressa vedação legal de subcontratação em contrato de prestação de serviço sem o consentimento do tomador/contratante (0,35), a teor do Art. 605 do Código Civil (0,10). Ademais, não poderá alegar força maior porque o ato de subcontratar fora voluntário, ao passo que o acidente apenas deu causa à incapacidade temporária para a prestação de serviços contratada (0,30).	0,00 / 0,30 / 0,35 / 0,40 / 0,45 / 0,65 / 0,75
B. Sim, o juiz pode conhecer diretamente do pedido e julgar antecipadamente a lide, vez que se tornou questão puramente de direito **OU** uma vez que não há necessidade de produção de prova (0,20), em razão do reconhecimento dos fatos pela prestadora de serviço (0,20) conforme previsão do Art. 330, I, do CPC (0,10).	0,00 / 0,20/ 0,30/ 0,40 / 0,50

(OAB/Exame Unificado – 2015.2 – 2ª fase) O famoso atleta José da Silva, campeão pan-americano da prova de 200 m no atletismo, inscreveu-se para a Copa Rio de Atletismo – RJ, 2015. O torneio previa, como premiação aos campeões de cada modalidade, a soma de R$ 20.000,00. Todos os especialistas no esporte estimavam a chance de vitória de José superior a 80%. Na semana que antecedeu a competição, o atleta, domiciliado no estado de Minas Gerais, viajou para a cidade do Rio de Janeiro para treinamento e reconhecimento dos locais de prova. Na véspera do evento esportivo, José sofreu um grave acidente, tendo sido atropelado por um ônibus executivo da sociedade empresária D Ltda., com sede em São Paulo. O serviço de transporte executivo é explorado pela sociedade empresária D Ltda. de forma habitual, organizada profissionalmente e remunerada. Restou evidente que o acidente ocorreu devido à distração do condutor do ônibus. Em virtude do ocorrido, José não pôde competir no aludido torneio. O atleta precisou de atendimento médico-hospitalar de emergência, tendo realizado duas cirurgias e usado medicamentos. No processo de reabilitação, fez fisioterapia para recuperar a amplitude de movimento das pernas e dos quadris.

Sobre a situação descrita, responda aos itens a seguir.

A) Que legislação deve ser aplicada ao caso e como deverá responder a sociedade empresária D Ltda.? Quais os danos sofridos por José? **(Valor: 0,85)**

B) Qual o prazo para o ajuizamento da demanda reparatória? É possível fixar a competência do juízo em Minas Gerais? **(Valor: 0,40)**

Obs.: o examinando deve fundamentar suas respostas. A mera citação do dispositivo legal não confere pontuação.

GABARITO COMENTADO

A1) Trata-se de uma relação de consumo, na qual José se qualifica juridicamente como consumidor por equiparação, vítima de acidente de consumo, conforme o art. 17 do CDC. A sociedade empresária D Ltda. enquadra-se na condição de fornecedora de serviços conforme o art. 3°, § 2°, do CDC. Assim, deve-se aplicar o CDC e a responsabilidade civil será objetiva, nos termos do art. 14 do CDC, bem como no art.37, § 6°, da Constituição da República, por tratar-se de prestadora de serviço público.

A2) Quanto aos danos suportados pelo corredor, verifica-se a ocorrência da perda de uma chance. Trata-se da frustração da probabilidade de obter o prêmio da Copa Rio de Atletismo. A situação revela que a chance se revestia das características jurídicas sérias e reais, e, assim, deverá ser reparada. Além da perda da chance, deverão ser indenizados os danos morais pela violação da integridade física e os danos emergentes decorrentes dos tratamentos médicos (art. 402 do CC).

B) O prazo prescricional será de cinco anos, como prevê o art. 27 do CDC. O regime de consumo autoriza o ajuizamento da ação no domicílio do autor, conforme previsto no art. 101, I, do CDC. Portanto, José poderá optar pela demanda, em Minas Gerais.

Distribuição dos Pontos

ITEM	PONTUAÇÃO
A1. Aplica-se o CDC (0,10) e a responsabilidade civil será objetiva (0,10), pois José é consumidor por equiparação (0,15), conforme determinam o Art. 14 do CDC, ou art. 37, § 6°, da CRFB. (0,10) *Obs.: a mera citação do dispositivo legal não confere pontuação.*	0,00 /0,10 /0,15/0,20 / 0,25/ 0,30/0,35/0,45

A2. Além da perda da chance (0,10), deverão ser compensados os danos morais pela violação da integridade física (0,10) e indenizados os danos emergentes decorrentes dos tratamentos médicos (0,10), de acordo com o Art. 402 ou Art. 949, ambos do CC (0,10). *Obs.: a mera citação do dispositivo legal não confere pontuação.*	0,00/0,10/0,20/ 0,30/0,40
B1. O prazo aplicável é de cinco anos (0,10) conforme Art. 27 do CDC (0,10) *Obs.: a mera citação do dispositivo legal não confere pontuação.*	0,00/0,10/0,20
B2. O consumidor terá a faculdade de demanda em seu domicílio, no caso, Minas Gerais (0,10) conforme possibilita o Art. 101, I, do CDC (0,10) *Obs.: a mera citação do dispositivo legal não confere pontuação.*	0,00/0,10/0,20

(OAB/Exame Unificado – 2015.1 – 2ª fase) A famosa entrevistadora Emília Juris anunciou, em seu programa, estar grávida de uma menina. Contudo, na semana seguinte, seu marido afirmou que não podia ter filhos, comprovando, por laudo médico de infertilidade, sua afirmativa. Em rede nacional, acusou-a de adultério.

Diante da notícia avassaladora, Etanael Castro publicou texto no seu blog ofendendo Emília com palavrões e expressões chulas, principalmente no âmbito sexual, atingindo-a intensamente em sua honra, e, em relação à futura filha da entrevistadora, usou os mesmos termos, até de forma mais grosseira.

Emília procura um advogado para assisti-la na defesa de seus direitos, questionando-o, inclusive, quanto aos direitos de sua filha que já foi ofendida mesmo antes de nascer.

Diante da situação narrada, responda aos itens a seguir, fundamentando-as com os dispositivos pertinentes.

A) Mesmo antes da criança nascer, Emília pode reclamar direitos do nascituro? (Valor: 0,45)

B) Emília possui legitimidade para ajuizar ação em seu nome e do nascituro? (Valor: 0,80)

Obs.: responda justificadamente, empregando os argumentos jurídicos apropriados e a fundamentação legal pertinente ao caso.

GABARITO COMENTADO

A) O art. 2º do Código Civil enuncia que a personalidade civil tem início do nascimento com vida, mas põe a salvo, desde a concepção, os direitos do nascituro. Assim sendo, a filha de Emília, ainda que na condição de nascituro, pode ter violado seu direito à personalidade e, portanto, tutelado pelo ordenamento.

B) Sim. Como o objeto litigioso diz respeito tanto a Emília quanto à sua filha, Emília reunirá as situações jurídicas de legitimado ordinário e extraordinário. No caso da filha, trata-se de representação processual por parte de Emília para defender os direitos da filha, já que estará em juízo em nome alheio, defendendo interesse alheio, na forma do que dispõe os artigos 18 e 71 do Código de Processo Civil.

Distribuição dos Pontos

ITEM	PONTUAÇÃO
A. Sim, o código defere proteção aos direitos do nascituro desde a concepção (0,35), na forma do que dispõe o Art. 2º do Código Civil (0,10). *Obs.: a simples menção ou transcrição do artigo não será pontuada.*	0,00/0,35/0,45
B. Sim. Emília reunirá as situações jurídicas de legitimado ordinário (0,20) e extraordinário (0,20). Emília estará na condição de representante processual, já que estará em juízo em nome alheio defendendo interesse alheio (0,30), na forma dos artigos 6º e/ou 8º do Código de Processo Civil (0,10). *Obs.: a simples menção ou transcrição do artigo não será pontuada.*	0,00/0,20/0,30/0,40/ 0,50/0,60/0,70/0,80

(**OAB/Exame Unificado – 2014.1 – 2ª fase**) Retornando de um campeonato em Las Vegas, Tobias, lutador de artes marciais, surpreende-se ao ver sua foto estampada em álbum de figurinhas intitulado "Os Maiores Lutadores de Todos os Tempos", à venda nas bancas de todo o Brasil. Assessorado por um advogado de sua confiança, Tobias propõe em face da editora responsável pela publicação ação judicial de indenização por danos morais decorrentes do uso não autorizado de sua imagem. A editora contesta a ação argumentando que a obra não expõe Tobias ao desprezo público nem acarreta qualquer prejuízo à sua honra, tratando-se, muito ao contrário, de uma homenagem ao lutador, por apontá-lo como um dos maiores lutadores de todos os tempos. De fato, sob a foto de Tobias, aparecem expressões como "grande guerreiro" e "excepcional gladiador", além de outros elogios à sua atuação nos ringues e arenas.

Diante do exposto, responda de forma fundamentada:

A) É cabível a indenização pleiteada por Tobias no caso narrado acima? (**Valor: 0,75**)

B) Caso Tobias tivesse falecido antes da publicação do álbum, seus descendentes poderiam propor a referida ação indenizatória? (**Valor: 0,50**)

A simples menção ou transcrição do dispositivo legal não pontua.

GABARITO COMENTADO

A) Sim. É indiscutível, no direito brasileiro, o cabimento de indenização por uso não autorizado da imagem em publicação destinada a fins comerciais, conforme se extrai da própria dicção do art. 20 do Código Civil **OU** da Súmula 403 do STJ.

B) Sim. Como Tobias faleceu antes da publicação do álbum, seus descendentes são partes.

Distribuição dos Pontos

ITEM	PONTUAÇÃO
A. Sim, é indiscutível, no direito brasileiro, o cabimento de indenização por uso não autorizado da imagem em publicação destinada a fins comerciais (0,60), conforme se extrai da própria dicção do artigo 20 do Código Civil OU da Súmula 403 do STJ (0,15). *Obs.: A simples menção ao dispositivo e/ou Súmula não pontua*	0,00 – 0,60 – 0,75

B. Sim, como Tobias faleceu antes da publicação do álbum, seus descendentes são partes legítimas para requerer essa proteção (0,35), nos termos do disposto no parágrafo único do art. 20 do Código Civil (0,15). *Obs.: A simples menção ao dispositivo não pontua*	0,00 – 0,35 – 0,50

(OAB/Exame Unificado – 2013.3 – 2ª fase) Martha foi convidada para participar, como palestrante, de um Congresso que ocorreria no Uruguai. Após confirmar a sua participação no evento, Martha decide comprar suas passagens pela Internet no site de uma famosa companhia aérea. Como não possuía voo direto que a levasse de Goiás para o Uruguai, Martha adquire um voo com escala em São Paulo. No dia da viagem, ao chegar a São Paulo, lugar onde teria que fazer a troca de aeronave, a passageira é informada a respeito do cancelamento de seu voo para o Uruguai.

Preocupada, Martha indaga se seria possível realocá-la em outra aeronave, mas recebe a notícia de que somente decolariam novos voos para o Uruguai no dia seguinte, ou seja, após o evento do qual participaria. Inconformada com a perda do Congresso, Martha propõe uma ação no juizado especial cível de seu domicílio, postulando a reparação por danos morais e materiais em face da sociedade empresária. Em sede de contestação, a referida sociedade empresária alega não possuir culpa, não havendo, portanto, responsabilidade.

Com base no exposto, responda, fundamentadamente, aos itens a seguir.

A) O argumento utilizado pela sociedade empresária em sede de contestação está correto? (Valor: 0,65)

B) Suponha que Martha, ciente da data da audiência de instrução e julgamento, não compareça e não comprove que a sua ausência decorreu por motivo de força maior. Nesse caso, qual atitude deve ser tomada pelo juiz? (Valor: 0,60)

GABARITO COMENTADO – EXAMINADORA

A) O argumento utilizado pela empresa não está correto. Preliminarmente, o candidato deve identificar que, no caso em tela, a responsabilidade é objetiva. Para fundamentar tal afirmação deverá informar que a questão versa sobre hipótese a ser guiada pelo Código de Defesa do Consumidor. O referido diploma, em seu art. 14, estabelece que o fornecedor de serviços responde, independentemente da existência de culpa, pela reparação dos danos causados aos consumidores por defeitos relativos à prestação dos serviços, bem como por informações insuficientes ou inadequadas sobre sua fruição e riscos. O dever de informação consta também do inciso III do art. 6º, do CDC. Alternativamente, poderá indicar como fundamento o tratamento que o Código Civil confere ao contrato de transporte (art. 734 e seguintes).

B) Deverá haver extinção do processo sem resolução do mérito, consoante estabelece o art. 51, inciso I da Lei 9.099/95. Ademais, considerando que a ausência da autora não foi justificada, deverá haver pagamento de custas por parte desta, consoante § 2º do art. 51 do mesmo diploma legal.

Distribuição dos Pontos

ITEM	PONTUAÇÃO
A. O argumento usado não está correto. O candidato deve identificar que o caso em tela a responsabilidade é objetiva (0,45), indicando como fundamento o disposto no art. 14 do CDC, o art. 734 e seguintes do CC (0,20). **Obs.**: *a simples indicação do dispositivo legal não pontua.*	0,00 – 0,45 – 0,65
B. Extinção do processo sem resolução do mérito conforme art. 51 da Lei n. 9.099/95 (0,40). Deve haver pagamento de custas pela autora, consoante § 2º do Art. 51 da Lei 9.099/95 (0,20).	0,00 – 0,20 – 0,40 – 0,60

(OAB/Exame Unificado – 2013.2 – 2ª fase) Dr. João, médico clínico geral, atende em seu consultório há vinte anos, sem ter constituído qualquer empresa, atuando, portanto, como profissional liberal.

Levando-se em conta a responsabilização civil dos profissionais liberais, responda, de forma justificada, aos itens a seguir.

A) A relação de Dr. João com seus pacientes ostenta a natureza jurídica de relação de consumo? (Valor: 0,65)

B) Neste caso, a responsabilidade civil do Dr. João deve ser subjetiva ou objetiva? (Valor: 0,25)

C) Em eventual demanda envolvendo Dr. João e um paciente seu, poderia ser aplicada a inversão do ônus da prova fundada na teoria da carga dinâmica da prova? (Valor: 0,35)

GABARITO COMENTADO – EXAMINADORA

A) O examinando deve responder positivamente à indagação. Pode ser tida como relação de consumo, pois Dr. João é uma pessoa física que presta serviços médicos, enquadrando-se no conceito de fornecedor do art. 3º, da Lei 8.078/90 (CDC), e os seus pacientes são destinatários finais dos serviços prestados por Dr. João, ostentando a natureza jurídica de consumidores, nos termos do art. 2º, da Lei 8.078/90 (CDC).

B) O examinando deve destacar que apesar de se tratar de relação de consumo, o próprio art. 14, § 4º, da Lei 8.078/90 (CDC) estabelece que a responsabilização civil dos profissionais liberais é subjetiva, ou seja, impõe a comprovação do elemento culpa.

C) O examinando deve responder positivamente à indagação, desde que presentes os requisitos legais estabelecidos no art. 6º, VIII, da Lei 8.078/90 (CDC), já que se trata de relação de consumo e este é um direito básico do consumidor que não pode ser afastado pela responsabilidade subjetiva dos profissionais liberais previstas no art. 14, § 4º, do CDC.

(OAB/Exame Unificado – 2013.1 – 2ª fase) Joaquim estava irresignado porque não encontrava mais seu vinho favorito à venda. Conversando com Manuel, dono de um estabelecimento comercial perto de sua residência, o mesmo lhe informou que aquele vinho não era mais entregue pelo fornecedor, mas que vendia outro muito bom, melhor que o apreciado por Joaquim. O vinho não possuía qualquer informação no rótulo além de seu nome, mas, Joaquim resolveu comprá-lo diante dos elogios feitos por Manuel.

Chegando à sua residência, ao tentar abrir a bebida, o vidro se estilhaça e atinge o olho de Joaquim, causando-lhe uma lesão irreparável na córnea.

Joaquim tenta, então, conversar com Manuel sobre o ocorrido, mas o mesmo afirma que não possui qualquer responsabilidade. Ajuíza, então, ação em face de Manuel, pleiteando reparação por danos materiais.

Oferecida a defesa, Manuel alega que não possui qualquer responsabilidade e que não seria parte legítima, por ser apenas o vendedor do produto.

A respeito desta hipótese, responda, fundamentadamente:

A) Merecem prosperar as alegações de Manuel? (valor: 0,75)

B) Se Joaquim falecesse no curso do processo, como os herdeiros poderiam pleitear inclusão na relação processual? (Valor: 0,50)

A simples menção ou transcrição do dispositivo legal não pontua.

GABARITO COMENTADO – EXAMINADORA

A) O examinando deve identificar que se trata de fato, e não de vício, do produto, vez que este apresenta um risco não esperado, e, não havendo informação sobre o produtor da bebida, Manuel, como comerciante será o responsável, nos termos do art. 12, § 1º, II, c/c art. 13, I ou II, ambos do Código de Defesa do Consumidor, podendo ser responsabilizado civilmente pelo ocorrido.

B) O examinando deve identificar que, no caso de falecimento de Joaquim, para pleitearem o recebimento da quantia, os herdeiros deverão prosseguir no feito, requerendo a habilitação incidental nos próprios autos da ação reparatória em face de Manuel. Para isso, deverão juntar aos autos a prova do óbito de Joaquim e da qualidade de herdeiro, nos termos do art. 689 do CPC.

(OAB/Exame Unificado – 2012.2 – 2ª fase) Marcelo, brasileiro, casado, advogado, residente e domiciliado na cidade do Rio de Janeiro/RJ, adquiriu um veículo zero quilômetro em 2005. Exatos seis anos depois da aquisição do referido automóvel, quando viajava com sua família em Natal/RN, o motor do carro explodiu, o que gerou um grave acidente, com sérias consequências para Marcelo e sua família bem como para dois pedestres que estavam no acostamento da rodovia. Apesar de ter seguido à risca o plano de revisão sugerido pela montadora do veículo, com sede em São Paulo/SP, um exame pericial no carro de Marcelo constatou claramente que o motor apresentava um sério defeito de fabricação que provocou o desgaste prematuro de determinadas peças e, consequentemente, a explosão.

A respeito desta hipótese, responda, fundamentadamente:

A) Em relação aos danos sofridos por Marcelo e seus familiares, em que (ais) dispositivo (s) do Código de Defesa do Consumidor você enquadraria a responsabilidade do fabricante do veículo? (Valor: 0,35)

B) O fabricante pode, com êxito, alegar ter se escoado o prazo prescricional? (Valor: 0,30)

C) Os terceiros lesados (dois pedestres) pelo acidente provocado pela explosão podem se valer das normas constantes do Código de Defesa do Consumidor para pleitear eventual recomposição pelos danos sofridos? (Valor: 0,30)
D) Marcelo poderia propor a ação de responsabilidade civil da empresa fabricante na cidade do Rio de Janeiro? E na cidade de São Paulo? (Valor: 0,30)

GABARITO COMENTADO – EXAMINADORA

A) A hipótese trata da responsabilidade pelo fato do produto, prevista no art. 12 e seguintes do Código de Defesa do Consumidor, Lei 8.078/90. O produto é defeituoso quando não oferece a segurança que dele legitimamente se espera (art. 12, § 1º, do CDC), colocando em risco a integridade dos consumidores.

B) O prazo prescricional previsto para o pedido indenizatório no caso de fato do produto é de 5 (cinco) anos contados a partir do conhecimento do dano e de sua autoria (art. 27 do CDC). Assim é que, mesmo depois de 6 (seis) anos, Marcelo ainda conta com prazo para manejar ação de recomposição pelos danos sofridos.

C) No caso da responsabilidade pelo fato do produto, equiparam-se aos consumidores todas as vítimas do evento lesivo (art. 17 do CDC), pelo que os pedestres podem se valer do CDC para fundamentar as suas demandas compensatórias.

D) O art. 101, I, do CDC, traz o benefício, para o consumidor de acionar o fornecedor no domicílio do autor, no caso na cidade do Rio de Janeiro/RJ. Mas esta é uma prerrogativa, da qual o consumidor pode abrir mão se quiser, podendo, também, propor a ação em São Paulo/SP, local da sede da empresa ré.

Distribuição dos Pontos

Quesito Avaliado	Valores
Identificação da responsabilidade pelo fato do produto [art. 12, *caput*, e § 1º do CDC]	0,00 / 0,35
Identificação do não escoamento do prazo prescricional [art. 27 do CDC]	0,00 / 0,30
Identificação dos consumidores por equiparação no caso dos pedestres [art. 17 do CDC]	0,00 / 0,30
Identificação da possibilidade de propositura da ação na cidade do Rio de Janeiro / RJ (0,15) e São Paulo / SP [art.101, I, do CDC] (0,15). OBS.: A mera citação do dispositivo legal não pontua.	0,00 / 0,15 / 0,30

(OAB/Exame Unificado – 2011.1 – 2ª fase) A arquiteta Veronise comprou um espremedor de frutas da marca Bom Suco no dia 5 de janeiro de 2011. Quarenta dias após Veronise iniciar sua utilização, o produto quebrou. Veronise procurou uma autorizada e foi informada de que o aparelho era fabricado na China e não havia peças de reposição no mercado. No mesmo dia, ela ligou para o Serviço de Atendimento ao Consumidor (SAC) da empresa. A orientação foi completamente diferente: o produto deveria ser levado para o conserto. Passados 30 dias da ocasião em que o espremedor foi encaminhado à autorizada, o fabricante informou que ainda não havia recebido a peça para realizar o conserto, mas que ela chegaria em três dias. Como o problema persistiu, o fabricante determinou que a consumidora recebesse um espremedor novo do mesmo modelo.

Diante da situação apresentada, responda aos itens a seguir, empregando os argumentos jurídicos apropriados e a fundamentação legal pertinente ao caso.

a) O caso narrado caracteriza a ocorrência de qual instituto jurídico, no que se refere ao defeito apresentado pelo espremedor de frutas? (Valor: 0,5)

b) Como advogado (a) de Veronise, analise a conduta do fornecedor, indicando se procedeu de maneira correta ao deixar de realizar o reparo por falta de peça e determinar a substituição do produto por um novo espremedor de frutas (Valor: 0,75).

RESOLUÇÃO DA QUESTÃO

a) A hipótese narrada é de vício do produto, previsto no art. 18 do CDC:

"Os fornecedores de produtos de consumo duráveis ou não duráveis respondem solidariamente pelos vícios de qualidade ou quantidade que os tornem impróprios ou inadequados ao consumo a que se destinam ou lhes diminuam o valor, assim como por aqueles decorrentes da disparidade, com a indicações constantes do recipiente, da embalagem, rotulagem ou mensagem publicitária, respeitadas as variações decorrentes de sua natureza, podendo o consumidor exigir a substituição das partes viciadas."

O produto quebrado o torna "impróprio para o consumo".

b) Nos termos do art. 18, §, 1º, do CDC, caso o produto não seja consertado em 30 dias (hipótese do problema), cabe ao consumidor escolher uma dentre as três possibilidades:

"I – a substituição do produto por outro da mesma espécie, em perfeitas condições de uso;

II – a restituição imediata da quantia paga, monetariamente atualizada, sem prejuízo de eventuais perdas e danos;

III – o abatimento proporcional do preço."

Portanto, a escolha de uma dessas possibilidades caberia ao consumidor e não ao fornecedor.

Por fim, vale lembrar que o art. 32 do CDC aponta ser dever do fornecedor "assegurar a oferta de componentes e peças de reposição enquanto não cessar a fabricação ou importação do produto".

GABARITO COMENTADO – EXAMINADORA

No primeiro tópico, o examinando deve informar a ocorrência de vício do produto, instituto caracterizado no art. 18, *caput*, da Lei 8.078/90. Deve explicitar que o defeito contido no espremedor de sucos o torna inadequado ao consumo a que se destina, o que caracteriza seu vício de qualidade, não se podendo falar em fato no produto, *in casu*.

No segundo tópico, o candidato deve explicitar que há, por parte do fabricante, obrigatoriedade de manter peças de reposição no mercado (art. 32 do CDC), mas no caso em tela, como se passaram mais de 30 dias que o produto foi para conserto, cabe ao consumidor decidir se quer a troca do produto, abatimento no preço ou devolução do dinheiro, nos termos do art. 18, §§ 1º e 3º, Lei 8.078/90, razão pela qual se pode afirmar que procedeu equivocadamente o fornecedor ao determinar, sem previamente consultar a consumidora, a substituição do produto.

Distribuição dos Pontos

ITEM	PONTUAÇÃO
Vício do produto (0,25). art. 18, *caput*, da Lei 8.078/90 (0,25).	0 / 0,25 / 0,5
Necessidade de manter peças de reposição no mercado (0,2) (art. 32, CDC) (0,2).	0 / 0,2 / 0,4
É escolha do consumidor trocar o produto, obter abatimento ou devolução do dinheiro por não ter sido o vício sanado em até 30 dias (0,2) (art. 18, § 1º, CDC) (0,15)	0 / 0,15 / 0,2 / 0,35

(OAB/Exame Unificado – 2010.1 – 2ª fase) Sueli, pessoa solteira e sem filhos, adquiriu, mediante financiamento, móveis em uma grande loja de departamentos. Paga em dia a última parcela do financiamento, Sueli faleceu, vítima de acidente automobilístico. Seu pai, Lúcio, viúvo, passou a receber cobrança da referida loja contra Sueli. Sabedor da retidão do caráter da filha, Lúcio procurou e achou os comprovantes de pagamento e quitação da dívida e os levou até a loja. Contudo, tempos depois, recebeu a comunicação de que o nome de Sueli havia sido indevidamente negativado.

Em face dessa situação hipotética, indique, de forma fundamentada, a providência judicial que deverá ser tomada para a compensação do prejuízo sofrido, assim como a legitimação para tanto.

RESOLUÇÃO DA QUESTÃO

A providência judicial a ser tomada é a propositura de ação de indenização por danos morais cumulada com obrigação de fazer para a retirada do nome de Sueli do cadastro dos inadimplentes, com pedido de tutela antecipada ante a presença de dano irreparável ou de difícil reparação.

A ação deverá ser proposta pelo pai, que, nos termos do art. 20, parágrafo único, do Código Civil, possui legitimidade para requerer a proteção de seu descendente morto, pleiteando indenização em razão de ato ilícito que atingiu a honra da falecida.

No caso, é entendimento pacífico que a indevida inclusão de nome de pessoa no rol dos inadimplentes dá causa à reparação por dano moral. Assim, tendo legitimidade para tanto, o pai de Sueli poderá requerer a indenização como acima exposto.

Comentários adicionais

Sobre o tema o seguinte julgado:

AÇÃO DE INDENIZAÇÃO. DANOS MORAIS. INSCRIÇÃO DE FALECIDO NOS ÓRGÃOS DE PROTEÇÃO AO CRÉDITO. FINALIDADE DA INSCRIÇÃO. VALOR. OBSERVÂNCIA AOS PRINCÍPIOS DA PROPORCIONALIDADE E DA RAZOABILIDADE.

1.O FILHO DO CONSUMIDOR FALECIDO, NA FORMA DO ART. 12 DO CÓDIGO CIVIL, TEM LEGITIMIDADE PARA BUSCAR INDENIZAÇÃO POR PERDAS E DANOS EM NOME PRÓPRIO.

2.A VÍTIMA DE UM FATO DANOSO EXPERIMENTA PREJUÍZO MORAL QUE PODE ATINGIR, DE FORMA REFLEXA, OUTROS DE SEU CONVÍVIO QUE SOFREM OS EFEITOS DO DANO, AMARGANDO PREJUÍZOS NA CONDIÇÃO DE PREJUDICADOS INDIRETOS.

3.O CADASTRO DE INADIMPLENTES VISA FORNECER SUBSÍDIOS PARA QUE OS INTERESSADOS SE ACAUTELEM EM RELAÇÃO A DEVEDORES INADIMPLENTES. AUSENTE A FINALIDADE, A RESTRIÇÃO CAUSA DANOS MORAIS NÃO SÓ À MEMÓRIA DO FALECIDO, MAS TAMBÉM À DOS FAMILIARES QUE, DE ALGUMA FORMA, SUPORTAM COM ABALO MORAL E PSICOLÓGICO.

4. A INSCRIÇÃO INDEVIDA DO NOME DO CONSUMIDOR EM CADASTRO DE DEVEDORES INADIMPLENTES GERA, POR SI SÓ, INDENIZAÇÃO POR DANOS MORAIS. NÃO É PRECISO COMPROVAR O DANO UMA VEZ QUE A MERA INCLUSÃO CONFIGURA DANO À IMAGEM, PASSÍVEL DE SER INDENIZADO.

5. O VALOR DA INDENIZAÇÃO DEVE SER FIXADO CONSIDERANDO-SE A LESÃO SOFRIDA, A CONDIÇÃO FINANCEIRA DO RÉU E O CARÁTER PEDAGÓGICO E PUNITIVO DA MEDIDA, PONDERANDO-SE PELA PROPORCIONALIDADE E RAZOABILIDADE, EVITANDO-SE O ENRIQUECIMENTO SEM CAUSA DO AUTOR.

6. RECURSO CONHECIDO E PROVIDO. (Tribunal de Justiça do Distrito Federal, Relator Asiel Henrique, 1ª Turma, j. 05/08/2009).

GABARITO COMENTADO – EXAMINADORA

O pai da falecida poderá ingressar com ação de indenização por danos morais c/c com obrigação de fazer para a retirada do nome da filha do cadastro de inadimplentes, com pedido de antecipação de tutela contra a referida loja, haja vista estar sendo atingido o bom nome da família. Tal ação deve ser ajuizada pelo pai, em nome próprio, e não em nome da falecida, de acordo com o parágrafo único do art. 20 do Código Civil:

"Salvo se autorizadas, ou se necessárias à administração da justiça ou à manutenção da ordem pública, a divulgação de escritos, a transmissão da palavra, ou a publicação, a exposição ou a utilização da imagem de uma pessoa poderão ser proibidas, a seu requerimento e sem prejuízo da indenização que couber, se lhe atingirem a honra, a boa fama ou a respeitabilidade, ou se se destinarem a fins comerciais. Parágrafo único. Em se tratando de morto ou de ausente, são partes legítimas para requerer essa proteção o cônjuge, os ascendentes ou os descendentes."

Eis o entendimento da doutrina: "Mas, a se admitir uma eventual reparação do dano moral, consequente do atentado à memória dos mortos, a legitimação do exercício da ação reparatória reconhecida em favor daqueles legitimados para a iniciativa da ação penal privada, não seria decorrência de um direito hereditário, já que morto o ofendido cuja memória é maculada, não haveria sucessão possível em um pretenso direito nascido posteriormente à abertura da sucessão; seria, assim, uma ação de indenização fundada em direito próprio, no que são igualmente molestados, ainda que de maneira indireta, os sentimentos de dor e estima de seus familiares, pelas ofensas desrespeitosas à memória do ente querido" (Yussef Said Cahali. Dano moral. São Paulo: Editora Revista dos Tribunais, 2 ed., pág. 700).

Observação para a correção: atribuir pontuação integral às respostas em que esteja expresso o conteúdo do dispositivo legal, ainda que não seja citado, expressamente, o número do artigo.

(OAB/Exame Unificado – 2007.1 – 2ª fase) José, brasileiro, maior, capaz, produziu danos materiais no valor de R$ 2.500,00 em prédio rústico de propriedade da empresa Potiguar Fomentos S.A. No entanto, José recusa-se terminantemente a pagar tais danos, razão pela qual não há outra forma senão o ajuizamento, por parte da empresa lesada, de tutela judicial com finalidade de recompor o desfalque patrimonial suportado. Na qualidade de advogado dessa empresa, indique a espécie da tutela judicial cabível, bem como nomeie o procedimento ou o rito próprio à espécie. Informe o(s) dispositivo(s) legal(is) em que se fundamenta a sua resposta.

RESOLUÇÃO DA QUESTÃO

O caso tem tela reclama o ingresso de ação indenizatória, na qual se deve pleitear a condenação de José no pagamento da quantia de R$ 2.500,00, acrescida de juros moratórios e atualização monetária contados do evento danoso, por se tratar de ato ilícito, bem como das quantias referentes a custas, despesas processuais e honorários advocatícios.

A ação não poderá ser aforada em Juizado Especial Cível, vez que a autora é pessoa jurídica (art. 8º, § 1º, da Lei 9.099/95). Todavia, se autora fosse microempresa ou empresa de pequeno porte, poderia se valer do Juizado Especial (art. 8º, 1º, II, da Lei Complementar 123/05).

O procedimento a ser adotado é o sumário, nos termos do disposto no art. 275, II, "c", por se tratar de matéria atinente a "ressarcimento de danos a prédio urbano ou rústico".

(OAB/Exame Unificado – 2006.2 – 2ª fase) Miguel, ao transitar pela calçada próxima a um edifício residencial, foi atingido por pesado objeto de metal que fora arremessado do prédio, o que lhe causou lesões na cabeça e no ombro e danificou os óculos por ele usados para correção visual. Acerca dessa situação hipotética, responda, de forma fundamentada, às seguintes questões.

- Miguel tem direito à indenização?
- A responsabilidade, nesse caso, é subjetiva ou objetiva?
- Na hipótese de não se conseguir identificar a pessoa que arremessou o objeto, ficaria a vítima impedida de pedir indenização ou poderia imputar responsabilidade ao condomínio? extensão máxima: 30 linhas

RESOLUÇÃO DA QUESTÃO

O caso mencionado se subsume à hipótese prevista no art. 938 do Código Civil. Esse dispositivo responsabiliza aquele que habitar prédio por danos provenientes de coisas que caírem ou forem lançadas em lugar indevido.

O dispositivo em questão não exige, para a configuração da responsabilidade, que se demonstre culpa ou dolo daquele que habita o prédio, para que a responsabilidade seja configura, de modo que não se trata da responsabilidade subjetiva clássica (art. 186 do Código Civil), até porque, se se tratasse dessa responsabilidade, não seria necessário o art. 938 do Código Civil.

O dispositivo também não é daqueles que estabelece a culpa presumida, culpa essa que pode ser desfeita pela prova de que o agente não atuou com culpa o dolo. Nesse caso, ter-se-ia verdadeira responsabilidade. A única diferença em relação à responsabilidade subjetiva prevista no art. 186 do Código Civil é que o ofendido não teria o ônus de provar conduta dolosa ou culposa, ficando a culpa, como dito, presumida. E a diferença em relação à responsabilidade objetiva está em que, diferentemente desta, na responsabilidade com culpa presumida, o ofensor poderá tê-la excluída se demonstrar que não agiu culposamente.

Dessa forma, no caso em tela, Miguel tem, sim, direito à indenização, direito esse que deverá ser exercido em face daquele que arremessou o metal ou de que habita o apartamento de onde as coisas foram lançadas, sendo certo que, em relação a quem habita o imóvel, a responsabilidade é objetiva.

Na hipótese de não se identificar quem arremessou o objeto e o apartamento de onde foi lançado, a jurisprudência vem entendendo que o condomínio deverá responder, ressalvado, seu direito de regresso contra o responsável, caso se consiga identificá-lo futuramente.

Comentários adicionais.

Confira o entendimento mencionado:

RECURSO ESPECIAL – RESPONSABILIDADE CIVIL – DIREITO DE VIZINHANÇA – LEGITIMIDADE PASSIVA – CONDOMÍNIO. Na impossibilidade de identificar o causador, o condomínio responde pelos danos resultantes de objetos lançados sobre prédio vizinho. (REsp 246.830/SP, Rel. Ministro HUMBERTO GOMES DE BARROS, TERCEIRA TURMA, julgado em 22/02/2005, DJ 14/03/2005 p. 316)

Confira outros acórdãos sobre a responsabilidade civil do condomínio:

NÃO CARACTERIZADA A RESPONSABILIDADE CIVIL DO CONDOMÍNIO POR HOMICÍDIO DOLOSO PRATICADO POR VIGIA TERCEIRIZADO CONTRA MORADOR. RECURSO ESPECIAL NÃO CONHECIDO. Em regra, não há responsabilidade do Condomínio por fato de terceiro. Isso porque, conforme reiterada jurisprudência da Casa, conquanto o disposto no art. 22 da Lei 4.591/64 preceitue que a administração do condomínio está a cargo do síndico, daí não se conclui que este é o responsável por todos os danos sofridos pelos condôminos, notadamente os causados por atos dolosos de terceiros. (REsp 579.121/DF, Rel. Ministro LUIS FELIPE SALOMÃO, QUARTA TURMA, julgado em 17/03/2009, DJe 30/03/2009)

FURTO DE MOTOCICLETA NAS DEPENDÊNCIAS DE CLUBE SÓCIO-RECREATIVO. ESTACIONAMENTO. INDENIZAÇÃO INDEVIDA. Inexistindo expressa previsão estatutária, não é a entidade sócio-recreativa, assim como por igual acontece nos condomínios, responsável pelo furto de veículos ocorrido em suas dependências, dada a natureza comunitária entre os filiados, sem caráter lucrativo. (REsp 310.953/SP, Rel. Ministro ALDIR PASSARINHO JUNIOR, QUARTA TURMA, julgado em 10/04/2007, DJ 07/05/2007 p. 326)

CIVIL. RESPONSABILIDADE CIVIL. CONDOMÍNIO. O condomínio só responde por furtos ocorridos nas suas áreas comuns se isso estiver expressamente previsto na respectiva convenção. Embargos de divergência não conhecidos. (EREsp 268.669/SP, Rel. Ministro ARI PARGENDLER, SEGUNDA SEÇÃO, julgado em 08/03/2006, DJ 26/04/2006 p. 198)

(OAB/Exame Unificado – 2006.1 – 2ª fase) Antônio, soldado da Polícia Militar do estado do Espírito Santo, fora de seu horário de trabalho e em trajes civis, no interior de um bar localizado nas proximidades de sua residência, efetuou vários disparos com arma de fogo pertencente a sua corporação, causando a morte acidental de Maria, que também se encontrava no interior do mencionado estabelecimento comercial. Maria era solteira, deixou dois filhos menores impúberes e trabalhava como empregada doméstica, percebendo mensalmente quantia correspondente a dois salários mínimos. Dependiam financeiramente da vítima seus filhos menores e sua mãe, pessoa idosa e incapaz.

Considerando a situação hipotética apresentada e em relação à responsabilidade civil, redija um texto em que discorra, de maneira fundamentada, acerca da legitimidade passiva para responder pela indenização e indique as parcelas a que têm direito os herdeiros da vítima. extensão máxima: 60 linhas

RESOLUÇÃO DA QUESTÃO

A legitimidade passiva para responder pela indenização é da pessoa jurídica de direito público à qual pertence a corporação do policial militar Antônio. O fato deste estar fora do seu horário de trabalho não exime o Estado de sua responsabilidade, vez que os disparos que causaram a morte acidental de Maria se deram com arma da corporação.

Essa conclusão decorre da jurisprudência do Supremo Tribunal Federal. De acordo com essa jurisprudência, caso o policial, mesmo fora do horário de trabalho, atuou como policial (por exemplo, para corrigir pessoas), a responsabilidade do Estado é objetiva, nos termos do art. 37, § 6°, da CF. No entanto, caso o policial tenha atuado exclusivamente por motivações de ordem pessoal ou o disparo tenha se dado por motivo acidental, incide a responsabilidade subjetiva do Estado, que reclama, demonstração de que houve defeito no serviço prestado por esse, por exemplo por ter-se deixado o agente público levar a arma para casa, sem que o regulamento da corporação autorizasse tal conduta.

Agressão praticada por soldado, com arma da corporação.

CONSTITUCIONAL. ADMINISTRATIVO. RESPONSABILIDADE CIVIL DO ESTADO. C.F., art. 37, § 6°. I. – Agressão praticada por soldado, com a utilização de arma da corporação militar: incidência da responsabilidade objetiva do Estado, mesmo porque, não obstante fora do serviço, foi na condição de policial-militar que o soldado foi corrigir as pessoas. O que deve ficar assentado é que o preceito inscrito no art. 37, § 6°, da C.F., não exige que o agente público tenha agido no exercício de suas funções, mas na qualidade de agente público. II. – R.E. não conhecido. (STF, 2ª T., RE 160.401/SP, relator Min. CARLOS VELLOSO, DJ 04-06-1999)

Crime praticado com arma da corporação.

EMENTA: AGRAVO REGIMENTAL NO RECURSO EXTRAORDINÁRIO. RESPONSABILIDADE CIVIL OBJETIVA DO ESTADO. ARTIGO 37, § 6°, DA CONSTITUIÇÃO. Crime praticado por policial militar durante o período de folga, usando arma da corporação. Responsabilidade civil objetiva do Estado. Precedentes. Agravo regimental a que se nega provimento. (STF, RE 418023 AgR, Relator(a): Min. EROS GRAU, Segunda Turma, julgado em 09/09/2008, DJe-197 DIVULG 16-10-2008 PUBLIC 17-10-2008 EMENT VOL-02337-04 PP-00741)

(OAB/Exame Unificado – 2004 – 2ª fase) Antônio, na condição de empregado de Ângelo e com o veículo de propriedade do patrão, atropelou Elisa, que veio a falecer em razão das lesões sofridas. Consta do laudo pericial feito no local que o acidente ocorreu devido a imprudência do motorista, que trafegava em área residencial com velocidade superior à máxima permitida. Elisa era solteira, mãe de dois filhos menores e trabalhava como empregada doméstica, recebendo por mês a quantia correspondente a dois salários mínimos. Com referência à situação hipotética acima descrita, discorra acerca da responsabilidade civil, abordando, fundamentada e necessariamente, os seguintes aspectos:

- identificação do responsável pelo pagamento da indenização;
- quantidade de parcelas a que têm direito os herdeiros da vítima.

RESOLUÇÃO DA QUESTÃO

Em matéria de responsabilidade civil existe o instituto da responsabilidade pelo fato de terceiro. De acordo com esse instituto, algumas pessoas respondem objetivamente pelo fato culposo ou doloso praticado por terceiros (arts. 932 e 933 do Código Civil).

Um dos casos em que tal responsabilidade se dá é a do empregador, por seus empregados, justamente a situação narrada no enunciado da questão.

Dessa forma, além de Antônio, Ângelo é responsável pelo pagamento da indenização junto aos filhos de Elisa.

Em caso de homicídio, o Código Civil dispõe que a indenização consiste, dentre outras reparações, em: a) despesas com tratamento da vítima; b) despesas com seu funeral; c) despesas com o luto da família; d) prestação de alimentos às pessoas a quem o morto os devia, levando-se em conta a duração provável da vida da vítima.

Acrescente-se também a indenização por danos morais.

Com relação à pensão, o Superior Tribunal de Justiça entende que a pensão pela morte do pai será devida até o limite de vinte e cinco anos de idade, quando, presumivelmente, os beneficiários da pensão terão concluído sua formação, inclusive curso universitário, não mais subsistindo vínculo de dependência. Nesse sentido: "Na esteira dos julgados desta Corte, é devida a pensão aos filhos menores até o limite de 25 (vinte e cinco) anos de idade. Precedentes: AGA n. 458.836/MS e AGA n. 479.935/SP (STJ, Resp. 603.984/MT, rel. Min. Francisco Falcão, DJ de 16/11/04). Atingida essa idade, e havendo outro beneficiário da pensão, haverá direito e acrescer em favor deste (STJ, Resp. 625.161/RJ, rel. Min. Aldir Passarinho Junior, DJ 17/12/07). É razoável que a pensão seja fixada em 2/3 dos rendimentos da vítima: "Responsabilidade Civil do Estado. Acidente de trânsito com vítima fatal. Adequada a fixação do valor da pensão em 2/3 (dois terços) dos rendimentos da vítima, deduzindo que o restante seria gasto com seu sustento próprio". (STJ, Resp. 603.984/MT, rel. Min. Francisco Falcão, DJ de 16/11/04)

Com relação aos danos morais, o Superior Tribunal de Justiça considera razoável, em favor de filhos do falecido, indenizações por dano moral em valores que vão até R$ 200 mil. Confira o seguinte caso: "CIVIL E PROCESSUAL. AÇÃO DE INDENIZAÇÃO. ACIDENTE DE TRÂNSITO COM VÍTIMA FATAL, ESPOSO E PAI DOS AUTORES. DANO MORAL. FIXAÇÃO. MAJORAÇÃO. Dano moral aumentado, para amoldar-se aos parâmetros usualmente adotados pela Turma. [R$ 190 mil para esposa e filhas (STJ, Resp. 625.161/RJ, rel. Min. Aldir Passarinho Júnior, DJ 17/12/07)

Quanto à **correção monetária** e aos **juros moratórios,** na condenação por danos materiais, temos as seguintes regras (STJ, Resp. 705.859/SP, rel. Min. Jorge Scartezzini, DJ de 21/03/05):

a) correção monetária: é devida desde o evento danoso (Súmula 562 do STF: na indenização de danos materiais decorrentes de ato ilícito cabe a atualização de seu valor, utilizando-se, para esse fim, dentre outros critérios, dos índices de correção monetária;

b) juros moratórios: são devidos desde o evento danoso (Súmula 54 do STJ: os juros moratórios fluem a partir do evento danoso, em caso de responsabilidade extracontratual);

Desde a entrada em vigor do atual Código Civil, a taxa Selic é aplicável para fazer frente aos juros e a correção monetária (art. 406 do CC), conforme vem decidindo o STJ: "Com o advento do novo Código Civil (aplicável à espécie porque ocorrida a citação a partir de sua vigência), incidem juros de mora pela taxa SELIC a partir da citação, não podendo ser cumulada com qualquer outro índice de correção monetária, porque já embutida no indexador." (STJ, REsp 897.043/RN, rel. Min. Eliana Calmon, 2ª T., j. 03-05-07, DJU, 11-05-07, p. 392)

Na condenação por **danos morais**, temos as seguintes regras sobre correção monetária e juros moratórios (EDcl no Resp. n. 615.939/RJ, rel. Min. Castro Filho, DJ de 10/10/05):

a) correção monetária: é devida desde a data da fixação de seu valor, ou seja, desde a data da decisão judicial que fixar a indenização por dano moral;

b) juros moratórios: são calculados tendo-se em conta a data do evento danoso (Súmula 54 do STJ: "os juros moratórios fluem a partir do evento danoso, em caso de responsabilidade extracontratual").

Os **honorários advocatícios** devem incidir da seguinte forma: "para efeito de cálculo da verba honorária, a condenação é constituída pelo somatório de todas as prestações vencidas, além das demais verbas já definidas (dano moral, pensão, juros etc.), e doze das vincendas, inaplicável o disposto no § 5º do art. 20, do CPC". (STJ, Resp. 625.161/RJ, rel. Min. Aldir Passarinho Júnior, DJ 17/12/07)

(OAB/Exame Unificado – 2012.2 – 2ª fase) Carlos reside no apartamento 604, sendo proprietário de sete vagas de garagem que foram sendo adquiridas ao longo dos anos de residência no Edifício Acapulco. Após assembleia condominial ordinária com quorum e requisitos de convocação exigidos pela legislação, Carlos foi notificado por correspondência assinada pelo síndico eleito Alberto Santos, noticiando a proibição de locação das vagas de garagem de sua propriedade exclusiva a pessoas estranhas ao condomínio nos termos da convenção condominial. Diante da correspondência assinada pelo síndico, Carlos ajuizou demanda em face de Alberto Santos, visando promover a locação das vagas de garagem, alegando ser possível a locação das vagas de garagem de sua propriedade exclusiva, assim como a locação de apartamentos.

Sobre a hipótese apresentada, responda aos itens a seguir.

A) A pretensão de direito material perseguida por Carlos encontra amparo legal? Explique (Valor: 0,65).

B) De acordo com os elementos processuais fornecidos pelo enunciado, Carlos satisfaz todas as condições da ação? Fundamente (Valor: 0,60).

GABARITO COMENTADO – EXAMINADORA

A) A pretensão não encontra amparo legal, tendo em vista a atual redação do art. 1.331, § 1º, do CC (alterada pela Lei 12.607/12) que veda a locação de vagas de garagem a terceiros estranhos ao condomínio, somente sendo permitida quando expressamente autorizado na convenção condominial: "§ 1º. As partes suscetíveis de utilização independente, tais como apartamentos, escritórios, salas, lojas e sobrelojas, com as respectivas frações ideais no solo e nas outras partes comuns, sujeitam-se a propriedade exclusiva, podendo ser alienadas e gravadas livremente por seus proprietários, exceto os abrigos para veículos, que não poderão ser alienados ou alugados a pessoas estranhas ao condomínio, salvo autorização expressa na convenção de condomínio".

B) Analisando os elementos do enunciado, é possível aferir que a pretensão de Carlos não satisfaz todas as condições da ação. Embora o síndico Alberto Santos possua poderes de representação do condomínio, como dispõe o art. 1.348 do CC, em seus incisos II e IV, não é parte legítima para figurar como réu na demanda judicial, tão somente praticando ato de representação do condomínio, no sentido de fazer valer a vontade da assembleia. Desta feita, deveria apontar, como parte legítima a figurar no polo passivo, o Edifício Acapulco. O candidato deve apontar a ilegitimidade passiva, invocando os artigos 17, 18, 75, inciso XI e 485, inciso VI do CPC.

Distribuição dos Pontos

Quesito Avaliado	Valores
A) A pretensão não encontra amparo legal, tendo em vista a atual redação do art. 1.331, § 1º, do CC (0,30), que veda a locação de vagas de garagem a terceiros estranhos ao condomínio, somente sendo permitida quando expressamente autorizada na convenção condominial (0,35).	0,00 / 0,30 / 0,35 / 0,65
B) O autor carece do direito de ação ante a ilegitimidade passiva do síndico, (0,30) tendo em vista as disposições dos artigos 12, IX OU 267, VI, do CPC OU art. 1.348, inciso II, do CC (0,30).	0,00 / 0,30 / 0,60

(OAB/Exame Unificado – 2011.1 – 2ª fase) Valter, solteiro, maior e capaz, proprietário de um apartamento, lavrou, em 2004, escritura pública por meio da qual constituiu usufruto vitalício sobre o referido imóvel em favor de sua irmã, Juliana, solteira, maior e capaz. Em seguida, promoveu a respectiva averbação junto à matrícula do Registro de Imóveis. Em 2005, Juliana celebrou com Samuel contrato escrito de aluguel do apartamento pelo prazo de um ano. Concluído o prazo, Samuel restituiu o imóvel a Juliana, que passou a ocupá-lo desde então. Em janeiro de 2011, Valter veio a falecer sem deixar testamento, sendo único herdeiro seu filho Rafael, solteiro, maior e capaz. Diante disso, Rafael procura Juliana, a fim de que ela desocupe o imóvel.

Diante da situação descrita, responda aos itens a seguir, empregando os argumentos jurídicos apropriados e a fundamentação legal pertinente ao caso.

　　a) Poderia Juliana ter alugado o apartamento a Samuel? (Valor: 0,65)

　　b) Está Juliana obrigada a desocupar o imóvel em razão do falecimento de Valter? (Valor: 0,6)

RESOLUÇÃO DA QUESTÃO

A) Juliana é usufrutuária do imóvel. Sendo assim, é lícita a transferência temporária da posse, mediante locação ou comodato. O que seria vedada é a alienação do uso (CC, art. 1393).

B) No caso, Juliana permaneceria com o usufruto. A mudança seria na nu-propriedade, que passaria de Valter a Rafael (CC, art. 1410, I, a *contrario sensu*).

GABARITO COMENTADO – EXAMINADORA

A) Sim, de acordo com o art. 1393, CC. Isso porque Juliana é usufrutuária do aludido imóvel e, portanto, pode transferir o seu uso temporariamente a terceiros por meio de contrato de aluguel.

B) Não, de acordo com o art. 1410, incisos I ou II, CC. O usufruto permanecerá em favor de Juliana, passando Rafael a ser o nu-proprietário. De acordo com o art. 1410, I, CC, o falecimento do usufrutuário que é causa de extinção do usufruto, e não o falecimento do nu-proprietário.

Distribuição de Pontos

ITEM	PONTUAÇÃO
A) Sim (0,3), a usufrutuária pode alugar o imóvel (art. 1393, CC) (0,35).	0 / 0,3 / 0,35 / 0,65
B) Não (0,3). O usufruto permanece em favor de Juliana (art. 1410, incisos I ou II, CC) (0,3).	0 / 0,3 / 0,6

(OAB/Exame Unificado – 2010.3 – 2ª fase) Tarsila adquiriu determinado lote íngreme. A entrada se dá pela parte alta do imóvel, por onde chegam a luz e a água. Iniciadas as obras de construção da casa, verifica-se que, para realizar adequadamente o escoamento do esgoto, as tubulações deverão, necessariamente, transpassar subterraneamente o imóvel vizinho limítrofe, de propriedade de Charles. Não há outro caminho a ser utilizado, pois se trata de região rochosa, impedindo construções subterrâneas ou qualquer outra medida que não seja excessivamente onerosa. De posse de parecer técnico, Tarsila procura por Charles a fim de obter autorização para a obra. Sem justo motivo, Charles não consente, mesmo ciente de que tal negativa inviabilizará a construção do sistema de saneamento do imóvel vizinho. Buscando um acordo amigável, Tarsila propõe o pagamento de valor de indenização pela área utilizada, permanecendo a recusa de Charles.

Considere que você é o(a) advogado(a) de Tarsila. Responda aos itens a seguir, empregando os argumentos jurídicos apropriados e a fundamentação legal pertinente ao caso.

A) Há alguma medida judicial que possa ser tomada em vista de obter autorização para construir a passagem de tubulação de esgoto? (Valor: 0,7)

B) Considere que houve paralisação da obra em razão do desacordo entre Tarsila e Charles. Há alguma medida emergencial que possa ser buscada objetivando viabilizar a construção do sistema de saneamento? (Valor: 0,3)

RESOLUÇÃO DA QUESTÃO

A) De início, vale lembrar que nenhuma lesão ou ameaça de lesão a direito poderá ser afastada da apreciação do Poder Judiciário (CF, art. 5º, XXXV). Portanto, é certo que há medida judicial para tutelar o direito em questão.

No caso, busca-se uma obrigação de fazer. A tutela específica das obrigações de fazer está prevista no art. 461 do CPC e possibilita a imposição de uma série de medidas para que a obrigação seja cumprida – com destaque para a multa-diária (astreintes).

Sob o enfoque do direito material (possibilidade de passagem da tubulação), aplica-se o art. 1.286 do CC:

"Mediante recebimento de indenização que atenda, também, à desvalorização da área remanescente, o proprietário é obrigado a tolerar a passagem, através de seu imóvel, de cabos, tubulações e outros condutos subterrâneos de serviços de utilidade pública, em proveito de proprietários vizinhos, quando de outro modo for impossível ou excessivamente onerosa."

B) Na mesma medida acima indicada, é possível a concessão liminar (antecipação de tutela) de ordem, sob pena de multa ou outra medida de apoio. Art. 300 e ss do CPC.

(OAB/Exame Unificado – 2008.2 – 2ª fase) Três amigos, Fredson, Ricardo e Alberto adquiriram juntos uma chácara em conhecido balneário e nela construíram uma casa com três suítes para usufruírem momentos de lazer. Construíram, também, uma piscina, uma churrasqueira e uma quadra de tênis. Acertaram, então, que o local serviria para diversão durante os finais de semana, feriados e férias e que cada um arcaria com um terço dos custos de manutenção do imóvel, o que tem sido devidamente cumprido. Ricardo e Alberto, por motivos profissionais, precisaram passar quinze meses em outro país, parando de utilizar o bem, e, ao retornarem, descobriram que Fredson estava alugando o imóvel, tendo imitido na posse o locatário no momento da celebração do negócio jurídico, um mês após Ricardo e Alberto se ausentarem. Ao procurarem Fredson para obter explicações, este narrou que tem alugado o imóvel com o objetivo de obter dinheiro para pagar a sua parte na manutenção do bem, uma vez que tem passado por dificuldades financeiras. Considerando a situação hipotética apresentada, identifique a natureza da relação mantida entre Fredson, Ricardo e Alberto, explique se a atitude de Fredson encontra amparo nas disposições do Código Civil e indique a providência que Ricardo e Alberto podem adotar para a defesa de seus direitos.

RESOLUÇÃO DA QUESTÃO

A natureza jurídica da relação mantida entre Fredson, Ricardo e Alberto é de condomínio, vez que os três adquiriram a propriedade do local, tornando-se coproprietários da área.

A atitude de Fredson não encontra amparo nas disposições do Código Civil, pois, de acordo com o art. 1.314, parágrafo único, do Código Civil, nenhum dos condôminos pode dar posse, uso ou gozo da coisa comum a estranhos, sem o consenso dos outros.

Ricardo e Alberto podem adotar como providência para a defesa de seus direitos o ingresso com ação reivindicatória, tendo em vista que o atual locatário da coisa adquiriu esse direito de quem não tinha legitimidade para a celebração do contrato, tendo ocorrido a evicção.

É importante ressaltar que a evicção se dá não só quando se perde a propriedade, mas também quando se perde outra espécie de direito sobre a coisa, pelo fato de o cedente desse direito não ter legitimidade para tanto.

A ação reivindicatória está fundada no art. 1.314, *caput*, do Código Civil.

No caso, não se deve ingressar com ação de reintegração de posse, pois esta reclama a existência de um esbulho, que não se deu no caso em tela.

(OAB/Exame Unificado – 2008.1 – 2ª fase) Laura e Rafael dissolveram a sociedade empresarial da qual eram os únicos sócios, constando do acordo de divisão dos bens que o imóvel pertencente à extinta pessoa jurídica seria partilhado na proporção de 60% e 40%, respectivamente, em razão de os bens restantes terem sido atribuídos exclusivamente a Rafael. Entretanto, desde a homologação do acordo, o imóvel, sem qualquer alteração, está na posse de Rafael, que tem se demonstrado irredutível quanto à possibilidade de vender sua parte do bem ou viabilizar qualquer outra forma de garantir a Laura o direito que lhe cabe. Assevere-se, ainda, que o imóvel não comporta divisão cômoda, não possui benfeitorias, e que Laura também tem o interesse de adquirir o bem para si. Diante dessa situação hipotética, apresente a solução processual possível para o problema de Laura, inclusive, quanto ao seu intento de adquirir a parte de Rafael e ter a integralidade do bem.

RESOLUÇÃO DA QUESTÃO

Uma vez homologado o acordo atribuindo a propriedade do imóvel a Laura e Rafael, fica instituído um condomínio entre as partes.

Num condomínio, a lei permite que a todo o tempo o condômino exija a divisão da coisa comum (art. 1.320 do CC). E, mesmo que houvesse acordo para que a coisa ficasse indivisa por um tempo (art. 1.320, § 1º, do CC), graves razões, como a narrada no enunciado da questão, permitem que o juiz, instado pelo interessado, determine a divisão da coisa antes do prazo (art. 1.320, § 3º, do CC).

Nesses casos, a primeira providência que se deve buscar é a divisão da própria coisa. No plano processual, essa alternativa se concretiza nos termos do art. 588 e seguintes do Código de Processo Civil.

Se não for possível ou se não for cômoda a divisão da coisa e os consortes não quiserem adjudicá-la a um só – isso ocorre no caso, pois Rafael não quer vender sua parte a Laura –, o bem deve ser alienado e repartido o apurado (art. 1.322 c/c art. 1.321, ambos do CC). Todavia, a lei permite que um dos consortes arremate a coisa nas mesmas condições da melhor oferta feita por um terceiro no procedimento de alienação judicial. Segundo o Código Civil, tem preferência, na venda judicial da coisa, o condômino que tiver na coisa benfeitorias mais valiosas, e, não as havendo, o de quinhão maior, e permanecendo igualdade de situações, dever-se-á fazer uma licitação entre os consortes, após fazer-se licitação entre estranhos (art. 1.322 do CC).

No caso em tela, não havendo benfeitorias no imóvel, parte-se para o segundo critério (maior quinhão), critério que pende a favor de Laura.

No plano processual, a venda judicial deverá ser feita pelo procedimento previsto nos arts. 730 do Código de Processo Civil ("Das Alienações Judiciais"), devendo Laura aguardar o momento oportuno para exercer o direito de preferência em relação à melhor oferta formulada por terceiro.

Comentário adicional.
Essa questão dá uma boa lição para os candidatos. A lição maior é a que se deve, em primeiro lugar, buscar no direito material o instituto jurídico remoto. No caso, o instituto do condomínio. Em seguida, e identificada a solução de direito material para o caso, deve-se buscar no direito processual a solução que mais se amolda no caso. Nesse sentido, ao invés da "Divisão", o procedimento adequado é o das "Alienações Judiciais".

(**OAB/Exame Unificado – 2006.2 – 2ª fase**) Augusto adquiriu de Aurélio, por meio de contrato particular de promessa de compra e venda, os direitos de posse de um lote de terreno urbano, com algumas benfeitorias, na cidade de Aracaju – SE. No dia 20 do mês passado, José invadiu o lote, derrubou o muro e o portão e danificou diversas partes da casa, em construção, afirmando ser o proprietário do imóvel, ocasião em que exibiu a escritura pública devidamente registrada. Considerando a situação hipotética apresentada, elabore um texto argumentativo acerca da proteção possessória e do direito de retenção por benfeitorias.

RESOLUÇÃO DA QUESTÃO

Augusto adquiriu a posse de Aurélio, por meio de contrato. Não bastasse, praticou atos de exteriorização da propriedade, consistente em construir no local (art. 1.196 do Código Civil). Essas circunstâncias fazem nascer uma série de direitos, que estão entre os chamados efeitos da posse, dentre os quais o direito de ser mantido na posse, em caso de turbação, e restituído, no caso de esbulho (art. 1.210 do Código Civil).

José, por sua vez, afirma ser proprietário do imóvel e apresenta, em seu favor, uma escritura pública devidamente registrada.

No que diz respeito à proteção possessória, aquele que exerce a posse, mesmo não sendo o proprietário da coisa, tem direitos e pode defendê-los por força própria, contanto que o faça logo, ou mediante ação possessória promovida junto ao Poder Judiciário (art. 1.210, § 1º, do Código Civil).

Nesse sentido, Augusto tem direito de defender a sua posse, extrajudicial e judicialmente, sendo certo que no juízo possessório José sequer tem como alegar ser proprietário da coisa (art. 1.210, § 2º, do CC). Deve aguardar o desfecho da ação possessória e ingressar com ação reivindicatória, a fim de provar ser o verdadeiro proprietário da coisa e conseguir a retomada do imóvel. Nesse caso, estará caracterizada a evicção e Augusto poderá acionar Aurélio nos termos dos arts. 447 e seguintes do Código Civil.

Caso José seja realmente o proprietário da coisa e vença a demanda reivindicatória, Augusto, por ser possuidor de boa-fé, terá direito à indenização pelas benfeitorias úteis e necessárias que fizer, bem como, quanto às voluptuárias, se não lhe forem pagas, a levantá-las, quando o puder sem detrimento da coisa, e poderá exercer o direito de retenção pelo valor das benfeitorias necessárias e úteis (art. 1.219 do Código Civil).

O direito de retenção por benfeitorias deve ser alegado por Augusto na própria contestação da ação reivindicatória que sofrer.

Por fim, vale lembrar que, se, por algum motivo, as benfeitorias não forem abonadas pelo evictor (José), Augusto poderá acionar o alienante (Aurélio), nos termos do art. 453 do Código Civil, a fim de que este arque com os prejuízos respectivos.

Comentários adicionais.

PROCESSUAL CIVIL. AÇÃO POSSESSÓRIA. OPOSIÇÃO. DOMÍNIO. IMPOSSIBILIDADE. 1. Existente ação cujo pedido de reintegração de posse se funda exclusivamente na posse, não há previsão legal para a propositura de oposição para que seja discutida a propriedade ou o domínio do bem. 2. Recurso especial não conhecido. (REsp 685.159/DF, Rel. Ministro JOÃO OTÁVIO DE NORONHA, QUARTA TURMA, julgado em 06/10/2009, DJe 19/10/2009)

RECURSO ESPECIAL – AÇÃO DE REINTEGRAÇÃO DE POSSE – ALEGAÇÃO DE DOMÍNIO – INOCORRÊNCIA DAS EXCEÇÕES ADMITIDAS – IMPOSSIBILIDADE – REEXAME DE PROVAS – INVIABILIDADE – SÚMULA 7/STJ. A teor da jurisprudência desta Corte, em se tratando de ação possessória, descabe discussão sobre domínio, exceto se os litigantes disputam a posse alegando propriedade ou quando duvidosas ambas as posses suscitadas. Inocorre, no caso, ambas as hipóteses.

Assim, incensurável o v. acórdão que julga carecedor de ação – por falta de adequação do pedido autoral à providência requerida – o proprietário que invoca a proteção possessória fundada em título dominial. (REsp 755.861/SE, Rel. Ministro JORGE SCARTEZZINI, QUARTA TURMA, julgado em 16/08/2005, DJ 05/09/2005 p. 434)

PROCESSUAL CIVIL. AGRAVO DE INSTRUMENTO. AGRAVO REGIMENTAL. EMBARGOS DE RETENÇÃO. FASE DE EXECUÇÃO. IMPOSSIBILIDADE. SÚMULA 83. LEI N. 10.444/2002. DIREITO INTERTEMPORAL. Não são cabíveis embargos de retenção por benfeitorias em fase de execução judicial. (AgRg no Ag 969.139/MG, Rel. Ministro ALDIR PASSARINHO JUNIOR, QUARTA TURMA, julgado em 18/09/2008, DJe 28/10/2008)

PROCESSUAL CIVIL. LOCAÇÃO. EXECUÇÃO DA AÇÃO DE DESPEJO. EMBARGOS DE RETENÇÃO. DIREITO À INDE-NIZAÇÃO OU DE RETENÇÃO DE BENFEITORIAS. MOMENTO OPORTUNO. CONTESTAÇÃO. Esta Eg. Corte possui entendimento no sentido de que, em se tratando de ação de despejo, o exercício do direito de retenção – art. 35, da Lei n.º 8.245/91, deve ser exercido por ocasião da contestação. Assim, em razão da preclusão, não há se falar na possibilidade de oposição de embargos de retenção por benfeitorias quando da execução da ação de despejo. (AgRg no REsp 685.103/MT, Rel. Ministro GILSON DIPP, QUINTA TURMA, julgado em 20/09/2005, DJ 10/10/2005 p. 421)

8. DIREITO DAS COISAS

(OAB/Exame Unificado – 2018.2 – 2ª fase) Em 10 de dezembro de 2016, Roberto alienou para seu filho André um imóvel de sua propriedade, por valor inferior ao preço de venda de imóveis situados na mesma região. José, que também é filho de Roberto e não consentiu com a venda, ajuizou ação, em 11 de dezembro de 2017, com o objetivo de anular o contrato de compra e venda celebrado entre seu pai e André. No âmbito da referida ação, José formulou pedido cautelar para que o juiz suspendesse os efeitos da alienação do imóvel até a decisão final da demanda, o que foi deferido pelo magistrado por meio de decisão contra a qual não foram interpostos recursos.

O juiz, após a apresentação de contestação pelos réus e da produção das provas, proferiu sentença julgando improcedente o pedido deduzido por José, sob o fundamento de que a pretensão de anulação do contrato de compra e venda se encontraria prescrita. Como consequência, revogou a decisão cautelar que anteriormente havia suspendido os efeitos da compra e venda celebrada entre Roberto e André.

A respeito dessa situação hipotética, responda aos itens a seguir.

A) Caso resolva apelar da sentença, como José poderá obter, de forma imediata, novamente a suspensão dos efeitos da compra e venda? Quais os requisitos para tanto? **(Valor: 0,80)**

B) Qual é o fundamento da ação ajuizada por José para obter a anulação da compra e venda? Esclareça se a sentença proferida pelo juiz de primeira instância, que reconheceu a prescrição da pretensão, está correta **(Valor: 0,45)**.

Obs.: o(a) examinando(a) deve fundamentar as respostas. A mera citação do dispositivo legal não confere pontuação.

GABARITO COMENTADO

Na hipótese, o recurso de apelação de José não será dotado de efeito suspensivo, tendo em vista que a sentença revogou a decisão que havia deferido o pedido cautelar. Com efeito, o art. 1.012, § 1º, inciso V, do CPC estabelece que *"além de outras hipóteses previstas em lei, começa a produzir efeitos imediatamente após a sua publicação a sentença que: (...) V – confirma, concede ou revoga tutela provisória."* Assim, a sentença proferida pelo juiz, que julgou improcedente o pedido, tem a aptidão de produzir efeitos desde logo.

Para lograr obter novamente a suspensão dos efeitos da compra e venda, portanto, José deverá formular o pedido cautelar ou de efeito suspensivo ativo, que poderá ser deduzido em petição autônoma ou no próprio recurso de apelação, a depender do fato de a apelação já ter sido distribuída ou não. O requerimento deverá ser dirigido ao tribunal, se a apelação ainda não tiver sido distribuída, ou ao relator do recurso, caso já tenha ocorrido sua distribuição, na forma do art. 1.012, § 3º, do CPC.

Para tanto, deverá José demonstrar ao relator ou ao tribunal a probabilidade de provimento do recurso de apelação ou, sendo relevante a fundamentação (*fumus boni iuris*), a existência de risco de dano grave ou de difícil reparação (*periculum in mora*), consoante o art. 1.012, § 4º, o art. 995, parágrafo único, e o art. 300 todos do CPC.

O fundamento da ação ajuizada por José é o de que se afigura anulável a venda de ascendente a descendente, salvo se os outros descendentes e o cônjuge alienante expressamente houverem consentido, na forma do art. 496 do CC. Por outro lado, o juiz de primeira instância se equivocou ao reconhecer a prescrição da pretensão de José, pois se trata de prazo decadencial e a ação foi proposta dentro do prazo de 2 anos, previsto no art. 179 do CC.

Distribuição dos Pontos

ITEM	PONTUAÇÃO
A1. José deverá formular o pedido cautelar **OU** de efeito suspensivo ativo **OU** de antecipação de tutela recursal (0,25), considerando que a apelação, no caso, não tem efeito suspensivo automático (0,15), nos termos do Art. 1.012, § 1º, inciso V, do CPC (0,10).	0,00/0,25/0,35/ 0,40/0,50
A2. José deverá demonstrar a probabilidade de provimento do recurso ou, sendo relevante a fundamentação (*fumus boni iuris*), a existência de risco de dano grave ou de difícil reparação (*periculum in mora*) (0,20), nos termos do Art. 1.012, § 4º, **OU** do Art. 995, parágrafo único, **OU** do Art. 300, todos do CPC (0,10).	0,00/0,20/0,30
B1. O fundamento da ação ajuizada por José é o de que se afigura anulável a venda de ascendente a descendente, salvo se os outros descendentes e o cônjuge alienante expressamente houverem consentido (0,15), na forma do Art. 496 do CC (0,10).	0,00/0,15/0,25
B2. O juiz de primeira instância se equivocou ao reconhecer a prescrição, pois se trata de prazo decadencial **OU** porque a ação foi proposta dentro do prazo decadencial de 2 anos (0,10), previsto no Art. 179 do CC (0,10).	0,00/0,10/0,20

9. USUCAPIÃO

(OAB/Exame Unificado – 2017.2 – 2ª fase) Dalva, viúva, capaz e sem filhos, decide vender para sua amiga Lorena um apartamento de 350 m2 que tinha com o marido em área urbana, o qual não visitava havia cerca de sete anos. Após a celebração do negócio, Lorena, a nova proprietária, é surpreendida com a presença de Roberto, um estranho, morando no imóvel. Este, por sua vez, explica para Lorena que "já se considera proprietário da casa" pela usucapião, pois, "conforme estudou", apesar de morar ali apenas há 6 meses, "seus falecidos pais já moravam no local há mais de 5 anos", o que seria suficiente, desde que a antiga proprietária "havia abandonado o imóvel". Lorena, por sua vez, foi aconselhada por um vizinho a ajuizar uma ação pleiteando a sua imissão na posse para retirar Roberto da sua casa.

Diante do exposto, responda aos itens a seguir.

A) Roberto tem razão ao alegar que já usucapiu o imóvel? **(Valor: 0.50)**

B) Está correta a sugestão feita pelo vizinho de Lorena? Por quê? Qual a ação judicial mais recomendável na hipótese? **(Valor: 0.75)**

Obs.: o(a) examinando(a) deve fundamentar suas respostas. A mera citação ou transcrição do dispositivo legal não confere pontuação.

GABARITO COMENTADO

A) Não, pois o prazo de 5 anos só seria suficiente se a área usucapida tivesse no máximo 250 m² e também se ele tivesse morado no local durante todo o período aquisitivo (art. 183, da CRFB ou art. 1240 do CC).

B) Não, pois, considerando-se que Roberto não tem qualquer vínculo jurídico com Dalva, a imissão na posse é incabível. A medida recomendável é a ação pelo procedimento comum (art. 318 do CPC/15), com pedido reivindicatório (art. 1.228 do CC).

Distribuição dos Pontos

ITEM	PONTUAÇÃO
A. Não, pela insuficiência do prazo, devido ao tamanho do imóvel e/ou pela necessidade de moradia do autor durante todo o período (0,40); conforme o Art. 183, da CRFB ou Art. 1.240, do CC (0,10).	0,00/0,40/0,50
B1. Não cabe a imissão, pela ausência de vínculo jurídico entre Roberto e Dalva (0,20).	0,00/0,20
B2. A medida recomendável é a ação reivindicatória (0,45), segundo o Art. 1.228 do CC (0,10).	0,00/0,45/0,55

(OAB/Exame Unificado – 2015.2 – 2ª fase) Josué, que não tinha lugar para morar com a família, ocupou determinada área urbana de 500 metros quadrados. Como ignorava a titularidade do imóvel, o qual se encontrava sem demarcação e aparentemente abandonado, nele construiu uma casa de alvenaria, com três quartos, furou um poço, plantou grama, e, como não possuía outro imóvel, fixou residência com a mulher e os cinco filhos, por cerca de dois anos, sem ser molestado. Matusalém, proprietário do imóvel, ao tomar conhecimento da ocupação, ajuizou ação de reintegração de posse em face de Josué.

Diante de tal situação, responda, fundamentadamente, às seguintes indagações a seguir.

A) Na contestação, Josué poderia requerer a indenização pelas benfeitorias realizadas? **(Valor: 0,65)**

B) Qual seria o prazo necessário para que pudesse arguir a usucapião em seu favor e qual a sua espécie? **(Valor: 0,60)**

Obs.: o examinando deve fundamentar suas respostas. A mera citação do dispositivo legal não confere pontuação.

GABARITO COMENTADO
A) Josué, por ser possuidor de boa-fé, poderá suscitar, em contestação, o direito à indenização por benfeitorias necessárias e úteis, nos termos do art. 1.219 do Código Civil.
B) Josué teria que ter a posse mansa e pacífica do imóvel por 10 (dez) anos para a aquisição da propriedade pela usucapião extraordinária, nos termos do art. 1.238, parágrafo único, do Código Civil.

Distribuição dos Pontos

ITEM	PONTUAÇÃO
A. Sim. Por estar de boa-fé (0,20), tem direito à indenização pelas benfeitorias realizadas (0,35), nos termos do Art. 1.219 do Código Civil (0,10). *Obs.: a mera citação do dispositivo legal não confere pontuação.*	0,00/0,20/0,30/0,35/ 0,45/0,55/0,65
B. Posse mansa e pacífica do imóvel por 10 (dez) anos (0,20) para a aquisição da propriedade pela usucapião extraordinária (0,30), nos termos do Art. 1.238, parágrafo único, do Código Civil (0,10). *Obs.: a mera citação do dispositivo legal não confere pontuação.*	0,00 / 0,20 / 0,30 / 0,40/ 0,50 / 0,60

10. VIZINHANÇA

(OAB/Exame Unificado – 2015.1 – 2ª fase) João e Maurício são proprietários e moradores de imóveis vizinhos, situados na Cidade do Rio de Janeiro. Embora o seu imóvel disponha de acesso próprio à via pública, há mais de vinte anos João atravessa diariamente o terreno de Maurício para chegar ao ponto de ônibus mais próximo da sua moradia, pois esse é o trajeto mais curto existente. Ademais, o caminho utilizado por João é pavimentado e conta com sistema de drenagem para as águas pluviais. Além disso, na cerca que separa os dois imóveis, há uma porteira, de onde tem início o caminho.

Determinado dia, Maurício decide impedir João de continuar a atravessar o seu terreno. Com esse intuito, instala uma grade no lugar da porteira existente na cerca que separa os dois imóveis. Inconformado, João decide consultar um advogado.

Na condição de advogado(a) consultado(a) por João, responda aos itens a seguir.

A) Tem João direito a constranger Maurício a lhe dar passagem forçada, de modo a continuar a usar o caminho existente no terreno de Maurício? (Valor: 0,60)

B) Independentemente da resposta ao item anterior, pode João ingressar em juízo para que seja reconhecida a aquisição de direito real de servidão de passagem, por meio de usucapião? (Valor: 0,65)

Responda justificadamente, empregando os argumentos jurídicos apropriados e a fundamentação legal pertinente ao caso.

GABARITO COMENTADO

A) A resposta é negativa, tendo em vista que, nos termos do art. 1.285 do Código Civil, o direito à passagem forçada assiste apenas ao dono do prédio que não tiver acesso à via pública. No caso descrito no enunciado, resta claro que o imóvel de João tem acesso próprio à via pública.

B) A resposta é afirmativa, uma vez que se tem, no caso, uma servidão de trânsito, que proporciona utilidade para o prédio dominante de João e grava o prédio serviente pertencente a Maurício. Além disso, encontram-se reunidos os requisitos estabelecidos no art. 1.379 do Código Civil, *caput* e parágrafo único, para a aquisição de direito real de servidão por meio de usucapião. A servidão é aparente, tendo em vista a presença de obras exteriores (pavimentação, sistema de drenagem e porteira). De outra parte, houve o exercício contínuo e inconteste da servidão por vinte anos (prazo estabelecido no art. 1.379, parágrafo único, do Código Civil).

Distribuição dos Pontos

ITEM	PONTUAÇÃO
A. A resposta é negativa, tendo em vista que, nos termos do Art. 1.285 do Código Civil (0,10), o direito à passagem forçada assiste apenas o dono do prédio que não tiver acesso à via pública (0,50). Obs.: a simples menção ou transcrição do artigo não será pontuada.	0,00/0,50/0,60
B. Há servidão de trânsito, que proporciona utilidade para o prédio dominante de João e grava o prédio serviente pertencente a Maurício (0,25). Além disso, encontram-se reunidos os requisitos estabelecidos no Art. 1.379, *caput* e parágrafo único, do Código Civil, para a aquisição de direito real de servidão por meio de usucapião (0,10). A servidão é aparente, tendo em vista a presença de obras exteriores (pavimentação, sistema de drenagem e porteira) e houve o exercício contínuo e inconteste da servidão por vinte anos (0,20) (prazo estabelecido no Art. 1.379, parágrafo único, do Código Civil) (0,10). Obs.: a simples menção ou transcrição do artigo não será pontuada.	0,00/0,20/0,25/0,35/ 0,45/0,55/ 0,65

11. FAMÍLIA

(OAB/Exame Unificado – 2018.1 – 2ª fase) Nivaldo e Bárbara casaram-se em 2008. Ocorre que Bárbara, ao conhecer o sogro, Ricardo, que até então estava morando no exterior a trabalho, apaixonou-se por ele.

Como Ricardo era viúvo, Bárbara se divorciou de Nivaldo e foi morar com o ex-sogro em uma pequenina cidade no Acre, onde ninguém os conhecia. Lá, casaram-se há cerca de cinco anos.

Um dia, avisado por um amigo, Nivaldo, que vivia na capital do estado do Amazonas, descobriu o casamento do pai com sua ex-esposa. De imediato, consultou um advogado para saber o que poderia fazer para invalidar o casamento.

Diante dessas circunstâncias, responda aos itens a seguir.

A) Qual a ação cabível para a invalidação do casamento e qual o fundamento dela? (Valor: 0,70)
B) Identifique o litisconsórcio existente entre Bárbara e Ricardo (Valor: 0,55).

Obs.: o(a) examinando(a) deve fundamentar as respostas. A mera citação do dispositivo legal não confere pontuação.

GABARITO COMENTADO

A) Bárbara e Ricardo têm parentesco por afinidade (nora e sogro, respectivamente), que se formou pelo casamento e não é extinto pelo rompimento do vínculo matrimonial, conforme o art. 1.595, § 2º, do Código Civil. Assim, estão impedidos de casar, segundo o art. 1.521, inciso II, do Código Civil. O casamento é nulo por infringência de impedimento, a teor do art. 1.548, inciso I, do Código Civil. Logo a ação cabível é a ação de nulidade de casamento.

B) O litisconsórcio entre Bárbara e Ricardo é unitário, pois o juiz deve decidir o mérito de modo uniforme para ambos, conforme dispõe o art. 116 do CPC/2015.

Distribuição dos Pontos

ITEM	PONTUAÇÃO
A1. Ação de nulidade de casamento (0,20), conforme o Art. 1.548, inciso II, do Código Civil (0,10).	0,00/0,20/0,30
A2. O fundamento é existência de impedimento, porque Bárbara e Ricardo são parentes por afinidade, vínculo que não se extingue pelo divórcio (0,30), segundo o Artigo 1.521, inciso II **OU** Art. 1.595, § 2º, do Código Civil (0,10).	0,00/0,30/0,40
B1. O litisconsórcio é unitário (0,20), conforme dispõe o Art. 116 do CPC/15 (0,10).	0,00/0,20/0,30
B2. O litisconsórcio também é necessário (0,15), conforme dispõe o Art. 114 do CPC/15 (0,10).	0,00/0,15/0,25

(OAB/Exame Unificado – 2017.3 – 2ª fase) Maria Clara e Jorge tiveram uma filha, Catarina, a qual foi registrada sob filiação de ambos. Apesar de nunca terem se casado, Maria Clara e Jorge contribuíam paritariamente com o sustento da criança, que vivia com Maria Clara.

Quando Catarina fez dois anos de idade, Jorge ficou desempregado, situação que perdura até hoje. Em razão disso, não possui qualquer condição de prover a subsistência de Catarina, que não consegue contar apenas com a renda de sua mãe, Maria Clara, filha única de seus genitores, já falecidos. Jorge reside com sua mãe, Olívia, que trabalha e possui excelente condição financeira. Além disso, Catarina possui um irmão mais velho, Marcos, capaz e com 26 anos, fruto do primeiro casamento de Jorge, que também tem sólida situação financeira.

Com base em tais fatos, responda aos itens a seguir, justificando e fundamentando a resposta.

A) Olivia e Marcos podem ser chamados a contribuir com a subsistência de Catarina? A obrigação deve recair em Olivia e Marcos de forma paritária? **(Valor: 0,65)**

B) Quais as medidas judiciais cabíveis para resguardar o direito de subsistência de Catarina, considerando a necessidade de obter com urgência provimento que garanta esse direito? **(Valor: 0,60)**

Obs.: o(a) examinando(a) deve fundamentar suas respostas. A mera citação do dispositivo legal não confere pontuação.

GABARITO COMENTADO

A) O direito à prestação de alimentos se estende aos ascendentes, nos termos do art. 1.696 do CC. Embora os parentes em linha colateral possam ser chamados a responder pelos alimentos, essa responsabilidade apenas incide na falta dos ascendentes (art. 1.697 do CC), sendo subsidiária, e devida na proporção dos seus recursos. Como Olívia possui condições financeiras, será a responsável pelos alimentos que seriam devidos por Jorge. Assim, havendo possibilidade de alimentos avoengos, não subsiste responsabilidade de Marcos, colateral.

B) Catarina, representada por sua mãe, pode propor ação de alimentos em face de Olívia, postulando a concessão de alimentos provisórios, com base nos artigos 1º a 3º da Lei 5.478/68 e no art. 693, parágrafo único, do CPC/15. Catarina também pode propor tutela provisória de urgência em caráter antecedente, visando à obtenção dos alimentos, com base no art. 303 do CPC/15.

Distribuição dos Pontos

ITEM	PONTUAÇÃO
A1. Sim. O direito à prestação de alimentos se estende à ascendente (Olívia), embora o irmão Marcos, parente em linha colateral, possa ser chamado a responder pelos alimentos, na falta de ascendentes (0,25), nos termos dos arts. 1.696 c/c 1.697 do CC. (0,10). **OU** Não. Havendo possibilidade de alimentos avoengos, não subsiste responsabilidade de Marcos, colateral (0,25), nos termos dos arts. 1.696 c/c 1.697 do CC. (0,10).	0,00/0,25/0,35
A2. Não. Na hipótese de existir o dever alimentar de Marcos, sua responsabilidade é **subsidiária** (0,20), nos termos do art. 1.698 do CC (0,10).	0,00/0,20/0,30
B. Pode ser proposta **ação de alimentos** em face de sua avó Olívia, postulando a concessão de alimentos provisórios (0,50), com fundamento na Lei nº 5.478/68 OU com fundamento na tutela provisória com base no art. 300 e/ou 303 do CPC/15. (0,10).	0,00/0,50/0,60

(OAB/Exame Unificado – 2017.3 – 2ª fase) Pedro, maior com 30 (trinta) anos de idade, é filho biológico de Paulo, que nunca reconheceu a filiação no registro de Pedro. Em 2016, Paulo morreu sem deixar testamento, solteiro, sem ascendentes e descendentes, e com dois irmãos sobreviventes, que estão na posse dos bens da herança.

Diante da situação apresentada, responda aos itens a seguir.

A) Qual o prazo para propositura da ação de investigação de paternidade e da petição de herança? **(Valor: 0,85)**

B) É possível cumular os pedidos de reconhecimento da paternidade e do direito hereditário no mesmo processo? **(Valor: 0,40)**

Obs.: o(a) examinando(a) deve fundamentar as respostas. A mera citação do dispositivo legal não confere pontuação.

GABARITO COMENTADO

A) A ação de investigação de paternidade é imprescritível, como prevê o art. 27 do ECA, enquanto que a petição de herança se submete ao prazo prescricional de 10 (dez) anos, por se tratar de maior prazo previsto em lei, consoante dispõe o art. 205 do Código Civil. A questão foi sintetizada no enunciado da Súmula 149 do Supremo Tribunal Federal.

B) Cabe a cumulação de pedidos no mesmo processo, uma vez que a investigação de paternidade, bem como a petição de herança observam os requisitos de admissibilidade previstos no art. 327, § 1º, do CPC, na medida em que os pedidos são compatíveis entre si, a competência é do mesmo juízo e o mesmo procedimento é adequado a ambas.

Distribuição dos Pontos

ITEM	PONTUAÇÃO
A1. A ação de investigação de paternidade é imprescritível (0,30), nos termos do Art. 27 do ECA **OU** a Súmula 149 do STF (0,10).	0,00/0,30/0,40
A2. Prescritibilidade da ação de petição de herança, no prazo de 10 (dez) anos (0,35), conforme o Art. 205 do CC (0,10).	0,00/0,35/0,45
B. Cabe a cumulação de pedidos no mesmo processo, desde que presentes os **requisitos de admissibilidade OU** que os pedidos sejam compatíveis entre si, a competência seja do mesmo juízo e adequado o mesmo procedimento (0,30), nos termos do Art. 327, § 1º, do CPC (0,10)	0,00/0,30/0,40

(**OAB/Exame Unificado – 2017.2 – 2ª fase**) Tiago, servidor público federal, e Marcel, advogado, mantiveram convivência pública, contínua e duradoura, com o objetivo de constituir família, durante quinze anos. Em virtude do falecimento de Tiago decorrente de acidente de trânsito, Marcel ajuizou ação em face da União, pleiteando a concessão de pensão por morte, sob o fundamento da ocorrência de união estável com o falecido.

A juíza federal da 6ª Vara, por ter entendido configurada a relação de companheirismo, julgou procedente o pedido, concedendo a pensão a Marcel. Não foi interposta apelação, tampouco houve a incidência de reexame necessário, pelo que ocorreu o trânsito em julgado da decisão concessiva da pensão.

Diante do acolhimento de sua pretensão no âmbito da Justiça Federal, Marcel, a fim de resguardar seus direitos sucessórios, ajuizou, perante a Justiça Estadual, ação declaratória de união estável, buscando o reconhecimento da relação de companheirismo mantida com Tiago. O juiz de direito da 3ª Vara de Família julgou improcedente o pedido, sob o fundamento de que o requisito da coabitação para o reconhecimento de união estável não se encontrava preenchido.

Sobre tais fatos, responda aos itens a seguir.

A) O fundamento da decisão proferida pela Justiça Estadual está correto? Por quê? (**Valor: 0,50**)

B) O reconhecimento da união estável pela Justiça Federal vincula a decisão a ser proferida pela Justiça Estadual? Por quê? (**Valor: 0,75**)

Obs.: o(a) examinando(a) deve fundamentar suas respostas. A mera citação ou transcrição do dispositivo legal não confere pontuação.

GABARITO COMENTADO

A) Não, pois o art. 1.723 do Código Civil não prevê a coabitação como requisito para a configuração da união estável.

B) Não. O reconhecimento da união estável pela Justiça Federal se deu incidentalmente como questão prejudicial. Considerando que a Justiça Federal não é competente para decidir como questão principal acerca da ocorrência de união estável, sua apreciação não é apta a fazer coisa julgada, nos termos do art. 503, § 1°, inciso III, do CPC/15. Em consequência, a Justiça Estadual poderá decidir de maneira diversa a respeito da configuração da relação de companheirismo.

Distribuição dos Pontos

ITEM	PONTUAÇÃO
A. Não, pois o Art. 1.723 do Código Civil (0,10) não prevê a coabitação como requisito para a configuração da união estável (0,40).	0,00/0,40/0,50
B. Não. A apreciação da união estável pela Justiça Federal se deu de maneira incidental, em virtude de sua incompetência para apreciar a questão a título principal (0,35), pelo que não fez coisa julgada (0,30), na forma do Art. 503, § 1°, inciso III, do CPC/15 (0,10).	0,00/0,30/0,35/0,40/ 0,45/0,65/0,75

(**OAB/Exame Unificado – 2016.1 – 2ª fase**) Marina e José casaram-se e, após alguns anos poupando dinheiro, conseguiram comprar, à vista, o primeiro imóvel em Jacarepaguá, na cidade do Rio de Janeiro. Dois meses depois de se mudarem para o novo apartamento, José ficou desempregado e, por isso, a família deixou de ter renda suficiente para pagar suas despesas. O casal, então, resolveu alugar o imóvel e utilizar o valor auferido com a locação para complementar a renda necessária à manutenção da própria subsistência, inclusive o pagamento do aluguel de outro apartamento menor, para onde se mudou.

Em virtude das dificuldades financeiras pelas quais passou, o casal deixou de cumprir algumas obrigações contraídas no supermercado do bairro, uma das quais ensejou o ajuizamento de execução, com a determinação judicial de penhora do imóvel. Marina e José, regularmente citados, não efetuaram o pagamento. No dia seguinte à intimação da penhora, decorridos apenas 05 (cinco) dias da juntada dos mandados de citação aos autos, Marina e José foram ao seu escritório, desesperados, porque temiam perder o único imóvel de sua propriedade.

Tendo em vista essa situação hipotética, responda aos itens a seguir.

A) Que medida judicial pode ser adotada para a defesa do casal e em que prazo? (**Valor: 0,60**)

B) O que poderão alegar os devedores para liberar o bem da penhora? (**Valor: 0,65**)

Obs.: o examinando deve fundamentar suas respostas. A mera citação do dispositivo legal não confere pontuação.

GABARITO COMENTADO

A) Os devedores poderão oferecer embargos à execução, no prazo de 15 dias, a contar da juntada aos autos do mandado de citação (art. 738 do CPC).

B) Poderão alegar a impenhorabilidade do bem de família, por se tratar de seu único imóvel, ainda que locado a terceiros, porquanto a renda obtida com o aluguel é revertida para a subsistência da família (art. 1º da Lei 8.009/90 ou Súmula 486, STJ).

Distribuição dos Pontos

ITEM	PONTUAÇÃO
A. Os devedores poderão oferecer embargos à execução (0,30), no prazo de 15 dias, a contar da juntada aos autos do mandado de citação (0,20), nos termos do Art. 738 do CPC (0,10).	0,00/0,20/0,30/0,40/0,50/0,60
B. Trata-se de bem de família impenhorável (0,55), conforme dispõe o Art. 1º, da Lei nº 8.009/90 **ou** Súmula nº 486 do STJ (0,10)	0,00/0,55/0,65

(OAB/Exame Unificado – 2016.1 – 2ª fase) Júlia e André, casados há quinze anos, são pais de Marcos, maior de idade e capaz. Em janeiro de 2015, quando um forte temporal assolava a cidade em que moravam, André saiu de casa para receber aluguel do imóvel que herdara de sua mãe, não voltando para casa ao fim do dia. Após 6 meses do desaparecimento de André, que não deixou procurador ou informação sobre o seu paradeiro, Júlia procura aconselhamento jurídico sobre os itens a seguir.

A) De acordo com o caso, independentemente de qualquer outra providência, será possível obter a declaração de morte presumida de André? **(Valor: 0,70)**

B) Dos personagens descritos no caso, quem detém a legitimidade ativa para requerer a sucessão definitiva dos bens de André? Qual é o prazo para esse requerimento? **(Valor: 0,55)**

Obs.: o examinando deve fundamentar suas respostas. A mera citação do dispositivo legal não confere pontuação.

GABARITO COMENTADO

A) Trata-se de hipótese de ausência, nos termos do art. 6º, do Código Civil, configurada pela saída de André do seu domicílio sem dele haver notícias. Não é possível obter declaração de morte presumida, pois, de acordo com o art. 7º do CC/02, somente haverá essa possibilidade por risco de vida, o que não se caracterizou.

B) A sucessão definitiva dos bens do ausente poderá ser requerida, nos termos do art. 1167 do Código de Processo Civil ou do art. 37 do Código Civil, dez anos depois de passada em julgado a sentença de abertura da sucessão provisória. Os legitimados para requererem a abertura da sucessão definitiva são os mesmos que podem requerer a sucessão provisória, ou seja, Júlia ou o filho deles, Marcos, de acordo com o art. 1163, § 1º, do Código de Processo Civil ou art. 27 do Código Civil.

Distribuição dos Pontos

ITEM	PONTUAÇÃO
A. Não. Não se trata de hipótese de morte presumida sem decretação de ausência (0,30), pois André não corria risco de vida (0,30), requisito previsto pelo Art. 7º, do Código Civil (0,10).	0,00 / 0,30 / 0.40 0,60 / 0,70
B. A legitimidade ativa é do cônjuge ou herdeiros legítimos, ou seja, Júlia e Marcos (0,15). Art. 1163, § 1º, do CPC **OU** Art. 27, do CC (0,10). O prazo para abertura da sucessão definitiva dos bens do ausente é de 10 anos após o trânsito em julgado da sentença de abertura da sucessão provisória (0,20). Art. 1.167 do CPC **OU** Art. 37 do Código Civil (0,10).	0,00 / 0,15 / 0,20 / 0,25 / 0,30 / 0,35 / 0,45 / 0,55

(**OAB/Exame Unificado – 2015.2 – 2ª fase**) Adalberto e Marieta foram casados pelo regime de comunhão parcial de bens por oito anos. Estão separados de fato há vinte anos e possuem dois filhos maiores e capazes. O casal mantém patrimônio conjunto e ingressou com ação de divórcio. Ocorre que, tão logo ajuizaram a ação para a dissolução do vínculo conjugal, o advogado de ambos ficou impossibilitado de representá-los em juízo, motivo pelo qual outro advogado assumiu a causa e informou a Adalberto e Marieta que o divórcio poderia ter sido realizado em cartório, pela via extrajudicial.

Diante do caso apresentado, responda aos itens a seguir, apontando o fundamento legal.

A) É possível a convolação da ação de divórcio em divórcio por escritura pública? Como devem proceder para realizar o divórcio em cartório extrajudicial? (**Valor: 0,75**)

B) Caso Adalberto e Marieta pretendam manter os bens comuns do casal em condomínio, é possível a dissolução da sociedade conjugal sem a realização da partilha? (**Valor: 0,50**)

Obs.: o examinando deve fundamentar suas respostas. A mera citação do dispositivo legal não confere pontuação.

GABARITO COMENTADO

A) Não é possível a convolação de ação de divórcio em procedimento administrativo de divórcio. Isso porque o processo judicial somente pode ser finalizado pela via do Poder Judiciário, ainda que se extinga por meio de sentença meramente homologatória da desistência da ação. Se Adalberto e Marieta pretendem realizar o divórcio por escritura pública, devem desistir da ação judicial a fim de extinguir o processo judicial (art. 485, VIII, do CPC) e ingressar com a medida extrajudicial de dissolução do vínculo conjugal, com base no art. 733 do CPC, OU mesmo ingressar com a medida administrativa e comunicar ao Juízo perante o qual tramita a ação judicial de divórcio, requerendo a extinção do processo por falta de interesse processual por motivo superveniente.

B) Sim, é possível a realização do divórcio sem prévia partilha dos bens, podendo manter os bens comuns do casal em condomínio. É o que autoriza o art. 1.581 do CC.

Distribuição dos Pontos

ITEM	PONTUAÇÃO
A. Não é possível a convolação de ação de divórcio em procedimento administrativo de divórcio (0,35). Se Adalberto e Marieta pretendem realizar o divórcio por escritura pública, devem desistir da ação judicial a fim de extinguir o processo judicial (Art. 267, VIII, do CPC) (0,20) e ingressar com a medida extrajudicial de dissolução do vínculo conjugal, com base no Art. 1.124-A do CPC (0,20), OU mesmo ingressar com a medida administrativa (0,20) e requerendo a extinção do processo por falta de interesse processual por motivo superveniente (Art. 267, VI, do CPC) (0,20) Obs.: a mera citação do dispositivo legal não confere pontuação.	0,00 /0,20 / 0,35 /0,40/ 0,55 / 0,75
B. A partilha dos bens comuns do casal não é requisito à dissolução da sociedade conjugal (0,40). Art. 1.581 do CC ou Enunciado de súmula n. 197, do STJ (0,10). Obs.: a mera citação do dispositivo legal não confere pontuação.	0,00 / 0,40 / 0,50

(OAB/Exame Unificado – 2015.1 – 2ª fase) Após o período de relacionamento amoroso de dois anos, Mário Alberto, jovem com 17 anos de idade, e Cristina, com apenas 15 anos, decidem casar. A mãe de Mário, que detém a sua guarda, autoriza o casamento, apesar da discordância de seu pai. Já os pais de Cristina consentem com o casamento.

Com base na situação apresentada, responda aos itens a seguir.

A) É possível o casamento entre Mário Alberto e Cristina? (Valor: 0,60)

B) Caso os jovens se casem, quais os efeitos desse casamento? Há alguma providência judicial ou extrajudicial a ser tomada pelos jovens? (Valor: 0,65)

Responda justificadamente, empregando os argumentos jurídicos apropriados e a fundamentação legal pertinente ao caso.

GABARITO COMENTADO

A) No primeiro tópico, o examinado deve esclarecer que não é possível o casamento, uma vez que, não obstante Cristina ter o consentimento de ambos os pais, ela não possui idade núbil (capacidade matrimonial).

Importante ainda o examinando observar que Mário Alberto necessita do consentimento de ambos os pais, uma vez que o consentimento para o casamento é atributo do poder familiar inerente a ambos, em igualdade de condições, e o fato de Mário estar sob a guarda da mãe não retira de seu pai sua autoridade parental, não prevalecendo, portanto, a vontade materna, necessitando do suprimento judicial, em caso de negativa injustificada de um dos genitores.

B) No segundo tópico, o examinando deve responder que o casamento é anulável, pois além de Cristina não ter atingido a idade núbil, Mário Alberto necessita do consentimento de ambos os pais, uma vez que o consentimento para o casamento é atributo do poder familiar inerente a ambos, em igualdade de condições; o fato de Mário estar sob a guarda da mãe não retira de seu pai sua autoridade parental, não prevalecendo, portanto, a vontade materna. As providências a serem tomadas seriam: a) ação anulatória do casamento, pela via judicial, com fundamento no art. 1.555 do CC; b) confirmação do casamento, com base no art. 1.553 do CC.

Distribuição dos Pontos

ITEM	PONTUAÇÃO
A. Não, pois embora Cristina possua consentimento de ambos os pais não possui capacidade matrimonial (idade núbil) (0,20), nos termos do Art. 1.517 do Código Civil (0,10). O examinado deve observar que Mário Alberto também necessita do consentimento de ambos os pais (0,20), e que em caso de negativa de um deles há necessidade do suprimento judicial, na forma do Art. 1.519 do Código Civil (0,10). *Obs.: a simples menção ou transcrição do artigo não será pontuada.*	0,00/0,20/0,30/ 0,40/0,50/0,60
B. O casamento é anulável porque Cristina não completou idade núbil e/ou Mário Alberto não possui autorização de seus representantes legais (0,25), nos termos do Art. 1.550, incisos I e II, do Código Civil (0,10). As providências a serem tomadas seriam: ação anulatória do casamento, pela via judicial (0,20), com fundamento no Art. 1.555 do CC (0,10) OU confirmação do casamento (0,20), com base no Art. 1.553 do CC (0,10). *Obs.: a simples menção ou transcrição do artigo não será pontuada.*	0,00/0,20/0,25/0,30 0,35/0,45/0,55/0,65

(OAB/Exame Unificado – 2013.3 – 2ª fase) Joana cuida de sua neta Maria desde que a menor tinha três anos de idade. Os pais de Maria nunca lhe deram atenção emocional ou prestaram recursos financeiros, sendo poucos os momentos de contato.

Maria atualmente está com quinze anos de idade e se refere publicamente a sua avó como mãe. Depois de longas conversas com seus outros netos e filhos, que anuíram com a decisão, Joana, que é viúva, decide adotar sua neta Maria.

Partindo da temática "adoção", responda, fundamentadamente, às indagações a seguir, apontando, inclusive, os dispositivos legais correlatos.

A) A legislação vigente admite a adoção de pessoa maior de dezoito anos? (Valor: 0,70)

B) Considerando a situação narrada no enunciado, existe a possibilidade legal de Maria ser adotada por sua avó Joana? (Valor: 0,55)

GABARITO COMENTADO – EXAMINADORA

A) É possível a adoção de maiores de dezoito anos, não se aplicando, entretanto, o Estatuto da Criança e do Adolescente. Quando a pessoa adotanda for maior de 18 anos, a norma aplicável será a prevista no Código Civil e dependerá da assistência efetiva do poder público e formará sentença constitutiva. As normas previstas na legislação especial (ECA) terão aplicabilidade subsidiária. Fundamentação legal: art. 1.619 do CC.

B) Não é possível a adoção na situação narrada no enunciado, ante o óbice previsto no art. 42, § 1º da Lei 8.069/90 (ECA), por meio do qual o legislador estabeleceu que ascendentes não podem adotar descendentes.

Distribuição dos Pontos

ITEM	PONTUAÇÃO
A) É possível cabendo a aplicação das regras do Código Civil (0,50). Fundamento legal: art. 1.619 do CC (0,20). Obs.: a simples indicação do dispositivo legal não pontua.	0,00 – 0,50 – 0,70
B) Não é possível a adoção de descendente por ascendente (0,35). Fundamentação legal: art. 42, § 1º, da Lei 8.069/90 (ECA) (0,20). Obs.: a simples indicação do dispositivo legal não pontua.	0,00 – 0,35 – 0,55

(**OAB/Exame Unificado – 2013.2 – 2ª fase**) Álvaro e Lia se casaram no dia 10.05.2011, sob o regime de comunhão parcial de bens. Após dois anos de união e sem filhos em comum, resolveram se divorciar. Na constância do casamento, o casal adquiriu um apartamento avaliado em R$ 500.000,00 (quinhentos mil reais) onde residem.

Considerando o caso narrado e as normas de direito, responda aos itens a seguir.

A) Quais os requisitos legais para que Álvaro e Lia possam se divorciar administrativamente? Fundamente (Valor: 0,60).

B) **Considerando que Álvaro tenha adquirido um** tapete persa Tabriz Mahi de lã e seda sobre algodão, avaliado em R$ 45.000,00 (quarenta e cinco mil reais), mas **não reste demonstrada a data em que Álvaro efetuou a referida compra,** será presumido como adquirido na constância do casamento? Fundamente (Valor: 0,65).

A simples menção ou transcrição do dispositivo legal não pontua.

GABARITO COMENTADO – EXAMINADORA

A) Os requisitos para a realização do divórcio administrativo são: a) consenso sobre todas as questões que envolvem o divórcio; b) inexistência de filhos menores ou incapazes; c) disposição na escritura pública sobre a partilha dos bens comuns, a pensão alimentícia, bem como a retomada do nome usado anteriormente ao advento do casamento; d) lavratura da escritura pública por tabelião de notas; e e) assistência de advogado ou defensor público, nos termos do art. 733, *caput* e § 2º, ambos do Código de Processo Civil.

B) Como Álvaro e Lia se casaram sob o regime de comunhão parcial de bens e não houve comprovação da data da aquisição do tapete persa (bem móvel), haverá presunção de que o bem foi adquirido na constância do casamento, nos termos do art. 1.662, do CC.

(**OAB/Exame Unificado – 2013.2 – 2ª fase**) Suzana namorou Paulo durante 2 anos, vindo a engravidar dele. Não tendo condições de suportar as despesas durante a gravidez, Suzana vai ao seu escritório de advocacia para lhe solicitar as providências cabíveis.

Diante do caso apresentado, responda apontando o fundamento legal:

A) Qual a ação a ser proposta e qual o prazo para resposta?(Valor: 0,75)
B) Quem ostenta a legitimidade ativa para esta demanda?(Valor: 0,50)

A simples menção ou transcrição do dispositivo legal não pontua.

GABARITO COMENTADO – EXAMINADORA

A) Deve ser proposta a ação de alimentos gravídicos e o prazo para resposta é de 5 (cinco) dias, conforme dispõe o art. 7º, da Lei 11.804/08.
B) A legitimada ativa é a mulher grávida, na forma do art. 1º e art. 6º, ambos da Lei 11.804/08.

(OAB/Exame Unificado – 2013.1 – 2ª fase) Luzia sempre desconfiou que seu neto Ricardo, fruto do casamento do seu filho Antônio com e Josefa, não era filho biológico de Antônio, ante as características físicas por ele exibidas. Vindo Antonio a falecer, Luzia pretende ajuizar uma ação negatória de paternidade.

A respeito do fato apresentado, responda aos seguintes itens.

A) Tem Luzia legitimidade para propor a referida ação? (Valor: 0,50)
B) Caso Antonio tivesse proposto a ação negatória e falecido no curso do processo, poderia Luzia prosseguir com a demanda? Qual o instituto processual aplicável ao caso? (Valor: 0,75)

A simples menção ou transcrição do dispositivo legal não pontua.

GABARITO COMENTADO – EXAMINADORA

A) Luzia não tem legitimidade para propor a ação negatória de paternidade, pois se trata de ação personalíssima, conforme dispõe o art. 1.601, *caput*, do Código Civil.
B) Luzia poderia prosseguir com a ação negatória de paternidade ajuizada por seu filho, caso este viesse a falecer no curso da demanda por sucessão processual, nos termos dos artigos 1.601, parágrafo único, do Código Civil e/ou 18, e/ou 110, e/ou 687, e/ou 688, e/ou 689, do CPC.

(OAB/Exame Unificado – 2012.1 – 2ª fase) Cristiano e Daniele, menores impúberes, com 14 (catorze) e 10 (dez) anos de idade, respectivamente, representados por sua genitora, celebraram acordo em ação de alimentos proposta em face de seu pai, Miguel, ficando pactuado que este pagaria alimentos no valor mensal correspondente a 30% (trinta por cento) do salário mínimo, sendo metade para cada um. Sucede, entretanto, que Miguel, durante os dois primeiros anos, deixou de adimplir, injustificadamente, com a obrigação assumida, passando a pagar a quantia celebrada em acordo, a partir de então. Transcorridos 03 (três) anos da sentença que homologou o acordo na ação de alimentos, Cristiano e Daniele ajuizaram ação de execução, cobrando o débito pendente, requerendo a prisão civil do devedor.

Diante disso, responda fundamentadamente às seguintes indagações:

A) Subsiste o dever jurídico de Miguel de pagar o débito relativo aos últimos 03 (três) anos de inadimplência quanto aos alimentos devidos a seus filhos? (valor: 0,70)
B) No caso em tela, é cabível a prisão civil de Miguel? (valor: 0,55)

GABARITO COMENTADO – EXAMINADORA

A) Embora o art. 206, § 2º, do Código Civil estabeleça que prescreve em 2 anos a pretensão para haver prestações alimentares, a partir da data em que se vencerem, há no caso analisado uma causa impeditiva da prescrição, concernente à incapacidade absoluta dos menores, conforme dispõe o art. 198, I, do Código Civil.

B) O rito da constrição pessoal somente se admite em relação às três prestações anteriores ao ajuizamento da ação e as que se vencerem no curso do processo (Súmula 309 do Superior Tribunal de Justiça)

Distribuição dos Pontos:

Quesito Avaliado	Faixa de valores
A) Embora o art. 206, § 2º, do Código Civil (0,15) estabeleça que prescreve em 2 anos (0,20) a pretensão para haver prestações alimentares, a partir da data em que se vencerem, há no caso analisado uma causa impeditiva da prescrição, concernente à incapacidade absoluta dos menores (0,20), conforme dispõe o art. 198, I, do Código Civil.(0,15) Obs.: A mera indicação do artigo não pontua.	0,00/0,20/0,35/ 0,40/0,55/0,70
B) O rito da constrição pessoal somente se admite quando a execução tem por objeto as três prestações anteriores ao ajuizamento da ação e as que se vencerem no curso do processo (0,35), conforme dispõe a Súmula n. 309 do Superior Tribunal de Justiça (0,20). Obs.: A mera indicação da Súmula não pontua.	0,00/0,35/0,55

(OAB/Exame Unificado – 2011.3 – 2ª fase) Paulo, maior e capaz, e Eliane, maior e capaz, casaram-se pelo regime da comunhão parcial de bens no ano de 2004. Nessa ocasião, Paulo já havia herdado, em virtude do falecimento de seus pais, um lote de ações na Bolsa de Valores, cujo montante atualizado corresponde a R$ 50.000,00, sendo certo que Eliane, à época, não possuía bens em seu patrimônio. No ano de 2005, nasceu João, filho do casal. Em 2006, Paulo vendeu as ações que havia recebido e, com o produto da venda, comprou um automóvel de igual valor. Em 2007, Paulo foi contemplado com um prêmio de loteria no valor atualizado de R$ 100.000,00, que se mantém depositado em conta bancária. Agora, no ano de 2012, o casal, pretendendo se divorciar mediante a lavratura de escritura pública, decide consultar um advogado.

Na condição de advogado(a) consultado(a) por Paulo e Eliane, responda aos itens a seguir, empregando os argumentos jurídicos apropriados e a fundamentação legal pertinente ao caso.

A) Pode o casal divorciar-se por meio de lavratura de escritura pública? (Valor: 0,6)

B) A respeito da partilha de bens em caso de divórcio do casal, qual(is) bem(ns) deve(m) integrar o patrimônio de Eliane e qual(is) bem(ns) deve(m) integrar o patrimônio de Paulo? (Valor: 0,65)

GABARITO COMENTADO – EXAMINADORA

A) Não, de acordo com o art. 733, CPC. Isso porque os cônjuges possuem um filho menor de idade, o que consiste em empecilho legal à utilização da via extrajudicial para a decretação do divórcio.

B) Caberá a Eliane perceber metade do prêmio de loteria a título de meação, na forma do art. 1.660, II, do CC/2002. Paulo terá direito ao automóvel, por ter sido adquirido com o produto da herança (art. 1659, I, CC/02), e também a metade do prêmio de loteria (art. 1660, II, CC/2002).

Distribuição dos Pontos

Item	Pontuação
A) Não, por ter o casal filhos menores, nos termos do art. 1124-A do CPC. Obs.: A mera resposta "não" e a mera indicação do artigo não são pontuadas.	0 / 0,6
B) Cabe a Eliane metade do prêmio de loteria, nos termos do art. 1660, II, do CC (0,3). Cabe a Paulo metade do prêmio de loteria e o automóvel, nos termos do art. 1660, II, e art. 1659, I, do CC (0,35). Obs.: A mera indicação de artigo não é pontuada.	0 / 0,3 / 0,35 / 0,65

(OAB/Exame Unificado – 2011.1 – 2ª fase) Maria, casada em regime de comunhão parcial de bens com José por 3 anos, descobre que ele não havia lhe sido fiel, e a vida em comum se torna insuportável. O casal se separou de fato, e cada um foi residir em nova moradia, cessando a coabitação. Da união não nasceu nenhum filho, nem foi formado patrimônio comum. Após dez meses da separação de fato, Maria procura um advogado, que entra com a ação de divórcio direto, alegando que essa era a visão moderna do Direito de Família, pois, ao dissolver uma união insustentável, seria facilitada a instituição de nova família. Após a citação, João contesta, alegando que o pedido não poderia ser acolhido, uma vez que ainda não havia transcorrido o prazo de dois anos da separação de fato exigidos pelo art. 40 da Lei 6.515/77.

Diante da hipótese apresentada, responda aos itens a seguir, empregando os argumentos jurídicos apropriados e a fundamentação legal pertinente ao caso.

A) Nessa situação é juridicamente possível que o magistrado decrete o divórcio, não obstante não exista comprovação do decurso do prazo de dois anos da separação de fato como pretende Maria, ou João está juridicamente correto, devendo o processo ser convertido em separação judicial para posterior conversão em divórcio? (Valor: 0,65)

B) Caso houvesse consenso, considerando as inovações legislativas, o ex-casal poderia procurar via alternativa ao Judiciário para atingir o seu objetivo ou nada poderia fazer antes do decurso dos dois anos da separação de fato? (Valor: 0,6)

GABARITO COMENTADO – EXAMINADORA

No primeiro tópico o candidato deve destacar que a Emenda Constitucional 66/2010 deu nova redação ao parágrafo 6º do art. 226 da Constituição Federal, excluindo a exigência do prazo de 2 (dois) anos da separação de fato para o divórcio direto, motivo pelo qual o magistrado poderá decretar o divórcio como pretende Maria, já que o dispositivo da Constituição prevalece sobre o art. 40 da Lei 6.515/77, por se tratar de norma hierarquicamente superior à legislação federal.

No segundo tópico o candidato deve ressaltar que a Lei 11.441/2007 acrescentou o art. 733 ao Código de Processo Civil possibilitando a separação consensual e o divórcio consensual em cartório, por meio de escritura pública e observados os requisitos legais quanto aos prazos, como uma forma alternativa de resolução de conflitos de interesses ao Poder Judiciário. Assim, o ex-casal, por não haver filhos melhores e haver consenso no Divórcio, já que a Emenda Constitucional 66/2010, que deu nova redação ao parágrafo 6º do art. 226 da Constituição Federal, acabou com a exigência do decurso do prazo de 2 (dois) anos da separação de fato para a dissolução do casamento pelo divórcio, poderá efetivar o divórcio direto em cartório, valendo-se da autorização dada pelo art. 733 do CPC.

Distribuição de Pontos

ITEM	PONTUAÇÃO
A) É possível a decretação do divórcio (0,3) pela nova redação do art. 226, § 6º, CRFB, introduzida pela EC 66/10, que não exige lapso temporal de 2 anos (0,35).	0 / 0,3 / 0,35 / 0,65
B) Sim, poderia buscar via alternativa (0,3), pois o art. 1124-A do CPC (e advento da EC 66/10) permite a realização de divórcio em cartório (0,3).	0 / 0,3 / 0,6

(OAB/Exame Unificado – 2008.3 – 2ª fase) Mariana, que trabalha com grupos de apoio a mulheres vítimas de violência doméstica, casou-se, após três meses de namoro, com pessoa que conhecera na faculdade. Passados quatro meses da celebração do casamento, nada perturbava a vida harmoniosa do casal, até que Mariana soube que seu marido já havia sido condenado por lesões corporais graves causadas a uma antiga namorada bem como tramitavam, contra ele, duas ações penais em que era acusado da prática de estupro e atentado violento ao pudor contra a mesma pessoa. Em razão desse fato, Mariana pretende pôr fim a seu casamento. Em face dessa situação hipotética, indique a solução jurídica adequada à pretensão de Mariana, destacando não só o direito material aplicável à espécie como também o meio adequado de encaminhamento do pedido a ser realizado.

RESOLUÇÃO DA QUESTÃO – EM 2008.

O casamento pode acabar por morte de um dos cônjuges, nulidade ou anulação e divórcio (art. 1.571, § 1º, do Código Civil).

Atualmente o divórcio não depende do decurso de um tempo para ser concedido. No caso de Mariana, fazer gestões com vistas ao divórcio é a melhor opção. Porém, como a questão foi redigida antes da Emenda Constitucional que retirou o prazo para pleitear o divórcio, o examinador queria explorar do candidato seus conhecimentos sobre nulidades e anulabilidades. Nesse sentido, em respeito à intenção inicial do examinador, mantém-se a resposta que descreve o pleito que pode ser efetuado por Mariana, mesmo após a modificação constitucional.

Os fatos imputados ao seu marido são anteriores ao casamento, o que dificulta a caracterização dos motivos que determinam a impossibilidade de comunhão de vida.

Assim, a anulação do casamento é providência que se subsume bem aos fatos narrados. Isso porque a anulação é providência adequada quando se imputa ao cônjuge de que se quer separar a imputação de fatos anteriores ao casamento. Ademais, não é necessário aguardar certo tempo para efetuar em juízo o pedido de anulação do casamento.

No caso em tela, verifica-se ter ocorrido vício de vontade, consiste em erro essencial sobre a pessoa do outro (art. 1.556 do Código Civil), mais especificamente o erro contido no inciso II do art. 1.557 do Código Civil.

Com efeito, qualquer mulher que descobrisse o passado do marido de Mariana, já sentiria enorme desconforto, dúvidas, medos e decepção, aptos a tornar insuportável a vida em comum. No entanto, no caso de Mariana, que trabalha com grupos de apoio a mulheres vítimas de violência doméstica, a situação de desconforto é ainda maior, tornando evidente a caracterização do motivo que enseja a anulação do casamento.

É importante ressaltar que o prazo decadencial para a anulação do casamento, no caso, ainda está em curso, vez que é de três anos, contados da data da celebração (art. 1.560, III, do Código Civil).

A ação adequada para o caso é de anulação de casamento, a ser julgada na Vara de Família, no foro da residência de Mariana (art. 53, I, a, b, c, do Código de Processo Civil).

(OAB/Exame Unificado – 2008.1 – 2ª fase) Amanda, concubina de Paulo, recebeu deste, em 10 de dezembro de 2006, um veículo em doação, e, agora, diante da morte de Paulo e de Fernanda, esposa deste, durante as férias que eles passavam, juntos, em maio de 2008, teme que os irmãos de Fernanda, únicos herdeiros do casal, busquem de algum modo questionar a validade da doação e recuperar o bem, já que a doação ocorreu durante o período da relação adúltera mantida com o falecido. Com base nas disposições do Código Civil, esclareça se existe a possibilidade de os herdeiros de Paulo e Fernanda invalidarem o contrato que transferiu o veículo a Amanda.

RESOLUÇÃO DA QUESTÃO

Segundo o art. 1.727 do Código Civil, a relação entre Amanda e Paulo, de fato, configura o instituto do concubinato, vez que Paulo está casado e não separado de fato ou judicialmente de sua esposa, de modo que há impedimento para o casamento entre ele e Amanda.

Configurado o instituto do concubinato, alguns impedimentos passam a surgir. Um deles é o impedimento de o testador casado nomear como herdeiro seu ou legatário o concubino (art. 1.801 do CC). Esse impedimento, se violado, gera a nulidade da disposição testamentária respectiva (art. 1.802 do CC).

Em relação à doação, hipótese da questão, há regra específica pela qual a liberalidade pode ser anulada pelos herdeiros necessários, até dois anos depois de dissolvida a sociedade conjugal (art. 550 do CC).

Ocorre que os irmãos de Fernanda, únicos herdeiros do casal, não são herdeiros necessários, vez que não são descendentes, ascendentes ou cônjuge da falecida.

Dessa forma, por não haver pessoas legitimadas para ingressar com a ação anulatória de doação, não há risco de Amanda perder o veículo.

Comentários adicionais.
DIREITO CIVIL. DOAÇÃO. AQUISIÇÃO DE IMÓVEL EM NOME DA COMPANHEIRA POR HOMEM CASADO, JÁ SEPARADO DE FATO. DISTINÇÃO ENTRE CONCUBINA E COMPANHEIRA. As doações feitas por homem casado à sua companheira, após a separação de fato de sua esposa, são válidas, porque, nesse momento, o concubinato anterior dá lugar à união estável; a contrario sensu, as doações feitas antes disso são nulas. Recurso Especial de

Marília Soares de Oliveira conhecido em parte e, nessa parte, provido; recurso especial de Françoise Pauline Portalier Tersiguel não conhecido. (REsp 408.296/RJ, Rel. Ministro ARI PARGENDLER, TERCEIRA TURMA, julgado em 18/06/2009, DJe 24/06/2009)

(OAB/Exame Unificado – 2007.2 – 2ª fase) Pedro, menor impúbere, representado por Sílvia, sua genitora, firmou com José, seu pai, no dia 1.º de dezembro de 2006, acordo extrajudicial submetido à homologação perante o órgão competente do Ministério Público, em que José se obrigara a pagar a Pedro a quantia mensal de R$ 380,00, a título de pensão alimentícia. Porém, José se encontra inadimplente com as prestações de junho a setembro de 2007. Considerando essa situação hipotética, na condição de advogado(a) contratado(a) por Sílvia, redija um texto fundamentado que informe a sua cliente sobre a possibilidade fática e jurídica de o juiz decretar a prisão civil de José ante o inadimplemento deste frente à referida obrigação alimentar. (Data da prova: 30/09/07)

RESOLUÇÃO DA QUESTÃO

De acordo com a jurisprudência do Superior Tribunal de Justiça, o débito alimentar que autoriza a prisão civil do alimentante é apenas o que compreende as três prestações anteriores ao ajuizamento da execução e as prestações que se vencerem no curso do processo.

Essa jurisprudência tenta compatibilizar o direito de liberdade com o direito à vida e à saúde. Pelo princípio da proporcionalidade só se justifica cercear a liberdade de alguém, no caso alimentante, se for para garantir o pagamento das prestações mais imediatas em favor do alimentando, no caso, para garantir as prestações que consigam resguardar as necessidades atuais alimentares.

Dessa forma, somente em relação aos débitos de setembro, agosto e julho, de 2007, a prisão pode ser decretada.

Comentários adicionais.

Súmula 309 STJ. O débito alimentar que autoriza a prisão civil do alimentante é o que compreende as três prestações anteriores ao ajuizamento da execução e as que se vencerem no curso do processo.

(OAB/Exame Unificado – 2007.1 – 2ª fase) Pércio Acreano presta alimentos no valor mensal de R$ 600,00 a Jocélio Acreano Júnior, com 14 anos de idade, conforme termo de acordo firmado entre as partes e referendado pelo órgão da Defensoria Pública. Pércio contudo, pretende reduzir essa verba alimentícia para o valor de R$ 300,00 mensais, sob o fundamento de ter sofrido redução em seus rendimentos, em razão da dispensa da função comissionada até então exercida, bem como de o alimentando ter passado a perceber bolsa de estágio no valor de um salário-mínimo. No entanto, Joana, representante legal de Júnior, discorda dessa redução, sob a justificativa de que as despesas de mantença do representado também sofreram igual incremento. Na qualidade de advogado consultado por Pércio sobre esse tema, responda, fundamentadamente, às seguintes questões.

1. Qual é a espécie de tutela cabível e adequada para se pleitear, em sede judicial, a pretensão almejada por Pércio?
2. Qual o valor da causa?

RESOLUÇÃO DA QUESTÃO

Pércio deve ingressar com ação de revisional de alimentos. O pedido de revisão de alimentos tem fundamento no art. 1.699 do Código Civil, pelo qual, ocorrendo alteração no binômio necessidade/possibilidade, é possível reclamar ao juiz a redução ou a majoração do encargo, sendo que, em determinados casos cabe até o pedido de exoneração do dever de prestar alimentos, hipóteses em que se tem a ação de exoneração de alimentos.

O valor da causa, na ação de alimentos, consiste na somatória de 12 prestações mensais, pedidas pelo autor (art. 292, III, do CPC). No caso em tela, por se tratar de ação de revisional de alimentos, o valor da causa deve ser, por analogia, a somatória de 12 diferenças entre a prestação hoje devida e a prestação que se deseja ver fixada. No caso, o valor da causa é igual a R$ 3.600,00.

Comentários adicionais.

Confira uma série de decisões do STJ, acerca de temática dos Alimentos:

1) OBRIGAÇÃO DE PAGAR ALIMENTOS.

A obrigação de pagar alimentos aos idosos é solidária. Direito civil e processo civil. Ação de alimentos proposta pelos pais idosos em face de um dos filhos. Chamamento da outra filha para integrar a lide. Definição da natureza solidária da obrigação de prestar alimentos à luz do Estatuto do Idoso. – A doutrina é uníssona, sob o prisma do Código Civil, em afirmar que o dever de prestar alimentos recíprocos entre pais e filhos não tem natureza solidária, porque é conjunta. – A Lei 10.741/2003, atribuiu natureza solidária à obrigação de prestar alimentos quando os credores forem idosos, que por força da sua natureza especial prevalece sobre as disposições específicas do Código Civil. – O Estatuto do Idoso, cumprindo política pública (art. 3º), assegura celeridade no processo, impedindo intervenção de outros eventuais devedores de alimentos. – A solidariedade da obrigação alimentar devida ao idoso lhe garante a opção entre os prestadores (art. 12). Recurso especial não conhecido. (REsp 775.565/SP, Rel. Ministra NANCY ANDRIGHI, TERCEIRA TURMA, julgado em 13/06/2006, DJ 26/06/2006 p. 143)

Há responsabilidade complementar, e não só sucessiva, dos avós pagarem alimentos aos netos. Direito civil. Família. Alimentos. Responsabilidade dos avós. Complementar. – A responsabilidade dos avós de prestar alimentos aos netos não é apenas sucessiva, mas também complementar, quando demonstrada a insuficiência de recursos do genitor. – Tendo o Tribunal de origem reconhecido a possibilidade econômica do avô e a insuficiência de recursos do genitor, inviável a modificação da conclusão do acórdão recorrido, pois implicaria em revolvimento do conjunto fático-probatório. (REsp 579.385/SP, Rel. Ministra NANCY ANDRIGHI, TERCEIRA TURMA, julgado em 26/08/2004, DJ 04/10/2004 p. 291)

Transmissão para os herdeiros da obrigação de pagar alimentos. DIREITO CIVIL. OBRIGAÇÃO. PRESTAÇÃO. ALIMENTOS. TRANSMISSÃO. HERDEIROS. ART. 1.700 DO NOVO CÓDIGO CIVIL. 1 – O espólio tem a obrigação de prestar alimentos àquele a quem o *de cujus* devia, mesmo vencidos após a sua morte. Enquanto não encerrado o inventário e pagas as quotas devidas aos sucessores, o autor da ação de alimentos e presumível herdeiro não pode ficar sem condições de subsistência no decorrer do processo. Exegese do art. 1.700 do novo Código Civil. (REsp 219.199/PB, Rel. Ministro RUY ROSADO DE AGUIAR, Rel. p/ Acórdão Ministro FERNANDO GONÇALVES, SEGUNDA SEÇÃO, julgado em 10/12/2003, DJ 03/05/2004 p. 91)

2) COMPOSIÇÃO DO QUANTUM DA PRESTAÇÃO ALIMENTÍCIA.

O 1/3 de férias compõe o valor da pensão alimentícia. DIREITO DE FAMÍLIA. ALIMENTOS. INCIDÊNCIA SOBRE UM TERÇO DE FÉRIAS. POSSIBILIDADE. PRECEDENTES. O chamado terço constitucional de férias, comum a todos os servidores, incorpora-se à remuneração. Logo, integra a base de cálculo dos alimentos. (REsp 686.642/RS, Rel. Ministro CASTRO FILHO, TERCEIRA TURMA, julgado em 16/02/2006, DJ 10/04/2006 p. 180)

O 13º integra o valor da pensão alimentícia, mesmo quando esta é fixada em valor fixo. DIREITO DE FAMÍLIA. RECURSO ESPECIAL. ALIMENTOS. INCIDÊNCIA SOBRE O DÉCIMO TERCEIRO SALÁRIO. POSSIBILIDADE. – O décimo terceiro salário deve integrar a base de cálculo da pensão alimentícia, mesmo quando os alimentos foram estabelecidos em valor mensal fixo. (REsp 622.800/RS, Rel. Ministra NANCY ANDRIGHI, TERCEIRA TURMA, julgado em 14/06/2005, DJ 01/07/2005 p. 519)

A constituição de nova família, com novos filhos do alimentante, não determina, por si só, a diminuição do valor dos alimentos devidos, se não há modificação na situação econômica do alimentante. ALIMENTOS – BINÔMIO NECESSIDADE – POSSIBILIDADE – REVISÃO – CONSTITUIÇÃO DE NOVA FAMÍLIA PELO ALIMENTANTE COM NASCIMENTO DE FILHOS – CIRCUNSTÂNCIA QUE, POR SI SÓ, NÃO POSSIBILITA A ALTERAÇÃO – AUSÊNCIA DE MODIFICAÇÃO NA SITUAÇÃO ECONÔMICA DO ALIMENTANTE. A circunstância de o alimentante constituir nova família, com nascimento de filhos, por si só, não importa na redução da pensão alimentícia paga a filha havida de união anterior, sobretudo se não resta verificada a mudança para pior na situação econômica daquele. (REsp 703.318/PR, Rel. Ministro JORGE SCARTEZZINI, QUARTA TURMA, julgado em 21/06/2005, DJ 01/08/2005 p. 470)

A constituição de nova família, com novos filhos do alimentante, pode determinar a diminuição do valor dos alimentos devidos, se houver modificação na situação econômica do alimentante, em razão do princípio da igualdade entre os filhos. DIREITO CIVIL. REVISÃO DE ALIMENTOS. CELEBRAÇÃO DE NOVO CASAMENTO, COM FILHOS. CABIMENTO. O advento de prole resultante da celebração de um novo casamento representa encargo superveniente que pode autorizar a diminuição do valor da prestação alimentícia antes estipulado, uma vez que, por princípio de equidade, todos os filhos comungam do mesmo direito de terem o seu sustento provido pelo genitor comum, na proporção das possibilidades deste e necessidades daqueles. (REsp 244.015/SC, Rel. Ministro CASTRO FILHO, TERCEIRA TURMA, julgado em 19/04/2005, DJ 05/09/2005 p. 396)

3) AÇÃO DE ALIMENTOS.

Os alimentos definitivos retroagem à data da citação, ainda que diminuídos, ressalvados os valores já pagos, que são irrepetíveis. FAMÍLIA. ALIMENTOS. ALIMENTOS DEFINITIVOS FIXADOS EM VALOR INFERIOR AOS PROVISÓRIOS. TERMO INICIAL. CITAÇÃO. Fixados os alimentos definitivos em valor inferior ao dos provisórios, retroagirão à data da citação, ressalvadas as possíveis prestações já quitadas em virtude da irrepetibilidade daquilo que já foi pago. (AgRg no Ag 982.233/PR, Rel. Ministro ALDIR PASSARINHO JUNIOR, QUARTA TURMA, julgado em 17/06/2008, DJe 25/08/2008)

4) REVISIONAL DE ALIMENTOS.

Os alimentos reduzidos em ação revisional retroagem à data da citação, ressalvados os valores já pagos, que são irrepetíveis. Família. Alimentos. Execução extinta. Sentença em revisional que reduz os alimentos transitada em julgado. Retroatividade mantida. Embargos de declaração. – Ao julgador não cumpre esmiuçar a questão sob a ótica tal como deduzida pela parte, bastando que dê solução adequada e fundamentada à controvérsia, sem omissões, contradições ou obscuridades no julgado. – Em qualquer circunstância, seja reduzida, majorada ou efetivamente suprimida a pensão alimentícia, a decisão retroagirá à data da citação da revisional, a teor do art. 13, § 2º, da Lei de Alimentos – LA (n.º 5.478/68), remanescendo incólume, contudo, a irrepetibilidade daquilo que já foi pago. (REsp 967.168/SP, Rel. Ministra NANCY ANDRIGHI, TERCEIRA TURMA, julgado em 13/05/2008, DJe 28/05/2008)

Os alimentos majorados em ação revisional retroagem à data da citação. ALIMENTOS. AÇÃO REVISIONAL. PROCEDÊNCIA DO PEDIDO. ALTERAÇÃO DO VALOR DA PENSÃO E INCLUSÃO DOS ALIMENTANDOS EM PLANO DE SAÚDE. EFEITOS. TERMO INICIAL. I – Em caso de majoração do encargo, sejam os alimentos provisionais ou definitivos, o novo valor fixado retroage à data da citação, em consonância com o que dispõe o artigo 13, § 2º, da Lei 5.474/68, o qual não faz qualquer distinção a esse respeito, dispondo, ao contrário, que, "Em qualquer caso, os alimentos fixados retroagem à data da citação." II – A despeito de a obrigação de inclusão dos alimentandos em plano de saúde possuir caráter alimentar, sua implementação não deverá retroagir à data da citação, mormente porque, no caso, a responsabilidade do genitor com os gastos de saúde dos filhos já vinha sendo cumprida, de forma genérica, como consequência do acordo de separação, tendo havido apenas uma mudança na forma de seu cumprimento. Embargos de declaração acolhidos, em parte, com efeito infringente. (EDcl no REsp 504.630/SP, Rel. Ministro CASTRO FILHO, TERCEIRA TURMA, julgado em 10/08/2006, DJ 11/09/2006 p. 247)

5) EXONERAÇÃO DE ALIMENTOS.

A maioridade não cessa automaticamente o dever de pagar alimentos. DIREITO CIVIL. FAMÍLIA. ALIMENTOS. EXONERAÇÃO AUTOMÁTICA COM A MAIORIDADE DO ALIMENTANDO. IMPOSSIBILIDADE. PRECEDENTES. 1. Com a maioridade cessa o poder familiar, mas não se extingue, *ipso facto*, o dever de prestar alimentos, que passam a ser devidos por força da relação de parentesco. Precedentes. 2. Antes da extinção do encargo, mister se faz propiciar ao alimentando oportunidade para comprovar se continua necessitando dos alimentos. (REsp 688.902/DF, Rel. Ministro FERNANDO GONÇALVES, QUARTA TURMA, julgado em 16/08/2007, DJ 03/09/2007 p. 181)

A maioridade não cessa automaticamente o dever de pagar alimentos, pois alimentos são fundados no parentesco e não só no poder familiar. Direito civil. Família. Execução de alimentos. Maioridade das filhas. Exoneração automática. Impossibilidade. Prescrição da pretensão ao pagamento das parcelas vencidas há mais de cinco anos. – Não tem lugar a exoneração automática do dever de prestar alimentos em decorrência do advento da maioridade do alimentando, devendo-se propiciar a este a oportunidade de se manifestar e comprovar, se for o caso, a impossibilidade de prover a própria subsistência. Isto porque, a despeito de extinguir-se o pode familiar com a maioridade, não cessa o dever de prestar alimentos fundados no parentesco. Precedentes. – A prescrição quinquenal prevista no art. 178, § 10, inc. I, do CC/16, aplicável à espécie, opera-se com relação a cada prestação alimentícia atrasada que se for tornando inadimplida e não reclamada. (REsp 896.739/RJ, Rel. Ministra NANCY ANDRIGHI, TERCEIRA TURMA, julgado em 14/06/2007, DJ 29/06/2007 p. 621)

Súmula 358 do STJ: O cancelamento de pensão alimentícia de filho que atingiu a maioridade está sujeito à decisão judicial, mediante contraditório, ainda que nos próprios autos.

6) JULGAMENTO DIVERSO DO PEDIDO.

Direito civil. Família. Ação revisional de alimentos. Percentual sobre rendimentos do alimentante. Pagamento dos estudos dos alimentandos e do aluguel do imóvel por eles ocupado. Julgamento diverso do pedido. Não ocorrência. Modificação da verba alimentar. Observância do binômio necessidade/possibilidade. Reexame de provas. – Não há julgamento diverso do pedido, quando da causa de pedir – na hipótese, modificação do binômio necessidade/possibilidade –, decorre o pedido – modificação do valor dos alimentos –, o qual restou fixado pelo Tribunal de origem em estrita interpretação dos pleitos formulados pelas partes, em nada inovando. – Na via especial não se reexamina o conteúdo probatório do processo, notadamente quando o Tribunal de origem bem analisou, quanto aos alimentos fixados, as necessidades dos reclamantes e os recursos da pessoa obrigada, nos termos do art. 1.694, § 1º, do CC/02. (REsp 866.230/RS, Rel. Ministra NANCY ANDRIGHI, TERCEIRA TURMA, julgado em 14/06/2007, DJ 29/06/2007 p. 610)

7) SEPARAÇÃO, DIVÓRCIO E ALIMENTOS.

Não é possível a fixação de alimentos temporários (com prazo definido) para a mulher separada do marido. DIREITO CIVIL. FAMÍLIA. ALIMENTOS ENTRE CÔNJUGES. PRAZO. Se, na constância do casamento, a mulher não dispõe dos meios próprios para prover o seu sustento e se o seu marido tem capacidade para tanto, não se pode fixar o dever alimentício pelo prazo de apenas um ano, apenas porque ela é jovem e capaz para o trabalho. (REsp 555.429/RJ, Rel. Ministro CESAR ASFOR ROCHA, QUARTA TURMA, julgado em 08/06/2004, DJ 11/10/2004 p. 339)

Como regra, o divórcio põe fim a dever de alimentos, mas juiz deve se ater ao caso concreto para verificar se alimentando não consegue prover o seu sustento. Direito civil. Família. Revisional de alimentos. Reconvenção com pedido de exoneração ou, sucessivamente, de redução do encargo. Dever de mútua assistência. Divórcio. Cessação. Caráter assistencial dos alimentos. Comprovação da necessidade de quem os pleiteia. Condição social. Análise ampla do julgador. Peculiaridades do processo. – Sob a perspectiva do ordenamento jurídico brasileiro, o dever de prestar alimentos entre ex-cônjuges, reveste-se de caráter assistencial, não apresentando características indenizatórias, tampouco fundando-se em qualquer traço de dependência econômica havida na constância do casamento. – O dever de mútua assistência que perdura ao longo da união, protrai-se no tempo, mesmo após o término da sociedade conjugal, assentado o dever de alimentar dos então separandos, ainda unidos pelo vínculo matrimonial, nos elementos dispostos nos arts. 1.694 e 1.695 do CC/02, sintetizados no amplamente difundido binômio – necessidades do reclamante e recursos da pessoa obrigada. – Ultrapassada essa etapa – quando dissolvido o casamento válido pelo divórcio, tem-se a consequente extinção do dever de mútua assistência, não remanescendo qualquer vínculo entre os divorciados, tanto que desimpedidos de contrair novas núpcias. Dá-se, portanto, incontornável ruptura a quaisquer deveres e obrigações inerentes ao matrimônio cujo divórcio impôs definitivo termo. – Por força dos usualmente reconhecidos efeitos patrimoniais do matrimônio e também com vistas a não tolerar a perpetuação de injustas situações que reclamem solução no sentido de perenizar a assistência, optou-se por traçar limites para que a obrigação de prestar alimentos não seja utilizada ad *aeternum* em hipóteses que não demandem efetiva necessidade de quem os pleiteia. – Dessa forma, em paralelo ao raciocínio de que a decretação do divórcio cortaria toda e qualquer possibilidade de se postular alimentos, admite-se a possibilidade de prestação do encargo sob as diretrizes consignadas nos arts. 1.694 e ss. do CC/02, o que implica na decomposição do conceito de necessidade, à luz do disposto no art. 1.695 do CC/02, do qual é possível colher os seguintes requisitos caracterizadores: (i) a ausência de bens suficientes para a manutenção daquele que pretende alimentos; e (ii) a incapacidade do pretenso alimentando de prover, pelo seu trabalho, à própria mantença. – Partindo-se para uma análise socioeconômica, cumpre circunscrever o debate relativo à necessidade a apenas um de seus aspectos: a existência de capacidade para o trabalho e a sua efetividade na mantença daquele que reclama alimentos, porquanto a primeira possibilidade legal que afasta a necessidade – existência de patrimônio suficiente à manutenção do ex-cônjuge –, agrega alto grau de objetividade, sofrendo poucas variações conjunturais, as quais mesmo quando ocorrem, são facilmente identificadas e sopesadas. – O principal subproduto da tão propalada igualdade de gêneros estatuída na Constituição Federal, foi a materialização legal da reciprocidade no direito a alimentos, condição reafirmada pelo atual Código Civil, o que significa situar a existência de novos paradigmas nas relações intrafamiliares, com os mais inusitados arranjos entre os entes que formam a família do século XXI, que coexistem, é claro, com as tradicionais figuras do pai/marido provedor e da mãe/mulher de afazeres domésticos. – O fosso fático entre a lei e a realidade social impõe ao julgador detida análise de todas as circunstâncias e peculiaridades passíveis de visualização ou intelecção do processo, para a imprescindível definição quanto à capacidade ou não de autossustento daquele que pleiteia alimentos. – Seguindo os parâmetros probatórios estabelecidos no acórdão recorrido, não paira qualquer dúvida acerca da capacidade da alimentada de prover, nos exatos termos do art. 1.695 do CC/02, sua própria mantença, pelo seu trabalho e rendimentos auferidos do patrimônio de que é detentora. – No que toca à genérica disposição legal contida no art. 1.694, caput, do CC/02, referente à compatibilidade dos alimentos prestados com a condição social do alimentado, é de todo inconcebível que ex-cônjuge, que pleiteie alimentos, exija-os com base no simplista cálculo aritmético que importe no rateio proporcional da renda integral da desfeita família; isto porque a condição social deve ser analisada à luz de padrões mais amplos, emergindo, mediante inevitável correlação com a divisão social em classes, critério que, conquanto impreciso, ao menos aponte norte ao julgador que deverá, a partir desses valores e das particularidades de cada processo, reconhecer ou não a necessidade dos alimentos pleiteados e, se for o caso, arbitrá-los. – Por restar fixado pelo Tribunal Estadual, de forma induvidosa, que a alimentanda não apenas apresenta plenas condições de inserção no mercado de trabalho como também efetivamente exerce atividade laboral, e mais, caracterizada essa atividade como potencialmente apta a mantê-la com o mesmo status social que anteriormente gozava, ou ainda alavancá-la a patamares superiores, deve ser julgado procedente o pedido de exoneração deduzido pelo alimentante em sede de reconvenção e, por consequência, improcedente o pedido de revisão de alimentos formulado pela então alimentada. Recurso especial conhecido e provido. (REsp 933.355/SP, Rel. Ministra NANCY ANDRIGHI, TERCEIRA TURMA, julgado em 25/03/2008, DJe 11/04/2008)

O divórcio pode ensejar o fim dos alimentos, mas não automaticamente. Questão deve ser objeto de decisão em juízo de família. HABEAS CORPUS. DEVEDOR DE ALIMENTOS. PRISÃO. VALOR DA PENSÃO, HERANÇA DA ALIMENTADA, GASTOS EFETUADOS. QUESTÕES INVIÁVEIS NA VIA ESTREITA DO HABEAS CORPUS. DIVÓRCIO NÃO CONFIGURA CAUSA AUTOMÁTICA EXONERATIVA DE PRESTAR ALIMENTOS. 1. As questões relativas ao valor da pensão alimentícia, existência de herança da alimentanda e gastos desta envolvem profundo exame de questões fático-probatórias, inviável na via estreita do habeas corpus. 2. "O término do vínculo conjugal, em razão do divórcio, não é, por si só, causa exonerativa do dever de prestar alimentos, mormente quando a alimentanda (...) dificilmente terá condições de exercer atividade laborativa". O foro adequado para tal discussão é a Vara de Família. 3. Não restou comprovado que as execuções de alimentos atacadas se refeririam tão somente a débitos antigos, em razão da insuficiência na instrução dos presentes autos. (HC 63.746/RJ, Rel. Ministro HÉLIO QUAGLIA BARBOSA, QUARTA TURMA, julgado em 06/02/2007, DJ 19/03/2007 p. 353)

Renúncia a alimentos na separação. Impossibilidade de pleito posterior. Direito civil e processual civil. Família. Recurso especial. Separação judicial. Acordo homologado. Cláusula de renúncia a alimentos. Posterior ajuizamento de ação de alimentos por ex-cônjuge. Carência de ação. Ilegitimidade ativa. – A cláusula de renúncia a alimentos, constante em acordo de separação devidamente homologado, é válida e eficaz, não permitindo ao ex-cônjuge que renunciou, a pretensão de ser pensionado ou voltar a pleitear o encargo. – Deve ser reconhecida a carência da ação, por ilegitimidade ativa do ex-cônjuge para postular em juízo o que anteriormente renunciara expressamente. (REsp 701.902/SP, Rel. Ministra NANCY ANDRIGHI, TERCEIRA TURMA, julgado em 15/09/2005, DJ 03/10/2005 p. 249)

Dispensa de alimentos no divórcio. Impossibilidade de pleito posterior. CIVIL. FAMÍLIA. SEPARAÇÃO CONSENSUAL. CONVERSÃO. DIVÓRCIO. ALIMENTOS. DISPENSA MÚTUA. POSTULAÇÃO POSTERIOR. EX-CÔNJUGE. IMPOSSIBILIDADE. 1 – Se há dispensa mútua entre os cônjuges quanto à prestação alimentícia e na conversão da separação consensual em divórcio não se faz nenhuma ressalva quanto a essa parcela, não pode um dos ex-cônjuges, posteriormente, postular alimentos, dado que já definitivamente dissolvido qualquer vínculo existente entre eles. (REsp 199.427/SP, Rel. Ministro FERNANDO GONÇALVES, QUARTA TURMA, julgado em 09/03/2004, DJ 29/03/2004 p. 244)

Pensão previdenciária e separação. Súmula 336 do STJ: A mulher que renunciou aos alimentos na separação judicial tem direito à pensão previdenciária por morte do ex-marido, comprovada a necessidade econômica superveniente.

8) EXECUÇÃO DE ALIMENTOS.

8.1) Ilegitimidade da mãe de filha já maior.

Ilegitimidade da mãe para utilizar execução de alimentos para se ressarcir junto ao pai de despesas com a filha, agora já maior. Família. Execução de alimentos. Maioridade e colação de grau da credora. Decisão interlocutória. Pretensão da mãe de prosseguir com a execução, sub-rogando-se na condição de credora dos alimentos que pagou em lugar do pai inadimplente. Carência de interesse processual. Ilegitimidade ativa. – Não há como a mãe estribar-se como parte legítima ativa de execução proposta pela filha em face do pai, quando apenas assistiu a menor em razão de sua incapacidade relativa, suprida pelo advento da maioridade no curso do processo. – Da mesma forma, embora se mostre notório que o pai se esquivou ao longo dos anos do dever de prestar os alimentos constituídos por título judicial advindo de revisional de alimentos, onerando exclusivamente a genitora no sustento da prole, não é a execução de alimentos devidos unicamente à filha o meio apropriado para a mãe buscar o reembolso das despesas efetuadas, o que poderá ocorrer por meio de ação própria. Recurso especial não conhecido. (REsp 859.970/SP, Rel. Ministra NANCY ANDRIGHI, TERCEIRA TURMA, julgado em 13/03/2007, DJ 26/03/2007 p. 241)

8.2) Legitimidade do Ministério Público para a execução alimentos.

O Ministério Público tem legitimidade para a execução alimentos, em se tratando de pessoas carentes. Direito civil e processual civil. Ação de execução de alimentos. Ministério Público. Legitimidade ativa. – É socialmente relevante e legítima a substituição processual extraordinária do Ministério Público, notadamente quando na defesa dos economicamente pobres, como também em virtude da precária ou inexistente assistência jurídica prestada pelas Defensorias Públicas. – Dado o caráter indisponível do direito a receber alimentos, em se tratando de criança ou adolescente, é legítima a atuação do Ministério Público como substituto processual em ação de execução de prestação alimentícia por descumprimento de acordo referendado pelo próprio Órgão Ministerial. – O tão só descumprimento de acordo de alimentos evidencia violação a direito da criança, que se vê privada do atendimento de suas necessidades básicas. (REsp 510.969/PR, Rel. Ministra NANCY ANDRIGHI, TERCEIRA TURMA, julgado em 06/10/2005, DJ 06/03/2006 p. 372)

8.3) Penhora de rendimentos, para pagamento de alimentos.

Admite-se penhora de parte da aposentadoria para o pagamento de alimentos. FAMÍLIA. EXECUÇÃO DE ALIMENTOS. PENHORA DE APOSENTADORIA. POSSIBILIDADE. ART. 649, IV E VII, DO CPC. PENHORA DA INTEGRALIDADE DO VALOR DA APOSENTADORIA. INADMISSIBILIDADE. NECESSIDADE DE FIXAÇÃO EM PERCENTUAL QUE POSSIBILITE A SUBSISTÊNCIA DO EXECUTADO-ALIMENTANTE. – Os proventos líquidos de aposentadoria podem ser penhorados para pagamento de execução de pensão alimentícia, não obstante o inc. VII, do art. 649, do

CPC silencie a esse respeito. – Para pagamento de prestação alimentícia, não pode ser penhorada a integralidade dos proventos líquidos de aposentadoria, mas apenas um percentual que permita o indispensável à subsistência do executado-alimentante; que, na espécie, é fixado em **66% dos proventos líquidos da aposentadoria mensal do recorrente**. Recurso especial provido apenas para adequação do percentual da penhora. (REsp 770.797/RS, Rel. Ministra NANCY ANDRIGHI, TERCEIRA TURMA, julgado em 29/11/2006, DJ 18/12/2006 p. 377)

8.4. Penhora de bem de família, para pagamento de alimentos.

Possibilidade de penhora de bem de família para a execução de alimentos. EXECUÇÃO DE ALIMENTOS – ARRESTO EFETUADO SOBRE IMÓVEL PERTENCENTE AO DEVEDOR E SUA ESPOSA – EMBARGOS DE TERCEIRO OPOSTOS POR ESTA – IMPROCEDÊNCIA – POSSIBILIDADE DA CONSTRIÇÃO – EXECUÇÃO MOVIDA POR CREDOR DE PENSÃO ALIMENTÍCIA – PENHORABILIDADE DO BEM DE FAMÍLIA – EXCEPCIONALIDADE – ART. 3º, III, DA LEI Nº 8.009/90 – BEM INDIVISÍVEL DE PROPRIEDADE COMUM DO CASAL – RESERVA DA METADE DO VALOR OBTIDO EM HASTA PÚBLICA PARA A CÔNJUGE-MEEIRA – DISSÍDIO PRETORIANO NÃO COMPROVADO. 1 – Esta Corte Superior tem decidido, reiteradamente, que, a teor do art. 255 e parágrafos do RISTJ, para comprovação e apreciação do dissídio, devem ser mencionadas e expostas as circunstâncias que identifiquem ou assemelhem os casos confrontados, bem como juntadas cópias integrais de tais julgados ou, ainda, citado repositório oficial de jurisprudência. Inexistindo estes requisitos, impossível conhecer da divergência aventada. 2 – Impossível alegar a impenhorabilidade do bem de família nas execuções de pensão alimentícia no âmbito do Direito de Família, nos termos do art. 3º, III, da Lei 8.009/90. Sendo penhorável, é válido o arresto efetuado sobre o referido bem, que, em caso do não pagamento do débito alimentar, será convertido em penhora, de acordo com o art. 654 do CPC. Necessário, no entanto, resguardar a meação da esposa do alimentante, que não é devedora dos alimentos devidos ao filho deste, nascido fora do casamento. Note-se que este Tribunal de Uniformização Infraconstitucional já firmou entendimento no sentido da possibilidade do bem indivisível de propriedade comum do casal, em razão do regime de casamento adotado, ser penhorado e levado à hasta pública em sua totalidade, desde que reservada à cônjuge-meeira a metade do valor obtido. – Recurso parcialmente conhecido e, nesta parte, provido para reconhecer a possibilidade do arresto efetuado sobre o imóvel em comento, reservando-se à cônjuge-meeira a metade do valor obtido quando da alienação do bem. Invertido o ônus da sucumbência. (REsp 697.893/MS, Rel. Ministro JORGE SCARTEZZINI, QUARTA TURMA, julgado em 21/06/2005, DJ 01/08/2005 p. 470)

8.5. Prescrição.

A prescrição para a pretensão de executar alimentos não corre em favor do absolutamente incapaz. CIVIL E PROCESSUAL CIVIL. ALIMENTOS. PRESCRIÇÃO QUINQUENAL. INEXISTÊNCIA. BEM DE FAMÍLIA. IMPENHORABILI-DADE. MENÇÃO GENÉRICA AO INTEIRO TEOR DA LEI. DISSÍDIO NÃO CONFIGURADO. I – Tratando-se de execução de alimentos, proposta por alimentando absolutamente incapaz, não há que se falar em prescrição quinquenal das prestações mensais, em virtude do disposto nos artigos 168, II, e 169, I, do Código Civil de 1916. II – Inadmissível, em sede de especial, a menção genérica ao inteiro teor da lei, sem a particularização dos dispositivos legais ditos violados. III – É de ser negado seguimento ao recurso fundado na alínea "c" do permissivo constitucional, quando não demonstrada a existência do propalado dissídio. (REsp 569.291/SP, Rel. Ministro CASTRO FILHO, TERCEIRA TURMA, julgado em 02/10/2003, DJ 20/10/2003 p. 276)

8.6. Prisão civil.

Só se admite a prisão civil em relação aos débitos atuais, ou seja, em relação às três prestações anteriores ao ajuizamento mais às que se vencerem no curso do processo. Súmula 309 do STJ: O débito alimentar que autoriza a prisão civil do alimentante é o que compreende as três prestações anteriores ao ajuizamento da execução e as que se vencerem no curso do processo.

O habeas corpus não é adequado para examinar aspectos probatórios acerca da capacidade financeira do alimentante. RECURSO ORDINÁRIO EM HABEAS CORPUS. PRESTAÇÕES ALIMENTÍCIAS. DÉBITO ATUAL. PRISÃO CIVIL. Não constitui o habeas corpus remédio adequado para examinar aspectos probatórios acerca da capacidade financeira do alimentante. (RHC 24.415/SP, Rel. Ministro LUIS FELIPE SALOMÃO, QUARTA TURMA, julgado em 07/10/2008, DJe 28/10/2008)

Justificativas possíveis para evitar a prisão civil. Execução de alimentos sob o rito previsto no art. 733 do CPC. Parcelamento do débito determinado pelo Juízo. Dedução de valores pagos a título de mensalidades escolares. Suspensão do processo com base no art. 792 do CPC. Ausência de concordância do credor. – A execução de alimentos exige pronto adimplemento, por isso mesmo que ofertado ao credor rito dotado de celeridade, disposto no art. 733 do CPC, com a possibilidade de decretação de prisão civil, conferida pelo art. 5°, inc. LXVII, da CF, que, dessa forma, oferece meio coercitivo para a imposição do cumprimento da obrigação. – Permite-se tão somente o acolhimento da justificativa, no sentido de livrar o devedor de alimentos da iminente prisão civil, quando demonstre que houve o pagamento ou ainda a impossibilidade de efetuá-lo. Não se concebe, neste momento da execução, ofertar ao devedor parcelamento do débito, tampouco a compensação de valores pagos a título de mensalidades escolares, quando a tanto não anuiu o credor. – A ausência de concordância do credor com a proposta do devedor, formulada em sede de justificativa, obsta, portanto, a adoção, pelo julgador, de qualquer ato tendente a criar embaraço ao pronto atendimento das necessidades do credor de alimentos, sob pena de restrição ao caráter emergencial conferido à obrigação alimentícia. (REsp 1050994/DF, Rel. Ministra NANCY ANDRIGHI, TERCEIRA TURMA, julgado em 23/09/2008, DJe 03/10/2008)

A prisão civil em regime semiaberto é excepcional. Habeas Corpus. Ação de execução. Pensão alimentícia. Cumprimento. Regime semiaberto. Excepcionalidade. – É cabível a prisão civil do alimentante inadimplente em ação de execução contra si proposta, quando se visa ao recebimento das últimas três parcelas devidas a título de pensão alimentícia, mais as que vencerem no curso do processo. – A jurisprudência do STJ firmou-se no sentido de, considerando que a finalidade da prisão civil é justamente coagir o devedor a honrar a obrigação, determinar o seu cumprimento nos moldes do regime fechado, tão somente admitindo a conversão para forma de cumprimento mais benéfica em hipóteses excepcionais, nas quais não se amolda a presente. (HC 104.454/RJ, Rel. Ministra NANCY ANDRIGHI, TERCEIRA TURMA, julgado em 17/06/2008, DJe 23/06/2008)

9) FISCALIZAÇÃO DA UTILIZAÇÃO DOS ALIMENTOS.

O alimentante não pode ingressar com ação de prestação de contas contra a mãe do alimentando, por não caber repetição dos valores pagos. Família. Ação de prestação de contas. Alimentos. Ausência de interesse de agir. – No procedimento especial de jurisdição contenciosa, previsto nos arts. 914 a 919 do CPC, de ação de prestação de contas, se entende por legitimamente interessado aquele que não tenha como aferir, por ele mesmo, em quanto importa seu crédito ou débito, oriundo de vínculo legal ou negocial, nascido em razão da administração de bens ou interesses alheios, realizada por uma das partes em favor da outra. – O objetivo da ação de prestação de contas é o de fixar, com exatidão, no tocante ao aspecto econômico de relacionamento jurídico havido entre as partes, a existência ou não de um saldo, para estabelecer, desde logo, o seu valor, com a respectiva condenação judicial da parte considerada devedora. – Aquele que presta alimentos não detém interesse processual para ajuizar ação de prestação de contas em face da mãe da alimentada, porquanto ausente a utilidade do provimento jurisdicional invocado, notadamente porque quaisquer valores que sejam porventura apurados em favor do alimentante, estarão cobertos pelo manto do princípio da irrepetibilidade dos alimentos já pagos. – A situação jurídica posta em discussão pelo alimentante por meio de ação de prestação de contas não permite que o Poder Judiciário oferte qualquer tutela à sua pretensão, porquanto da alegação de que a pensão por ele paga não está sendo utilizada pela mãe em verdadeiro proveito à alimentada, não subjaz qualquer vantagem para o pleiteante, porque: (i) a já referenciada irrepetibilidade dos alimentos não permite o surgimento, em favor do alimentante, de eventual crédito; (ii) não há como eximir-se, o alimentante, do pagamento dos alimentos assim como definidos em provimento jurisdicional, que somente pode ser modificado mediante outros meios processuais, próprios para tal finalidade. (REsp 985.061/DF, Rel. Ministra NANCY ANDRIGHI, TERCEIRA TURMA, julgado em 20/05/2008, DJe 16/06/2008)

10) CONSEQUÊNCIAS DO PRINCÍPIO DA PATERNIDADE RESPONSÁVEL.

Direito civil. Família. Investigação de paternidade. Pedido de alimentos. Assento de nascimento apenas com o nome da mãe biológica. Adoção efetivada unicamente por uma mulher. – O art. 27 do ECA qualifica o reconhecimento do estado de filiação como direito personalíssimo, indisponível e imprescritível, o qual pode ser exercitado por qualquer pessoa, em face dos pais ou seus herdeiros, sem restrição. – Nesses termos, não se deve impedir uma pessoa, qualquer que seja sua história de vida, tenha sido adotada ou não, de ter reconhecido o seu estado de filiação, porque subjaz a necessidade psicológica do conhecimento da verdade biológica, que deve ser respeitada. – Ao estabelecer o art. 41 do ECA que a adoção desliga o adotado de qualquer vínculo com pais ou parentes, por certo que não tem a pretensão de extinguir os laços naturais, de sangue, que perduram por expressa previsão legal no que concerne aos impedimentos matrimoniais, demonstrando, assim, que algum interesse jurídico subjaz. – O art. 27 do ECA não deve alcançar apenas aqueles que não foram adotados, porque jamais a interpretação da lei pode dar ensanchas a decisões discriminatórias, excludentes de direitos, de cunho marcadamente indisponível e de caráter personalíssimo, sobre cujo exercício não pode recair nenhuma restrição, como ocorre com o Direito ao reconhecimento do estado de filiação. – Sob tal perspectiva, tampouco poder-se-á tolher ou eliminar o direito do filho de pleitear alimentos do pai assim reconhecido na investigatória, não obstante a letra do art. 41 do ECA. – Na hipótese, ressalte-se que não há vínculo anterior, com o pai biológico, para ser rompido, simplesmente porque jamais existiu tal ligação, notadamente, em momento anterior à adoção, porquanto a investigante teve anotado no assento de nascimento apenas o nome da mãe biológica e foi, posteriormente, adotada unicamente por uma mulher, razão pela qual não constou do seu registro de nascimento o nome do pai. Recurso especial conhecido pela alínea "a" e provido. (REsp 813.604/SC, Rel. Ministra NANCY ANDRIGHI, TERCEIRA TURMA, julgado em 16/08/2007, DJ 17/09/2007 p. 258)

(OAB/Exame Unificado – 2006.3 – 2ª fase) Raul e Regina, brasileiros, casados entre si pelo regime da comunhão universal de bens, desde 15/12/1998, ajuizaram ação pleiteando a alteração do referido regime de casamento para o da comunhão parcial de bens. Alegam que pretendem constituir uma sociedade empresária, na qual os dois serão sócios e, sendo vedada aos cônjuges casados sob o regime da comunhão universal de bens a contratação de sociedade, requerem, então, a alteração do antigo regime para o de comunhão parcial de bens. Diante dessa situação, responda, fundamentadamente, aos seguintes questionamentos.

- É possível a alteração do regime nos casamentos realizados na vigência do Código Civil revogado?
- O motivo alegado pelo casal satisfaz a exigência legal para o deferimento do pedido de alteração? Quais são os requisitos legais para a pretendida alteração?

RESOLUÇÃO DA QUESTÃO

O atual Código Civil admite a alteração do regime de bens, nos termos do art. 1.639, § 2º, desde que preenchidos os seguintes requisitos: a) autorização judicial; b) pedido motivado de ambos os cônjuges; c) procedência das razões invocadas; d) ressalva aos direitos de terceiros.

No caso, o motivo alegado pelo casal – desejo de constituir uma sociedade empresária no qual os dois serão sócios – procede, pois, de fato, o art. 977 do Código Civil veda aos cônjuges casados pelo regime de comunhão universal (ou no de separação obrigatória) celebrar contrato de sociedade entre si.

Resta saber se tal pedido de alteração pode ser feito em relação a casamentos celebrados antes da entrada em vigor do atual Código Civil.

Uma interpretação literal do disposto no art. 2.039 do Código Civil pode levar ao entendimento de que a alteração não pode se dar, nesse caso.

Todavia, o que o art. 2.039 estabelece é que os regimes de casamento estão mantidos e respeitados, por se tratarem de ato jurídico perfeito. De fato, a lei não pode prejudicar o ato jurídico perfeito (art. 5º, XXXVI, da CF). Todavia, no caso, não se trata de prejudicar alguém contra sua vontade, mas de situação em que, os cônjuges, de comum acordo, têm interesse em modificar o regime de bens. Ademais, não se trata de aplicação retroativa da lei, mas em aplicação imediata da lei, permitida nos termos do art. 2.035 do Código Civil.

Assim, com base nesses argumentos, vem o Superior Tribunal de Justiça aceitando a alteração do regime matrimonial de casamentos celebrados antes da entrada em vigor do atual Código Civil, de modo que o pleito de Raul e Regina deve ser atendido pelo Poder Judiciário.

Comentários adicionais.

CIVIL – REGIME MATRIMONIAL DE BENS – ALTERAÇÃO JUDICIAL – CASAMENTO OCORRIDO SOB A ÉGIDE DO CC/1916 (LEI Nº 3.071) – POSSIBILIDADE – ART. 2.039 DO CC/2002 (LEI 10.406/2002) – CORRENTES DOUTRINÁRIAS – ART. 1.639, § 2º, C/C ART. 2.035 DO CC/2002 – NORMA GERAL DE APLICAÇÃO IMEDIATA. 1 – Apresenta-se razoável, *in casu*, não considerar o art. 2.039 do CC/2002 como óbice à aplicação de norma geral, constante do art. 1.639, § 2º, do CC/2002, concernente à alteração incidental de regime de bens nos casamentos ocorridos sob a égide do CC/1916, desde que ressalvados os direitos de terceiros e apuradas as razões invocadas pelos cônjuges para tal pedido, não havendo que se falar em retroatividade legal, vedada nos termos do art. 5º, XXXVI, da CF/88, mas, ao revés, nos termos do art. 2.035 do CC/2002, em aplicação de norma geral com efeitos imediatos. 2 – Recurso conhecido e provido pela alínea "a" para, admitindo-se a possibilidade de alteração do regime de bens adotado por ocasião de matrimônio realizado sob o pálio do CC/1916, determinar o retorno dos autos às instâncias ordinárias a fim de que procedam à análise do pedido, nos termos do art. 1.639, § 2º, do CC/2002. (REsp 730.546/MG, Rel. Ministro JORGE SCARTEZZINI, QUARTA TURMA, julgado em 23.08.2005, DJ 03.10.2005).

Casamento por regime de separação obrigatória, celebrado sob a égide do CC anterior, enseja modificação de regime se não houver prejuízo aos cônjuges e a terceiros. Direito civil. Família. Casamento celebrado sob a égide do CC/16. Alteração do regime de bens. Possibilidade. – A interpretação conjugada dos arts. 1.639, § 2º, 2.035 e 2.039, do CC/02, admite a alteração do regime de bens adotado por ocasião do matrimônio, desde que ressalvados os direitos de terceiros e apuradas as razões invocadas pelos cônjuges para tal pedido. – Assim, se o Tribunal Estadual analisou os requisitos autorizadores da alteração do regime de bens e concluiu pela sua viabilidade, tendo os cônjuges invocado como razões da mudança a cessação da incapacidade civil interligada à causa suspensiva da celebração do casamento a exigir a adoção do regime de separação obrigatória, além da necessária ressalva quanto a direitos de terceiros, a alteração para o regime de comunhão parcial é permitida. – Por elementar questão de razoabilidade e justiça, o desaparecimento da causa suspensiva durante o casamento e a ausência de qualquer prejuízo ao cônjuge ou a terceiro, permite a alteração do regime de bens, antes obrigatório, para o eleito pelo casal, notadamente porque cessada a causa que exigia regime específico. – Os fatos anteriores e os efeitos pretéritos do regime anterior permanecem sob a regência da lei antiga. Os fatos posteriores, todavia, serão regulados pelo CC/02, isto é, a partir da alteração do regime de bens, passa o CC/02 a reger a nova relação do casal.- Por isso, não há se falar em retroatividade da lei, vedada pelo art. 5º, inc. XXXVI, da CF/88, e sim em aplicação de norma geral com efeitos imediatos. (REsp 821.807/PR, Rel. Ministra NANCY ANDRIGHI, TERCEIRA TURMA, julgado em 19/10/2006, DJ 13/11/2006 p. 261)

(OAB/Exame Unificado – 2006.3 – 2ª fase) Carla e Edson, por ocasião da separação judicial, ajustaram entre si doar o apartamento de propriedade do casal, livre de qualquer ônus ou encargo, à menor impúbere Giovana, única filha do casal. A sentença que homologou o acordo e decretou a separação do casal transitou em julgado. No entanto, a doação não foi levada a registro no cartório imobiliário. Diante da situação hipotética acima descrita, responda, fundamentadamente, se os doadores por comum acordo podem revogar a referida doação.

RESOLUÇÃO DA QUESTÃO

A jurisprudência do Superior Tribunal de Justiça não vem admitindo a revogação da referida doação. Isso porque, homologado o acordo por sentença judicial e restando esta transitada em julgado, fica o comando coberto pelo manto da coisa julgada.

Nesses casos, os atos jurídicos homologados por sentença judicial somente poderão ser desfeitos por ação anulatória, em que se demonstre ter havido alguma ilegalidade, tais como o erro, o dolo e a coação (art. 486 do Código de Processo Civil).

No caso, há de se levar em conta o fato de que não se tratava de mera liberalidade, mas de condição para a separação judicial, de modo que o interesse da menor beneficiária deve ser preservado e protegido.

Comentários adicionais.

TRANSAÇÃO. EXECUÇÃO. AGRAVO CONTRA DESPACHO QUE DETERMINOU A EXECUÇÃO. PROMESSA DE DOAÇÃO. 1. NÃO E POSSÍVEL IMPEDIR A EXECUÇÃO DE TRANSAÇÃO DEVIDAMENTE HOMOLOGADA, COBERTA PELO MANTO DA COISA JULGADA, E QUE NÃO SOFREU QUALQUER ATAQUE PELA VIA JUDICIAL PRÓPRIA. 2. RECURSO CONHECIDO E PROVIDO. (REsp 35.928/RS, Rel. Ministro WALDEMAR ZVEITER, Rel. p/ Acórdão Ministro CARLOS ALBERTO MENEZES DIREITO, TERCEIRA TURMA, julgado em 13/05/1997, DJ 22/09/1997 p. 46440)

CIVIL. DESQUITE. PROMESSA DE QUE OS BENS DO CASAL SERIAM DOADOS AOS FILHOS. A promessa de doação obriga, se não foi feita por liberalidade, mas como condição do desquite. Recurso especial conhecido e provido (REsp 125859, Ministro ARI PARGENDLER, DJ 23/04/2001 p. 158, RDR vol. 20 p. 311, Decisão: 06/03/2001).

(OAB/Exame Unificado – 2006.2 – 2ª fase) Renata, assistida por sua mãe, ajuizou ação de investigação de paternidade, cumulada com petição de herança, alimentos e nulidade de registro civil, contra Cláudio e Raimundo, alegando que é filha biológica de Raimundo, apesar de constar em seu registro de nascimento ser filha de Cláudio. Raimundo já é falecido e o processo de inventário e partilha está em curso. Diante da situação hipotética apresentada e acerca da ação de investigação de paternidade, responda, de forma fundamentada, às seguintes questões.

- É admissível a cumulação de pedidos contra réus distintos?
- É facultado à representante legal da menor desistir da ação em curso?
- Qual é o termo inicial dos alimentos concedidos na sentença que julga procedente a ação de investigação de paternidade? extensão máxima: 30 linhas

RESOLUÇÃO DA QUESTÃO

O art. 327 do Código de Processo Civil somente permite a cumulação de pedidos, num único processo, contra o mesmo réu. Porém, o Superior Tribunal de Justiça admite a cumulação quando houver ponto comum de ordem jurídica ou fática que a justifique (art. 113, III, do Código de Processo Civil). No caso, a relação de filiação e paternidade que liga Renata, de um lado, e Cláudio e Raimundo, de outro, justifica a medida.

Quanto à possibilidade de desistência das ações em curso pela representante da menor, não é possível, por envolver direitos indisponíveis, conforme entendimento do Superior Tribunal de Justiça.

Julgada procedente a ação de investigação de paternidade, o termo inicial dos alimentos concedidos na sentença é a data da citação na demanda, conforme dispõe a Súmula 277 do Superior Tribunal de Justiça ("Julgada procedente a investigação de paternidade, os alimentos são devidos a partir da citação").

Comentários adicionais.

INVESTIGAÇÃO DE PATERNIDADE, CUMULADA COM PETIÇÃO DE HERANÇA, ALIMENTOS E NULIDADE DE REGISTRO CIVIL. CUMULAÇÃO DE PEDIDOS CONTRA RÉUS DISTINTOS ADMISSÍVEL. HONORÁRIOS ADVOCATÍCIOS. REDUÇÃO DA BASE DE CÁLCULO.

– É admissível a cumulação de pedidos contra réus distintos, quando houver afinidade de questões por um ponto comum de fato e de direito (art. 46, IV, do CPC).

– Base de cálculo dos honorários advocatícios reduzida, por não fazer jus a autora a 50% de todos os bens da herança, como explicitado na petição inicial.

Recurso especial conhecido, em parte, e provido.

(REsp 291.311/RO, Rel. Ministro BARROS MONTEIRO, QUARTA TURMA, julgado em 22/02/2005, DJ 28/03/2005 p. 257)

AÇÃO DE INVESTIGAÇÃO DE PATERNIDADE. "PAI REGISTRAL" NÃO CITADO PARA INTEGRAR A LIDE. LITISCONSÓRCIO NECESSÁRIO. NULIDADE DO PROCEDIMENTO. CC ANTERIOR, ART. 348. LEI N. 6.015/1973, ART. 113. CPC, ART. 47, PARÁGRAFO ÚNICO. I. Conquanto desnecessária a prévia propositura de ação anulatória de registro civil, sendo bastante o ajuizamento direto da ação investigatória de paternidade, é essencial, sob pena de nulidade, a integração à lide, como litisconsorte necessário, do pai registral, que deve ser obrigatoriamente citado para a demanda onde é interessado direto, pois nela concomitantemente postulada a desconstituição da sua condição de genitor. Precedentes do STJ. II. Aplicação combinada das disposições dos arts. 348 do Código Civil anterior, 113 da Lei de Registros Públicos e 47, parágrafo único, do CPC. III. Recurso especial conhecido e provido, para declarar nulo o processo a partir da contestação, inclusive, determinada a citação do pai registral. (REsp 512.278/GO, Rel. Ministro ALDIR PASSARINHO JUNIOR, QUARTA TURMA, julgado em 14/10/2008, DJe 03/11/2008)

CIVIL E PROCESSUAL. AÇÃO INVESTIGATÓRIA DE PATERNIDADE. DESISTÊNCIA DA PRÓPRIA MENOR, POR SUA TUTORA. DESCABIMENTO. DIREITO INDISPONÍVEL. APURAÇÃO DA VERDADE REAL. EXAME DNA POSITIVO. CONFORMAÇÃO DO PAI INVESTIGADO.

I. O direito ao reconhecimento da paternidade é indisponível, pelo que não é possível à tutora da menor desistir da ação já em curso, ao argumento de que a adoção que se propunha ela própria fazer era mais vantajosa à tutelada, e que, a todo tempo, seria possível à autora novamente intentar igual pedido, por imprescritível.

II. Caso, ademais, em que já houvera, inclusive, a realização de teste de DNA, com a confirmação da paternidade investigada, sendo interesse da menor e do Estado a apuração da verdade real.

III. Corretos, pois, a sentença e o acórdão estadual que, rejeitando o pedido de desistência, julgaram procedente a ação investigatória.

IV. Recurso especial não conhecido.

(REsp 472.608/AL, Rel. Ministro ALDIR PASSARINHO JUNIOR, QUARTA TURMA, julgado em 18/03/2003, DJ 09/06/2003 p. 276)

(OAB/Exame Unificado – 2006.2 – 2ª fase) Denise convive com Sérgio, em união estável, desde janeiro de 2000, e dessa relação nasceram dois filhos menores. Sérgio, frequentemente em visível estado de embriaguez, desrespeitando e infringindo o dever de respeito e consideração, ofendeu verbal e fisicamente Denise. Não suportando tal situação e não mais se justificando a permanência dos conviventes sob o mesmo teto, Denise pretende ajuizar a ação competente na defesa de seus direitos. Diante dessa situação hipotética, responda, de forma fundamentada, às seguintes questões.

- É cabível uma ação cautelar de separação de corpos?
- Qual o juiz é competente para processar ação em que se discutam direitos oriundos de união estável? extensão máxima: 30 linhas

RESOLUÇÃO DA QUESTÃO

A Lei 11.340/06 (Lei Maria da Penha) cria mecanismos para coibir e prevenir a violência doméstica e familiar contra a mulher (art. 1º). Essa lei aplica-se às relações familiares de qualquer natureza, inclusive as originadas por união estável (art. 5º, II).

As formas de violência previstas na lei citada incluem, entre outras, a física, a psicológica e a moral (art. 7º, I, II e V).

Assim, e considerando que Denise convive com Sérgio numa união estável e que este praticou as formas de violência citada, Denise poderá se valer dos instrumentos previstos na Lei Maria da Penha.

A ação cautelar de separação de corpos é um dos instrumentos previsto na lei (art. 23, IV), podendo ser aplicada pela Vara de Família. Aliás, mesmo antes da lei citada, a separação de corpos, em caso de união estável, já vinha sendo aceita pela jurisprudência.

O juízo competente para processar ação em que se discutam direitos oriundos de união estável, tais como reconhecimento da união estável, dissolução desta e alimentos, é o de família, mantido o princípio de que a ofendida pode optar pelo foro do seu domicílio ou residência (art. 15 da Lei 11.340/06 e art. 53, I, d do CPC).

Comentários adicionais.

Sobre a jurisprudência mencionada, confira o seguinte acórdão do STJ:

SEPARAÇÃO DE CORPOS. UNIÃO ESTÁVEL. MEDIDA CAUTELAR. A COMPANHEIRA TEM O DIREITO DE REQUERER O AFASTAMENTO DO COMPANHEIRO DO LAR, POIS OS VALORES ÉTICOS QUE A MEDIDA VISA PROTEGER ESTÃO PRESENTES NO CASAMENTO E FORA DELE. RECURSO CONHECIDO E PROVIDO. (REsp 93.582/RJ, Rel. Ministro RUY ROSADO DE AGUIAR, QUARTA TURMA, julgado em 06/08/1996, DJ 09/09/1996 p. 32372)

Confira, outrossim, outras decisões jurisprudenciais sobre união estável:

1. CONFIGURAÇÃO

1.1. Configura a união estável.

Não é necessária a coabitação para configurar a união estável. DIREITO DE FAMÍLIA. UNIÃO ESTÁVEL. CONFIGURAÇÃO. COABITAÇÃO. ELEMENTO NÃO ESSENCIAL. SOCIEDADE DE FATO. O art. 1º da Lei 9.278/96 não enumera a coabitação como elemento indispensável à caracterização da união estável. Ainda que seja dado relevante para se determinar a intenção de construir uma família, não se trata de requisito essencial, devendo a análise centrar-se na conjunção de fatores presente em cada hipótese, como a *affectio societatis* familiar, a participação de esforços, a posse do estado de casado, a fidelidade, a continuidade da união, entre outros, nos quais se inclui a habitação comum. (REsp 275.839/SP, Rel. Ministro ARI PARGENDLER, Rel. p/ Acórdão Ministra NANCY ANDRIGHI, TERCEIRA TURMA, julgado em 02/10/2008, DJe 23/10/2008)

1.2. Não configura a união estável.

A união estável não se configura na constância de casamento. Não há como ser conferido status de união estável a relação concubinária concomitante a casamento válido (REsp 931.155/RS, 3ª Turma, Min. Nancy Andrighi, DJ de 20.08.2007).

A união estável não se configura enquanto a pessoa casada não está separada de fato. CIVIL. UNIÃO ESTÁVEL. ALIMENTOS. COMPANHEIRO CASADO. No caso de pessoa casada a caracterização da união estável está condicionada à prova da separação de fato. Agravo regimental não provido. (AgRg no Ag 670.502/RJ, Rel. Ministro ARI PARGENDLER, TERCEIRA TURMA, julgado em 19/06/2008, DJe 15/08/2008)

Nova "união estável" não se configura na constância de união estável. União estável. Reconhecimento de duas uniões concomitantes. Equiparação ao casamento putativo. Lei 9.728/96. 1. Mantendo o autor da herança união estável com uma mulher, o posterior relacionamento com outra, sem que se haja desvinculado da primeira, com quem continuou a viver como se fossem marido e mulher, não há como configurar união estável concomitante, incabível a equiparação ao casamento putativo. (REsp 789.293/RJ, Rel. Ministro CARLOS ALBERTO MENEZES DIREITO, TERCEIRA TURMA, julgado em 16/02/2006, DJ 20/03/2006 p. 271)

1.3. Prova da união estável.

Meios de prova da união estável para fins diversos. As únicas provas da existência de união estável são: (i) a sentença judicial que reconhece a união estável, seja ela proferida em ação declaratória (cfr. art. 4.°, I, do CPC) ou em processo de justificação (cfr. arts. 861 a 866, do CPC); e (ii) as certidões decorrentes dessa sentença. Outros documentos (tais como escrituras) e depoimento de testemunhas podem até servir de meios de prova da convivência duradoura, pública e contínua de um homem e uma mulher, a qual alude o art. 1.° da Lei n.° 9.278/96, mas não da existência da própria união estável, que depende de declaração judicial. (AgRg na MC 12.068/RJ, Rel. Ministra NANCY ANDRIGHI, TERCEIRA TURMA, julgado em 07/05/2007, DJ 28/05/2007 p. 319)

Admissão de provas testemunhais para o reconhecimento da união estável. Pensão por morte. União estável (declaração). Prova exclusivamente testemunhal (possibilidade). arts. 131 e 332 do Cód. de Pr. Civil (aplicação). 1. No nosso sistema processual, coexistem e devem ser observados o princípio do livre convencimento motivado do juiz e o princípio da liberdade objetiva na demonstração dos fatos a serem comprovados (arts. 131 e 332 do Cód. de Pr. Civil). 2. Se a lei não impõe a necessidade de prova material para a comprovação tanto da convivência em união estável como da dependência econômica para fins previdenciários, não há por que vedar à companheira a possibilidade de provar sua condição mediante testemunhas, exclusivamente. 3. Ao magistrado não é dado fazer distinção nas situações em que a lei não faz. (REsp 783.697/GO, Rel. Ministro NILSON NAVES, SEXTA TURMA, julgado em 20/06/2006, DJ 09/10/2006 p. 372)

2. UNIÃO ESTÁVEL HOMOAFETIVA

É cabível ação declaratória de união afetiva. Aplicação da analogia em relação à união estável. PROCESSO CIVIL. AÇÃO DECLARATÓRIA DE UNIÃO HOMOAFETIVA. POSSIBILIDADE JURÍDICA DO PEDIDO. ARTIGOS 1° DA LEI 9.278/96 E 1.723 E 1.724 DO CÓDIGO CIVIL. ALEGAÇÃO DE LACUNA LEGISLATIVA. POSSIBILIDADE DE EMPREGO DA ANALOGIA COMO MÉTODO INTEGRATIVO. – O entendimento assente nesta Corte, quanto à possibilidade jurídica do pedido, corresponde a inexistência de vedação explícita no ordenamento jurídico para o ajuizamento da demanda proposta. – A despeito da controvérsia em relação à matéria de fundo, o fato é que, para a hipótese em apreço, onde se pretende a declaração de união homoafetiva, não existe vedação legal para o prosseguimento do feito. – Os dispositivos legais limitam-se a estabelecer a possibilidade de união estável entre homem e mulher, dês que preencham as condições impostas pela lei, quais sejam, convivência pública, duradoura e contínua, sem, contudo, proibir a união entre dois homens ou duas mulheres. Poderia o legislador, caso desejasse, utilizar expressão restritiva, de modo a impedir que a união entre pessoas de idêntico sexo ficasse definitivamente excluída da abrangência legal. Contudo, assim não procedeu. – É possível, portanto, que o magistrado de primeiro grau entenda existir lacuna legislativa, uma vez que a matéria, conquanto derive de situação fática conhecida de todos, ainda não foi expressamente regulada. – Ao julgador é vedado eximir-se de prestar jurisdição sob o argumento de ausência de previsão legal. Admite-se, se for o caso, a integração mediante o uso da analogia, a fim de alcançar casos não expressamente contemplados, mas cuja essência coincida com outros tratados pelo legislador. (REsp 820.475/RJ, Rel. Ministro ANTÔNIO DE PÁDUA RIBEIRO, Rel. p/ Acórdão Ministro LUIS FELIPE SALOMÃO, QUARTA TURMA, julgado em 02/09/2008, DJe 06/10/2008)

Relação homoafetiva e inclusão de companheiro em plano de saúde. PLANO DE SAÚDE. COMPANHEIRO. 'A relação homoafetiva gera direitos e, analogicamente à união estável, permite a inclusão do companheiro dependente em plano de assistência médica' (REsp nº 238.715, RS, Relator Ministro Humberto Gomes de Barros, DJ 02.10.06). Agravo regimental não provido. (AgRg no Ag 971.466/SP, Rel. Ministro ARI PARGENDLER, TERCEIRA TURMA, julgado em 02/09/2008, DJe 05/11/2008)

3. EFEITOS PATRIMONIAIS NA CONSTÂNCIA DA UNIÃO

Responsabilidade por dívida contraída em benefício da família. Presunção relativa de benefício. RECURSO ESPECIAL. UNIÃO ESTÁVEL. EXECUÇÃO. PENHORA. DÍVIDA CONTRAÍDA POR UM DOS CONVIVENTES. MEAÇÃO. BENEFÍCIO DA UNIDADE FAMILIAR. ÔNUS DA PROVA. – É do convivente meeiro o ônus da prova de que a dívida contraída não beneficiou a família. (REsp 348.428/RJ, Rel. Ministro HÉLIO QUAGLIA BARBOSA, QUARTA TURMA, julgado em 13/11/2007, DJ 26/11/2007 p. 195)

Má-fé de companheiro que omite ter uma união estável perante credores não pode prejudicar estes. PENHORA. BEM DADO EM HIPOTECA. DEVEDOR QUE VIVIA EM UNIÃO ESTÁVEL. DESCONHECIMENTO DO CREDOR. VALIDADE DA HIPOTECA. 1. Os efeitos patrimoniais da união estável são semelhantes aos do casamento em comunhão parcial de bens (art. 1.725 do novo Código Civil). 2. Não deve ser preservada a meação da companheira do devedor que agiu de má-fé, omitindo viver em união estável para oferecer bem do casal em hipoteca, sob pena de sacrifício da segurança jurídica e prejuízo do credor. (REsp 952.141/RS, Rel. Ministro HUMBERTO GOMES DE BARROS, TERCEIRA TURMA, julgado em 28/06/2007, DJ 01/08/2007 p. 491)

4. PARTILHA DE BENS.

Na união estável há presunção de mútua colaboração para a formação do patrimônio. SOCIEDADE DE FATO. AUSÊNCIA DE PROVA DE COLABORAÇÃO PARA A AQUISIÇÃO DOS BENS EM NOME DO DE CUJUS. NÃO CONFIGURAÇÃO DA SOCIEDADE DE FATO. UNIÃO ESTÁVEL. PRESUNÇÃO DE MÚTUA COLABORAÇÃO PARA FORMAÇÃO DO PATRIMÔNIO. DIREITO À PARTILHA. A ausência de prova da efetiva colaboração da convivente para a aquisição dos bens em nome do falecido é suficiente apenas para afastar eventual sociedade de fato, permanecendo a necessidade de se definir a existência ou não da união estável, pois, sendo esta confirmada, haverá presunção de mútua colaboração na formação do patrimônio do de cujus e consequente direito à partilha, nos termos do art. 5º da Lei 9.278/96. (REsp 275.839/SP, Rel. Ministro ARI PARGENDLER, Rel. p/ Acórdão Ministra NANCY ANDRIGHI, TERCEIRA TURMA, julgado em 02/10/2008, DJe 23/10/2008)

Não entra na partilha de bens verbas indenizatórias percebidas a título personalíssimo. DIREITO CIVIL. DISSOLUÇÃO DA UNIÃO ESTÁVEL. PARTILHA DE BENS. VERBAS INDENIZATÓRIAS. EXPECTATIVA DE DIREITO EM AÇÕES JUDICIAIS. ACIDENTE DE TRABALHO. INDENIZAÇÃO. 1. Na dissolução da união estável, a partilha de bens refere-se ao patrimônio comum formado pelo casal, não se computando indenizações percebidas a título personalíssimo por quaisquer dos ex-companheiros, tal qual a recebida em razão de acidentes de trabalho, pois certo que a reparação deve ser feita àquele que sofreu o dano e que carrega consigo a deficiência adquirida. 2. A indenização recebida em razão do pagamento de seguro de pessoa cujo risco previsto era a invalidez temporária ou permanente não constitui frutos ou rendimentos do trabalho que possam ajustar-se às disposições do inciso VI do art. 271 do Código de Civil de 1916. (REsp 848.998/RS, Rel. Ministro JOÃO OTÁVIO DE NORONHA, QUARTA TURMA, julgado em 28/10/2008, DJe 10/11/2008)

Não entra na partilha de bens verbas de FGTS sacadas por aposentadoria, relativas a período em que a união estável não existia. Direito civil. Família. Ação de reconhecimento e dissolução de união estável. Partilha de bens. Valores sacados do FGTS. – A presunção de condomínio sobre o patrimônio adquirido por um ou por ambos os companheiros a título oneroso durante a união estável, disposta no art. 5º da Lei n.º 9.278/96 cessa em duas hipóteses: (i) se houver estipulação contrária em contrato escrito (caput, parte final); (ii) se a aquisição ocorrer com o produto de bens adquiridos anteriormente ao início da união estável (§ 1º). – A conta vinculada mantida para depósitos mensais do FGTS pelo empregador, constitui um crédito de evolução contínua, que se prolonga no tempo, isto é, ao longo da vida laboral do empregado o fato gerador da referida verba se protrai, não se evidenciando a sua disponibilidade a qualquer momento, mas tão somente nas hipóteses em que a lei permitir. – As verbas de natureza trabalhista nascidas e pleiteadas na constância da união estável comunicam-se entre os companheiros. – Considerando-se que o direito ao depósito mensal do FGTS, na hipótese sob julgamento, teve seu nascedouro em momento anterior à constância da união estável, e que foi sacado durante a convivência por decorrência legal (aposentadoria) e não por mero pleito do recorrido, é de se concluir que apenas o período compreendido entre os anos de 1993 a 1996 é que deve ser contado para fins de partilha. (REsp 758.548/MG, Rel. Ministra NANCY ANDRIGHI, TERCEIRA TURMA, julgado em 03/10/2006, DJ 13/11/2006 p. 257)

5. DISSOLUÇÃO CONSENSUAL EM JUÍZO

Pode-se pedir ao Poder Judiciário que homologue dissolução consensual de união estável. União estável. Dissolução. Interesse de agir. Partilha do patrimônio comum. Ajuste consensual. 1. A união estável autoriza os parceiros a procurar, amigavelmente, o Poder Judiciário para fazer a respectiva dissolução. (REsp 178.262/DF, Rel. Ministro ANTÔNIO DE PÁDUA RIBEIRO, Rel. p/ Acórdão Ministro CARLOS ALBERTO MENEZES DIREITO, TERCEIRA TURMA, julgado em 19/05/2005, DJ 29/08/2005 p. 326)

6. ALIMENTOS

A concessão de alimentos depende da demonstração da sua necessidade. ALIMENTOS. UNIÃO ESTÁVEL POR MAIS DE CINCO ANOS. PRETENSÃO DE RECEBIMENTO DE PENSÃO PELA EX-COMPANHEIRA, GRADUADA. MERCADO DE TRABALHO. AUSÊNCIA DE COMPROVAÇÃO DE NECESSIDADE. GASTOS DESNECESSÁRIOS. (AgRg no Ag 808.069/RJ, Rel. Ministro ALDIR PASSARINHO JUNIOR, QUARTA TURMA, julgado em 06/02/2007, DJ 05/03/2007 p. 297)
Direito à alimentos provisionais. CIVIL. ALIMENTOS PROVISIONAIS. UNIÃO ESTÁVEL. Se a união estável está documentalmente reconhecida pelo varão, a mulher tem direito a alimentos provisionais. Recurso especial conhecido, mas não provido. (REsp 487.895/MG, Rel. Ministro ARI PARGENDLER, TERCEIRA TURMA, julgado em 18/03/2003, DJ 15/03/2004 p. 265)
O dever de prestar alimentos decorre da própria Constituição Federal. DIREITO CIVIL. DISSOLUÇÃO DE SOCIEDADE DE FATO ANTERIORMENTE AO ADVENTO DA LEI Nº 8.971/94. ALIMENTOS. CABIMENTO. A união estável entre homem e mulher, independentemente do casamento, pode determinar a estipulação de alimentos ao companheiro necessitado, ainda que o rompimento desse vínculo tenha ocorrido anteriormente à vigência da Lei 8.971/94, que regulamentou o artigo 226, § 3º, da Constituição Federal. (REsp 605.205/BA, Rel. Ministro CASTRO FILHO, TERCEIRA TURMA, julgado em 26/08/2004, DJ 20/09/2004 p. 292)

7. PREVIDÊNCIA

Divisão da pensão entre filhos, ex-esposa e companheira. COMPANHEIRA. DESIGNAÇÃO PRÉVIA. DESNECESSIDADE. UNIÃO ESTÁVEL COMPROVADA. RATEIO COM EX-CÔNJUGE. POSSIBILIDADE. 1. O Superior Tribunal de Justiça possui entendimento firmado no sentido de que 50% da pensão por morte de militar é devida aos filhos e a outra metade deve ser dividida entre a ex-esposa e a companheira, não havendo falar em ordem de preferência entre elas. 2. Nos casos em que estiver devidamente comprovada a união estável, a ausência de designação prévia de companheira como beneficiária não constitui óbice à concessão de pensão vitalícia. Precedentes. (REsp 856.757/SC, Rel. Ministro ARNALDO ESTEVES LIMA, QUINTA TURMA, julgado em 18/03/2008, DJe 02/06/2008)

Concubina não tem direito. PENSÃO POR MORTE. RATEIO ENTRE CONCUBINA E VIÚVA. IMPOSSIBILIDADE. I – Ao erigir à condição de entidade familiar a união estável, inclusive facilitando a sua conversão em casamento, por certo que a Constituição Federal e a legislação infraconstitucional não contemplaram o concubinato, que resulta de união entre homem e mulher impedidos legalmente de se casar. Na espécie, o acórdão recorrido atesta que o militar convivia com sua legítima esposa. II – O direito à pensão militar por morte, prevista na Lei 5.774/71, vigente à época do óbito do instituidor, só deve ser deferida à esposa, ou a companheira, e não à concubina. (REsp 813.175/RJ, Rel. Ministro FELIX FISCHER, QUINTA TURMA, julgado em 23/08/2007, DJ 29/10/2007 p. 299)

Previdência privada e direitos dos companheiros não designados no plano. PREVIDÊNCIA PRIVADA. PENSÃO POR MORTE. COMPANHEIRA NÃO DESIGNADA NO PLANO. CABIMENTO. A previdência privada não perde o seu caráter social pelo só fato de decorrer de avença firmada entre particulares. Assim, incontroversa a união estável, como no caso, a companheira de participante de plano dessa natureza faz jus à pensão por morte, mesmo não estando expressamente inscrita no instrumento de adesão. (REsp 844.522/MG, Rel. Ministro CESAR ASFOR ROCHA, QUARTA TURMA, julgado em 05/12/2006, DJ 16/04/2007 p. 214)

8. SUCESSÃO.

Os direitos dos companheiros na sucessão não podem ser maiores que os direitos dos casados. Medida Cautelar. Medida cautelar. Atribuição de efeito suspensivo a recurso especial. Inventário. De cujus que, após o falecimento de sua esposa, com quem tivera uma filha, vivia, em união estável, há mais de trinta anos com sua companheira, sem contrair matrimônio. Incidência, quanto à vocação hereditária, da regra do art. 1.790 do CC/02. Alegação, pela filha, de que a regra é mais favorável para a convivente que a norma do art. 1829, I, do CC/02, que incidiria caso o falecido e sua companheira tivessem se casado pelo regime da comunhão parcial. Afirmação de que a Lei não pode privilegiar a união estável, em detrimento do casamento. Medida liminar parcialmente deferida, apenas para determinar a partilha, no inventário, da parcela incontroversa do patrimônio, promovendo-se reserva de bens. – O art. 1.790 do CC/02, que regula a sucessão do 'de cujus' que vivia em união estável com sua companheira, estabelece que esta concorre com os filhos daquele na herança, calculada sobre todo o patrimônio adquirido pelo falecido durante a convivência. Trata-se de regra oposta à do art. 1.829 do CC/02, que, para a hipótese de ter havido casamento pela comunhão parcial entre o 'de cujus' e a companheira, estabelece que a herança do cônjuge incida apenas sobre os bens particulares. – A diferença nas regras adotadas pelo código para um e outro regime gera profundas discrepâncias, chegando a criar situações em que, do ponto de vista do direito das sucessões, é mais vantajoso não se casar. – A discussão quanto à legalidade da referida diferença é profundamente relevante, de modo que se justifica o deferimento da medida liminar pleiteada em ação cautelar, para o fim de reservar os bens controvertidos no inventário 'sub judice', admitindo-se a partilha apenas dos incontroversos. Medida liminar parcialmente deferida. (MC 14.509/SP, Rel. Ministra NANCY ANDRIGHI, TERCEIRA TURMA, julgado em 21/08/2008, DJe 05/09/2008)

9. CONCUBINA E DIREITO A INDENIZAÇÃO.

Excepcionalmente, pode-se deferir direito à indenização em favor da concubina, demonstrada sua participação indireta na formação de patrimônio. CONCUBINATO. RECONHECIMENTO E DISSOLUÇÃO. ART. 6°, § 1°, DA LINDB. PARTILHA DE BENS. CONTRIBUIÇÃO INDIRETA. LEI N. 9.278/96. NÃO INCIDÊNCIA. PERCENTUAL COMPATÍVEL. PRINCÍPIOS DA RAZOABILIDADE E PROPORCIONALIDADE. PRECEDENTES DO STJ. – Afasta-se o óbice da Súmula n. 7 do STJ quando não se está a perquirir as circunstâncias fáticas do feito, mas tão somente saber se a maternidade, criação e formação dos filhos pela concubina, bem como a dedicação por ela proporcionada ao réu para o exercício de suas atividades – como reconhecidamente albergado no aresto de origem –, mostram-se aptas, bastantes por si sós, para embasar a meação dos bens arrolados na peça preambular. – Demonstrado no acórdão recorrido, de forma inconteste, que a contribuição da concubina-autora para formação do patrimônio comum dos conviventes ocorreu de forma indireta, impõe-se o afastamento da meação, por sucumbir frente à prevalência da partilha dos bens que, a par das circunstâncias dos autos, não há que ser em partes iguais. -Inaplicabilidade, ainda que por analogia, das disposições prescritas na Lei 9.278/96. Incidência de normas legais e orientações jurisprudenciais que versam sobre concubinato, especialmente a Lei 8.971/94 e a Súmula n. 380 do Supremo Tribunal Federal, delimitando que a atribuição à companheira ou ao companheiro de metade do patrimônio vincula-se diretamente ao esforço comum, consagrado na contribuição direta para o acréscimo ou a aquisição de bens mediante o aporte de recursos ou força de trabalho. -Levando-se em conta a moderação e o bom senso recomendados para a hipótese em apreço, o arbitramento, no percentual de 40% (quarenta por cento) sobre o valor dos bens adquiridos na constância do concubinato e apurados na instância ordinária, apresenta-se compatível com o caso em apreço, por encontrar amparo nos sempre requeridos critérios de razoabilidade e proporcionalidade. (REsp 914.811/SP, Rel. Ministra NANCY ANDRIGHI, Rel. p/ Acórdão Ministro JOÃO OTÁVIO DE NORONHA, SEGUNDA SEÇÃO, julgado em 27/08/2008, DJe 21/11/2008)

Excepcionalmente, pode-se deferir direito à indenização em favor da concubina, demonstrada a dupla vida em comum e o longo relacionamento. CONCUBINATO. RELAÇÃO EXTRACONJUGAL MANTIDA POR LONGOS ANOS. VIDA EM COMUM CONFIGURADA AINDA QUE NÃO EXCLUSIVAMENTE. INDENIZAÇÃO. SERVIÇOS DOMÉSTICOS. PERÍODO. OCUPAÇÃO DE IMÓVEL PELA CONCUBINA APÓS O ÓBITO DA ESPOSA. DESCABIMENTO. I. Pacífica é a orientação das Turmas da 2ª Seção do STJ no sentido de indenizar os serviços domésticos prestados pela concubina ao companheiro durante o período da relação, direito que não é esvaziado pela circunstância de ser o concubino casado, se possível, como no caso, identificar a existência de dupla vida em comum, com a esposa e companheira, por período superior a trinta anos. II. Pensão devida durante o período do concubinato, até o óbito do concubino. III. Inviabilidade de ocupação pela concubina, após a morte da esposa, do imóvel pertencente ao casal, seja por não expressamente postulada, seja por importar em indevida ampliação do direito ao pensionamento, criando espécie de usufruto sobre patrimônio dos herdeiros, ainda que não necessários, seja porque já contemplada a companheira com imóveis durante a relação, na conclusão do Tribunal estadual, soberano na interpretação da matéria fática. (REsp 303.604/SP, Rel. Ministro ALDIR PASSARINHO JUNIOR, QUARTA TURMA, julgado em 20/03/2003, DJ 23/06/2003 p. 374)

(OAB/Exame Unificado – 2006.3 – 2ª fase) Joaquim, menor impúbere, representado por sua mãe, Maria dos Anjos Sousa Araújo, ajuizou ação pleiteando a retificação do seu assento de nascimento, para averbar a alteração do nome de sua genitora, qual seja, Maria dos Anjos Sousa, nome que passou a usar depois da separação judicial. Alega que, com a mudança de nome de sua genitora e a ausência de modificação do patronímico desta em sua certidão de nascimento, mãe e filho sofrem diversos constrangimentos quando têm de comprovar a relação de parentesco, expondo, assim, sua intimidade e vida privada, com a apresentação de diversos documentos pessoais que justifiquem a atual dissonância existente no nome da genitora do menor. Redija, fundamentadamente, texto dissertativo a respeito da possibilidade da retificação do registro civil de Joaquim para alteração do sobrenome da mãe em razão da alteração do estado civil desta, que voltou a usar o nome de solteira.

RESOLUÇÃO DA QUESTÃO

Por ser objeto de direito da personalidade, o nome é intransferível, irrenunciável e indisponível (art. 11 do Código Civil). Decorre desse regime jurídico o princípio da imutabilidade do nome.

Todavia, o art. 57 da Lei 6.015/73 admite a alteração do nome, desde que, no plano material, se dê por exceção e motivadamente. No plano formal, a alteração exige sentença do juiz, após audiência do Ministério Público. Os erros notórios poderão ser corrigidos de ofício pelo oficial de registro, após manifestação do Ministério Público.

O caso em tela revela situação em que até a alteração do nome, se fosse o caso, tem justificativa pertinente e relevante, vez que a não coincidência do nome da mãe com o nome do filho gera constrangimentos, mormente se se considerar que o filho está em idade tenra. A doutrina e a jurisprudência, inclusive, vêm admitindo a modificação do nome nesse tipo de caso, que gera problema de identificação de pais e filhos.

Todavia, Joaquim, representado por sua mãe, pede menos. Pede apenas que se retifique seu assento de nascimento, para o fim de constar a alteração do nome de sua mãe, em virtude da separação judicial desta.

Trata-se de providência possível, vez que protege os mesmos valores que a própria modificação do nome protegia, devendo o pedido se fundar nos arts. 109 e seguintes da Lei 6.015/73.

Nossa opinião é, inclusive, que cabe até aplicação do disposto no art. 10 da lei citada, efetuando-se a modificação junto ao próprio oficial do registro, pois, uma vez modificado o nome da mãe de Joaquim, pode-se considerar que há erro no assentamento, por ainda constar dele o nome antigo.

Comentários adicionais.

Confira acórdão sobre situação semelhante ao caso trazido para análise:

A homenagem que a autora quer prestar à pessoa que se desvelou por ela e ocupou na sua vida a figura do pai ausente, e a conveniência social de se apresentar com o mesmo nome usado pela mãe e pelo marido dela, são a meu juízo razões suficientes para que se permita a alteração requerida. (...)Devo registrar, finalmente, que são dois os valores em colisão: de um lado, o interesse público de imutabilidade do nome pelo qual a pessoa se relaciona na vida civil; de outro, o direito da pessoa de portar o nome que não a exponha a constrangimentos e corresponda à sua realidade familiar. Para atender a este, que me parece prevalente, a doutrina e a jurisprudência têm liberalizado a interpretação do princípio da imutabilidade, já fragilizado pela própria lei, a fim de permitir, mesmo depois do prazo de um ano subsequente à maioridade, a alteração posterior do nome, desde que daí não decorra prejuízo grave ao interesse público, que o princípio da imutabilidade preserva. A situação dos autos evidencia a necessidade de ser aplicada essa orientação mais compreensiva da realidade e dos valores humanos em causa. (REsp 220.059/SP, Rel. Ministro RUY ROSADO DE AGUIAR, SEGUNDA SEÇÃO, julgado em 22/11/2000, DJ 12/02/2001 p. 92)

Confira outros acórdãos do STJ sobre a possibilidade de se modificar o nome:

Apelido público notório.

REGISTRO PUBLICO. NOME CIVIL. PRENOME. RETIFICAÇÃO. MENOR ASSISTIDA PELOS PAIS. POSSIBILIDADE. PRECEDENTES. RAZOABILIDADE DO PEDIDO. PRODUÇÃO DE PROVA. DEFERIMENTO. RECURSO ESPECIAL PROVIDO. Sustentou, para tanto, ter sido registrada quase um ano após seu nascimento; que sempre foi tratada por Maryana e nunca por Simone; e que ninguém a identifica como Simone, o que lhe causa sérios transtornos. A jurisprudência da Corte tem flexibilizado a regra temporal prevista no art. 56 da Lei 6.015/73, admitindo que menores, devidamente assistidos por seus pais, possam postular retificação no registro civil, desde que se verifique o justo motivo. O pleito, na espécie, longe de denotar mero capricho, afigura-se bastante razoável, tendo em vista que o registro original nem sequer será alterado de modo substancial, com o acréscimo do segundo nome, com o qual a requerente de fato se identifica e que a individualiza no meio em que vive. (REsp 777.088/RJ, Rel. Ministro SIDNEI BENETI, TERCEIRA TURMA, julgado em 21/02/2008, DJe 10/03/2008)

Transexual: direito à alteração do prenome e designativo de sexo.

Direito civil. Recurso especial. Transexual submetido à cirurgia de redesignação sexual. Alteração do prenome e designativo de sexo. Princípio da dignidade da pessoa humana.

- Sob a perspectiva dos princípios da Bioética – de beneficência, autonomia e justiça –, a dignidade da pessoa humana deve ser resguardada, em um âmbito de tolerância, para que a mitigação do sofrimento humano possa ser o sustentáculo de decisões judiciais, no sentido de salvaguardar o bem supremo e foco principal do Direito: o ser humano em sua integridade física, psicológica, socioambiental e ético-espiritual.

- A afirmação da identidade sexual, compreendida pela identidade humana, encerra a realização da dignidade, no que tange à possibilidade de expressar todos os atributos e características do gênero imanente a cada pessoa. Para o transexual, ter uma vida digna importa em ver reconhecida a sua identidade sexual, sob a ótica psicossocial, a refletir a verdade real por ele vivenciada e que se reflete na sociedade.

- A falta de fôlego do Direito em acompanhar o fato social exige, pois, a invocação dos princípios que funcionam como fontes de oxigenação do ordenamento jurídico, marcadamente a dignidade da pessoa humana – cláusula geral que permite a tutela integral e unitária da pessoa, na solução das questões de interesse existencial humano.

- Em última análise, afirmar a dignidade humana significa para cada um manifestar sua verdadeira identidade, o que inclui o reconhecimento da real identidade sexual, em respeito à pessoa humana como valor absoluto.

- Somos todos filhos agraciados da liberdade do ser, tendo em perspectiva a transformação estrutural por que passa a família, que hoje apresenta molde eudemonista, cujo alvo é a promoção de cada um de seus componentes, em especial da prole, com o insigne propósito instrumental de torná-los aptos de realizar os atributos de sua personalidade e afirmar a sua dignidade como pessoa humana.

- A situação fática experimentada pelo recorrente tem origem em idêntica problemática pela qual passam os transexuais em sua maioria: um ser humano aprisionado à anatomia de homem, com o sexo psicossocial feminino, que, após ser submetido à cirurgia de redesignação sexual, com a adequação dos genitais à imagem que tem de si e perante a sociedade, encontra obstáculos na vida civil, porque sua aparência morfológica não condiz com o registro de nascimento, quanto ao nome e designativo de sexo.

- Conservar o "sexo masculino" no assento de nascimento do recorrente, em favor da realidade biológica e em detrimento das realidades psicológica e social, bem como morfológica, pois a aparência do transexual redesignado, em tudo se assemelha ao sexo feminino, equivaleria a manter o recorrente em estado de anomalia, deixando de reconhecer seu direito de viver dignamente.

- Assim, tendo o recorrente se submetido à cirurgia de redesignação sexual, nos termos do acórdão recorrido, existindo, portanto, motivo apto a ensejar a alteração para a mudança de sexo no registro civil, e a fim de que os assentos sejam capazes de cumprir sua verdadeira função, qual seja, a de dar publicidade aos fatos relevantes da vida social do indivíduo, forçosa se mostra a admissibilidade da pretensão do recorrente, devendo ser alterado seu assento de nascimento a fim de que nele conste o sexo feminino, pelo qual é socialmente reconhecido.

- Vetar a alteração do prenome do transexual redesignado corresponderia a mantê-lo em uma insustentável posição de angústia, incerteza e conflitos, que inegavelmente atinge a dignidade da pessoa humana assegurada pela Constituição Federal. No caso, a possibilidade de uma vida digna para o recorrente depende da alteração solicitada. E, tendo em vista que o autor vem utilizando o prenome feminino constante da inicial, para se identificar, razoável a sua adoção no assento de nascimento, seguido do sobrenome familiar, conforme dispõe o art. 58 da Lei n.º 6.015/73.

- Deve, pois, ser facilitada a alteração do estado sexual, de quem já enfrentou tantas dificuldades ao longo da vida, vencendo-se a barreira do preconceito e da intolerância. O Direito não pode fechar os olhos para a realidade social estabelecida, notadamente no que concerne à identidade sexual, cuja realização afeta o mais íntimo aspecto da vida privada da pessoa. E a alteração do designativo de sexo, no registro civil, bem como do prenome do operado, é tão importante quanto a adequação cirúrgica, porquanto é desta um desdobramento, uma decorrência lógica que o Direito deve assegurar.

- Assegurar ao transexual o exercício pleno de sua verdadeira identidade sexual consolida, sobretudo, o princípio constitucional da dignidade da pessoa humana, cuja tutela consiste em promover o desenvolvimento do ser humano sob todos os aspectos, garantindo que ele não seja desrespeitado tampouco violentado em sua integridade psicofísica. Poderá, dessa forma, o redesignado exercer, em amplitude, seus direitos civis, sem restrições de cunho discriminatório ou de intolerância, alçando sua autonomia privada em patamar de igualdade para com os demais integrantes da vida civil. A liberdade se refletirá na seara doméstica, profissional e social do recorrente, que terá, após longos anos de sofrimentos, constrangimentos, frustrações e dissabores, enfim, uma vida plena e digna.

- De posicionamentos herméticos, no sentido de não se tolerar "imperfeições" como a esterilidade ou uma genitália que não se conforma exatamente com os referenciais científicos, e, consequentemente, negar a pretensão do transexual de ter alterado o designativo de sexo e nome, subjaz o perigo de estímulo a uma nova prática de eugenia social, objeto de combate da Bioética, que deve ser igualmente combatida pelo Direito, não se olvidando os horrores provocados pelo holocausto no século passado.

Recurso especial provido.

(REsp 1008398/SP, Rel. Ministra Nancy Andrighi, Terceira Turma, julgado em 15/10/2009, DJe 18/11/2009)

12. ALIMENTOS

(OAB/Exame Unificado – 2017.1 – 2ª fase) Jorge, menor com doze anos de idade, está sem receber a pensão alimentícia de seu pai, Carlos, há cinco anos, apesar de decisão judicial transitada em julgado. Jorge, representado por sua mãe, Fátima, promove ação de execução de alimentos, no valor de R$ 200.000,00 (duzentos mil reais), pelos alimentos pretéritos, devidamente corrigidos.

Para pagamento da dívida, fora determinada penhora do imóvel em que Carlos e Carmem, sua atual companheira, residem. O imóvel, avaliado em R$300.000,00 (trezentos mil reais), é o único do casal e foi adquirido onerosamente por ambos após a constituição de união estável.

Considerando que a penhora recaiu apenas sobre a parte que cabe a Carlos, responda aos itens a seguir.

A) Há fundamento para penhora do bem descrito? **(Valor: 0,70)**

B) Como fica a situação de Carmem na hipótese de alienação judicial do bem descrito? **(Valor: 0,55)**

Obs.: o examinando deve fundamentar suas respostas. A mera citação do dispositivo legal não confere pontuação.

GABARITO COMENTADO

A) Embora seja bem de família, o imóvel pode ser penhorado e alienado, pois a execução de alimentos é exceção à regra geral de impenhorabilidade do imóvel destinado à residência, consoante dispõe o art. 3º, inciso III, da Lei 8.009/90.

B) Diante da indivisibilidade do bem, a quota-parte que cabe à Carmem será reservada no produto da alienação (art. 843, *caput*, do CPC).

Distribuição dos Pontos

ITEM	PONTUAÇÃO
A. Sim, porque aplica-se a exceção à regra geral de impenhorabilidade do imóvel destinado à residência, bem de família (0,60), consoante dispõe o Art. 3º, inciso III, da Lei nº 8.009/90 (0,10).	0,00/0,60/0,70
B. Carmem fará jus à sua quota-parte, reservada no produto da alienação (0,45), conforme Art. 843, *caput*, do CPC (0,10).	0,00/0,45/0,55

(OAB/Exame Unificado – 2016.3 – 2ª fase) Ana, menor impúbere, é filha de José e Maria, ambos com apenas 18 (dezoito) anos de idade, desempregados e recém-aprovados para ingresso na Faculdade de Direito Alfa. As respectivas famílias do casal possuem considerável poder aquisitivo, porém se recusam a ajudá-los no sustento da pequena Ana, em razão de desentendimentos recíprocos. Destaca-se, por fim, que todos os avós são vivos e exercem profissões de destaque.

Com esteio na hipótese proposta, responda aos itens a seguir.

A) Os avós são obrigados a prestar alimentos em favor de sua neta? Em hipótese positiva, cuida-se de obrigação solidária? **(Valor: 0,65)**

B) A ação de alimentos pode ser proposta por Ana, representada por seus pais, sem incluir necessariamente todos os avós no polo passivo da demanda? **(Valor: 0,60)**

Obs.: o(a) examinando(a) deve fundamentar as respostas. A mera citação do dispositivo legal não confere pontuação.

GABARITO COMENTADO

A) A questão envolve os denominados "alimentos suplementares", tal como regulados pelo art. 1.698 do CC.

Nesse cenário, diante da insuficiência econômica dos pais, os avós são obrigados a prestar alimentos em favor de sua neta. No entanto, não se trata de obrigação solidária, tal como regulada pelo art. 264 do CC, mas de obrigação subsidiária, devendo ser diluída entre avós paternos e maternos na medida de seus recursos, diante de sua divisibilidade e possibilidade de fracionamento.

B) É possível o exercício da pretensão alimentar contra um ou mais avós. Com efeito, a obrigação alimentar por parte dos avós guarda caracteres de divisibilidade e não há solidariedade, afastando o litisconsórcio necessário (art. 114 do CPC/15). A exegese do art. 1.698 do CC explicita tratar-se de litisconsórcio facultativo (art. 113 do CPC/15), bastando que haja a opção por um dos avós, que suporte o encargo nos limites de suas possibilidades.

Distribuição dos Pontos

ITEM	PONTUAÇÃO
A. Sim. Os avós são obrigados a prestar alimentos em favor de sua neta, pois a questão envolve os denominados alimentos suplementares (avoengos) (0,30). Não se trata de obrigação solidária, mas sim de obrigação subsidiária (0,25). Citação do Art. 1.698 do CC (0,10).	0,00/0,25/0,30/0,35/0,40/ 0,55/0,65
B. Sim. Porque não há litisconsórcio passivo necessário, mas sim facultativo (0,25), pois a obrigação alimentar suplementar é divisível (0,25). Citação do Art. 113 **OU** Art. 114 do CPC/15 (0,10).	0,00/0,25/0,35/0,50/0,60

(OAB/Exame Unificado – 2014.3 – 2ª fase) João, pai de Eduardo e Mônica, após se divorciar de sua esposa, obrigou-se a pagar, por meio de uma ação de alimentos, o percentual de 15% (quinze por cento) da sua remuneração para cada um de seus filhos, até que atingissem a maioridade ou terminassem curso superior, ou, ao menos, estivessem estudando.

Após atingirem a maioridade, Mônica continuou estudando, regularmente matriculada em um curso de medicina. Eduardo, no entanto, abandonou os estudos e resolveu trabalhar, abrindo um comércio lucrativo em seu bairro, que já possibilitava o seu sustento a ponto de estar noivo de Maria Lúcia. Diante de tais fatos, João resolve deixar de pagar os alimentos para seus dois filhos.

A partir da hipótese formulada, responda aos itens a seguir.

A) João, ao deixar de pagar os alimentos a Eduardo, procedeu de forma correta? **(Valor: 0,65)**

B) Como advogado de Mônica, qual atitude você tomaria para compelir João a pagar os alimentos em atraso há dois meses? **(Valor: 0,60)**

O examinando deve fundamentar suas respostas. A mera citação do dispositivo legal não confere pontuação.

GABARITO COMENTADO

A) No primeiro tópico, deve o examinando apontar que João não agiu corretamente. Deve destacar, ainda, a necessidade de João realizar, em juízo, um pedido de exoneração de alimentos (art. 1699, CC/02 c/c art. 15, da Lei 5.478/68) com relação a seu filho Eduardo, comprovando a maioridade e alegando a sua desnecessidade, já que este não necessita mais de alimentos por estar trabalhando, alterando o binômio necessidade/possibilidade do art. 1694, § 1º, do CC/02, bem como aduzindo que ele não estava mais matriculado em curso regular de ensino.

B) No segundo tópico, deve o examinando destacar a necessidade de ajuizamento de ação de execução de alimentos, cabendo, inclusive, a prisão civil de João, diante do preceituado no art. 528 e 911, do CPC.

Distribuição dos Pontos

ITEM	PONTUAÇÃO
A. Não, pois João deveria realizar em juízo um pedido de exoneração de alimentos com relação a seu filho Eduardo, comprovando a maioridade e alegando a sua desnecessidade (0,55), nos termos do Art. 1699, do CC /02 ou Art. 15, da Lei nº 5478/68 ou na Súmula 358, do STJ (0,10) *Obs.: a mera citação do artigo não pontua.*	0,00 – 0,55 – 0,65
B. Mônica deve ajuizar uma ação de execução de alimentos (0,50), diante do preceituado no Art. 732 ou 733, do CPC (0,10). *Obs.: a mera citação do artigo não pontua.*	0,00 – 0,50 – 0,60

(OAB/Exame Unificado – 2014.2 – 2ª fase) Maria e o irmão João, representados por sua mãe, com quem residem, ajuizaram ação de alimentos em face de seus avós paternos, Eriberto e Cleunice, alegando, em síntese, que, após o divórcio de seus pais, ficou acordado que o seu genitor pagaria, a título de pensão alimentícia, 30% (trinta por cento) da remuneração por ele auferida.

Os avós maternos de Maria e de seu irmão João moram ao lado de sua casa, numa vila, e vivem com parcos recursos financeiros.

Narram na inicial que, desde o divórcio, o pai, espontaneamente, parou de trabalhar e, por isso, nunca pagou os alimentos devidos. Afirmam que ele vive, desde então, sustentado pelos avós paternos dos autores, ora réus, tendo em vista que estes possuem ótima situação financeira. Eles sustentam, ainda, que esgotaram todas as tentativas de cobrar do pai a pensão fixada na sentença que decretou o divórcio, razão pela qual os avós paternos têm, segundo a atual legislação civil, a obrigação de arcar com tal prestação.

Com base em tal situação, responda aos itens a seguir, utilizando os argumentos jurídicos apropriados e a fundamentação legal pertinente ao caso.

A) Indique as alegações que seriam apresentadas na defesa dos interesses de seus clientes (avós paternos)? (Valor: 0,75)
B) Qual o momento oportuno para a apresentação da resposta? (Valor: 0,50)

GABARITO COMENTADO

A) Deverão os avós maternos ser chamados a integrar a lide, nos termos do art. 1.698/CC, aduzindo-se que a responsabilidade dos ascendentes é complementar e subsidiária, devendo a obrigação conjunta e divisível ser diluída entre todos os avós na proporção de seus recursos.

B) De acordo com o art. 9º da Lei 5.478/68, a resposta deve ser apresentada até a audiência de conciliação, instrução e julgamento.

Distribuição dos Pontos

ITEM	PONTUAÇÃO
A1. A principal alegação da defesa é a de que a responsabilidade dos ascendentes é complementar e subsidiária (0,30), nos termos do Art. 1.698/CC (0,10). **Obs.:** *a simples indicação do dispositivo legal não pontua.*	0,00 / 0,30 /0,40
A2. Sendo que os avós maternos deverão ser chamados a integrar a lide (0,20), para que cada um contribua na proporção dos respectivos recursos. (0,15).	0,00 / 0,15 / 0,20 / 0,35
B. A resposta deve ser apresentada até a audiência de conciliação, instrução e julgamento (0,40), de acordo com os Art. 5º, §1º ou Art. 9º, da Lei 5.478/68 (0,10). **Obs.:** *a simples indicação do dispositivo legal não pontua.*	0,00 – 0,40 – 0,50

13. SUCESSÃO

(OAB/Exame Unificado – 2018.1 – 2ª fase) Em abril de 2016, Flávio, que não tinha qualquer parente até quarto grau, elaborou seu testamento, deixando todos os seus bens para sua amiga Clara. Em janeiro de 2017, Flávio descobriu que era pai de Laura, uma criança de 10 anos, e reconheceu de pronto a paternidade. Em abril de 2017, Flávio faleceu, sem, contudo, revogar o testamento elaborado em 2016.

Sobre os fatos narrados, responda aos itens a seguir.

A) A sucessão de Flávio observará sua última vontade escrita no testamento? (Valor: 0,80)
B) O inventário e a partilha dos bens de Flávio poderão ser feitos extrajudicialmente? (Valor: 0,45)

Obs.: o(a) examinando(a) deve fundamentar as respostas. A mera citação do dispositivo legal não confere pontuação.

GABARITO COMENTADO
A) Dentre as hipóteses de rompimento do testamento, o art. 1.973 do Código Civil prevê justamente a situação descrita: superveniência de descendente sucessível ao testador, que não o conhecia quando testou. Logo, tendo em vista o rompimento do testamento, Laura receberá 100% do patrimônio do falecido pai, na forma do art. 1.845 do CC.
B) No direito brasileiro, o inventário deverá ser judicial quando houver herdeiro menor e/ou testamento, conforme o art. 610, *caput*, do CPC/15.

Distribuição dos Pontos

ITEM	PONTUAÇÃO
A. Não. A superveniência de descendente sucessível ao testador, que não o conhecia quando testou é hipótese de rompimento de testamento (0,70), conforme o Art. 1.973 do CC (0,10).	0,00/0,70/0,80
B. Não. O inventário será obrigatoriamente judicial, porque há herdeiro incapaz **e/ou** testamento (0,35), segundo o Art. 610 do CPC/15 (0,10).	0,00/0,35/0,45

(OAB/Exame Unificado – 2017.2 – 2ª fase) Luiz, viúvo, residente e domiciliado em Maceió, tinha três filhos: Jorge, Clarissa e Joana, e nenhum neto.

Jorge, enciumado com o tratamento preferencial que Luiz dispensava às suas irmãs, tenta matar seu pai desferindo-lhe dois tiros, dos quais, por sorte, Luiz consegue escapar ileso. Dois anos antes, este registrara testamento público, estipulando que seu patrimônio disponível deveria ser herdado por Jorge e Joana.

Luiz vem a falecer durante viagem a Salvador, em 2017, deixando como herança líquida o montante de R$ 2.000.000,00 (dois milhões de reais).

Com base na hipótese apresentada, responda aos itens a seguir.

A) Qual medida judicial poderá ser utilizada por Joana para evitar que Jorge venha a suceder Luis? Há algum prazo-limite para isso? **(Valor: 0,85)**

B) Qual o foro competente para processar e julgar o inventário de Luiz? **(Valor: 0,40)**

Obs.: o(a) examinando(a) deve fundamentar suas respostas. A mera citação ou transcrição do dispositivo legal não confere pontuação.

GABARITO COMENTADO
A) Joana deve ajuizar demanda objetivando a declaração de indignidade de Jorge, fundamentada no art. 1.814, inciso I, do Código Civil, pois o herdeiro Jorge foi autor de tentativa de homicídio contra Luis, pessoa de cuja sucessão se trata. Com o reconhecimento judicial da indignidade de Jorge, este será excluído da sucessão de Luis.
O prazo para o ajuizamento da demanda é de 4 (quatro) anos da abertura da sucessão, segundo o art. 1.815, parágrafo único, do Código Civil.
B) O foro competente é o da cidade de Maceió, nos termos do art. 48 do CPC/15 ou do art. 1785 do CC, já que ali era domiciliado o autor da herança.

Distribuição dos Pontos

ITEM	PONTUAÇÃO
A1. Joana deve ajuizar demanda objetivando a declaração de indignidade de Jorge (0,40), fundamentada no Art. 1.814, inciso I, do Código Civil (0,10).	0,00/0,40/0,50
A2. O prazo para o ajuizamento da demanda é de 4 (quatro) anos a partir da abertura da sucessão (0,25), segundo o Art. 1.815, parágrafo único, do Código Civil (0,10).	0,00/0,25/0,35
B. O foro competente é o da cidade de Maceió, domicílio do autor da herança (0,30), nos termos do Art. 48 do CPC/15 OU do Art. 1785 do CC (0,10).	0,00/0,30/0,40

(**OAB/Exame Unificado – 2016.2 – 2ª fase**) Daniel, 30 anos, amealhou ao longo da vida um patrimônio considerável. Era solteiro e decidira não ter filhos.

Seus pais já eram falecidos e Daniel tinha apenas um irmão bilateral, Alexandre, e um irmão unilateral, Rafael.

Após 30 dias em coma induzido em razão de grave acidente de carro, Daniel veio a falecer em 30 de agosto de 2014.

Diante do exposto, responda aos itens a seguir.

A) Como deverá ser partilhada a herança entre os irmãos de Daniel? (**Valor: 0,60**)

B) Se depois de três anos do falecimento de Daniel, e já realizada a partilha de seus bens, aparecesse mais um irmão unilateral, até então ignorado pelos demais, que ação judicial poderia intentar para receber parte dos bens da herança? Qual o prazo para ajuizamento? (**Valor: 0,65**)

Obs.: o examinando deve fundamentar suas respostas. A mera citação do dispositivo legal não confere pontuação.

GABARITO COMENTADO

A) Nos termos do art. 1.841 do Código Civil: *"Concorrendo à herança do falecido irmãos bilaterais com irmãos unilaterais, cada um destes herdará metade do que cada um daqueles herdar"*. Assim, Rafael, irmão unilateral, herdará somente metade do que Alexandre herdar.

B) Nos termos do art. 1.824 do Código Civil, esse irmão teria direito ao seu quinhão hereditário, sendo que a ação judicial cabível seria a petição de herança, cujo prazo prescricional é de dez anos a contar da abertura da sucessão (art. 205 do CC).

Distribuição dos Pontos

ITEM	PONTUAÇÃO
A. O irmão unilateral (Rafael) herdará metade do que o irmão bilateral (Alexandre) herdar (0,50), nos termos do Art. 1.841 do CC (0,10).	0,00 /0,50 / 0,60
B1. Petição de herança (0,25), conforme o Art. 1.824 do CC (0,10).	0,00 / 0,25 / 0,35
B2. O prazo prescricional para propositura de ação de petição de herança é dez anos a contar da abertura da sucessão (0,20), conforme o Art. 205 do CC (0,10)	0,00 / 0,20 / 0,30

(OAB/Exame Unificado – 2015.3 – 2ª fase) Suzana Carvalho, viúva, tinha como únicos parentes vivos sua irmã Clara Pereira e seu sobrinho Alberto, filho de Clara. Em 2010, Suzana elaborou testamento público nomeando como sua herdeira universal sua amiga Marta de Araújo. Em 2012, Suzana mudou de ideia sobre o destino de seus bens e lavrou testamento cerrado, no qual contemplou com todo o seu patrimônio seu sobrinho Alberto Pereira. No final de 2013, Alberto faleceu num trágico acidente. Suzana faleceu há um mês. Clara Pereira e Marta de Araújo disputam a sua herança. Marta alega que não ocorreu a revogação do testamento de Suzana lavrado em 2010, vez que um testamento público só pode ser revogado por outro testamento público.

Clara procura você como advogado e indaga a quem deve caber a herança de Suzana. Diante disso, com base nos dispositivos legais pertinentes à matéria, responda aos itens a seguir.

A) Suzana podia dispor de todo o seu patrimônio por meio de testamento? **(Valor: 0,40)**

B) Um testamento cerrado pode revogar um testamento público? **(Valor: 0,30)**

C) Com o falecimento de Alberto, quem deve suceder à Suzana? **(Valor: 0,55)**

Obs.: o examinando deve fundamentar suas respostas. A mera citação do dispositivo legal não confere pontuação.

GABARITO COMENTADO

A) Suzana podia dispor de todo o seu patrimônio, uma vez que não tinha herdeiros necessários, sendo certo que os colaterais são herdeiros facultativos, nos termos do art. 1.850 do Código Civil.

B) O testamento público pode ser revogado por qualquer outra forma testamentária. De fato, não há hierarquia entre as formalidades testamentárias, dependendo a revogação de um testamento da validade do testamento revogatório, conforme o que dispõe o art. 1.969 do Código Civil.

C) Nesse caso, a sucessão obedecerá às regras da sucessão legítima, cabendo toda a herança de Suzana à sua irmã Clara Pereira, nos termos do art. 1.829, inciso IV, do Código Civil.

Distribuição dos Pontos

ITEM	PONTUAÇÃO
A. Suzana podia dispor de todo o seu patrimônio, uma vez que não tinha herdeiros necessários, sendo certo que os colaterais são herdeiros facultativos (0,20), segundo o Art. 1.850 do CC. (0,10)	0,00 / 0,20 / 030
B. O testamento público pode ser revogado por qualquer outra forma testamentária (0,20), segundo o Art. 1.969 OU Art. 1.858, ambos do CC. (0,10)	0,00 / 0,20 / 0,30
C. A sucessão será a legítima, sucedendo Clara, irmã de Suzana (0,55), de acordo com o Art. 1.829, IV, do CC. (0,10)	0,00 / 0,55 /0,65

(OAB/Exame Unificado – 2015.1 – 2ª fase) Roberval não possuía filhos e seus pais já eram falecidos. Seu único parente era seu irmão Ângelo, sendo certo que tanto Roberval quanto Ângelo jamais se casaram ou viveram em união estável. Roberval, que tinha um imóvel na Tijuca e outro menor no Flamengo, decidiu beneficiar Caio, seu melhor amigo, em sua sucessão, razão pela qual estabeleceu em seu testamento que, por ocasião de sua morte, o imóvel da Tijuca deveria ser destinado a Caio, passando para os filhos de Caio quando do falecimento deste. Quando Roberval faleceu, Caio já tinha um filho de 05 anos.

Com base no enunciado acima, responda aos itens a seguir.

A) Roberval poderia beneficiar seu amigo Caio em sua sucessão? (Valor: 0,45)

B) Descreva a sucessão de Roberval e como deverá ser dividida a sua herança, consistente nos seus dois imóveis, a saber, o da Tijuca e o do Flamengo (Valor: 0,80).

Responda justificadamente, empregando os argumentos jurídicos apropriados e a fundamentação legal pertinente ao caso.

GABARITO COMENTADO

A) Considerando que Roberval tinha como parente apenas seu irmão Ângelo, que não é herdeiro necessário, consoante o disposto nos artigos 1.845 e 1.850 do Código Civil, Roberval poderia beneficiar Caio em sua sucessão sem qualquer limite quantitativo.

B) O imóvel da Tijuca caberá ao filho de Caio em nua propriedade e a Caio em usufruto, conforme o disposto no parágrafo único do art. 1.952. Já o imóvel do Flamengo caberá ao único parente e herdeiro legítimo de Roberval, a saber, seu irmão Ângelo (art. 1.829, IV, do CC).

Distribuição dos Pontos

ITEM	PONTUAÇÃO
A. Em virtude de não ter herdeiros necessários, Roberval poderia beneficiar Caio sem limite quantitativo (0,35). Artigos 1845 e 1850 do CC (0,10). *Obs.: a simples menção ou transcrição do artigo não será pontuada.*	0,00/0,35/0,45
B. O imóvel da Tijuca caberá ao filho de Caio em nua propriedade e a Caio em usufruto (0,30), conforme o disposto no parágrafo único do Art. 1.952 do CC (0,10). O imóvel do Flamengo caberá ao irmão de Roberval, Ângelo (0,30), por força do Art. 1.829, IV, do CC (0,10). *Obs.: a simples menção ou transcrição do artigo não será pontuada.* *Obs.: a simples menção ou transcrição do artigo não será pontuada.*	0,00/0,30/0,40/0,60/ 0,70/0,80

(OAB/Exame Unificado – 2012.3 – 2ª fase) Maria de Sousa, casada com Pedro de Sousa, desapareceu de seu domicílio, localizado na cidade de Florianópolis, sem dar notícias e não deixando representante ou procurador para administrar seus bens. Passados dez anos do trânsito em julgado da sentença de abertura da sucessão provisória dos bens deixados por Maria, seu marido requereu a sucessão definitiva.

Considerando o caso relatado, utilizando os argumentos jurídicos apropriados e a fundamentação legal pertinente ao caso, responda aos itens a seguir.

A) Em qual momento haverá a presunção de morte de Maria? (Valor: 0,60)

B) A presunção de morte de Maria tem o condão de dissolver o casamento entre ela e Pedro? (Valor: 0,65)

GABARITO COMENTADO – EXAMINADORA

A) Após a abertura da sucessão definitiva. O art. 6º, do CC, admite a morte presumida, quanto aos ausentes, nos casos em que a lei autoriza a abertura da sucessão definitiva (art. 6º c/c art. 37, do Código Civil).

B) Sim. O inciso I e o § 1º do art. 1.571 estabelecem que a sociedade conjugal termina com a morte de um dos cônjuges, aplicando-se a presunção estabelecida pelo Código Civil quanto ao ausente.

Distribuição dos Pontos

Quesito Avaliado	Valores
A) Após a abertura da sucessão definitiva (0,30), nos termos dos art. 6º (0,20) c / c art. 37, do Código Civil (0,10). Obs.: A mera citação do artigo não pontua.	0,00 / 0,30 / 0,40 / 0,50 / 0,60
B) A presunção de morte de Maria tem o condão de dissolver o casamento (0,35) (art. 1.571, inciso I e o § 1º do Código Civil) (0,30). Obs.: A mera citação do artigo não pontua.	0,00 / 0,35 / 0,65

(OAB/Exame Unificado – 2012.1 – 2ª fase) Marco Antônio, solteiro, maior e capaz, resolve lavrar testamento público, a fim de dispor sobre seus bens. Tendo em vista que os seus únicos herdeiros são os seus dois filhos maiores e capazes, Júlio e Joel, ambos solteiros e sem filhos, e considerando-se que o patrimônio de Marco Antônio corresponde a dois imóveis de igual valor, dois automóveis de igual valor e R$ 100.000,00 em depósito bancário, ele assim dispõe sobre os seus bens no testamento: deixa para Júlio um imóvel, um automóvel e metade do montante depositado na conta bancária e, de igual sorte, deixa para Joel um imóvel, um automóvel e metade do montante depositado na conta bancária.

Logo após ter ciência da lavratura do testamento público por seu pai, Júlio decide imediatamente lavrar escritura pública por meio da qual renuncia expressamente apenas ao automóvel, aceitando receber o imóvel, bem como metade do montante depositado em conta bancária. Para tanto, afirma Júlio que há diversas multas por infrações de trânsito e dívidas de impostos em relação ao automóvel, razão pela qual não lhe interessa herdar esse bem. Tomando conhecimento da lavratura da escritura pública de renúncia por Júlio, Marco Antônio e Joel decidem consultar um advogado.

Na condição de advogado (a) consultado(a) por Marco Antônio e Joel, responda aos itens a seguir, utilizando os argumentos jurídicos apropriados e a fundamentação legal pertinente ao caso.

A) Poderia Júlio renunciar à herança no momento por ele escolhido? (valor: 0,65)

B) Independentemente da resposta dada ao item anterior, poderia Júlio renunciar exclusivamente ao automóvel, recebendo os demais bens? (valor: 0,60)

GABARITO COMENTADO – EXAMINADORA

A) É vedado dispor sobre herança de pessoa viva, na forma do art. 426, CC/02.

B) De acordo com o art. 1808, CC/02, é vedada a renúncia parcial. A renúncia é indivisível, razão pela qual somente é autorizado ao herdeiro renunciar todo o quinhão a que teria direito.

Distribuição dos Pontos:

Quesito Avaliado	Faixa de valores
A) É vedada a renúncia à herança de pessoa viva (0,40) (art. 426 ou 1784, CC/02) (0,25). Obs.: A mera indicação do artigo não pontua	0,00 / 0,40 / 0,65
B) É vedada a renúncia parcial à herança (0,40) (art. 1.808, CC/02)(0,20). Obs.: A mera indicação do artigo não pontua	0,00 / 0,40 / 0,60

(OAB/Exame Unificado – 2011.2 – 2ª fase) Cristina dos Santos desapareceu após uma enchente provocada por uma forte tempestade que assolou a cidade onde morava. Considerando estar provada a sua presença no local do acidente e não ser possível encontrar o corpo de Cristina para exame, responda aos itens a seguir, empregando os argumentos jurídicos apropriados e a fundamentação legal pertinente ao caso.

A) Trata-se de hipótese de morte presumida? (Valor: 0,65)

B) Qual é o procedimento para realização do assento de óbito de Cristina? (Valor: 0,60)

GABARITO COMENTADO – EXAMINADORA

A) Sim. Pode ser declarada a morte presumida, sem decretação de ausência, se for extremamente provável a morte de quem estava em perigo de vida. Nesse caso, a declaração de morte presumida poderá ser requerida após esgotadas as buscas e averiguações (art. 7º, I, e parágrafo único, do CC).

B) O art. 88 da Lei de Registros Públicos consagra um procedimento de justificação, nos termos dos artigos 381, § 5º do CPC, para a finalidade de proceder ao assento de óbito nos casos de desastre ou calamidade, no qual não tenha sido possível realizar exame médico no cadáver.

(OAB/Exame Unificado – 2009.1 – 2ª fase) Jaqueline requereu inventário, sob a modalidade de arrolamento de bens, em decorrência do falecimento de seu esposo, com quem era casada em regime de comunhão universal de bens. A autoridade julgadora determinou a juntada aos autos da habilitação e a representação de todos os herdeiros descendentes, tendo em vista a informação de que da união teriam nascido três filhos. Contra a referida decisão insurgiu-se a viúva, alegando que o fato de ter sido casada com o falecido, em regime de comunhão universal de bens, implicaria a exclusão de seus filhos da sucessão, de acordo com o art. 1.829, I, do Código Civil. Considerando essa situação hipotética, discorra, com base no Código Civil de 2002, a respeito dos direitos da viúva na referida sucessão, especificando se o fato de ter sido casada em regime de comunhão universal de bens exclui os descendentes da sucessão.

RESOLUÇÃO DA QUESTÃO

Em primeiro lugar, deve-se deixar claro que, com a morte do marido de Jaqueline, fica extinta a sociedade conjugal, atribuindo-se a ela a chamada meação, consiste em metade do patrimônio do casal, e decorrente do Direito de Família.

A outra metade consiste na herança deixada por seu esposo. E tal herança deve ser distribuída considerando a ordem de vocação hereditária, prevista no Direito das Sucessões.

Essa ordem, estabelecida no art. 1.829 do Código Civil, faz com que uma classe de herdeiros exclua a dos outros, na ordem prevista no dispositivo. Assim, e a título de exemplo, não havendo descendentes e ascendentes do *de cujus*, mas somente cônjuge sobrevivente (inciso III do art. 1.829), ficam excluídos da herança os parentes colaterais (inciso IV do art. 1.829).

No caso em tela, pertence à primeira classe de herdeiros os descendentes do de cujus, bem como o cônjuge sobrevivente, desde que este não seja casado, dentre outros regimes ou condições, pelo regime da comunhão universal de bens.

Nesse sentido, e considerando que Jaqueline era casada com o falecido pelo regime de comunhão universal, a existência de descendentes do *de cujus*, faz com que ela fique excluída da sucessão, sendo beneficiada apenas pela regra que dispõe que o cônjuge sobrevivente tem "o direito real de habitação relativamente ao imóvel destinado à residência da família, desde que seja o único daquela natureza a inventariar" (art. 1.831 do CC).

Dessa forma, depois de separado da totalidade dos bens do casal o montante referente à meação a que tem direito Jaqueline, a outra metade do patrimônio do casal pertence exclusivamente aos filhos do falecido, que a repartirão em partes iguais.

(OAB/Exame Unificado – 2007.3 – 2ª fase) Dora, em virtude do falecimento de seu marido, Pedro, pretende renunciar à meação e transferir aos filhos do casal a propriedade do imóvel que serve de moradia para a família, adquirido na constância do casamento. Diante dessa situação hipotética, redija um texto dissertativo acerca da meação do cônjuge sobrevivente e sobre a possibilidade de sua renúncia nos próprios autos do inventário da herança do cônjuge falecido.

RESOLUÇÃO DA QUESTÃO

Não se pode confundir o direito à meação com o direito à sucessão hereditária.

O direito à meação decorre do Direito de Família e diz respeito à metade do patrimônio comum, que deve ser destacada em favor do cônjuge do sobrevivente, diante do fim da sociedade conjugal.

O direito à sucessão hereditária diz respeito à parte que compete ao herdeiro sobre os bens deixados pelo falecido.

No caso em tela, o imóvel que serve de moradia para a família consiste no patrimônio comum do casal Dora e Pedro. Com o falecimento deste, a sociedade conjugal fica extinta e Dora, pelo Direito de Família, tem direito de ficar com 50% do imóvel, referente à sua meação. Os outros 50% consistem no patrimônio deixado por Pedro. Trata-se da herança, que deve ser dividida entre seus herdeiros.

Com relação à meação de Dora, a terminologia adequada para o ato que ela deseja praticar não é renúncia à meação, e sim doação da parte que lhe cabe pelo direito de família. E a jurisprudência vem admitindo que essa cessão patrimonial seja feito nos autos do inventário, mediante termo judicial. Pode-se aplicar por analogia o disposto no art. 657 do Código de Processo Civil.

Dependendo do regime de bens que Dora mantinha com Pedro, pode ser que ela também seja herdeira dele, em concorrência com os filhos do casal (art. 1.829, I, do Código Civil).

Nesse caso, e somente no que disser respeito à parte que compete a Dora pelo Direito das Sucessões, esta poderá renunciar à herança, o que pode ser feito, segundo o art. 1.806 do Código Civil, por instrumento público ou termo judicial.

Assim, o cônjuge sobrevivente, em relação aos seus direitos sucessórios, pode requerer nos autos do inventário seja lavrado termo judicial do qual conste sua renúncia à herança deixada pelo *de cujus*.

Comentários adicionais.
PROCESSO CIVIL – EMBARGOS DE DECLARAÇÃO – PARTILHA DE BENS – INCIDÊNCIA TRIBUTÁRIA – OMISSÃO E CONTRADIÇÃO CORRIGIDAS. Na hipótese de um dos cônjuges abrir mão da sua meação em favor do outro, o direito tributário considera tal fato como doação, incidindo, portanto, apenas o ITCD (art. 155, I, CF). (EDcl nos EDcl no REsp 723.587/RJ, Rel. Ministra ELIANA CALMON, SEGUNDA TURMA, julgado em 20/06/2006, DJ 29/06/2006 p. 178)

(OAB/Exame Unificado – 2006.1 – 2ª fase) Paula e Manoel conviveram em união estável por seis anos e têm dois filhos, Pedro e Tiago, menores impúberes. A convivência do casal terminou com a morte de Manoel, ocorrida em 12/12/2005. Manoel era viúvo e deixou os seguintes bens:

– uma casa residencial adquirida onerosamente na constância da convivência com Paula, que servia como residência do casal;

– um apartamento residencial adquirido em data anterior à convivência com Paula.

O de cujus deixou também como herdeira Cláudia, maior e capaz, filha de seu primeiro casamento. A união estável de Manoel e Paula foi reconhecida judicialmente e ele não deixou dívidas a pagar.

Considerando a situação hipotética apresentada, redija um texto em que sejam respondidas, de maneira fundamentada, as seguintes questões a seguir:

- Paula poderá requerer a abertura do inventário?
- Havendo concordância de todos os herdeiros, poderão ser requeridos a partilha amigável e o arrolamento dos bens do espólio de Manoel?
- Como deve ser feita a partilha dos bens do espólio de Manoel? (Elabore plano ou esboço da partilha.) extensão máxima: 60 linhas

RESOLUÇÃO DA QUESTÃO

Na constância da união estável há presunção legal de mútua colaboração na formação do patrimônio do casal. Esse dado, somado ao fato de que a casa residencial mencionada no enunciado foi adquirida onerosamente na constância da convivência com Paula, faz com que esta tenha, de início, e no que tange ao Direito de Família, direito à meação desse imóvel, com o falecimento de Manoel.

Porém, resta saber se Paula também direito algum direito sucessório, no que diz respeito ao Direito das Sucessões.

Nesse sentido, o art. 1.790 do atual Código Civil, lei aplicável à espécie pelo fato de o falecimento de José ter ocorrido em 2005, estabelece que o companheiro participará da sucessão do outro, quanto aos bens adquiridos onerosamente na vigência da união estável.

No caso, o inciso I do art. 1.790, aplicável ao caso em virtude de Paula ter filhos comuns, estabelece que a companheira terá direito a uma cota equivalente à que por lei for atribuída ao filho.

Assim, a conta aplicável ao caso é a seguinte: $x + x + x + x = 50\%$, sendo que 50% é o número que equivale a metade do único imóvel em relação ao qual haverá participação sucessória de Paula, no caso, a metade da casa adquirida pelo casal na constância da união. A letra "x" equivale à participação igualitária de Paula, sucessora, e os três filhos, herdeiros de Manoel. Resolvendo a equação montada conclui-se que "x" é igual a 12,50%.

Dessa forma, Paula ficará com 62,5% da casa adquirida pelos companheiros e cada filho ficará com 12% dessa casa e 1/3 do apartamento adquirido por Manoel antes da convivência com Paula.

Considerando que a união estável já está reconhecida, Paula poderá requerer a abertura do inventário (art. 615 do Código de Processo Civil), podendo inclusive ser nomeada inventariante, nos termos do art. 617, I, do Código de Processo Civil, aplicado por analogia.

Não é possível a partilha amigável e o arrolamento de bens, por haver menores impúberes como herdeiros (art. 659 do Código de Processo Civil).

Comentários adicionais.
INVENTARIANTE. NOMEAÇÃO DE COMPANHEIRA, ESPOSA ECLESIÁSTICA. NÃO CONTRARIA O ARTIGO 990 DO CÓDIGO DE PROCESSO CIVIL, QUE NÃO SE REVESTE DE CARÁTER ABSOLUTO, A DECISÃO QUE MANTÉM COMO INVENTARIANTE A PESSOA QUE, CASADA PELO RELIGIOSO COM O EXTINTO, COM ELE VIVEU, EM UNIÃO FAMILIAR ESTÁVEL, DURANTE LONGOS ANOS, TENDO O CASAL NUMEROSOS FILHOS. IMPROCEDÊNCIA DA IMPUGNAÇÃO MANIFESTADA POR ALGUNS DOS FILHOS DO LEITO ANTERIOR. INTERPRETAÇÃO A MAIS RAZOÁVEL DA LEI FEDERAL. RECURSO NÃO CONHECIDO. (REsp .520/CE, Rel. Ministro ATHOS CARNEIRO, QUARTA TURMA, julgado em 12/09/1989, DJ 04/12/1989 p. 17885)

(OAB/Exame Unificado – 2004 – 2ª fase) Dora, divorciada, viveu em união estável com José — viúvo e pai de três filhos maiores e capazes, advindos de seu casamento com Maria — durante dez anos consecutivos, desde janeiro de 1994. Durante a convivência, adquiriu um apartamento em sociedade com José em agosto de 1996, imóvel onde reside atualmente com sua filha, advinda do casamento desfeito. Na escritura pública desse bem, consta que Dora e José são proprietários do imóvel em partes iguais, ou seja, cada um é proprietário de 50% do bem. Os conviventes não tiveram filhos comuns. Em maio do corrente ano, José faleceu, e Dora, desejando regularizar a situação do imóvel e diante da ausência de acordo com os herdeiros do companheiro, procurou um advogado para receber orientações. Considerando o relato hipotético acima, redija texto dissertativo acerca das orientações que poderia oferecer a Dora, na condição de seu advogado, abordando, necessariamente, os seguintes aspectos:

- os direitos de Dora com relação ao apartamento;
- os direitos dos herdeiros diretos do companheiro no que se refere ao bem;
- os procedimentos para a regularização da situação do imóvel.

RESOLUÇÃO DA QUESTÃO

Na constância da união estável há presunção legal de mútua colaboração na formação do patrimônio do casal. Esse dado, somado ao fato de que na escritura pública do imóvel de propriedade de José e Dora consta que cada um é proprietário de 50% do bem, faz com que Dora tenha, de início, e no que tange ao Direito de Família, direito à meação do imóvel, com o falecimento de José.

Porém, resta saber se Dora também tem algum direito sucessório, no que diz respeito ao Direito das Sucessões.

Nesse sentido, o art. 1.790 do atual Código Civil, lei aplicável à espécie pelo fato de o falecimento de José ter ocorrido em 2004, estabelece que o companheiro participará da sucessão do outro, quanto aos bens adquiridos onerosamente na vigência da união estável.

No caso, o inciso II do art. 1.790, aplicável ao caso em virtude de Dora só estar concorrendo com descendentes do autor da herança, estabelece que a companheira terá direito a metade do que couber a cada um dos filhos do de cujus.

Assim, a conta aplicável ao caso é a seguinte: $x + 2x + 2x + 2x = 50\%$, sendo que 50% é o número que equivale a metade do patrimônio do casal, no caso, a metade do imóvel de propriedade de Dora e José. A letra "x" equivale à participação de Dora na herança e "2x" à participação de cada filho de José. Resolvendo a equação montada conclui-se que "x" é igual a 7,14%, enquanto "2x" é igual 14,28%.

Dessa forma, Dora ficará com 57,14% e cada um dos três herdeiros 14,28% dos direitos sobre o imóvel.

Diante da ausência de acordo com os herdeiros de José, a situação deve ser regularizada no bojo de um processo de inventário, que poderá ser iniciado por pedido formulado pela própria Dora (art. 615 do Código de Processo Civil).

14. CONSUMIDOR

(OAB/Exame Unificado – 2014.3 – 2ª fase) Heitor, residente em Porto Alegre/RS, firmou, em 10/05/2010, com a Sociedade W S/A, sediada na cidade de São Paulo/SP, contrato de seguro de seu veículo automotor. A apólice prevê cobertura para sinistros ocorridos em todo o país. Em 18/12/2010, Heitor, passeando pela cidade de Salvador/BA, teve seu veículo furtado no estacionamento gratuito do *Shopping* B.

Com base em tal situação, responda aos itens a seguir, utilizando os argumentos jurídicos apropriados e a fundamentação legal pertinente ao caso.

A) Caso Heitor acione a Sociedade W S/A, visando a receber o valor do bem segurado, e a seguradora se negue a cobrir os danos sofridos, alegando não haver cobertura securitária para o infortúnio, poderá Heitor demandar a seguradora na Comarca de Porto Alegre/RS? **(Valor: 0,60)**

B) O Shopping B possui o dever de ressarcir Heitor pelo furto de seu veículo? Fundamente **(Valor: 0,65).**

O examinando deve fundamentar suas respostas. A mera citação do dispositivo legal não confere pontuação.

GABARITO COMENTADO

A) Heitor poderá ajuizar ação de cobrança em face da Seguradora na Comarca de Porto Alegre/RS, em razão da regra de foro especial para o autor da demanda, nos termos do art. 101, inciso I, do CDC ou art. 53, V, do CPC, excetuando a regra consagrada no art. 46, do CPC.

B) Segundo atual entendimento do Superior Tribunal de Justiça, o *shopping* que oferecer estacionamento privativo aos consumidores, mesmo que de forma gratuita, é responsável pela segurança tanto do veículo como do cliente. Nos termos do art. 14, do Código de Defesa do Consumidor e da Súmula 130, do STJ, o *shopping* responderá objetivamente pela reparação dos danos acarretados a Heitor. Nestes casos, há falha no fornecimento da segurança, havendo responsabilidade do shopping pelo fato ou defeito do serviço, não se podendo aplicar a regra de exclusão de responsabilidade baseada na força maior. Tal argumento também está escorado no Princípio da Boa-Fé, na forma do art. 422, do Código Civil.

Distribuição dos Pontos

ITEM	PONTUAÇÃO
A. Heitor poderá propor ação de cobrança em face da Seguradora na Comarca de Porto Alegre/RS, porque o legislador criou uma regra de foro especial para o autor da demanda. (0,50); Fundamentos legais: Art. 101, inciso I do CDC OU Art. 100, parágrafo único, do CPC. (0,10). *Obs.:* a mera citação de artigo não pontua.	0,00 — 0,50 – 0,60

B. Sim, o furto de veículo no estacionamento, ainda que gratuito, caracteriza fato ou defeito do serviço pela falha na prestação da segurança (0,40); O *shopping* possui responsabilidade objetiva pelo ressarcimento dos danos sofridos por Súmula n. 130, do STJ (0,10). **Obs.:** *a mera citação de artigo não pontua.*	0,00 – 0,15 – 0,25 – 0,40 – 0,50 – 0,55 – 0,65

(OAB/Exame Unificado – 2014.2 – 2ª fase) Em 10 de abril de 2013, Paula adquiriu em uma loja de eletrodomésticos um secador de cabelos de última geração. Ao tentar utilizá-lo pela primeira vez, o aparelho explodiu, causando-lhe queimaduras severas na mão direita, que empunhava o secador. Em 10 de setembro de 2013, Paula propôs ação judicial em face de Dryhair S/A, fabricante do aparelho, postulando a reparação de danos extrapatrimoniais. Em sua defesa, a fabricante invocou o transcurso do prazo decadencial de 90 dias para a reclamação de vícios de produtos duráveis.

Diante da situação descrita acima, responda, fundamentadamente, aos itens a seguir.

A) A alegação de decadência é procedente? (Valor: 0,75)

B) Se as partes tivessem estabelecido no contrato de aquisição do produto um limite de R$ 30.000,00 para eventuais indenizações, tal cláusula seria válida no direito brasileiro? (Valor: 0,50)

GABARITO COMENTADO

A) Não. O caso não é de vício do produto, mas de fato do produto. O prazo prescricional aplicável à hipótese é quinquenal previsto no art. 27 do Código de Proteção e Defesa do Consumidor.

B) Não. A cláusula que limita a responsabilidade por fato ou vício do produto perante consumidor pessoa natural é inválida no direito brasileiro, consoante o disposto no Código de Proteção e Defesa do Consumidor, artigos 25 e 51, I.

Distribuição dos Pontos

ITEM	PONTUAÇÃO
A. Não. O caso não é de vício do produto, mas de fato do produto. (0,50). O prazo prescricional aplicável à hipótese é o quinquenal (0,15), previsto no Art. 27, do Código de Proteção e Defesa do Consumidor. (0,10)	0,00 – 0,15 – 0,25 –0,50 – 0,60 -0,65 – 0,75
B. Não. A cláusula que limita a responsabilidade por fato ou vício do produto perante um consumidor pessoa humana é inválida no direito brasileiro, (0,40) consoante o disposto no Código de Proteção e Defesa do Consumidor, artigos 25 ou 51, I. (0,10)	0,00 – 0,40 – 0,50

15. PROCESSO CIVIL

(OAB/Exame Unificado – 2017.3 – 2ª fase) Após se aposentar, Álvaro, que mora com sua esposa em Brasília, adquiriu de Valério um imóvel, hipotecado, localizado na cidade do Rio de Janeiro, por meio de escritura pública de cessão de direitos e obrigações.

Com a intenção de extinguir a hipoteca, Álvaro pretende pagar a dívida de Valério, mas encontra obstáculos para realizar o seu desejo, já que a instituição credora hipotecária não participou da aquisição do imóvel e alega que o pagamento não pode ser realizado por pessoa estranha ao vínculo obrigacional.

Diante dessa situação, responda aos itens a seguir.

A) Qual é a medida judicial mais adequada para assegurar o interesse de Álvaro? **(Valor: 0,85)**

B) Qual o foro competente para processar e julgar a referida medida? **(Valor: 0,40)**

Obs.: o(a) examinando(a) deve fundamentar as respostas. A mera citação do dispositivo legal não confere pontuação.

GABARITO COMENTADO

A) Álvaro é terceiro interessado no pagamento desta dívida, sendo, portanto, parte legítima para ingressar com uma ação de consignação em pagamento, meio mais adequado conducente à exoneração do devedor, nos termos do art. 304 do Código Civil.

B) O foro competente é o da cidade do Rio de Janeiro, o lugar do pagamento, como prescreve o artigo 540 do CPC/15.

Distribuição dos Pontos

ITEM	PONTUAÇÃO
A. Ação de consignação em pagamento (0,45), já que Álvaro é terceiro interessado e, portanto, parte legítima (0,30), nos termos do Art. 304 do CC **OU** do Art. 539 do CPC/15 (0,10).	0,00/0,45 0,55/0,75/0,85
B. O foro competente é o da cidade do Rio de Janeiro (0,30), conforme o Art. 540 do CPC/15 (0,10).	0,00/0,30/0,40

(OAB/Exame Unificado – 2016.3 – 2ª fase) A sociedade empresária Y, de Porto Alegre, e a sociedade empresária X, com sede em Salvador e filial em São Paulo, ambas de grande porte, firmaram contrato de parceria para desenvolvimento de um programa de instalação de máquinas subterrâneas, que seguiu um modelo de instrumento contratual elaborado pela sociedade empresária X, com cláusula de eleição de foro em São Paulo, local de instalação das máquinas.

Após os primeiros meses de relação contratual, contudo, as sociedades empresárias começaram a encontrar dificuldades para a realização dos serviços, de modo que a sociedade empresária X suspendeu o cumprimento de suas obrigações. Em razão disso, a sociedade empresária Y ajuizou ação de obrigação de fazer perante a Comarca de Porto Alegre, afirmando que a cláusula de eleição de foro, por estar contida em contrato de adesão, não seria válida.

Com base em tais afirmativas, responda aos itens a seguir.

A) É válida a eleição de foro constante do contrato firmado entre as sociedades empresárias Y e X? **(Valor: 0,60)**

B) O juízo de Porto Alegre poderia reconhecer de ofício sua incompetência? **(Valor: 0,65)**

Obs.: o(a) examinando(a) deve fundamentar as respostas. A mera citação do dispositivo legal não confere pontuação.

GABARITO COMENTADO

A) A cláusula de eleição de foro é válida, devendo a ação tramitar perante a Comarca de São Paulo (art. 63 do CPC/15), inicialmente porque há paridade na relação contratual, não se tratando de relação consumerista, a afastar a proteção prevista na Lei 8.078/90; e ainda porque, embora seja possível decretar a nulidade de cláusula contida em contrato de adesão em relações não consumeristas (art. 424 do CC), apenas são nulas as cláusulas que estipulem a renúncia antecipada a direito resultante da natureza do negócio, o que não é a hipótese de criação de foro contratual.

B) Por se tratar de incompetência territorial, esta é relativa e não pode ser declinada de ofício pelo magistrado (art. 64, § 1º, e art. 65, ambos do CPC/15), devendo ser alegada em preliminar de contestação (art. 337, II, CPC/15).

Distribuição dos Pontos

ITEM	PONTUAÇÃO
A. Sim. A cláusula de eleição de foro é válida devendo a ação tramitar perante a Comarca de São Paulo (0,25). Identificação de relação não consumerista ou paritária (0,25). Citação do Art. 63, *caput* OU §1º. do CPC/15 OU Art. 78 do CC OU Súmula 335/STF (0,10).	0,00/0,25/0,35/ 0,50/0,60
B. Não. Por se tratar de competência relativa, não pode ser declinada de ofício pelo magistrado (0,55), segundo o Art. 64, § 1º OU Art. 65, *caput*, do CPC/15 OU Súmula 33/STJ OU Art. 337, II, CPC/15 (0,10).	0,00/0,55/0,65

(OAB/Exame Unificado – 2016.2 – 2ª fase) Jair é representante comercial nascido em Recife. Em virtude da natureza de sua profissão, por vezes passa meses na estrada efetuando entregas em todo o Brasil. Seus pais moram em Manaus, sua esposa e seu filho moram em Salvador.

Com dificuldades financeiras, Jair, na condição de mutuário, realizou contrato de empréstimo com Juca, na condição de mutuante, no valor de R$ 10.000,00. No entanto, na data avençada no contrato para a restituição do valor acordado, Jair não cumpre sua obrigação.

Precisando urgentemente da importância emprestada, Juca, domiciliado em Macapá, obtém um inventário dos clientes de Jair e, de posse de tal lista, localiza-o em Belém.

Considerados os fatos narrados, pergunta-se:

A) Qual é o domicílio de Jair para todos os fins legais? **(Valor: 0,65)**

B) Caso Juca decida ajuizar uma ação em face de Jair enquanto este se encontrar em Belém/PA, onde aquela poderá ser proposta? **(Valor: 0,60)**

Obs.: o examinando deve fundamentar suas respostas. A mera citação do dispositivo legal não confere pontuação.

GABARITO COMENTADO
A) Em virtude da natureza de sua profissão pressupor contínuas viagens, considerar-se-á para todos os fins legais como domicilio de Jair, o local onde for encontrado, nos termos do art. 73 do CC.
B) A ação poderá ser proposta em Macapá OU em Belém, nos termos do art. 46, § 2°, do CPC.

Distribuição dos Pontos

ITEM	PONTUAÇÃO
A. Para fins legais, o domicílio de Jair será o local onde for encontrado (Belém) (0,55), nos termos do Art. 73 do CC (0,10).	0,00 / 0,55 / 0,65
B. A ação poderá ser proposta em Macapá OU em Belém (0,20), já que como é incerto o domicilio de Jair, a ação pode ser ajuizada no domicílio de Juca e também pode ser ajuizada no local em que ele for encontrado (0,30), nos termos do Art. 46, § 2°, do CPC (0,10). Obs.: A pontuação será atribuída para respostas que indiquem Macapá, Belém ou ambas as referidas cidades.	0,00 / 0,20 / 0,30 / 0,40 / 0,50 / 0,60

(OAB/Exame Unificado – 2016.2 – 2ª fase) Em 15 de janeiro de 2015, a Financeira X celebrou instrumento particular de contrato de mútuo com Rafael para financiar a aquisição, por este último, de veículo automotor vendido pela Concessionária B. De acordo com o contrato de mútuo, Rafael deveria pagar 30 (trinta) prestações mensais à Financeira X, no valor de R$ 2.000,00 cada, com vencimento no quinto dia útil do mês.

Por meio do correspondente instrumento particular, devidamente anotado no certificado de registro do veículo, a propriedade deste último é alienada fiduciariamente à Financeira X, em garantia do pagamento do mútuo.

Raphael, contudo, inadimpliu a 4ª prestação, tendo sido devidamente constituído em mora pela Financeira X. Com base na situação apresentada, responda aos itens a seguir.

A) O inadimplemento da 4ª prestação autoriza o vencimento antecipado das prestações posteriores (da 5ª à 30ª prestação)? **(Valor: 0,65)**

B) Para consolidar o domínio do veículo em seu nome e autorizar a alienação extrajudicial para a satisfação da dívida, qual o tipo de ação judicial que a financeira X deve mover? **(Valor: 0,60)**

Obs.: O examinando deve fundamentar suas respostas. A mera citação do dispositivo legal não confere pontuação.

GABARITO COMENTADO

A) Sim. Considera-se vencida a dívida quando as prestações não forem pontualmente pagas, de acordo com o art. 2º, § 3º, do Decreto-Lei 911/69, em sua redação vigente, estabelece: *"A mora e o inadimplemento de obrigações contratuais garantidas por alienação fiduciária, ou a ocorrência legal ou convencional de algum dos casos de antecipação de vencimento da dívida facultarão ao credor considerar, de pleno direito, vencidas todas as obrigações contratuais, independentemente de aviso ou notificação judicial ou extrajudicial".*

B) Nos termos dos artigos 2º e 3º do Decreto-Lei 911/69, a ação cabível para o fim de consolidar o domínio do veículo em nome do credor e autorizar a alienação extrajudicial em pagamento da dívida é a ação de busca e apreensão.

Distribuição dos Pontos

ITEM	PONTUAÇÃO
A. Sim. Considera-se vencida a dívida quando as prestações não forem pontualmente pagas (0,55), de acordo com o § 3º do Art. 2º, do Decreto- Lei nº 911/1969 (0,10).	0,00 /0,55 / 0,65
B. Ação de busca e apreensão (0,50), nos termos do art 3º do Decreto-Lei nº 911/1969 (0,10).	0,00 /0,50 / 0,60

(OAB/Exame Unificado – 2015.3 – 2ª fase) Em ação petitória ajuizada por Marlon em face de Ana, o juiz titular da Vara Cível de Iúna/ES concluiu a audiência de instrução e julgamento, estando o processo pronto para julgamento.

Na referida audiência, Ana comprovou por meio da oitiva do perito do juízo, ter ocorrido o desprendimento de porção considerável de terra situada às margens de rio não navegável, que faz divisa das fazendas das partes, vindo a, natural e subitamente, se juntar ao imóvel da requerida há, aproximadamente, um ano e oito meses. No dia seguinte à conclusão dos autos para prolatação de sentença, o advogado Juliano, filho do juiz titular, requereu a juntada de substabelecimento sem reservas assinado pelo então advogado de Marlon, com o propósito de passar a figurar como novo e exclusivo advogado deste no feito.

Diante do caso apresentado, responda aos itens a seguir, apresentando o fundamento legal.

A) Existe impedimento do juiz em proferir sentença? **(Valor: 0,60)**

B) Verificado o desprendimento da porção de terras, Ana terá direito a permanecer com a porção acrescida mediante pagamento de indenização a Marlon? **(Valor: 0,65)**

Obs.: o examinando deve fundamentar suas respostas. A mera citação do dispositivo legal não confere pontuação.

GABARITO COMENTADO

A) Não. Embora não exista impedimento do juiz, o art. 144, §§1º e 2º, do CPC, veda que o advogado apresente petição nos autos juntando substabelecimento em causa onde seu genitor figure como juiz. Assim, é vedada a juntada de substabelecimento aos autos, de modo a restringir a intencional posterior criação de impedimento do juiz.

B) Ana poderá permanecer titularizando a avulsão, contudo, sem obrigação de indenizar, pois decorrido o prazo de um ano para reclame de Marlon, conforme o art. 1.251 do CC.

Distribuição dos Pontos

ITEM	PONTUAÇÃO
A. Não. O impedimento só se verifica quando o advogado já estava exercendo o patrocínio da causa. OU Não. Porque é vedado ao advogado dar causa ao posterior impedimento por meio da juntada de substabelecimento aos autos (0,50) Conforme parte final do parágrafo único, do Art. 134 do CPC (0,10),	0,00 / 0,50 / 0,60
B. Sim. Ana poderá permanecer com a avulsão (0,25), pois houve o decurso de prazo superior a um ano para reclamação de Marlon (0,20), sendo indevida a indenização a Marlon (0,10), conforme o Art. 1.251 do CC (0,10).	0,00 / 0,10 / 0,20 / 0,25 / 0,30 / 0,35 / 0,40 / 0,45 / 0,55 / 0,65

(**OAB/Exame Unificado – 2014.3 – 2ª fase**) Bruno ajuizou ação revisional em face do Banco ZB S/A, asseverando que o contrato de financiamento com garantia em alienação fiduciária celebrado está eivado de cláusulas abusivas, sendo necessária sua revisão. O banco não apresentou contestação. Em sentença, os pedidos formulados por Bruno foram julgados totalmente procedentes. Em sede de recurso de apelação, o banco compareceu em juízo, alegando nulidade processual por ausência de citação válida, vez que não foram observadas as prescrições legais. Considerando o caso apresentado e as regras previstas no Código de Processo Civil sobre teoria das nulidades, responda aos itens a seguir.

A) A alegação do Banco ZB S/A, de ausência de citação válida, constitui hipótese de nulidade processual relativa ou absoluta? Fundamente (**Valor: 0,60**).

B) A nulidade da citação está sujeita aos efeitos da preclusão? Fundamente (**Valor: 0,65**).

O examinando deve fundamentar suas respostas. A mera citação do dispositivo legal não confere pontuação.

GABARITO COMENTADO

A) Na teoria das nulidades, a inexistência de citação válida gera nulidade absoluta e não relativa. Como sabido, a citação é o ato de comunicação responsável pela transformação da estrutura do processo, até então linear – integrado por apenas dois sujeitos, autor e Juiz –, em triangular, constituindo pressuposto de eficácia de formação do processo em relação ao réu, bem como requisito de validade dos atos processuais que lhe seguirem, nos termos do art. 239 e do art. 312, ambos do CPC. Assim, ausência de citação ou a citação inválida configuram nulidade absoluta insanável por ausência de pressuposto de existência da relação processual, inteligência do art. 280 do CPC.

B) A nulidade da citação não está sujeita à preclusão, podendo ser reconhecida a qualquer tempo e grau de jurisdição, ultrapassando, inclusive, a barreira da coisa julgada, visto que, sem citação regular e/ou comparecimento espontâneo da parte não se pode sequer cogitar em processo, conforme prescrevem o art. 485, § 3º e o art. 278, parágrafo único, do CPC.

Distribuição dos Pontos

ITEM	PONTUAÇÃO
A) A citação inválida configura nulidade absoluta (0,50), apontando como fundamento legal o Art. 214, *caput*, do CPC ou Art. 247, do CPC (0,10). *Obs.: a simples citação do artigo não pontua.*	0,00/0,50/0,60
B) A nulidade da citação não está sujeita à preclusão, podendo ser reconhecida a qualquer tempo e grau de jurisdição (0,55), na forma do Art. 267, § 3º ou do Art. 245, parágrafo único, do CPC. (0,10) *Obs.: a simples citação do artigo não pontua.*	0,00/0,55/0,65

(OAB/Exame Unificado – 2014.1 – 2ª fase) Marcelo ajuizou ação de cobrança, pelo rito ordinário, em face de Diogo. Os autos foram distribuídos para a 2ª Vara Cível da Comarca 'X', do Estado 'Y', tramitando pelo sistema digital. Considerando o caso apresentado e as regras sobre o processo judicial eletrônico, responda aos itens a seguir, apontando o fundamento legal.

A) Caso o patrono de Diogo não consiga enviar sua contestação, no último dia do prazo, por indisponibilidade do sistema devido a motivos técnicos, haverá preclusão temporal? Fundamente **(Valor: 0,65)**.

B) Indique o procedimento que o advogado de Diogo deve adotar, caso os documentos, a serem juntados aos autos, sejam ilegíveis e, por isso, inviável a digitalização. Fundamente **(Valor: 0,60)**.

A simples menção ou transcrição do dispositivo legal não pontua.

GABARITO COMENTADO

A) Não haverá preclusão temporal pelo não envio da contestação no prazo legal, vez que havendo impossibilidade de ser encaminhada a petição eletrônica no prazo estipulado por motivos técnicos, prorrogar-se-á automaticamente o prazo para o primeiro dia útil seguinte à resolução do problema, nos termos do art. 10, §2º, da Lei 11.419/2006.

B) O patrono de Diogo deverá, por meio de petição eletrônica, informar o fato e apresentar os documentos ao cartório ou à secretaria no prazo de 10 (dez) dias contados a partir do envio de petição eletrônica, sendo os mesmos devolvidos à parte após o trânsito em julgado, apontando como fundamento legal o art. 11, §5º, da Lei 11.419/06.

Distribuição dos Pontos

ITEM	PONTUAÇÃO
A) Não há preclusão temporal, mas sim, prorrogação automática do prazo para o primeiro dia útil seguinte à resolução do problema (0,45), apresentando como fundamento legal o artigo 10, §2°, da Lei n° 11.419/06 (0,20). *Obs.: A simples menção ou transcrição do dispositivo legal não pontua.*	0,00/0,45/0,65
B) O patrono de Diogo deverá, por meio de petição eletrônica, informar o fato e apresentar os documentos ao cartório ou à secretaria no prazo de 10 (dez) dias contados a partir do envio de petição eletrônica, sendo os mesmos devolvidos à parte após o trânsito em julgado, (0,40), apontando como fundamento legal o artigo 11, §5°, da Lei n° 11.419/06 (0,20). *Obs.: A simples menção ou transcrição do dispositivo legal não pontua.*	0,00/0,40/0,60

16. QUESTÕES COMBINADAS E OUTROS TEMAS

(OAB/Exame Unificado – 2020.1 – 2ª fase) Lúcia é viúva, mãe de 5 filhos pequenos e está desempregada. Sem ter onde morar e sem ser proprietária de outro imóvel, adentra, sem violência, à vista de todos, um terreno de 100 m², vazio e aparentemente abandonado na zona rural de Campo Grande/MS, em 20/01/2013. Com a ajuda de amigos, constrói um pequeno cômodo e começa a plantar para garantir a subsistência da família. Depois de alguns bons resultados na colheita, passa a vender o excedente da sua produção, fazendo da agricultura sua fonte de renda.

Em 20/02/2019, Lúcia procura orientação jurídica especializada para saber dos seus direitos sobre o imóvel que ocupa, sem oposição, desde 2013. Ao conversar com Cristina, advogada sensibilizada com sua luta, Lúcia é informada que tem direito de pleitear a usucapião do imóvel, cujo pedido judicial é distribuído em 20/03/2019, acompanhado das certidões de cartórios de registros de imóveis, que efetivamente provam não ser proprietária de outro imóvel.

Cristóvão, inscrito no registro como proprietário do terreno, é regularmente citado e oferece contestação, na qual alega que Lúcia deixou de fazer prova da não titularidade de outro imóvel, o que demandaria a anexação de certidões negativas de todos os registros públicos do país. Ao julgar o pedido, o Juízo julga improcedente o pedido de Lúcia, corroborando integralmente o entendimento esboçado na contestação por Cristóvão.

Diante do caso narrado, responda aos itens a seguir.

A) Cristina orientou corretamente Lúcia acerca da usucapião? **(Valor: 0.50)**

B) Qual a medida processual cabível contra a decisão proferida em desfavor de Lúcia? Sob qual fundamento? **(Valor: 0,75)**

Obs.: o(a) examinando(a) deve fundamentar suas respostas. A mera citação do dispositivo legal não confere pontuação.

GABARITO COMENTADO

A) Sim. Considerando os termos indicados na questão, Lúcia está apta a pleitear a aquisição da propriedade pela usucapião na modalidade especial rural, prevista no Art. 1.239 do CC.

B) Deve usar o recurso de apelação (Art. 1.009 do CPC), sob o fundamento de que cabe ao réu a prova do fato impeditivo do direito do autor (Art. 373, inciso II, do CPC), podendo ainda o juiz, diante da excessiva dificuldade decorrente da requisição de certidões negativas de todos os registros públicos do país, atribuir, de imediato, esse ônus ao réu, caso este queira impugnar a declaração de não titularidade feita pelo autor na inicial (Art. 373, § 1º, do CPC).

RESPOSTA DO AUTOR

A) Cristina orientou corretamente Lúcia acerca da usucapião, pois a peticionante está apta a pleitear a usucapião na modalidade especial rural, prevista no Art. 1.239 do CC. Neste passo, os requisitos necessários são: não ser proprietário de outro imóvel rural ou urbano, possuir como sua, por cinco anos ininterruptos, sem oposição, área de terra em zona rural não superior a cinquenta hectares, tornando-a produtiva por seu trabalho ou de sua família, tendo nela sua moradia, adquirir-lhe-á a propriedade. De acordo com enunciado Lúcia preenche todas essas exigências.

B) A medida processual cabível contra a decisão proferida em desfavor de Lúcia é o recurso de apelação, nos termos do Art. 1.009 do CPC, uma vez que a decisão proferida foi uma sentença. O fundamento central da apelação consiste em que cabe ao réu a prova do fato impeditivo do direito do autor (Art. 373, inciso II, do CPC), podendo ainda o juiz, diante da excessiva dificuldade decorrente da requisição de certidões negativas de todos os registros públicos do país, atribuir, de imediato, esse ônus ao réu, caso este queira impugnar a declaração de não titularidade feita pelo autor na inicial (Art. 373, § 1º, do CPC). Portanto, vê-se que a decisão é plenamente passível de reforma e Cristóvão que deverá provar que Lúcia é proprietária de outro imóvel.

(OAB/Exame Unificado – 2020.1 – 2ª fase) Joana, completamente apaixonada pelo seu namorado Antônio, com quem divide sua residência há anos, descobre que está grávida deste. Ao dar a notícia a Antônio, este avisa que não assumirá o filho. Joana consulta um advogado que afirma seu direito à percepção de alimentos durante a gestação.

Na sequência, Antônio e Joana celebram um acordo extrajudicial, por escrito, para o pagamento de R$ 1.000,00 mensais, a tal título.

Sobre a hipótese apresentada, responda aos itens a seguir.

A) A orientação dada pelo advogado a Joana está correta? **(Valor: 0,55)**

B) Caso o acordo não seja cumprido, há a possibilidade de sua execução? É possível a prisão de Antônio se não pagar a dívida? **(Valor: 0,70)**

Obs.: o(a) examinando(a) deve fundamentar suas respostas. A mera citação do dispositivo legal não confere pontuação.

GABARITO COMENTADO

A) Sim. Joana tem direito a alimentos gravídicos, de acordo com o Art. 2º da Lei nº 11.804/08.

B) Sim. É possível a execução de alimentos por título extrajudicial, na forma do Art. 911 do CPC. É possível a prisão de Antônio, pois esta é aplicável se o executado não pagar a dívida, na forma do Art. 911 e do Art. 528, § 3º, ambos do CPC.

RESPOSTA DO AUTOR

A) Sim, a orientação dada pelo advogado de Joana está correta, pois ela tem direito a receber alimentos gravídicos, de acordo com o Art. 2º da Lei nº 11.804/08. Esses alimentos compreenderão os valores suficientes para cobrir as despesas adicionais do período de gravidez e que sejam dela decorrentes.

B) Sim, caso o acordo não seja cumprido há possibilidade de sua execução, pois o Art. 911 do CPC autoriza a execução de alimentos fixados em título executivo extrajudicial. A prisão pelo inadimplemento do pagamento pode ocorrer normalmente, com fulcro nos Arts. 911 e 528, § 3º, ambos do CPC. O executado poderá ficar preso de um a três meses em regime fechado e deve ficar separado dos outros presos.

(OAB/Exame Unificado – 2020.1 – 2ª fase) Em 30/6/2019, Marcelo ajuizou, com fundamento no Art. 700 e seguintes do Código de Processo Civil, ação monitória contra Rafael, visando satisfazer crédito no valor de R$ 100.000,00, oriundo de confissão de dívida celebrada pelas partes, em 01/01/2014.

Após ser devidamente citado, Rafael opôs embargos monitórios, nos quais sustentou, preliminarmente, a prescrição da dívida. No mérito, defendeu, com base em farta prova documental, que tinha realizado o pagamento de 50% (cinquenta por cento) do crédito cobrado por Marcelo, razão pela qual haveria excesso na execução.

Após a apresentação de réplica, o MM. Juízo da Vara Cível da Comarca da Capital do Rio de Janeiro proferiu decisão na qual rejeitou a preliminar de prescrição arguida por Rafael e intimou as partes a informarem as provas que pretendiam produzir.

Com base nesse cenário, responda aos itens a seguir.

A) O MM. Juízo da Vara Cível da Comarca da Capital do Rio de Janeiro acertou em rejeitar a preliminar arguida em contestação? **(Valor: 0,60)**

B) Qual é o recurso cabível contra a parcela da decisão que rejeitou a preliminar de prescrição? **(Valor: 0,65)**

Obs.: <u>o examinando deve fundamentar suas respostas. A mera citação do dispositivo legal não confere pontuação.</u>

GABARITO COMENTADO

A) Não. Tendo em vista que o contrato de confissão de dívida foi celebrado em 01/01/2014, Marcelo, por força do Art. 206, § 5º, do CC, tinha cinco anos para realizar a cobrança do crédito. Assim, tendo em vista que a demanda monitória foi ajuizada em 30/6/2019, constata-se a prescrição da dívida.

B) O recurso cabível é o *Agravo de Instrumento*. O Art. 487, inciso II, do CPC, dispõe que *"haverá resolução de mérito quando o juiz: (...) decidir, de ofício ou a requerimento, sobre a ocorrência de decadência ou prescrição"*. Assim, a parcela da decisão que rejeitou a preliminar de prescrição suscitada por Rafael versa sobre o mérito do processo. Por esse motivo, o recurso cabível contra essa parcela da decisão é o Agravo de Instrumento, na forma do Art. 1.015, inciso II, do CPC, o qual prevê que *"cabe agravo de instrumento contra as decisões interlocutórias que versarem sobre: (...) mérito do processo"*.

RESPOSTA DO AUTOR

A) O juiz não acertou em rejeitar a preliminar arguida em contestação, uma vez que a pretensão encontra-se efetivamente prescrita, nos termos do Art. 206, § 5º, do CC. Neste passo, a confissão de dívida foi celebrada em 01/01/2014. O prazo para sua cobrança era de 5 anos, contudo a demanda monitória apenas foi ajuizada em 30/6/2019, excedendo os cinco anos previstos em Lei.

B) O recurso cabível contra a parcela da decisão que rejeitou a preliminar de prescrição é o agravo de instrumento. A decisão do juiz que decide, de ofício ou a requerimento, sobre a ocorrência de decadência ou prescrição é uma decisão com resolução do mérito, consoante previsto no Art. 487, II do CPC. Neste sentido, o CPC é expresso no Art. 1.015, II que o recurso cabível contra decisões interlocutórias que enfrentam o mérito do processo é o agravo de instrumento.

(OAB/Exame Unificado – 2020.1 – 2ª fase) Davi foi locatário de um imóvel residencial de propriedade de Ricardo. A locação, por prazo determinado, era garantida por Lucas, que prestara fiança a Ricardo, resguardado seu benefício de ordem.

Finda a locação, Lucas ficou sabendo que Davi havia deixado de pagar os aluguéis referentes aos dois últimos meses de permanência no imóvel. Preocupado com as consequências do suposto descumprimento de Davi, Lucas procurou Ricardo e realizou o pagamento dos dois aluguéis, tendo o locador dado plena quitação a ele.

Tempos depois, como Davi se recusava a reembolsar Lucas pelos valores pagos, este ingressou com ação de cobrança em face daquele. Na ação, porém, Davi alegou, em contestação, que pagara em dia todos os aluguéis devidos a Ricardo, de modo que Lucas nada deveria ter pago ao locador sem tê-lo consultado. Davi ainda informou ao juiz da causa que já havia ajuizado uma ação declaratória de inexistência de débito em face de Ricardo, a qual ainda estava pendente de julgamento, tramitando perante juízo de outra comarca.

A respeito do caso narrado, responda aos itens a seguir.

A) O argumento apresentado por Davi, se vier a ser comprovado, é suficiente para eximi-lo de reembolsar Lucas pelos valores pagos a Ricardo? Justifique. **(Valor: 0,65)**

B) Diante da necessidade de apurar se o valor dos dois aluguéis era ou não devido por Davi a Ricardo, à luz da informação da propositura de ação declaratória de inexistência de débito, qual providência deve ser adotada pelo juízo da ação de cobrança? Justifique. **(Valor: 0,60)**

Obs.: o(a) examinando(a) deve fundamentar suas respostas. A mera citação do dispositivo legal não confere pontuação.

GABARITO COMENTADO

A) Sim. Lucas atuou, no presente caso, como terceiro interessado, na medida em que realizou pagamento de dívida pela qual poderia vir a ser juridicamente responsabilizado em caso de inadimplemento pelo devedor principal (Davi). Portanto, Lucas realizou pagamento com sub-rogação, nos termos do Art. 346, inciso III, do Código Civil. Embora tal modalidade de pagamento justifique que o terceiro se sub-rogue nos direitos do credor em face do devedor principal, o Art. 306 do Código Civil determina que o pagamento feito por terceiro com desconhecimento do devedor não obriga a reembolsar aquele que pagou, se o devedor tinha meios de ilidir a ação. Portanto, se restar comprovado que Davi nada mais devia a Ricardo, por já ter quitado integralmente o débito anterior, tal argumento é suficiente para eximi-lo de reembolsar as despesas de Lucas.

B) A declaração de inexistência de débito discutida na ação movida por Davi em face de Ricardo consiste em uma questão prejudicial externa da ação de cobrança movida por Lucas. Não se tratando de hipótese de conexão ou de continência, incumbe ao juízo da ação de cobrança suspender o processo enquanto pendente de julgamento a ação declaratória, nos termos do Art. 313, inciso V, alínea *a,* do CPC, que determina o sobrestamento do feito quando a sentença de mérito depender do julgamento de outra causa ou da declaração de existência ou de inexistência de relação jurídica que constitua o objeto principal de outro processo pendente.

RESPOSTAS DO AUTOR

A) Se o argumento apresentado por Davi sobre a quitação do débito com Ricardo vier a ser comprovado a alegação será suficiente para eximi-lo de reembolsar Lucas. Neste passo, Lucas atuou, no presente caso, como terceiro interessado, na medida em que realizou pagamento de dívida pela qual poderia vir a ser juridicamente responsabilizado em caso de inadimplemento pelo devedor principal (Davi). Portanto, Lucas realizou pagamento com sub-rogação, nos termos do Art. 346, inciso III, do Código Civil. Embora tal modalidade de pagamento justifique que o terceiro se sub-rogue nos direitos do credor em face do devedor principal, o Art. 306 do Código Civil determina que o pagamento feito por terceiro com desconhecimento do devedor não obriga a reembolsar aquele que pagou, se o devedor tinha meios de ilidir a ação. Portanto, se restar comprovado que Davi nada mais devia a Ricardo, por já ter quitado integralmente o débito anterior, tal argumento é suficiente para eximi-lo de reembolsar as despesas de Lucas.

B) A providência imediata é a suspensão da ação de cobrança enquanto pendente de julgamento a ação declaratória. Neste sentido, a declaração de inexistência de débito discutida na ação movida por Davi em face de Ricardo consiste em uma questão prejudicial externa da ação de cobrança movida por Lucas. Não se tratando de hipótese de conexão ou de continência, incumbe ao juízo da ação de cobrança suspender o processo enquanto pendente de julgamento a ação declaratória, nos termos do Art. 313, inciso V, alínea *a,* do CPC, que determina o sobrestamento do feito quando a sentença de mérito depender do julgamento de outra causa ou da declaração de existência ou de inexistência de relação jurídica que constitua o objeto principal de outro processo pendente.

PEÇAS PRÁTICO-PROFISSIONAIS

(OAB/Exame Unificado – 2006.1 – 2ª fase) PEÇA PROFISSIONAL. José firmou, em dezembro de 2002, contrato de locação de um imóvel residencial, de sua propriedade, com Pedro, por prazo indeterminado, no valor de R$ 500,00 mensais, com reajuste anual. O contrato tem como garantia a fiança prestada por Luiz. Ocorre que o valor do aluguel nunca foi reajustado, em virtude de os contratantes não conseguirem chegar a um acordo sobre o reajuste. O imóvel em apreço tem valor locatício de R$ 900,00, por mês, conforme comprovam anúncios publicados em jornais locais, para imóveis semelhantes e localizados na mesma área. O proprietário esclarece que tal situação não pode persistir e que pretende receber a devida contraprestação pela locação de seu imóvel. Considerando a situação hipotética apresentada e na qualidade de advogado constituído por José, redija peça processual em que proponha a medida judicial que entender cabível para a proteção dos interesses de seu cliente, abordando todos os aspectos de direito material e processual pertinentes e observando que a petição inicial contenha todos os requisitos legais. extensão máxima: 90 linhas (data da prova: 07/05/06)

COMENTÁRIOS INICIAIS

Trata a questão do direito previsto ao locador no art. 68 da Lei 8.245/91, que deverá ser exercido com o ingresso de ação revisional de aluguel, atentando o candidato para os dispositivos que constam na lei citada.

Para a confecção de **petições iniciais**, é essencial que o candidato **leia atentamente o art. 319 do CPC,** que lista as informações que devem constar da peça.

É uma ótima maneira para não esquecer nada!

Eis o dispositivo legal [nossas observações entre colchetes]:

Art. 319. A petição inicial indicará:

I – o juízo a que é dirigida;

II – os nomes, os prenomes, o estado civil, a existência de união estável, a profissão, o número de inscrição no Cadastro de Pessoas Físicas ou no Cadastro Nacional da Pessoa Jurídica, **o endereço eletrônico,** o domicílio e a residência do autor e do réu;

III – o fato [que sustenta o pedido] e os fundamentos jurídicos do pedido [a natureza do direito];

IV – o pedido com as suas especificações [aquilo que se espera que o Juiz determine ou declare, por exemplo, conforme art. 324 e seguintes do CPC];

V – o valor da causa [conforme art. 292 do CPC. No Exame da OAB, muitas vezes não podemos identificar o valor da causa, mas vale indicar a regra do art. 292 aplicável];

VI – as provas com que o autor pretende demonstrar a verdade dos fatos alegados;

VII – a opção do autor pela realização ou não de audiência de conciliação ou de mediação.

Quanto ao relato **dos fatos**, devem ser reproduzidos na petição os eventos narrados pelo examinador, até porque o candidato deve se ater estritamente a eles, sob pena de anulação da prova. Lembre-se de adaptar o texto (por exemplo, em vez de Marcos, diga *autor;* em vez de João, diga *réu*).

Perceba que a **causa de pedir** (*causa petendi*) não é a simples indicação do dispositivo legal ou constitucional aplicável, mas sim a **aplicação da norma ao caso concreto, que leva ao reconhecimento do direito pleiteado**.

Lembre-se que a **prova documental deve instruir a petição inicial**, nos termos do art. 320 do CPC.

Com relação à fundamentação, lembre-se da argumentação silogística. Relate os fatos, faça referência ao direito aplicável e conclua a respeito do direito de seu cliente.

Resolução da peça prático-profissional.

Peça: Ação Revisional de Aluguel.

Fundamento: arts 68 a 70 da Lei 8.245/91.

Competência: se não houver foro de eleição no contrato de locação, será proposta no foro de localização do imóvel (art. 58, II, da Lei 8.245/91).

Pedido: de procedência da ação para revisar o valor do aluguel que já deverá constar na petição inicial.

Modelo: Ação revisional de aluguel

[o que estiver entre colchetes é apenas nota do autor – não deve constar da peça]

início da peça

EXCELENTÍSSIMO SENHOR DOUTOR JUIZ DE DIREITO DA .... VARA ... DA COMARCA DE ...

[pular 10 linhas]

José ..., estado civil, profissão ..., residente e domiciliado na ..., inscrito no CPF sob nº ..., RG nº ..., e-mail... por seu advogado que firma a presente (procuração anexada – doc. 1), com escritório para recebimento de intimações na ... (CPC, art. 106, I), vem, respeitosamente, propor, com fundamento nos arts. 68 a 70 da Lei 8.245/91, a presente

AÇÃO REVISIONAL DE ALUGUEL

contra Pedro ..., estado civil, profissão ..., residente e domiciliado na ..., inscrito no CPF sob nº ..., RG nº ..., e Luiz ..., estado civil, profissão ..., residente e domiciliado na ..., inscrito no CPF sob nº ..., RG nº ..., segundo as razões de fato e direito que a seguir expõe.

1. DOS FATOS

Em dezembro de 2002, o autor firmou contrato de locação de um imóvel residencial, de sua propriedade, com Pedro, por prazo indeterminado, no valor de R$ 500,00 mensais, com reajuste anual. O contrato tem como garantia a fiança prestada por Luiz (doc. 2).

Ocorre que o valor do aluguel nunca foi reajustado, em virtude de os contratantes não conseguirem chegar a um acordo sobre o reajuste.

O imóvel em apreço tem valor locatício de R$ 900,00, por mês, conforme comprovam anúncios publicados em jornais locais, para imóveis semelhantes e localizados na mesma área (doc. 3).

Considerando que não se conseguiu resolver a presente questão extrajudicialmente, fez-se necessário ingressar com a presente demanda contra o locatário e seu fiador.

2. DO DIREITO

2.1. Da legitimidade passiva do fiador

O fiador é responsável pelo pagamento dos alugueres e encargos devidos pelo locatário. Isso ocorre por ter o fiador voluntariamente assinado o contrato de fiança, acessório ao contrato de locação.

Todavia, a ação revisional de aluguel visa à alteração do valor locatício e, caso isso ocorra sem a participação do fiador, este poderá se eximir de qualquer responsabilidade pela revisão da qual não participou.

Assim, e considerando o entendimento doutrinário e jurisprudencial a respeito, de rigor que a presente ação seja manejada também em face de Luiz ..., a fim de que o novo valor locatício seja oponível contra este, caso isso seja necessário no futuro.

2.2. Do direito à revisão do aluguel

O art. 19 da Lei 8.245/91 estabelece três requisitos para que o locador tenha direito à revisão do aluguel. Os requisitos são os seguintes: a) desajuste do aluguel em relação ao preço de mercado; b) transcurso de pelo menos três anos de vigência do contrato ou do acordo anteriormente realizado; c) inexistência de acordo entre o locador e o locatário.

O primeiro requisito está atendido, uma vez que, conforme documentação acostada, o valor de mercado do aluguel é de R$ 900,00, ao passo que o valor locatício atual é de R$ 500,00.

O segundo requisito também está atendido, já que entre dezembro de 2002 e maio de 2006 decorreram mais de três anos.

Por fim, o terceiro requisito também se encontra cumprido, tendo em vista que as partes não lograram celebrar acordo para a revisão dos valores locatícios, o que motivou, inclusive, a propositura da presente demanda.

Dessa forma, de rigor seja julgada procedente a presente demanda, para o fim de revisar o valor locativo para o preço de mercado, segundo a avaliação ora juntada (doc. 3).

3. DA FIXAÇÃO DE ALUGUEL PROVISÓRIO

O art. 68, II, da Lei 8.245/91 dispõe que o juiz, ao designar a audiência de instrução e julgamento, fixará aluguel provisório.

É importante ressaltar que, para a concessão do aluguel provisório, a lei não exige a presença de "periculum mora". Basta que haja pedido feito pelo autor da demanda e que os elementos trazidos indiquem o desajuste entre o valor contratual e o valor de mercado.

No caso, os documentos juntados (doc. 3), consistentes em anúncios publicados em jornais locais, para imóveis semelhantes e localizados na mesma área, revelam, de modo cabal, esse desajuste. O valor locativo está fixado em R$ 500,00 e o valor de mercado é de R$ 900,00.

De qualquer forma, deve-se obedecer ao estabelecido no dispositivo citado, fixando-se o aluguel provisório em 80% do valor pedido na presente demanda, ou seja, em R$ 720,00.

4. DO PEDIDO

Ante o exposto, requer seja:

a) fixado aluguel provisório no valor de R$ 720,00 (setecentos e vinte reais), equivalente a 80% do valor pretendido, intimando-se o réu para que a partir da citação passe a pagar esse valor, nos termos do art. 68, II, da Lei 8.245/91;

b) determinada a citação do réu, no endereço declinado nesta inicial, para, querendo, contestar a presente ação no prazo legal, sob as penas da lei processual civil;

c) julgada procedente a presente ação, para o fim de revisar o valor locativo, fixando-o em R$ 900,00 (novecentos reais), devido a partir da citação e condenando-se o réu, ainda, no pagamento das custas e despesas processuais, bem como honorários advocatícios, estes no valor de 20% sobre o total da condenação;

d) deferida a produção de prova documental e pericial, e de todos os meios probatórios em direito admitidos, ainda que não especificados no CPC, desde que moralmente legítimos (CPC art. 369).

Dá-se à causa o valor de R$ 4.800,00 (quatro mil e oitocentos reais), consistente em doze vezes a diferença entre o valor ora pleiteado e o valor contratual.

Nestes termos, pede Deferimento

Local / Data

[não assine, rubrique ou, de outra forma, identifique sua prova!]

_____

Advogado ...

OAB ...

ROL DE TESTEMUNHAS:xxxx (trata-se de procedimento sumário)

fim da peça

Comentários adicionais.

LOCAÇÃO. PROCESSO CIVIL. AÇÃO REVISIONAL DE ALUGUEL. NECESSIDADE DE CITAÇÃO DOS FIADORES, A FIM DE QUE ELES POSSAM SER RESPONSABILIZADOS PELOS VALORES ACRESCIDOS. PRECEDENTES DESTA CORTE. 1. É pacífico nesta Casa o entendimento de que é indispensável a citação dos fiadores em ação revisional de aluguel, a fim de que eles possam ser responsabilizados pelos valores que por ela foram acrescidos ao originalmente contratado. 2. Na hipótese vertente, restou consignado nos autos que os fiadores realmente não foram cientificados da propositura da ação revisional de aluguel, razão por que não podem ser parte em execução proposta pelo locador com vistas a exigir os valores acrescidos. 3. Agravo regimental improvido. (AgRg nos EDcl no REsp 421.028/SP, Rel. Ministra MARIA THEREZA DE ASSIS MOURA, SEXTA TURMA, julgado em 15/05/2008, DJe 02/06/2008)

(OAB/Exame Unificado – 2006.2 – 2ª fase) PEÇA PROFISSIONAL. Sílvio – brasileiro, separado judicialmente, advogado, residente e domiciliado em Fortaleza – CE – ajuizou ação revisional de alimentos, com pedido de tutela antecipada, contra Júlia e Carla, menores impúberes, representadas por sua genitora, sustentando que, em sede de ação de separação judicial, foi homologado, em 12/2/2005, acordo de pensão alimentícia às filhas, assumindo o pai, ora requerente, o pagamento do valor correspondente a 5 salários mínimos mensais depositado em conta-corrente. O requerente, que assumiu, ainda, à época da separação judicial, o encargo de manter o plano de saúde para suas filhas, sustenta, na ação revisional, que o valor da contribuição mensal dos alimentos tornou-se excessivamente superior às suas possibilidades financeiras, notadamente em virtude do reajustamento do salário mínimo em índice bastante superior a qualquer índice inflacionário no período. A título elucidativo, foi juntada aos autos uma planilha que comprova que, enquanto o INPC no período de julho de 2004 a abril de 2006 atingiu o patamar de 9,05%, o salário mínimo, em igual período, teve aumento de 34,62%. Alega, ainda, o requerente que sofreu substancial diminuição do seu patrimônio, em virtude da escassez de causas advocatícias sob sua responsabilidade e do empobrecimento dos clientes. Além disso, alega que constituiu nova família, sendo ele o único responsável pelo provimento desta e que dessa união nasceu o seu filho Roberto, o que teria aumentado ainda mais os gastos do requerente, sendo-lhe, portanto, impossível suportar pagar, ainda, o equivalente a 5 salários mínimos, sem ter de passar por privações. Na ação impetrada, o requerente oferece às filhas pensão alimentícia no valor mensal de R$ 1.000,00, reajustável anualmente pela variação do INPC, valor que entende suficiente para a manutenção das alimentadas, mormente se considerada a reciprocidade no dever alimentar. Esclarece, ainda, na ação, que, por ocasião da separação, foi feita a partilha dos bens do casal; que a genitora das autoras possui boa condição financeira, visto que é professora de inglês em escola particular; que as filhas contam, respectivamente, com 6 e 8 anos de idade e encontram-se matriculadas em uma escola particular, cursando o ensino fundamental. Ao final, requer o deferimento do pedido de concessão de antecipação da tutela, para reduzir os alimentos pagos às filhas ao valor mensal de R$ 1.000,00, a procedência do pedido e a condenação das requeridas ao pagamento de custas e honorários advocatícios, dando à causa o valor de R$ 12.000,00. O juiz determinou a citação das requeridas, na pessoa de sua representante legal, reservando-se para apreciar o pedido de antecipação de tutela após a resposta das rés. Diante da situação hipotética apresentada, na qualidade de advogado constituído pelas requeridas, redija uma peça processual que promova a defesa em juízo de suas clientes, abordando todas as questões de direito material e processual pertinentes a essa defesa. extensão máxima: 120 linhas (data da prova: 17/09/06)

COMENTÁRIOS INICIAIS

Para a confecção de **contestação**, é essencial que o candidato **leia atentamente os arts. 335 a 342 do CPC,** que lista as informações que devem constar da peça.

É uma ótima maneira para não esquecer nada!

Eis os dispositivos legais:

Art. 335. O réu poderá oferecer contestação, por petição, no prazo de 15 (quinze) dias, cujo termo inicial será a data:

I - da audiência de conciliação ou de mediação, ou da última sessão de conciliação, quando qualquer parte não comparecer ou, comparecendo, não houver autocomposição;

II - do protocolo do pedido de cancelamento da audiência de conciliação ou de mediação apresentado pelo réu, quando ocorrer a hipótese do art. 334, § 4º, inciso I;

III - prevista no art. 231, de acordo com o modo como foi feita a citação, nos demais casos.

§ 1º No caso de litisconsórcio passivo, ocorrendo a hipótese do art. 334, § 6º, o termo inicial previsto no inciso II será, para cada um dos réus, a data de apresentação de seu respectivo pedido de cancelamento da audiência.

§ 2º Quando ocorrer a hipótese do art. 334, § 4º, inciso II, havendo litisconsórcio passivo e o autor desistir da ação em relação a réu ainda não citado, o prazo para resposta correrá da data de intimação da decisão que homologar a desistência.

Art. 336. Incumbe ao réu alegar, na contestação, toda a matéria de defesa, expondo as razões de fato e de direito com que impugna o pedido do autor e especificando as provas que pretende produzir.

Art. 337. Incumbe ao réu, antes de discutir o mérito, alegar:

I - inexistência ou nulidade da citação;

II - incompetência absoluta e relativa;

III - incorreção do valor da causa;

IV - inépcia da petição inicial;

V - perempção;

VI - litispendência;

VII - coisa julgada;

VIII - conexão;

IX - incapacidade da parte, defeito de representação ou falta de autorização;

X - convenção de arbitragem;

XI - ausência de legitimidade ou de interesse processual;

XII - falta de caução ou de outra prestação que a lei exige como preliminar;

XIII - indevida concessão do benefício de gratuidade de justiça.

§ 1º Verifica-se a litispendência ou a coisa julgada quando se reproduz ação anteriormente ajuizada.

§ 2º Uma ação é idêntica a outra quando possui as mesmas partes, a mesma causa de pedir e o mesmo pedido.

§ 3º Há litispendência quando se repete ação que está em curso.

§ 4º Há coisa julgada quando se repete ação que já foi decidida por decisão transitada em julgado.

§ 5º Excetuadas a convenção de arbitragem e a incompetência relativa, o juiz conhecerá de ofício das matérias enumeradas neste artigo.

§ 6º A ausência de alegação da existência de convenção de arbitragem, na forma prevista neste Capítulo, implica aceitação da jurisdição estatal e renúncia ao juízo arbitral.

Art. 338. Alegando o réu, na contestação, ser parte ilegítima ou não ser o responsável pelo prejuízo invocado, o juiz facultará ao autor, em 15 (quinze) dias, a alteração da petição inicial para substituição do réu.

Parágrafo único. Realizada a substituição, o autor reembolsará as despesas e pagará os honorários ao procurador do réu excluído, que serão fixados entre três e cinco por cento do valor da causa ou, sendo este irrisório, nos termos do art. 85, § 8º.

Art. 339. Quando alegar sua ilegitimidade, incumbe ao réu indicar o sujeito passivo da relação jurídica discutida sempre que tiver conhecimento, sob pena de arcar com as despesas processuais e de indenizar o autor pelos prejuízos decorrentes da falta de indicação.

§ 1º O autor, ao aceitar a indicação, procederá, no prazo de 15 (quinze) dias, à alteração da petição inicial para a substituição do réu, observando-se, ainda, o parágrafo único do art. 338.

§ 2º No prazo de 15 (quinze) dias, o autor pode optar por alterar a petição inicial para incluir, como litisconsorte passivo, o sujeito indicado pelo réu.

Art. 340. Havendo alegação de incompetência relativa ou absoluta, a contestação poderá ser protocolada no foro de domicílio do réu, fato que será imediatamente comunicado ao juiz da causa, preferencialmente por meio eletrônico.

§ 1º A contestação será submetida a livre distribuição ou, se o réu houver sido citado por meio de carta precatória, juntada aos autos dessa carta, seguindo-se a sua imediata remessa para o juízo da causa.

§ 2º Reconhecida a competência do foro indicado pelo réu, o juízo para o qual for distribuída a contestação ou a carta precatória será considerado prevento.

§ 3º Alegada a incompetência nos termos do caput, será suspensa a realização da audiência de conciliação ou de mediação, se tiver sido designada.

§ 4º Definida a competência, o juízo competente designará nova data para a audiência de conciliação ou de mediação.

Art. 341. Incumbe também ao réu manifestar-se precisamente sobre as alegações de fato constantes da petição inicial, presumindo-se verdadeiras as não impugnadas, salvo se:

I - não for admissível, a seu respeito, a confissão;

II - a petição inicial não estiver acompanhada de instrumento que a lei considerar da substância do ato;

III - estiverem em contradição com a defesa, considerada em seu conjunto.

Parágrafo único. O ônus da impugnação especificada dos fatos não se aplica ao defensor público, ao advogado dativo e ao curador especial.

Art. 342. Depois da contestação, só é lícito ao réu deduzir novas alegações quando:

I - relativas a direito ou a fato superveniente;

II - competir ao juiz conhecer delas de ofício;

III - por expressa autorização legal, puderem ser formuladas em qualquer tempo e grau de jurisdição.

Resolução da peça prático-profissional.
Peça: Contestação.
Fundamento: arts 335 a 342 do CPC.
Competência: Juiz que efetivou a citação.
Pedido: de indeferimento da tutela antecipada e, ao final, de improcedência do pedido de revisão do valor de pensão alimentícia.

Modelo: Contestação

[O que estiver entre colchetes é apenas nota do autor – não deve constar da peça]

início da peça

EXCELENTÍSSIMO SENHOR DOUTOR JUIZ DE DIREITO DA ... VARA ... DA COMARCA DE ... - ...

Pular 10 linhas

Júlia ... e Carla ..., menores impúberes, residentes e domiciliadas na ..., representadas por sua genitora, nome completo, estado civil, professora de inglês, residente e domiciliada no endereço citado, inscrita no CPF sob nº ..., RG ..., vêm, respeitosamente, a presença de Vossa Excelência, por meio de seu advogado e bastante procurador que esta subscreve (mandato – doc. 1), oferecer

CONTESTAÇÃO

à ação Revisional de Alimentos que lhe promove Silvio ..., já qualificado, segundo os fundamentos de fato e de direito a seguir aduzidos.

1. DOS FATOS

Em sede de ação de separação judicial, foi homologado, em 12/2/2005, acordo de pensão alimentícia às rés, assumindo o autor o pagamento do valor correspondente à 5 salários mínimos mensais depositado em conta-corrente.

O autor, que assumiu, ainda, à época da separação judicial, o encargo de manter o plano de saúde para as rés, sustenta, na presente ação, que o valor da contribuição mensal dos alimentos tornou-se excessivamente superior às suas possibilidades financeiras, notadamente em virtude do reajustamento do salário mínimo em índice bastante superior a qualquer índice inflacionário no período.

A título elucidativo, foi juntada aos autos uma planilha que comprova que, enquanto o INPC no período de julho de 2004 a abril de 2006 atingiu o patamar de 9,05%, o salário mínimo, em igual período, teve aumento de 34,62%.

Alega o autor, ainda, que sofreu substancial diminuição do seu patrimônio, em virtude da escassez de causas advocatícias sob sua responsabilidade e do empobrecimento dos clientes. Além disso, alega que constituiu nova família, sendo ele o único responsável pelo provimento desta e que dessa união nasceu o seu filho Roberto, o que teria aumentado ainda mais os gastos do requerente, sendo-lhe, portanto, impossível suportar pagar, ainda, o equivalente a 5 salários mínimos, sem ter de passar por privações.

O autor oferece às rés pensão alimentícia no valor mensal de R$ 1.000,00, reajustável anualmente pela variação do INPC, valor que ele entende suficiente para a manutenção das rés, mormente se considerada a reciprocidade no dever alimentar.

O autor também afirma que, por ocasião da separação, foi feita a partilha dos bens do casal; que a genitora das rés possui boa condição financeira, visto que é professora de inglês em escola particular; que as rés contam, respectivamente, com 6 e 8 anos de idade e encontram-se matriculadas em uma escola particular, cursando o ensino fundamental.

Ao final, requereu o deferimento do pedido de concessão de antecipação da tutela – para reduzir os alimentos pagos às rés ao valor mensal de R$ 1.000,00 –, a procedência do pedido e a condenação das requeridas ao pagamento de custas e honorários advocatícios.

O MM. Juiz recebeu a petição e determinou a citação das requeridas, na pessoa de sua representante legal, reservando-se para apreciar o pedido de antecipação de tutela após a resposta das rés.

2. DO DIREITO

2.1. Da não demonstração de modificação nas necessidades.

Com efeito, o art. 1.694, § 1º, CC, dispõe que os alimentos devem ser fixados na proporção das necessidades do reclamante e dos recursos da pessoa obrigada.

No caso em tela, a alegação de que a genitora das rés tem boa condição financeira não faz com que as necessidades das alimentandas sejam reduzidas, tema sobre o qual o autor nada alegou ou provou.

Em verdade, as rés estão em fase escolar e em pleno desenvolvimento físico, razão pela qual a tendência é de aumento e não de diminuição dos gastos, de modo que se faz necessária a manutenção da pensão alimentícia nos termos fixados no acordo homologado nos autos da separação.

2.2. Da não demonstração de modificação nas possibilidades.

No que concerne à diminuição das possibilidades do autor, as alegações lançadas também não procedem.

A alegação do autor de que, após a separação, teve outro filho, não vem sendo acolhida como suficiente por si só, para determinar a redução dos alimentos fixados, se não há modificação na situação econômica do alimentante.

Por fim, embora alegue que sofreu queda patrimonial, nada trouxe aos autos para comprovar, razão pela qual também não pode tal alegação ser considerada para o fim de reduzir a pensão alimentícia.

3. DO PEDIDO DE TUTELA ANTECIPADA.

Não estão presentes os requisitos autorizadores da antecipação dos efeitos da tutela.

Isso porque a presente ação trata de prestação alimentícia fixada em acordo homologado no ano de 2005. E desde então vêm as rés contando com esse valor mensal para cobrir seus gastos e sua redução abrupta poderia acarretar grave dano à sua saúde e educação.

Dessa forma, existe "periculum in mora" inverso, no presente caso, o que impede a concessão da liminar.

Não bastasse, não há demonstração da existência de "fumus boni juris", também necessário para a concessão da tutela antecipada pleiteada. Isso porque, como se viu, as alegações do autor não revelam probabilidade de êxito na presente demanda, já que não demonstraram qualquer alteração na possibilidade do alimentante e na necessidade das alimentandas.

Assim, o pedido de tutela antecipada deduzido pelo autor deve ser indeferido porque ausentes os requisitos previstos no art. 300 do Código de Processo Civil.

4. DO PEDIDO

Ante o exposto, requer seja julgada improcedente a presente demanda, condenando o autor ao pagamento das custas e despesas processuais, bem como dos honorários advocatícios.

(a depender da condição econômica do réu, deve-se pedir os benefícios da justiça gratuita)

Protesta pela produção de prova documental e pericial, e de todos os meios probatórios em direito admitidos, ainda que não especificados no Código de Processo Civil, desde que moralmente legítimos (CPC, art. 369).

Termos em que, pede deferimento.

Local ..., data...

Advogado ...

OAB ...

fim da peça

Comentários adicionais.

A constituição de nova família, com novos filhos do alimentante, não determina, por si só, a diminuição do valor dos alimentos devidos, se não há modificação na situação econômica do alimentante. ALIMENTOS - BINÔMIO NECESSIDADE - POSSIBILIDADE - REVISÃO - CONSTITUIÇÃO DE NOVA FAMÍLIA PELO ALIMENTANTE COM NASCIMENTO DE FILHOS - CIRCUNSTÂNCIA QUE, POR SI SÓ, NÃO POSSIBILITA A ALTERAÇÃO - AUSÊNCIA DE MODIFICAÇÃO NA SITUAÇÃO ECONÔMICA DO ALIMENTANTE. A circunstância de o alimentante constituir nova família, com nascimento de filhos, por si só, não importa na redução da pensão alimentícia paga a filha havida de união anterior, sobretudo se não resta verificada a mudança para pior na situação econômica daquele." (REsp 703.318/PR, Rel. Ministro JORGE SCARTEZZINI, QUARTA TURMA, julgado em 21/06/2005, DJ 01/08/2005 p. 470)
A constituição de nova família, com novos filhos do alimentante, pode determinar a diminuição do valor dos alimentos devidos, se houver modificação na situação econômica do alimentante, em razão do princípio da igualdade entre os filhos. DIREITO CIVIL. REVISÃO DE ALIMENTOS. CELEBRAÇÃO DE NOVO CASAMENTO, COM FILHOS. CABIMENTO. O advento de prole resultante da celebração de um novo casamento representa encargo superveniente que pode autorizar a diminuição do valor da prestação alimentícia antes estipulado, uma vez que, por princípio de equidade, todos os filhos comungam do mesmo direito de terem o seu sustento provido pelo genitor comum, na proporção das possibilidades deste e necessidades daqueles. (REsp 244.015/SC, Rel. Ministro CASTRO FILHO, TERCEIRA TURMA, julgado em 19/04/2005, DJ 05/09/2005 p. 396)

(OAB/Exame Unificado – 2006.3 – 2ª fase) PEÇA PROFISSIONAL. Mário emitiu um cheque do Banco Popular, da conta-corrente n.º 12.345-6, agência 36, no valor de R$ 850,00, para pagamento de despesas de prestação de serviço, cujo beneficiário/portador é Auto Peças e Serviços Ltda., localizada, à época, na Rua 1, n.º 2, em Natal – RN, e, hoje, em local incerto e desconhecido. Ocorre que, ao tempo em que o beneficiário do cheque tentou sacar o valor deste, no dia 17 de agosto de 2006, no caixa da agência supramencionada, não havia, na conta-corrente do emitente, provisão de fundos. Dias depois, novamente tentou o beneficiário receber o valor do referido cheque no caixa da agência do emitente e, mais uma vez, não obteve êxito, haja vista que a conta-corrente continuava sem provisão de fundos. Em razão disso, o nome de Mário foi incluído no serviço de proteção ao crédito, em 26/8/2006, pelo seu banco. No entanto, Mário somente veio a saber da existência desse débito no mês de setembro desse mesmo ano. Ao tomar conhecimento da inclusão de seu nome no rol dos maus pagadores, Mário procurou a empresa beneficiária do título, para, assim, possibilitar o seu pagamento, mas, apesar de várias tentativas empreendidas, não conseguiu localizá-la. Conforme atesta a certidão emitida pela junta comercial de Natal – RN, houve alteração na propriedade e o novo dono não foi encontrado no endereço fornecido como sendo a sede da empresa. Mário tem necessidade urgente de retirar o seu nome do referido rol dos maus pagadores, bem como deseja quitar o débito, mas, até a presente data, não lhe foi possível conhecer e tampouco localizar o credor. Diante da situação hipotética apresentada, na qualidade de advogado constituído por Mário, proponha a medida judicial que entender cabível para a proteção dos interesses de seu cliente, abordando todos os aspectos de direito material e processual pertinentes, observando que a petição inicial contenha todos os requisitos legais. (data da prova: 14/01/07)

RESOLUÇÃO DA PEÇA PRÁTICO-PROFISSIONAL

Peça: Ação de Consignação em Pagamento.

Fundamento: arts 334 e seg. do CC e arts. 539 e seg. do CPC.

Competência: foro do local onde deveria ser cumprida a obrigação (art. 540 do CPC), no caso, em Natal/RN.

Pedido: de procedência da ação para considerara a obrigação satisfeita, determinando-se a expedição de ofício para exclusão do nome do autor do rol dos maus pagadores.

Modelo: Ação de consignação em pagamento

[o que estiver entre colchetes é apenas nota do autor – não deve constar da peça]

início da peça

Excelentíssimo Senhor Doutor Juiz de Direito da .... Vara ... da Comarca de Natal/RN

[deixe espaço de aproximadamente 10 cm, para eventual despacho ou decisão do juiz]

Mario ..., estado civil, profissão, residente e domiciliado na ..., inscrito no CPF sob n° ..., RG n° ..., por seu advogado que firma a presente (procuração anexada – doc. 1), com escritório para recebimento de intimações na ... (CPC, art. 106, I), vem, respeitosamente, com fundamento nos arts. 334 e seguintes do Código Civil e 539 e seguintes do Código de Processo Civil, propor a presente

AÇÃO DE CONSIGNAÇÃO EM PAGAMENTO COM PEDIDO DE TUTELA ANTECIPADA

em face de Auto Peças e Serviços Ltda., inscrita no CNPJ sob n° ...., com sede na ..., na pessoa de seu representante legal, qualificação ..., em lugar incerto e não sabido, segundo as razões de fato e de direito a seguir aduzidas.

1. DOS FATOS

O autor emitiu um cheque do Banco Popular, da conta-corrente n.° 12.345-6, agência 36, no valor de R$ 850,00, para pagamento de despesas de prestação de serviço, cujo beneficiário/portador é o réu.

Ocorre que, ao tempo em que o beneficiário do cheque tentou sacar o valor deste, no dia 17 de agosto de 2006, no caixa da agência supramencionada, não havia, na conta-corrente do autor, provisão de fundos. Dias depois, novamente tentou o beneficiário receber o valor do referido cheque no caixa da agência do emitente e, mais uma vez, não obteve êxito, haja vista que a conta-corrente continuava sem provisão de fundos.

Em razão disso, o nome do autor foi incluído no serviço de proteção ao crédito, em 26/8/2006, pelo seu banco.

No entanto, o autor somente veio a saber da existência desse débito no mês de setembro desse mesmo ano e, ao tomar conhecimento da inclusão de seu nome no rol dos maus pagadores, procurou a empresa beneficiária do título, para, assim, possibilitar o seu pagamento, mas, apesar de várias tentativas empreendidas, não conseguiu localizá-la.

Conforme atesta a certidão emitida pela junta comercial de Natal – RN, houve alteração na propriedade e o novo dono não foi encontrado no endereço fornecido como sendo a sede da empresa.

O autor tem necessidade urgente de retirar o seu nome do referido rol dos maus pagadores, bem como deseja quitar o débito, de modo que não lhe resta outra alternativa que não intentar a presente demanda.

2. DO DIREITO

De acordo com o disposto no art. 335, III, do CC, é cabível a consignação "se o credor for incapaz de receber, for desconhecido, declarado ausente, ou residir em lugar incerto ou de acesso perigoso ou difícil".

Apesar de o art. 336 do Código Civil dispor que a ação em tela só terá força de pagamento se a prestação for oferecida no tempo devido, a jurisprudência tem admitido sua propositura quando não se encontrar o credor para recebimento de título de crédito vencido, sob pena de o devedor ficar indefinidamente em situação de mora.

De acordo com os fatos narrados, o autor não pode quitar o seu débito justamente porque não logrou encontrar o representante legal do réu, fato este que está lhe causando grandes transtornos, sendo certo que seu nome foi incluído no rol dos maus pagadores.

Assim, de rigor seja julgada procedente a presente demanda, para o fim de extinguir a obrigação pendente e excluir o nome do autor do rol dos maus pagadores.

3. DA TUTELA ANTECIPADA

O autor precisa que o seu nome seja retirado do cadastro de proteção ao crédito. Para tanto, formula o presente pedido de tutela antecipada, cujos requisitos estão presentes, tal como previsto no art. 300 do CPC.

A verossimilhança das alegações está presente, uma vez que o autor está se propondo a pagar integralmente o débito existente, com todos os encargos devidos. Nesses casos, tratando-se de obrigação de pagamento de quantia em dinheiro, não haveria porque o réu, ciente da demanda, negar o recebimento de quantia, já que se trata de cheque por ele mesmo depositado.

O caso presente não se confunde com aqueles que envolvem obrigação de fazer, que, uma vez não cumprida no prazo, pode ser enjeitada. O caso em tela, como se viu, trata-se de cheque, título de crédito que não tem causa, e que confere ao credor um direito que a experiência diz que não terá a sua satisfação recusada.

E o receio de dano irreparável também se encontra demonstrado. Isso porque o apontamento do nome do autor no rol de devedores vem lhe causando inúmeros transtornos, de natureza pessoal e profissional, prejuízo esse que é presumido quando não se tem o nome inserido nesse tipo de cadastro.

4. DO PEDIDO

Ante o exposto, requer seja:

a) deferida tutela antecipada, expedindo-se ofício ao órgão de proteção ao crédito ..., determinando a imediata suspensão do apontamento do nome do autor no rol dos maus pagadores;

b) autorizado o autor a depositar em juízo o valor de R$ ..., que corresponde ao valor do débito devidamente atualizado, no prazo de cinco dias contados do deferimento desse pedido;

c) a citação do réu, por edital, para levantar o depósito ou oferecer resposta;

d) julgada procedente a presente ação para o fim de, confirmada a tutela antecipada deferida, declarar extinta a obrigação e condenar o réu no pagamento das custas e despesas processuais, bem como honorários advocatícios, estes no valor de 20% sobre o total da condenação;

e) deferida a produção de prova documental e pericial, e de todos os meios probatórios em direito admitidos, ainda que não especificados no CPC, desde que moralmente legítimos (CPC art. 369).

Dá-se à causa o valor de R$ XXX (valor por extenso). (valor atualizado do débito)

Nestes termos, pede deferimento.

Local ...; data

[não assine, rubrique ou, de outra forma, identifique sua prova!]

Advogado ...

OAB ...

fim da peça

Comentários adicionais.

Confira o seguinte acórdão do Tribunal de Justiça de São Paulo:

Embora rotulada de consignação em pagamento, decorre da causa de pedir e pedido, tratar-se de ação de extinção de obrigação, representada por cheque devolvido e apontado nos órgãos de proteção ao crédito. Propondo-se a autora ao depósito do valor assinalado no título, devidamente atualizado, nada obsta a utilização da consignatória com vista a afastar os efeitos do registro de seu nome em cadastros de inadimplentes. Afastamento da extinção, para prosseguimento da ação na origem, como de direito. Sentença anulada para afastar a falta de interesse de agir. (TJ/SP, Apelação 991090791828, Relator(a): Jurandir de Sousa Oliveira, 18ª Câmara de Direito Privado, j. 27/10/2009)

(OAB/Exame Unificado – 2007.1 – 2ª fase) PEÇA PROFISSIONAL. José, brasileiro, por intermédio da Administradora de Imóveis Maranhão Ltda., sociedade civil, representada por Aluísio, contratou a locação da loja 10, da Quadra 100, lote 12, integrante do Condomínio Bosque Piauí, de propriedade de Eduardo, maior, relativamente incapaz, assistido por sua curadora Antônia. O pacto locatício fora instituído por meio de instrumento particular firmado pelo locador, seu curador, bem como pelo locatário e seus fiadores, Genésio e Clotilde, pessoas de reconhecida idoneidade financeiro-patrimonial e suficientemente qualificadas na citada avença. A vigência do pacto locatício mediava do dia 1.º de setembro de 2006 ao dia 31 de agosto de 2008. Colhe-se da avença que o locatário assumira a obrigação líquida e certa de pagar ao locador dispêndio mensal de R$ 3.550,00, a título de aluguel, assim como ao ressarcimento das despesas ordinárias de condomínio, pactuadas no valor de R$ 900,00 por mês, além do imposto sobre a propriedade territorial urbana (IPTU) e da taxa de limpeza urbana (TLP), no valor mensal de R$ 500,00. Ademais, em caso de descumprimento das obrigações pactuadas por qualquer das partes, incidirá multa de 10% sobre todo o valor inadimplido. Ocorre, entretanto, que Pedro, síndico do Condomínio Bosque Piauí, alega a existência de débito de quotas ordinárias de condomínio da loja locada (loja 10), no valor de R$ 9.000,00, relativas ao período de junho/2006 a abril/2007, além dos acréscimos relativos a correção monetária (R$ 50,00), multa moratória (R$ 180,00) e juros (R$ 120,00). O representante legal do condomínio ressalta que expediu tempestivamente notificação epistolar endereçada ao devedor, para o fim de cientificar-lhe do aludido inadimplemento, porém este se quedou inerte quanto ao adimplemento das suas obrigações legais. Considerando a situação hipotética apresentada, elabore a peça processual cabível, visto que o(a) lesado(a) pretende, em sede judicial, acionar o(a) devedor(a) remisso(a), visando ao recebimento das quotas condominiais em atraso, além dos consectários legais, convencionais e(ou) contratuais cabíveis. Os dados fáticos ou legais ausentes da situação hipotética, se essenciais, deverão ser complementados pelo examinando, observando-se a respectiva pertinência fático-legal. (data da prova: 03/06/07)

RESOLUÇÃO DA PEÇA PRÁTICO-PROFISSIONAL

Peça: Ação de cobrança de débito condominial.

Fundamento: art. 12 da Lei 4.591/64.

Competência: foro do domicílio do réu (art. 46 do CPC).

Pedido: de procedência da ação para condenar o réu (proprietário) no pagamento dos débitos condominiais em atraso, acrescidos de correção monetária, multa moratória e juros.

Legitimidade passiva: está claro pelo enunciado da questão que o examinador pretende avaliar se o candidato tem conhecimento de quem deve responder pelos débitos condominiais perante o Condomínio. De acordo com o disposto no art. 12 da Lei 4.591/64, a responsabilidade pelo pagamento é do condômino, ou seja, daquele que consta como proprietário do imóvel. O mesmo texto se encontra no art. 1.336, I, do Código Civil. Caso o imóvel esteja locado, como é o caso da questão, caberá ao locador se ressarcir das despesas com o locatário (possuidor simples, e não condômino), se estiver inadimplente. Atente-se que a questão fala expressamente que o locatário ficou obrigado a pagar ao locador o ressarcimento das despesas ordinárias de condomínio, ou seja, o responsável perante o condomínio continuou sendo o locador.

Modelo: Ação de cobrança de débito condominial

[o que estiver entre colchetes é apenas nota do autor – não deve constar da peça]

início da peça

EXCELENTÍSSIMO SENHOR DOUTOR JUIZ DE DIREITO DA .... VARA ... DA COMARCA DE

Pular 10 linhas

Condomínio Bosque Piauí, localizado na....., representado pelo síndico Pedro ..., estado civil ..., profissão ..., residente de domiciliado na ..., inscrito no CPF sob nº ..., RG nº ..., por seu advogado que firma a presente (procuração anexada – doc. 1), com escritório para recebimento de intimações na ... (CPC, art. 106, I), vem, respeitosamente, propor a presente

AÇÃO DE COBRANÇA DE DESPESAS CONDOMINIAIS

em face de Eduardo, maior, relativamente incapaz, assistido por sua curadora Antônia, qualificação..., inscrito no CPF sob nº ..., RG nº ..., residente de domiciliado na ..., a presente com observância do Rito Sumário, nos termos do art. 1.336 do CC e Lei 4.591/64, pelos motivos que passa a expor:

1. DOS FATOS

O réu é proprietário da loja 10, da Quadra 100, lote 12, integrante do Condomínio Bosque Piauí e encontra-se inadimplente com débito de quotas ordinárias de condomínio da loja locada (loja 10), no valor de R$ 9.000,00, relativas ao período de junho/2006 a abril/2007, além dos acréscimos relativos à correção monetária (R$ 50,00), multa moratória (R$ 180,00) e juros (R$ 120,00).

Foi expedida tempestivamente notificação epistolar endereçada ao devedor, para o fim de cientificar-lhe do aludido inadimplemento, porém este se quedou inerte quanto ao adimplemento das suas obrigações legais.

2. DO DIREITO

2.1. Da legitimidade passiva.

O art. 1.336 do Código Civil dispõe que um dos deveres dos "condôminos" consiste em contribuir para as despesas do condomínio, na proporção das suas frações ideais.

Não se deve confundir a qualidade de "condômino", com a qualidade de "mero possuidor direto" da coisa. São considerados condôminos para efeito de responsabilidade pelo pagamento das quotas condominiais perante o Condomínio o proprietário da coisa e compromissário comprador, quando o Condomínio tiver ciência do compromisso de compra e venda. O locatário não tem essa qualidade. É mero possuidor simples da coisa.

Assim, está-se diante de verdadeira obrigação "propter rem", de modo que Eduardo é legitimado passivo para a presente demanda.

2.2. Do mérito.

Conforme já relatado e documentado, o réu não vem cumprindo com a sua obrigação e está inadimplente com as quotas condominiais no período de junho/2006 a abril/2007.

Conforme planilha de cálculo, o débito atual perfaz o montante de R$ 9.000,00, além dos acréscimos relativos à correção monetária (R$ 50,00), multa moratória (R$ 180,00) e juros (R$ 120,00).

O autor tentou receber o débito amigavelmente, tendo inclusive expedido notificação, porém o devedor permaneceu inerte.

3. DO PEDIDO

Ante o exposto, requer seja:

a) determinada a citação do réu, por oficial de justiça, para, querendo, apresentar defesa em audiência a ser designada por Vossa Excelência;

b) julgada procedente a presente demanda, para que seja o réu condenado a pagar o débito das quotas condominiais relativo ao período de junho/2006 a abril/2007, com os acréscimos relativos a correção monetária, multa moratória e juros, condenando-se o réu, ainda, no pagamento das custas e despesas processuais, bem como honorários advocatícios, estes no valor de 20% sobre o total da condenação;

Protesta prova o alegado por todos meios de prova em direito admitidos, que ficam desde já requeridos, ainda que não especificados.

Dá-se à causa o valor de R$ XXX (valor por extenso). (valor atualizado do débito)

Nestes termos, pede Deferimento

Local / Data

[não assine, rubrique ou, de outra forma, identifique sua prova!]

_____

Advogado ...

OAB ...

[como se trata de rito sumário, se houvesse necessidade deveria já na petição inicial constar o rol de testemunhas, a indicação de assistente técnico e quesitos para eventual perícia]

fim da peça

Comentários adicionais.

PROCESSUAL CIVIL E CIVIL - CONDOMÍNIO - TAXAS CONDOMINIAIS – OMISSÃO E AUSÊNCIA DE FUNDAMENTAÇÃO DO DECISUM - INOCORRÊNCIA – OBRIGAÇÃO PROPTER REM - LEGITIMIDADE PASSIVA - JUROS MORATÓRIOS – CONVENÇÃO CONDOMINIAL - MULTA MORATÓRIA - REDUÇÃO - INVIABILIDADE. (...) A ação de cobrança de quotas condominiais pode ser proposta tanto contra o proprietário como contra o promissário-comprador ou afins, dependendo da situação de cada caso. In casu, como salientado pela r. sentença, muito embora tenha havido contrato de compromisso de compra e venda, não restou demonstrado nos autos que o Condomínio (autor) detinha ciência inequívoca do referido documento. Assim, nada obsta que o recorrente seja acionado para efetuar o pagamento das taxas condominiais que estavam pendentes, lastreado, por óbvio, na natureza propter rem das quotas, ressalvando-lhe o direito de regresso. (STJ, RESP 717.265/SP, 4ª Turma, unân., Rel. Min. JORGE SCARTEZZINI, DJ 12/03/2007, p. 239).

SUMÁRIO. COBRANÇA DE COTAS CONDOMINIAIS. LEGITIMIDADE DO PROMISSÁRIO COMPRADOR. Contrato de locação do imóvel prevendo cláusula no sentido de obrigar o locatário a assumir as despesas condominiais. Relação entre o réu e o locatário que apenas produz efeitos entre as partes contratantes, não podendo ser oposta ao condomínio, em razão da cota condominial consistir em obrigação propter rem, ligada ao direito real subjacente, o qual é titularizado pelo promissário comprador e não pelo locatário, que apenas detém a posse direta sobre a coisa. Acordo celebrado entre locatário e condomínio para a quitação do débito que não possui características de novação subjetiva, até porque, as hipóteses previstas nos incisos, do art. 360, do código civil, não abrangem a aqui disposta (propter rem), sendo a unidade/imóvel que suporta o ônus do pagamento e não a pessoa. Vínculo objetivo. Recurso conhecido e improvido. Sentença mantida. (TJ/RJ, AC n.º 2007.001.20206, 16ª Câmara Cível, Rel. Des. MAURO DICKSTEIN, Julgamento: 17/07/2007).

(OAB/Exame Unificado – 2007.2 – 2ª fase) PEÇA PROFISSIONAL. Fernanda e Josiana se conheceram no ano de 1998. Nessa época, Fernanda era professora e Josiana, aluna, no curso de direito. Em março de 1999, elas iniciaram relacionamento afetivo e, em outubro de 1999, resolveram morar juntas. Josiana, então, foi morar no apartamento em que Fernanda residia. Inicialmente, mesmo contra a vontade de Josiana, o relacionamento não foi assumido publicamente, pois Fernanda argumentava que tal revelação poderia trazer consequências nefastas para ambas, no âmbito familiar, profissional e social. A relação afetiva foi se tornando duradoura e, havendo ânimo de perpetuá-la, no ano de 2002, Fernanda e Josiana resolveram, de comum acordo, continuar a convivência em um apartamento mais espaçoso. Para isso, adquiriram um imóvel ao preço de R$ 190.000,00, que foi mobiliado com esforço comum, ao custo de R$ 38.000,00. Além disso, adquiriram, também, o automóvel marca CPC, modelo F-1, ano 2001, avaliado em R$ 25.000,00, para uso partilhado. Com o passar do tempo, tendo o relacionamento ficado intolerável para Josiana, esta decidiu deixar de conviver com Fernanda. Com base nessa situação hipotética, elabore, de forma fundamentada, a petição inicial da ação judicial cabível para a defesa dos interesses pessoais e(ou) patrimoniais de Josiana, considerando a peremptória discordância de Fernanda em pôr termo ao relacionamento. (Os dados ou elementos fáticos ausentes na situação hipotética apresentada que sejam imprescindíveis ao desenvolvimento da peça devem ser complementados, respeitada a pertinência fático-jurídica) (data da prova: 30/09/07)

RESOLUÇÃO DA PEÇA PRÁTICO-PROFISSIONAL

Peça: Ação de declaração e dissolução de união estável, c/c divisão de bens.

Fundamento: art. 226 da CF e art. 1.723 e seguintes do CC.

Competência: foro do domicílio do réu (art. 46 do CPC).

Pedido: de procedência da ação para ser declarada a existência e posterior dissolução da união estável existente entre as partes com a partilha dos bens.

Modelo: Ação de reconhecimento e dissolução de sociedade de fato

[o que estiver entre colchetes é apenas nota do autor – não deve constar da peça]

início da peça

EXCELENTÍSSIMO SENHOR DOUTOR JUIZ DE DIREITO DA .... VARA ... DA COMARCA DE

Pular 10 linhas

Josiana ..., qualificação..., inscrita no CPF sob n° ..., RG n° ..., residente e domiciliado na ..., por seu advogado que firma a presente (procuração anexada – doc. 1), com escritório para recebimento de intimações na ... (CPC, art. 106, I), vem, respeitosamente, propor contra Fernanda, qualificação..., inscrita no CPF sob n° ..., RG n° ..., residente e domiciliado na ..., a presente

AÇÃO DE RECONHECIMENTO E DISSOLUÇÃO DE UNIÃO EATÁVEL C/C DIVISÃO DE BENS

pelos motivos de fato e de direito que passa a expor:

1. DOS FATOS

As partes se conheceram no ano de 1998. Nessa época, Fernanda era professora e a autora, aluna, no curso de direito. Em março de 1999, elas iniciaram relacionamento afetivo e, em outubro de 1999, resolveram morar juntas (doc. 2).

A autora, então, foi morar no apartamento em que Fernanda residia. Inicialmente, mesmo contra a vontade da autora, o relacionamento não foi assumido publicamente, pois Fernanda argumentava que tal revelação poderia trazer consequências nefastas para ambas, no âmbito familiar, profissional e social.

A relação afetiva foi se tornando duradoura e, havendo ânimo de perpetuá-la, no ano de 2002, as partes resolveram, de comum acordo, continuar a convivência em um apartamento mais espaçoso. Para isso, adquiriram um imóvel ao preço de R$ 190.000,00, que foi mobiliado com esforço comum, ao custo de R$ 38.000,00 (doc. 3).

Além disso, adquiriram, também, o automóvel marca CPC, modelo F-1, ano 2001, avaliado em R$ 25.000,00, para uso partilhado, conforme documentos em anexo (doc. 4).

Com o passar do tempo, tendo o relacionamento ficado intolerável para a autora, esta decidiu deixar de conviver com Fernanda. Ocorre que a ré não aceita o fim do relacionamento.

Assim, a autora viu-se obrigada a ingressar com a presente ação.

2. DO DIREITO

A jurisprudência e a doutrina já reconheceram o direito de a união homoafetiva ser reconhecida judicialmente, com sua consequente dissolução e partilha dos bens adquiridos na constância da convivência.

Nesse sentido, o Superior Tribunal de Justiça passou a entender que há lacuna normativa no que concerne à regulamentação das relações duradouras entre pessoas do mesmo sexo, seja no aspecto pessoal, seja no aspecto patrimonial.

E tal lacuna propicia que se possa aplicar nesse tipo de caso, e por analogia, o disposto na lei civil acerca da união estável.

Isso faz com que se apliquem os arts. 1.723 e 1.725 do Código Civil.

O primeiro dispositivo dispõe que a união estável, para se configurar, depende de uma convivência pública, contínua, duradoura e estabelecida com o objetivo de constituição de família.

Já o segundo dispositivo estabelece que se aplicam às relações patrimoniais, no que couber, o regime de comunhão parcial de bens.

Os fatos narrados demonstram que a união entre a autora e a ré respeita os requisitos do art. 1.723 do Código Civil. Isso porque a união se tornou duradoura e com ânimo de perpetuá-la, o que é revelado, inclusive pelo patrimônio que as partes resolveram construir conjuntamente.

Assim, incide o dispositivo que estabelece que os bens adquiridos na constância da união entram na comunhão, pertencendo às duas partes (art. 1.660, I, do Código Civil).

No caso presente, isso importa em dizer que, com a dissolução da União, a autora tem direito de ficar com metade do patrimônio adquirido na constância da união.

De qualquer forma, considerando o princípio da eventualidade, de rigor asseverar que, caso não reconhecida a aplicação das normas atinentes à união estável, deve-se aplicar o instituto do não enriquecimento sem causa, reconhecendo a existência de verdadeira sociedade de fato entre as partes, sociedade essa cujo patrimônio foi construído pelo esforço comum das partes.

Com efeito, restou demonstrado no presente que foi durante o período em que as partes mantiveram a união que se adquiriu o patrimônio (comum) consistente nos seguintes bens: a) um imóvel ao preço de R$ 190.000,00; b) mobiliário para o imóvel, ao custo de R$ 38.000,00; c) um automóvel marca CPC, modelo F-1, ano 2001, avaliado em R$ 25.000,00.

Assim, seja pela aplicação analógica dos dispositivos relativos à união estável, que presumem o esforço comum, seja pela aplicação do instituto da sociedade de fato, restando demonstrado nos autos que houve efetivo esforço comum para a aquisição do patrimônio mencionada, a dissolução da união ou da sociedade importarão na divisão igualitária dos bens adquiridos na constância da união, devendo a presente ação ser julgada procedente para o fim de reconhecer a parceria e dissolvê-la, com partilha igualitária de bens.

3. DO PEDIDO

Ante o exposto, requer seja:

a) determinada a citação da ré, por oficial de justiça, para, querendo, contestar a presente ação no prazo legal, sob as penas da lei processual civil;

b) julgada procedente a presente ação, para que seja declarada a existência da união homoafetiva entre as partes durante o período de outubro de 1999 até a data em que a autora deixou de conviver com a ré, ou, alternativamente, o reconhecimento da existência de sociedade de fato, bem como para que, em qualquer dos dois reconhecimentos citados, reconheça-se o direito da autora sobre metade dos bens adquiridos na constância da união, consistentes num imóvel ao preço de R$

190.000,00, na mobília desse imóvel, que foi adquirida ao custo de R$ 38.000,00 e num automóvel marca CPC, modelo F-1, ano 2001, avaliado em R$ 25.000,00, condenando-se a ré, ainda, no pagamento das custas e despesas processuais, bem como honorários advocatícios, estes no valor de 20% sobre o total da condenação;

c) deferida a produção de prova documental, testemunhal e pericial, e de todos os meios probatórios em direito admitidos, ainda que não especificados no CPC, desde que moralmente legítimos (CPC art. 369).

Dá-se à causa o valor de R$ 253.000,00 (duzentos e cinquenta e três mil reais). (valor total dos bens)

Nestes termos, pede deferimento

Local ..., data ...

[não assine, rubrique ou, de outra forma, identifique sua prova!]

_____

Advogado ...

OAB ...

fim da peça

Comentários adicionais

É cabível ação declaratória de união afetiva. Aplicação da analogia em relação à união estável. PROCESSO CIVIL. AÇÃO DECLARATÓRIA DE UNIÃO HOMOAFETIVA. POSSIBILIDADE JURÍDICA DO PEDIDO. ARTIGOS 1º DA LEI 9.278/96 E 1.723 E 1.724 DO CÓDIGO CIVIL. ALEGAÇÃO DE LACUNA LEGISLATIVA. POSSIBILIDADE DE EMPREGO DA ANALOGIA COMO MÉTODO INTEGRATIVO. - O entendimento assente nesta Corte, quanto a possibilidade jurídica do pedido, corresponde a inexistência de vedação explícita no ordenamento jurídico para o ajuizamento da demanda proposta. - A despeito da controvérsia em relação à matéria de fundo, o fato é que, para a hipótese em apreço, onde se pretende a declaração de união homoafetiva, não existe vedação legal para o prosseguimento do feito. - Os dispositivos legais limitam-se a estabelecer a possibilidade de união estável entre homem e mulher, dês que preencham as condições impostas pela lei, quais sejam, convivência pública, duradoura e contínua, sem, contudo, proibir a união entre dois homens ou duas mulheres. Poderia o legislador, caso desejasse, utilizar expressão restritiva, de modo a impedir que a união entre pessoas de idêntico sexo ficasse definitivamente excluída da abrangência legal. Contudo, assim não procedeu. - É possível, portanto, que o magistrado de primeiro grau entenda existir lacuna legislativa, uma vez que a matéria, conquanto derive de situação fática conhecida de todos, ainda não foi expressamente regulada. - Ao julgador é vedado eximir-se de prestar jurisdição sob o argumento de ausência de previsão legal. Admite-se, se for o caso, a integração mediante o uso da analogia, a fim de alcançar casos não expressamente contemplados, mas cuja essência coincida com outros tratados pelo legislador." (REsp 820.475/RJ, Rel. Ministro ANTÔNIO DE PÁDUA RIBEIRO, Rel. p/ Acórdão Ministro LUIS FELIPE SALOMÃO, QUARTA TURMA, julgado em 02/09/2008, DJe 06/10/2008)

Relação homoafetiva e inclusão de companheiro em plano de saúde. PLANO DE SAÚDE. COMPANHEIRO. 'A relação homoafetiva gera direitos e, analogicamente à união estável, permite a inclusão do companheiro dependente em plano de assistência médica' (REsp nº 238.715, RS, Relator Ministro Humberto Gomes de Barros, DJ 02.10.06). Agravo regimental não provido. (AgRg no Ag 971.466/SP, Rel. Ministro ARI PARGENDLER, TERCEIRA TURMA, julgado em 02/09/2008, DJe 05/11/2008)

Reconhecimento de sociedade de fato.

RECURSO ESPECIAL. RELACIONAMENTO MANTIDO ENTRE HOMOSSEXUAIS. SOCIEDADE DE FATO. DISSOLUÇÃO DA SOCIEDADE. PARTILHA DE BENS. PROVA. ESFORÇO COMUM. Entende a jurisprudência desta Corte que a união entre pessoas do mesmo sexo configura sociedade de fato, cuja partilha de bens exige a prova do esforço comum na aquisição do patrimônio amealhado. Recurso especial parcialmente conhecido e, nessa parte, provido. (REsp 648.763/RS, Rel. Ministro CESAR ASFOR ROCHA, QUARTA TURMA, julgado em 07/12/2006, DJ 16/04/2007 p. 204)

Reconhecimento, pelo STF, da possibilidade de união estável, em controle concentrado de constitucionalidade.

(...)

2. PROIBIÇÃO DE DISCRIMINAÇÃO DAS PESSOAS EM RAZÃO DO SEXO, SEJA NO PLANO DA DICOTOMIA HOMEM/MULHER (GÊNERO), SEJA NO PLANO DA ORIENTAÇÃO SEXUAL DE CADA QUAL DELES. A PROIBIÇÃO DO PRECONCEITO COMO CAPÍTULO DO CONSTITUCIONALISMO FRATERNAL. HOMENAGEM AO PLURALISMO COMO VALOR SÓCIO-POLÍTICO-CULTURAL. LIBERDADE PARA DISPOR DA PRÓPRIA SEXUALIDADE, INSERIDA NA CATEGORIA DOS DIREITOS FUNDAMENTAIS DO INDIVÍDUO, EXPRESSÃO QUE É DA AUTONOMIA DE VONTADE. DIREITO À INTIMIDADE E À VIDA PRIVADA. CLÁUSULA PÉTREA. O sexo das pessoas, salvo disposição constitucional expressa ou implícita em sentido contrário, não se presta como fator de desigualação jurídica. Proibição de preconceito, à luz do inciso IV do art. 3º da Constituição Federal, por colidir frontalmente com o objetivo constitucional de "promover o bem de todos". Silêncio normativo da Carta Magna a respeito do concreto uso do sexo dos indivíduos como saque da kelseniana "norma geral negativa", segundo a qual "o que não estiver juridicamente proibido, ou obrigado, está juridicamente permitido". Reconhecimento do direito à preferência sexual como direta emanação do princípio da "dignidade da pessoa humana": direito a autoestima no mais elevado ponto da consciência do indivíduo. Direito à busca da felicidade. Salto normativo da proibição do preconceito para a proclamação do direito à liberdade sexual. O concreto uso da sexualidade faz parte da autonomia da vontade das pessoas naturais. Empírico uso da sexualidade nos planos da intimidade e da privacidade constitucionalmente tuteladas. Autonomia da vontade. Cláusula pétrea.

3. TRATAMENTO CONSTITUCIONAL DA INSTITUIÇÃO DA FAMÍLIA. RECONHECIMENTO DE QUE A CONSTITUIÇÃO FEDERAL NÃO EMPRESTA AO SUBSTANTIVO "FAMÍLIA" NENHUM SIGNIFICADO ORTODOXO OU DA PRÓPRIA TÉCNICA JURÍDICA. A FAMÍLIA COMO CATEGORIA SÓCIO-CULTURAL E PRINCÍPIO ESPIRITUAL. DIREITO SUBJETIVO DE CONSTITUIR FAMÍLIA. INTERPRETAÇÃO NÃO REDUCIONISTA. O caput do art. 226 confere à família, base da sociedade, especial proteção do Estado. Ênfase constitucional à instituição da família. Família em seu coloquial ou proverbial significado de núcleo doméstico, pouco importando se formal ou informalmente constituída, ou se integrada por casais heteroafetivos ou por pares homoafetivos. A Constituição de 1988, ao utilizar-se da expressão "família", não limita sua formação a casais heteroafetivos nem a formalidade cartorária, celebração civil ou liturgia religiosa. Família como instituição privada que, voluntariamente constituída entre pessoas adultas, mantém com o Estado e a sociedade civil uma necessária relação tricotômica. Núcleo familiar que é o principal lócus institucional de concreção dos direitos fundamentais que a própria Constituição designa por "intimidade e vida privada" (inciso X do art. 5º). Isonomia entre casais heteroafetivos e pares homoafetivos que somente ganha plenitude de sentido se desembocar no igual direito subjetivo à formação de uma autonomizada família. Família como figura central ou continente, de que tudo o mais é conteúdo. Imperiosidade da interpretação não reducionista do conceito de família como instituição que também se forma por vias distintas do casamento civil. Avanço da Constituição Federal de 1988 no plano dos costumes. Caminhada na direção do pluralismo como categoria sócio-político-cultural. Competência do Supremo Tribunal Federal para manter, interpretativamente, o Texto Magno na posse do seu fundamental atributo da coerência, o que passa pela eliminação de preconceito quanto à orientação sexual das pessoas.

4. UNIÃO ESTÁVEL. NORMAÇÃO CONSTITUCIONAL REFERIDA A HOMEM E MULHER, MAS APENAS PARA ESPECIAL PROTEÇÃO DESTA ÚLTIMA. FOCADO PROPÓSITO CONSTITUCIONAL DE ESTABELECER RELAÇÕES JURÍDICAS HORIZONTAIS OU SEM HIERARQUIA ENTRE AS DUAS TIPOLOGIAS DO GÊNERO HUMANO. IDENTIDADE CONSTITUCIONAL DOS CONCEITOS DE "ENTIDADE FAMILIAR" E "FAMÍLIA". A referência constitucional à dualidade básica homem/mulher, no §3º do seu art. 226, deve-se ao centrado intuito de não se perder a menor oportunidade para favorecer relações jurídicas horizontais ou sem hierarquia no âmbito das sociedades domésticas. Reforço

normativo a um mais eficiente combate à renitência patriarcal dos costumes brasileiros. Impossibilidade de uso da letra da Constituição para ressuscitar o art. 175 da Carta de 1967/1969. Não há como fazer rolar a cabeça do art. 226 no patíbulo do seu parágrafo terceiro. Dispositivo que, ao utilizar da terminologia "entidade familiar", não pretendeu diferenciá-la da "família". Inexistência de hierarquia ou diferença de qualidade jurídica entre as duas formas de constituição de um novo e autonomizado núcleo doméstico. Emprego do fraseado "entidade familiar" como sinônimo perfeito de família. A Constituição não interdita a formação de família por pessoas do mesmo sexo. Consagração do juízo de que não se proíbe nada a ninguém senão em face de um direito ou de proteção de um legítimo interesse de outrem, ou de toda a sociedade, o que não se dá na hipótese sub judice. Inexistência do direito dos indivíduos heteroafetivos à sua não equiparação jurídica com os indivíduos homoafetivos. Aplicabilidade do §2º do art. 5º da Constituição Federal, a evidenciar que outros direitos e garantias, não expressamente listados na Constituição, emergem "do regime e dos princípios por ela adotados", verbis: "Os direitos e garantias expressos nesta Constituição não excluem outros decorrentes do regime e dos princípios por ela adotados, ou dos tratados internacionais em que a República Federativa do Brasil seja parte".

(...)

6. INTERPRETAÇÃO DO ART. 1.723 DO CÓDIGO CIVIL EM CONFORMIDADE COM A CONSTITUIÇÃO FEDERAL (TÉCNICA DA "INTERPRETAÇÃO CONFORME"). RECONHECIMENTO DA UNIÃO HOMOAFETIVA COMO FAMÍLIA. PROCEDÊNCIA DAS AÇÕES. Ante a possibilidade de interpretação em sentido preconceituoso ou discriminatório do art. 1.723 do Código Civil, não resolúvel à luz dele próprio, faz-se necessária a utilização da técnica de "interpretação conforme à Constituição". Isso para excluir do dispositivo em causa qualquer significado que impeça o reconhecimento da união contínua, pública e duradoura entre pessoas do mesmo sexo como família. Reconhecimento que é de ser feito segundo as mesmas regras e com as mesmas consequências da união estável heteroafetiva.

(ADI 4277, Relator(a): Min. AYRES BRITTO, Tribunal Pleno, julgado em 05/05/2011, DJe-198 DIVULG 13-10-2011 PUBLIC 14-10-2011 EMENT VOL-02607-03 PP-00341)

Reconhecimento, pelo STJ, da possibilidade de casamento homoafetivo.

CASAMENTO. PESSOAS. IGUALDADE. SEXO.

In casu, duas mulheres alegavam que mantinham relacionamento estável há três anos e requereram habilitação para o casamento junto a dois cartórios de registro civil, mas o pedido foi negado pelos respectivos titulares. Posteriormente ajuizaram pleito de habilitação para o casamento perante a vara de registros públicos e de ações especiais sob o argumento de que não haveria, no ordenamento jurídico pátrio, óbice para o casamento de pessoas do mesmo sexo. Foi-lhes negado o pedido nas instâncias ordinárias. O Min. Relator aduziu que, nos dias de hoje, diferentemente das constituições pretéritas, a concepção constitucional do casamento deve ser plural, porque plurais são as famílias; ademais, não é o casamento o destinatário final da proteção do Estado, mas apenas o intermediário de um propósito maior, qual seja, a proteção da pessoa humana em sua dignidade. Assim sendo, as famílias formadas por pessoas homoafetivas não são menos dignas de proteção do Estado se comparadas com aquelas apoiadas na tradição e formadas por casais heteroafetivos. O que se deve levar em consideração é como aquele arranjo familiar deve ser levado em conta e, evidentemente, o vínculo que mais segurança jurídica confere às famílias é o casamento civil. Assim, se é o casamento civil a forma pela qual o Estado melhor protege a família e se são múltiplos os arranjos familiares reconhecidos pela CF/1988, não será negada essa via a nenhuma família que por ela optar, independentemente de orientação sexual dos nubentes, uma vez que as famílias constituídas por pares homoafetivos possuem os mesmos núcleos axiológicos daquelas constituídas por casais heteroafetivos, quais sejam, a dignidade das pessoas e o afeto. Por consequência, o mesmo raciocínio utilizado tanto pelo STJ quanto pelo STF para conceder aos pares homoafetivos os direitos decorrentes da união estável deve ser utilizado para lhes proporcionar a via do casamento civil, ademais porque a CF determina a facilitação da conversão da união estável em casamento (art. 226, § 3º). Logo, ao prosseguir o julgamento, a Turma, por maioria, deu provimento ao recurso para afastar o óbice relativo à igualdade de sexos e determinou o prosseguimento do processo de habilitação do casamento, salvo se, por outro motivo, as recorrentes estiverem impedidas de contrair matrimônio. REsp 1.183.378-RS, Rel. Min. Luis Felipe Salomão, julgamento em 25/10/2011 (informativo 486).

(OAB/Exame Unificado – 2007.3 – 2ª fase) PEÇA PROFISSIONAL. Em 05/1/2007, Antônio adquiriu de João o veículo VW Gol, ano/modelo 2006, placa XX 0000, pelo valor de R$ 20.000,00, tendo efetuado o pagamento da compra à vista. No mês seguinte à aquisição, Antônio efetuou a transferência do veículo junto ao DETRAN de sua cidade, tendo pago, além da respectiva taxa, multas por violação às normas de trânsito, no valor de R$ 2.000,00. No dia 29/11/2007, o veículo foi apreendido por ordem do delegado de polícia, por ter sido objeto de furto na cidade de São Paulo. Todas as tentativas para solução amigável quanto ao ressarcimento restaram frustradas, notadamente em virtude de João ter transferido sua residência para o Rio de Janeiro, no endereço constante da consulta feita junto ao órgão estadual de trânsito. Diante da situação hipotética apresentada, proponha, na qualidade de advogado constituído por Antônio, a medida judicial que entender cabível para a proteção dos interesses de seu cliente, abordando todos os aspectos de direito material e processual pertinentes e atentando para todos os requisitos legais exigíveis. (data da prova: 09/03/08)

COMENTÁRIOS INICIAIS

A questão traz claramente a hipótese de evicção, tratada no art. 447 do CC. Quando ocorre a perda do bem em razão da evicção, como o adquirente não tinha conhecimento de que se tratava de veículo objeto de furto anterior, terá direito, além da restituição do preço, de ser indenizado pelas despesas previstas no art. 450, que transcrevemos para maior clareza:

Art. 450. Salvo estipulação em contrário, tem direito o evicto, além da restituição integral do preço ou das quantias que pagou:

I - à indenização dos frutos que tiver sido obrigado a restituir;

II - à indenização pelas despesas dos contratos e pelos prejuízos que diretamente resultarem da evicção;

III - às custas judiciais e aos honorários do advogado por ele constituído.

Parágrafo único. O preço, seja a evicção total ou parcial, será o do valor da coisa, na época em que se evenceu, e proporcional ao desfalque sofrido, no caso de evicção parcial.

Resolução da peça prático-profissional.

Peça: Ação de indenização pela evicção.

Fundamento: art. 447 do CC.

Competência: foro do domicílio do réu (art. 46 do CPC).

Pedido: de procedência da ação para que seja o réu condenado ao ressarcimento do valor pago pelo autor na aquisição do veículo.

Modelo: Ação de indenização pela evicção

[o que estiver entre colchetes é apenas nota do autor – não deve constar da peça]

início da peça

EXCELENTÍSSIMO SENHOR DOUTOR JUIZ DE DIREITO DA .... VARA ... DA COMARCA DE ..../RJ

Pular 10 linhas

Antonio ..., estado civil, profissão, residente e domiciliado na ..., inscrito no CPF sob nº ..., RG nº ..., por seu advogado que firma a presente (procuração anexada – doc. 1), com escritório para recebimento de intimações na ... (CPC, art. 39, I), vem, respeitosamente, propor contra João ..., estado civil, profissão, residente e domiciliado na ..., inscrito no CPF sob nº ..., RG nº ..., a presente

AÇÃO INDENIZATÓRIA

com fundamento no art. 447 do Código Civil, pelos motivos que passa a expor:

1. DOS FATOS

Em 05/1/2007, o autor adquiriu de João o veículo VW Gol, ano/modelo 2006, placa XX 0000, pelo valor de R$ 20.000,00, tendo efetuado o pagamento da compra à vista, conforme comprova documentalmente (doc. 2).

No mês seguinte à aquisição, o autor efetuou a transferência do veículo junto ao DETRAN de sua cidade, tendo pago, além da respectiva taxa, multas por violação às normas de trânsito, no valor de R$ 2.000,00 (doc. 3).

No dia 29/11/2007, o veículo foi apreendido por ordem do delegado de polícia, por ter sido objeto de furto na cidade de São Paulo, conforme documento em anexo (doc. 4).

Todas as tentativas para solução amigável quanto ao ressarcimento restaram frustradas, notadamente em virtude de João ter transferido sua residência para o Rio de Janeiro, no endereço constante da consulta feita junto ao órgão estadual de trânsito (doc. 5).

2. DO DIREITO

De acordo com o disposto no art. 447 do Código Civil, "nos contratos onerosos, o alienante responde pela evicção...".

Ora, de acordo com o relato dos fatos, restou caracterizada a evicção, eis que o autor adquiriu do réu um veículo que, em razão de fato anterior à compra, foi apreendido por ordem do delegado de polícia.

Assim, restou patente o prejuízo que o autor suportou, eis que adquiriu de boa-fé veículo objeto de furto, tendo pago seu preço à vista.

Incide na espécie o disposto no art. 450 do Código Civil, pelo qual o evicto, além da restituição integral do preço ou das quantias que pagou, tem direito à indenização pelas despesas dos contratos e pelos prejuízos que diretamente resultarem da evicção, bem como pelas custas judiciais e honorários do advogado por ele constituído.

Portanto, faz jus o autor ao ressarcimento do valor pago ao réu, ou seja, R$ 20.000,00 (vinte mil reais), com os acréscimos a título de correção monetária e juros moratórios, além das despesas que teve com a documentação do veículo no valor de R$ 2.000,00 (dois mil reais) e que vem tendo com as custas judiciais e honorários advocatícios.

3. DO PEDIDO

Ante o exposto, é o presente para requerer seja:

a) determinada a citação do réu, por oficial de justiça, para, querendo, contestar a presente ação no prazo legal, sob as penas da lei processual civil;

b) julgada procedente a presente ação para que seja o réu condenado a pagar ao autor a quantia de R$ 22.000,00 (vinte e dois mil reais), acrescidos de correção monetária e juros de mora, condenando-se o réu, ainda, no pagamento das custas e despesas processuais, bem como honorários advocatícios, estes no valor de 20% sobre o total da condenação;

c) autorizada a produção de prova documental, testemunhal e pericial, e de todos os meios probatórios em direito admitidos, ainda que não especificados no CPC, desde que moralmente legítimos (CPC art. 369).

Dá-se à causa o valor de R$ 22.000,00 (vinte e dois mil reais). (valor do pedido)

Nestes termos, pede Deferimento

Local / Data

[não assine, rubrique ou, de outra forma, identifique sua prova!]

_____
Advogado ...
OAB ...

fim da peça

(OAB/Exame Unificado – 2008.1 – 2ª fase) PEÇA PROFISSIONAL. Márcia, vendedora domiciliada na cidade de São Paulo – SP, alega ter engravidado após relacionamento amoroso exclusivo com Pedro, representante de vendas de empresa sediada em Porto Alegre – RS. Em 5/10/2002, nasceu João, filho de Márcia. Pedro manteve o referido relacionamento com Márcia até o quinto mês da gravidez, custeou despesas da criança em algumas oportunidades, além de ter proporcionado ajuda financeira eventual e estado, também, nas três primeiras festas de aniversário de João, tendo sido, inclusive, fotografado, nessas ocasiões, com o menino, seu suposto filho, no colo. No entanto, Pedro se nega a reconhecer a paternidade ao argumento de que tem dúvidas acerca da fidelidade da mãe, já que ele chegava a ficar um mês sem ir a São Paulo durante o relacionamento que tivera com Márcia. Sabe-se, ainda, acerca de Pedro, que seu o salário bruto, com as comissões recebidas, chega a R$ 5.000,00 mensais, bem como que arca com o sustento de uma filha, estudante de 22 anos, e que não tem domicílio fixo em razão de sua profissão demandar deslocamentos constantes entre

São Paulo – SP, Rio de Janeiro – RJ e Porto Alegre – RS. Márcia, que já esgotou as possibilidades de manter entendimento com Pedro, ganha, no presente momento, cerca de dois salários mínimos. As despesas mensais de João totalizam R$ 1.000,00. Diante da situação hipotética apresentada, redija, na qualidade de advogado(a) contratado(a) por Márcia, a ação judicial que seja adequada aos interesses de João, abordando todos os aspectos de direitos material e processual pertinentes. (data da prova: 29/06/08)

RESOLUÇÃO DA PEÇA PRÁTICO-PROFISSIONAL

Peça: Ação de investigação de paternidade cumulada com alimentos.

Fundamento: art. 1.606 e 1.694 e ss. do CC.

Competência: foro do domicílio do alimentando (art. 53, II, do CPC).

Pedido: de procedência da ação para que seja declarada a paternidade e seja o réu condenado ao pagamento de pensão alimentícia ao alimentando a partir da citação, requerendo a fixação de alimentos provisórios ante as provas preexistentes. Caberá ao advogado a análise dos fatos narrados para que efetue pedido certo. Levando-se em consideração que o suposto pai recebe o salário mensal no valor de R$ 5.000,00, mas que já arca com o sustento de uma filha, seria razoável a fixação de pensão no valor de R$ 750,00, que equivale a 15% dos rendimentos do alimentante, considerando também que o alimentando tem um gasto médio de R$ 1.000,00 e que a genitora recebe apenas dois salários mínimos.

Modelo: Ação de investigação de paternidade c.c alimentos

[o que estiver entre colchetes é apenas nota do autor – não deve constar da peça]

início da peça

EXCELENTÍSSIMO SENHOR DOUTOR JUIZ DE DIREITO DA .... VARA DA FAMÍLIA DA COMARCA DE SÃO PAULO/SP

Pular 10 linhas

João ..., menor impúbere, residente e domiciliado na ..., representado por sua genitora Márcia ..., estado civil ..., profissão ..., , inscrita no CPF sob nº ..., RG nº ..., residente e domiciliada no mesmo endereço, por seu advogado que firma a presente (procuração anexada – doc. 1), com escritório para recebimento de intimações na ... (CPC, art. 106, I), vem, respeitosamente, propor, com fundamento nos arts. 1.606, 1.694 e ss do Código Civil, a presente

AÇÃO DE INVESTIGAÇÃO DE PATERNIDADE CUMULADA COM ALIMENTOS

em face de Pedro ..., estado civil ..., profissão ..., residente e domiciliado na ..., inscrito no CPF sob nº ..., RG nº ..., pelos motivos que passa a expor:

1. DOS FATOS

A genitora do autor mantinha relacionamento amoroso exclusivo com o réu quando engravidou.

Em 5/10/2002, nasceu o autor. O réu manteve o referido relacionamento com Márcia até o quinto mês da gravidez, custeou despesas do autor em algumas oportunidades, além de ter proporcionado ajuda financeira eventual e estado, também, nas três primeiras festas de aniversário, tendo sido, inclusive, fotografado, nessas ocasiões, com o autor no colo (doc. 2).

No entanto, Pedro se nega a reconhecer a paternidade ao argumento de que tem dúvidas acerca da fidelidade da mãe, já que ele chegava a ficar um mês sem ir a São Paulo durante o relacionamento que tivera com Márcia.

Sabe-se, ainda, acerca de Pedro, que seu o salário bruto, com as comissões recebidas, chega a R$ 5.000,00 mensais, bem como que arca com o sustento de uma filha, estudante de 22 anos, e que não tem domicílio fixo em razão de sua profissão demandar deslocamentos constantes entre São Paulo – SP, Rio de Janeiro – RJ e Porto Alegre – RS (doc. 3).

Márcia, que já esgotou as possibilidades de manter entendimento com Pedro, ganha, no presente momento, cerca de dois salários mínimos (doc. 4). As despesas mensais do autor totalizam R$ 1.000,00 (doc. 5).

2. DO DIREITO

De acordo com o disposto no art. 1.606 do Código Civil, "a ação de prova de filiação compete ao filho...".

Ora, de acordo com o relato dos fatos, a genitora do autor tem certeza da sua paternidade e o autor tem direito de fazer constar o nome de seu pai em seu registro de nascimento, bem como de se beneficiar dos efeitos jurídicos decorrentes de ser filho do réu.

O autor trouxe provas suficientes para demonstrar que o réu é seu pai. Todavia, caso não se entenda devidamente comprovada a filiação, o autor requer seja realizado exame de DNA, a fim de comprovar o fato que gera o direito que se pede ver reconhecido na presente demanda.

Com relação aos alimentos, verifica-se que, diante das provas ora juntadas, o autor é criança e tem necessidades presumidas, tais como alimentação, vestuário, moradia, assistência médica, escola, entre outros, que, atualmente, somam a média mensal de R$ 1.000,00 (doc. 5).

De outro lado, a genitora do autor tem conhecimento que o réu recebe mensalmente o valor aproximado de R$ 5.000,00 (cinco mil reais) e que arca com o sustento de uma filha de 22 anos.

Assim, considerando o binômio necessidade/possibilidade, o valor razoável para fixação da pensão mensal equivale a 15% dos seus rendimentos, pressupondo que outros 15% o réu já utiliza para arcar com o sustento da outra filha, em respeito ao princípio da igualdade entre os filhos.

Esse percentual faz com que a pensão, hoje, seja de R$ 750,00, valor proporcional à diferença de rendimentos entre o réu e a genitora do autor, mormente se considerarmos que esta já arcar com outras despesas cotidianas, decorrente de ter seu filho em sua companhia.

3. DO PEDIDO

Ante o exposto, requer seja:
a) determinada a citação do réu, por oficial de justiça, para, querendo, contestar a presente ação no prazo legal, sob as penas da lei processual civil;
b) julgada procedente a presente ação, para que seja declarada a paternidade do réu em relação ao autor, que passará a chamar João..., fixando-se a pensão mensal no valor

equivalente a 15% dos rendimentos do réu, condenando-se o réu, ainda, no pagamento das custas e despesas processuais, bem como honorários advocatícios, estes no valor de 20% sobre o total da condenação;

c) admitida a produção de prova documental, testemunhal e pericial, e de todos os meios probatórios em direito admitidos, ainda que não especificados no CPC, desde que moralmente legítimos (CPC art. 346).

Dá-se à causa o valor de R$ 9.000,00 (nove mil reais). (art. 292, III, do CPC)

Nestes termos, pede deferimento

Local ..., data ...

[não assine, rubrique ou, de outra forma, identifique sua prova!]

_____

Advogado ...

OAB ...

[em casos como esse o autor poderá requerer os benefícios da assistência judiciária gratuita!]

fim da peça

(OAB/Exame Unificado – 2008.2 – 2ª fase) PEÇA PROFISSIONAL. Mauro, pedreiro, domiciliado em Salvador – BA, caminhava por uma rua de Recife – PE quando foi atingido por um aparelho de ar-condicionado manejado, de forma imprudente, por Paulo, comerciante e proprietário de um armarinho. Encaminhado a um hospital particular, Mauro faleceu após estar internado por um dia. Sua família, profundamente abalada pela perda trágica do parente, deslocou-se até Recife – PE e transportou o corpo para Salvador – BA, local do sepultamento. O falecido deixou viúva e um filho menor impúbere. Sabe-se, ainda, que Mauro tinha 35 anos de idade, era responsável pelo sustento da família e conseguia obter renda média mensal de R$ 800,00 como pedreiro. Sabe-se, também, que os gastos hospitalares somaram R$ 3.000,00 e os gastos com transporte do corpo e funeral somaram R$ 2.000,00. Após o laudo da perícia técnica apontar como causa da morte o traumatismo craniano decorrente da queda do aparelho de ar-condicionado e o inquérito policial indiciar Paulo como autor de homicídio culposo, a viúva e o filho procuraram um advogado para buscar em juízo o direito à indenização pelos danos decorrentes da morte de Mauro. Em face da situação hipotética apresentada, redija, na qualidade de advogado(a) procurado(a) pela família de Mauro, a petição inicial da ação judicial adequada ao caso, abordando todos os aspectos de direito material e processual pertinentes. (data da prova: 19/10/08)

RESOLUÇÃO DA PEÇA PRÁTICO-PROFISSIONAL

Peça: Ação de indenização por danos materiais e morais.

Fundamento: arts. 186, 927 e ss. do CC.

Competência: foro do local do fato ou do domicílio do autor (art. 53, IV, *a* e V, do CPC).

Pedido: de procedência da ação para que o réu seja condenado ao pagamento de indenização por danos materiais consistentes nos danos emergentes (despesas com hospital e funeral), além de pagamento de pensão mensal no valor equivalente a 2/3 dos rendimentos do falecido, eis que sustentava mulher e filho, até a data em que completaria 70 anos à viúva e até o filho completar 24 anos, com direito de acrescer, além de danos morais que devem já constar em valores no pedido inicial.

Modelo: Ação de indenização pela evicção

[o que estiver entre colchetes é apenas nota do autor – não deve constar da peça]

início da peça

EXCELENTÍSSIMO SENHOR DOUTOR JUIZ DE DIREITO DA .... VARA ... DA COMARCA DE SALVADOR/BA OU RECIFE/PE.

Pular 10 linhas

Viúva ..., qualificação ....e Filho de Mauro, menor impúbere, representado por sua genitora, ambos residentes e domiciliados na ..., por seu advogado que firma a presente (procuração anexada – doc. 1), com escritório para recebimento de intimações na ... (CPC, art. 106, I), vem, respeitosamente, propor a presente

AÇÃO DE INDENIZAÇÃO POR DANOS MATERIAIS E MORAIS

em face de Paulo ..., estado civil ..., comerciante, residente e domiciliado na ..., inscrito no CPF sob nº ..., RG nº ..., com fundamento nos arts. 186, 927 e ss. do Código Civil, pelos motivos que passa a expor.

1. DOS FATOS

Mauro, pedreiro, caminhava por uma rua de Recife – PE quando foi atingido por um aparelho de ar-condicionado manejado, de forma imprudente, por Paulo, comerciante e proprietário de um armarinho (doc. 2 – boletim de ocorrência).

Encaminhado a um hospital particular, Mauro faleceu após estar internado por um dia (doc. 3).

Sua família, profundamente abalada pela perda trágica do parente, deslocou-se até Recife – PE e transportou o corpo para Salvador – BA, local do sepultamento.

O falecido deixou viúva e um filho menor impúbere, ora autores.

Mauro faleceu aos 35 anos de idade, era responsável pelo sustento da família e conseguia obter renda média mensal de R$ 800,00 como pedreiro (doc. 4).

Além da perda da receita, a esposa do falecido teve de arcar com as despesas hospitalares no montante de R$ 3.000,00 e despesas com o funeral do *de cujus*, no montante de R$ 2.500,00 (doc. 5).

Após o laudo da perícia técnica apontar como causa da morte o traumatismo craniano decorrente da queda do aparelho de ar-condicionado e o inquérito policial indiciar Paulo como autor de homicídio culposo, os autores buscaram indenização junto ao réu.

Em que pesem as tentativas, não lograram êxito nesse intento, o que os levaram a propor a presente ação indenizatória.

II – DO DIREITO

1. Da responsabilidade do réu

Segundo dispõe o art. 938 do Código Civil, a responsabilidade pelo dano proveniente das coisas que caírem de prédio ou forem lançadas em lugar indevido é objetiva, ou seja, independe da demonstração de conduta culposa ou dolosa.

O caso em tela se subsume perfeitamente no dispositivo citado, vez que o réu manejava um ar condicionado do prédio onde exerce suas atividades profissionais, ar condicionado este que, como se viu, caiu e atingiu de modo fatal o ente querido dos autores.

Os requisitos para a configuração da responsabilidade civil – conduta, dano e nexo de causalidade – estão, dessa forma, configurados, não sendo o caso de se discutir se houve dolo ou culpa por parte do réu.

De qualquer forma, e considerando o princípio da eventualidade, o autor também responderia caso fosse necessário enquadrar o caso presente na responsabilidade subjetiva.

Com efeito, o art. 927 do Código Civil é claro no sentido de que "aquele que, por ato ilícito (arts. 186 e 187), causar dano a outrem, fica obrigado a repará-lo".

Os fatos narrados na petição inicial enquadram-se também na hipótese de incidência prevista no dispositivo citado, pelos seguintes motivos: a) o réu, de maneira imprudente, deixou cair um aparelho de ar-condicionado na rua; b) a queda do aparelho causou a morte de Mauro, conforme restou comprovado pelas conclusões do laudo da perícia técnica; c) a morte de Mauro em razão da conduta imprudente do réu causou danos de ordem material e moral nos autores.

Por outro lado, não ocorre no caso presente qualquer das causas excludentes da responsabilidade, eis que restou clara a conduta imprudente do réu, fato reforçado pelo seu indiciamento no crime de homicídio culposo.

Demonstrada a culpa, o nexo causal e os danos, que são presumidos em casos como esses, de rigor, agora, tratar das verbas indenizatórias devidas aos autores.

2. Das verbas indenizatórias devidas

O art. 948 do Código Civil tem o seguinte teor:

"Art. 948. No caso de homicídio, a indenização consiste, sem excluir outras reparações:

I – no pagamento das despesas com o tratamento da vítima, seu funeral e o luto da família;

II – na prestação de alimentos às pessoas a quem o morto os devia, levando-se em conta a duração possível da vida da vítima."

Por outro lado, a Constituição Federal, em seu art. 5º, V e X, e o Código Civil, em seus arts. 186 (ato ilícito) e 944 ("a indenização mede-se pela extensão do dano") impõem que os danos morais também devem ser indenizados.

Considerando que houve despesas comprovadas de funeral, que os autores dependiam economicamente do falecido e que o dano moral é consequência natural e imediata do falecimento do marido e do pai dos autores, independendo de comprovação, segundo a jurisprudência, os autores fazem jus às seguintes verbas indenizatórias:

a) danos materiais, consistentes no ressarcimento das despesas de hospital, funeral e na fixação de pensão aos autores;

b) danos morais, devidos a cada um dos autores.

2.1. Da pensão

Nos termos da jurisprudência do STJ, a pensão devida aos filhos deve se estender até a idade de 24 anos, quando presumidamente estes encerrarão sua formação escolar, podendo ingressar no mercado de trabalho em melhores condições para prover a sua subsistência. Confira:

"A pensão pela morte do pai será devida até o limite de vinte e quatro anos de idade, quando, presumivelmente, os beneficiários da pensão terão concluído sua formação, inclusive curso universitário, não mais subsistindo vínculo de dependência" (STJ, Resp. 142.526/RS, rel. Min. Cesar Asfor Rocha, DJ 17/09/01).

Já a pensão devida à esposa, deve ser paga até que esta perfaça 70 anos, tendo em vista o aumento da expectativa de vida do brasileiro, que hoje é, em média, de 71,9 anos. Confira:

"Possibilidade de determinar como termo final do pagamento da pensão, a data em que a vítima completaria 70 (setenta) anos de idade, em função do caso concreto. Precedentes: REsp 164.824/RS e REsp 705.859/SP" (REsp 895.225/RN, Rel. Min. Francisco Falcão, Primeira Turma, julgado em 13.03.2007, DJ 09.04.2007, p. 242).

Já quanto ao *quantum* devido, as decisões do STJ vêm fixando a pensão em 2/3 da remuneração que recebia o *de cujus*. Confira:

"Responsabilidade civil do Estado. Acidente de trânsito com vítima fatal. Adequada a fixação do valor da pensão em 2/3 (dois terços) dos rendimentos da vítima, deduzindo que o restante seria gasto com seu sustento próprio" (STJ, REsp 603.984/MT, rel. Min. Francisco Falcão, DJ de 16/11/2004).

O mesmo Tribunal também vem entendendo ser cabível o direito de acrescer aos demais autores, na medida em que o filho do falecido completar a idade que não mais permite o recebimento da pensão (STJ, REsp 625.161/RJ, rel. Min. Aldir Passarinho Junior, DJ 17/12/2007).

Por fim, é importante ressaltar que tanto a correção monetária como os juros moratórios das parcelas devidas a título de indenização por danos materiais devem incidir desde a data do evento danoso (STJ, REsp 705.859/SP, rel. Min. Jorge Scartezzini, DJ de 21/03/2005).

Como o art. 406 do Código Civil determina a aplicação da taxa Selic e esta abarca juros e correção monetária, estes incidirão com a simples aplicação da taxa referencial (STJ, REsp 897.043/RN, rel. Min. Eliana Calmon, 2ª T., j. 03-05-2007, DJU 11-05-2007, p. 392).

2.2. Dos danos morais

O STJ vem entendendo que não se pode fixar o valor do dano moral tomando como critério o salário mínimo. Deve-se fixar esta verba em valor certo, valor esse que, em caso de homicídio, vem sendo fixado na quantia de R$ 190 mil. Confira o seguinte caso:

"CIVIL E PROCESSUAL. AÇÃO DE INDENIZAÇÃO. ACIDENTE DE TRÂNSITO COM VÍTIMA FATAL, ESPOSO E PAI DOS AUTORES. DANO MORAL. FIXAÇÃO. MAJORAÇÃO. Dano moral aumentado, para amoldar-se aos parâmetros usualmente adotados pela Turma. R$ 190 mil para esposa e filhas" (STJ, REsp 625.161/RJ, rel. Min. Aldir Passarinho Júnior, DJ 17/12/07).

Em matéria de dano moral, a correção monetária é devida desde a data da fixação de seu valor, ou seja, desde a data da decisão judicial que fixar a indenização por dano moral. Já os juros moratórios são calculados tendo-se em conta a data do evento danoso (Súmula 54 do STJ: "os juros moratórios fluem a partir do evento danoso, em caso de responsabilidade extracontratual").

2.3. Dos honorários advocatícios

Segundo o STJ, os honorários devem incidir da seguinte forma: *"para efeito de cálculo da verba honorária, a condenação é constituída pelo somatório de todas as prestações vencidas, além das demais verbas já definidas (dano moral, pensão, juros etc.), e doze das vincendas, inaplicável o disposto no § 5.º do art. 20 do CPC"* (STJ, REsp 625.161/RJ, rel. Min. Aldir Passarinho Júnior, DJ 17/12/2007).

III – DO PEDIDO

Ante o exposto, é o presente para requerer a Vossa Excelência o quanto segue:

1. A citação do réu, no endereço declinado no pórtico desta inicial, para, querendo, contestar a presente ação no prazo legal, sob as penas da lei processual civil.

2. A procedência da ação para condenar a ré no pagamento: a) da quantia de R$ 3.000,00, relativa às despesas hospitalares e de R$ 2.500,00, relativa às despesas com funeral; b) de pensão mensal de R$ 533,33, devida aos autores desde o evento danoso, sendo que o filho receberá até completar 24 anos e a esposa, até completar 70 anos, com direito de extensão para a segunda, na medida em que o filho não for mais receber a pensão; c) de indenização por dano moral no valor de R$ 190 mil, para os dois autores; d) de correção monetária e juros legais, que, quanto aos danos materiais (itens "a" e "b"), incidirão a partir do evento danoso, e quanto aos danos morais, incidirá a partir da data de sua fixação (a correção monetária), e a partir do evento danoso (quanto aos juros legais); e) honorários advocatícios de 20%, incidentes sobre o somatório de todas as prestações vencidas, além das demais verbas já definidas (dano moral, pensão, juros etc.), e doze das vincendas.

3. O protesto pela produção de prova documental e pericial, e de todos os meios probatórios em direito admitidos, ainda que não especificados no CPC, desde que moralmente legítimos (CPC, art. 369).

(se o quantum dos danos não estiverem determinados, deve-se requer a sua apuração em liquidação de sentença)

(a depender da condição econômica dos autores, deve-se pedir os benefícios da justiça gratuita)

Dá-se à causa o valor de R$ 201.896,00 (valor por extenso) (art. 292, VI e III, do CPC).

Nestes termos, pede deferimento

Local / Data

[não assine, rubrique ou, de outra forma, identifique sua prova!]

———————————————
Advogado ...
OAB ...

fim da peça

(OAB/Exame Unificado – 2008.3 – 2ª fase) PEÇA PROFISSIONAL. Gustavo ajuizou, em face de seu vizinho Leonardo, ação com pedido de indenização por dano material suportado em razão de ter sido atacado pelo cão pastor alemão de propriedade do vizinho. Segundo relato do autor, o animal, que estava desamarrado dentro do quintal de Leonardo, o atacara, provocando-lhe corte profundo na face. Em consequência do ocorrido, Gustavo alegou ter gasto R$ 3 mil em atendimento hospitalar e R$ 2 mil em medicamentos. Os gastos hospitalares foram comprovados por meio de notas fiscais emitidas pelo hospital em que Gustavo fora atendido, entretanto este não apresentou os comprovantes fiscais relativos aos gastos com medicamentos, alegando ter-se esquecido de pegá-los na farmácia. Leonardo, devidamente citado, apresentou contestação, alegando que o ataque ocorrera por provocação de Gustavo, que jogava pedras no cachorro. Alegou, ainda, que, ante a falta de comprovantes, não poderia ser computado na indenização o valor gasto com medicamentos. Houve audiência de instrução e julgamento, na qual as testemunhas ouvidas declararam que a mureta da casa de Leonardo media cerca de um metro e vinte centímetros e que, de fato, Gustavo atirava pedras no animal antes do evento lesivo. O juiz da 40.ª Vara Cível de Curitiba proferiu sentença condenando Leonardo a indenizar Gustavo pelos danos materiais, no valor de R$ 5 mil, sob o argumento de que o proprietário do animal falhara em seu dever de guarda e por considerar razoável a quantia que o autor alegara ter gasto com medicamentos. Pelos danos morais decorrentes dos incômodos evidentes em razão do fato, Leonardo foi condenado a pagar indenização no valor de R$ 6 mil. A sentença foi publicada em 12/1/2009. Após uma semana, Leonardo, não se conformando com a sentença, procurou advogado. Em face da situação hipotética apresentada, na qualidade de advogado(a) contratado(a) por Leonardo, elabore a peça processual cabível para a defesa dos interesses de seu cliente. (data da prova: 1º/03/09)

RESOLUÇÃO DA PEÇA PRÁTICO-PROFISSIONAL

Peça: Apelação.

Fundamento: art. 1.009 do CPC.

Endereçamento: Petição de interposição: ao juiz da causa.

Razões: ao E. Tribunal competente.

Prazo: 15 dias úteis.

Tese: houve culpa do autor e, de acordo com o disposto no art. 936 do CC o dono do animal somente é responsável pelos danos causados por seu animal se não houve culpa da vítima.

Modelo: Apelação

[o que estiver entre colchetes é apenas nota do autor – não deve constar da peça]

início da peça

EXCELENTÍSSIMO SENHOR DOUTOR JUIZ DE DIREITO DA 40ª VARA CÍVEL DA COMARCA DE CURITIBA/PR.

Pular 10 linhas

Autos n.º ... .

Leonardo ..., qualificado nos autos, por meio de seu advogado que subscreve a presente, vem, respeitosamente, à presença de Vossa Excelência, com fulcro no art. 1.009 e seguintes do Código de Processo Civil, interpor a presente

APELAÇÃO

contra a r. sentença de fls. ... , proferida por esse D. Juízo, nos autos da ação de indenização interposta por Gustavo ..., já qualificado, nos termos das razões de fato e de direito apresentadas na minuta em anexo.

Requer, outrossim, seja o presente recurso recebido nos efeitos devolutivo e suspensivo, intimando-se a parte contrária para, querendo, apresentar suas contrarrazões, no prazo legal.

Requer, em seguida, a remessa dos autos para o E. Tribunal de Justiça, para processamento, conhecimento e julgamento.

Por fim, requer a juntada das custas de preparo e porte de remessa e retorno.

Nestes termos, pede deferimento

Local ..., data ...

[não assine, rubrique ou, de outra forma, identifique sua prova!]

_____

Advogado ...

OAB ...

(As razões são na página seguinte)

RAZÕES DE RECURSO DE APELAÇÃO

Apelante: Leonardo ....

Apelado: Gustavo ....

EGRÉGIO TRIBUNAL,

COLENDA CÂMARA,

NOBRES JULGADORES.

1. BREVE RESUMO

O apelado propôs contra o apelante ação de indenização por dano material.

O pedido foi julgado procedente pela r. sentença que, sob o argumento de que o proprietário do animal falhara em seu dever de guarda e por considerar razoável a quantia que o apelado alegara ter gasto com medicamentos, condenou o réu, ora apelante, ao pagamento de danos materiais no valor de R$ 5 mil.

Pelos danos morais decorrentes dos incômodos evidentes em razão do fato, Leonardo foi condenado a pagar indenização no valor de R$ 6 mil.

2. DAS RAZÕES DE FATO E DE DIREITO

2.1. Da nulidade da sentença

Dispõe o art. 492 do Código de Processo Civil que é defeso ao juiz proferir sentença condenando o réu em objeto diverso do que lhe foi demandado.

Ocorre que a r. sentença de primeiro grau condenou o réu, ora apelante, ao pagamento de indenização por danos morais no valor de R$ 6 mil, sem que o autor houvesse formulado pedido nesse sentido.

Assim, patente a existência do vício de julgamento *extra-petita*, razão pela qual a sentença deverá ser declarada nula.

2.2. Do mérito

2.2.1. Da culpa do autor pela ocorrência do evento

Se assim não for o entendimento de Vossa Excelência, vê-se que, de acordo com os fundamentos que passamos a expor, a ação é totalmente improcedente.

Dispõe o art. 936 do Código Civil que o dono do animal somente é responsável pelos danos causados por seu animal se não houve culpa da vítima.

No caso, restou comprovado pelos depoimentos das testemunhas ouvidas em juízo, que o autor jogava pedras no animal, provocando-o, razão pela qual está evidenciada a sua culpa para ocorrência do acidente.

O réu, ora apelante, de seu lado, tomava todas as cautelas necessárias, sendo que o muro existente entre as casas era suficiente, não fosse a atitude do apelado em provocar o animal.

2.2.2. Da ausência de comprovantes de gastos com medicamentos

Subsidiariamente, caso Vossa Excelência entenda que não houve culpa do autor para ocorrência do evento, é certo que o valor relativo às despesas com medicamentos devem ser excluídas da condenação, eis que o autor não trouxe os comprovantes de pagamento.

Conforme disposto no art. 373, I, do Código de Processo Civil, o ônus da prova incumbe ao autor quanto ao fato constitutivo do seu direito.

No caso, como o autor não trouxe aos autos os comprovantes de pagamento das despesas que alega ter tido com compra de medicamentos, não há como ser acolhida a sua pretensão.

IV – DO PEDIDO

Ante o exposto, requer seja processado o presente na forma prevista no Código de Processo Civil, para que, ao final:

a) seja dado provimento ao recurso para o fim de ser declarada a nulidade da sentença proferida pelo D. Juízo *a quo*, ou;

b) seja dado provimento ao recurso para que seja julgada improcedente a ação, invertendo-se os ônus sucumbenciais ou, ainda, subsidiariamente;

c) seja dado provimento parcial ao recurso para que seja julgada parcialmente procedente a ação restringindo a condenação do réu aos danos materiais relativos às despesas hospitalares no valor de R$ 3.000,00, com a distribuição dos ônus da sucumbência.

Local ..., data ...

[não assine, rubrique ou, de outra forma, identifique sua prova!]

_____
Advogado ...
OAB ...

fim da peça

(OAB/Exame Unificado – 2009.1 – 2ª fase) PEÇA PROFISSIONAL. Marta, aos seis anos de idade, sofreu sérios danos estéticos ao receber a terceira dose da vacina antirrábica fornecida pelo Estado. Quando Marta estava com treze anos de idade, ajuizou, representada por sua mãe, ação de indenização em face do Estado, alegando que a má prestação de serviço médico em hospital público lhe teria deixado graves sequelas. Ela pediu indenização no valor de R$ 50.000,00 a título de danos materiais e outra no valor de R$ 40.000,00 a título de danos morais, e fez juntar aos autos comprovantes das despesas decorrentes do tratamento. Em contestação, a Fazenda Pública estadual alegou ocorrência de prescrição, com base no disposto no art. 1.º do Decreto n.º 20.910/1932, o qual estabelece que as dívidas passivas do Estado prescrevem em cinco anos, contados da data do ato ou do fato de que se originaram. Como entre a data do fato e o ajuizamento da demanda transcorreram sete anos, teria ocorrido a prescrição. Em primeiro grau de jurisdição, foram realizados perícia e demais atos probatórios, tendo todos atestado a ocorrência do dano e do nexo de causalidade. No entanto, ao proferir sentença, a autoridade julgadora acolheu a alegação de prescrição e julgou extinto o processo nos termos do art. 269, IV *[atual art. 487, II]*, do Código de Processo Civil. Em face dessa situação hipotética, na qualidade de advogado(a) contratado(a) por Marta, redija a peça processual cabível, abordando todos os aspectos de direito processual e material necessários à defesa de sua cliente. (data da prova: 28/06/09)

RESOLUÇÃO DA PEÇA PRÁTICO-PROFISSIONAL

Peça: Apelação.

Fundamento: art. 1.009 do CPC.

Endereçamento: Petição de interposição: ao juiz da causa.

Razões: ao E. Tribunal competente.

Prazo: 15 dias úteis.

Tese: a prescrição não corre contra incapazes (art. 198, I, do CC).

Modelo: Apelação

[o que estiver entre colchetes é apenas nota do autor – não deve constar da peça]

início da peça

EXCELENTÍSSIMO SENHOR DOUTOR JUIZ DE DIREITO DA ... VARA CÍVEL DA COMARCA DE ... .

Pular 10 linhas

Autos n.º ... .

Marta ..., menor impúbere representada por sua mãe, qualificada nos autos, por meio de seu advogado que subscreve a presente, vem, respeitosamente, à presença de Vossa Excelência, com fulcro no art. 1.009 e seguintes do Código de Processo Civil, interpor a presente

APELAÇÃO

contra a r. sentença de fls. ..., proferida por esse D. Juízo, nos autos da ação de indenização interposta em face do Estado ..., já qualificado, nos termos das razões de fato e de direito apresentadas na minuta em anexo.

Requer, outrossim, seja o presente recurso recebido nos efeitos devolutivo e suspensivo, intimando-se a parte contrária para, querendo, apresentar suas contrarrazões, no prazo legal.

Requer, em seguida, a remessa dos autos para o E. Tribunal de Justiça, para processamento, conhecimento e julgamento.

Por fim, requer a juntada das custas de preparo e porte de remessa e retorno.

Nestes termos, pede deferimento

Local ..., data ...

[não assine, rubrique ou, de outra forma, identifique sua prova!]

_____

Advogado ...
OAB ...

(As razões são na página seguinte)

RAZÕES DE RECURSO DE APELAÇÃO

Apelante: Marta ....
Apelado: Estado ....

EGRÉGIO TRIBUNAL, COLENDA CÂMARA, NOBRES JULGADORES.

1. BREVE RESUMO

A apelante propôs contra o Estado ... ação de indenização. O pedido foi julgado improcedente pela r. sentença, com fundamento no art. 487, II, do CPC, acolhendo a alegação de prescrição.

2. DAS RAZÕES DE FATO E DE DIREITO

Dispõe o art. 198 do Código Civil: "Também não corre a prescrição: I – contra os incapazes de que trata o art. 3º...."

Ora, o mencionado art. 3º do Código Civil trata dos absolutamente incapazes, entre eles, os menores de dezesseis anos.

No caso dos autos, a apelante ainda é pessoa absolutamente incapaz e ao ingressar com a ação tinha apenas treze anos de idade. Assim, não se poderia falar em prescrição.

No mais, tratando-se de causa já devidamente esclarecida em primeira instância, ou seja, já produzidas todas as provas necessárias ao deslinde da controvérsia, e considerando a aplicação em analogia do disposto no art. 515, § 3º, do CPC, pede-se a apreciação do mérito e julgamento da causa por este E. Tribunal.

IV – DO PEDIDO

Ante o exposto, requer seja processado o presente na forma prevista no Código de Processo Civil, para que, ao final, seja dado provimento ao recurso para o fim de afastar a prescrição da pretensão, julgando procedente o pedido conforme consta da inicial e provas produzidas nesse sentido, com inversão dos ônus sucumbenciais.

Local ..., data ...

[não assine, rubrique ou, de outra forma, identifique sua prova!]

_____

Advogado ...
OAB ...

fim da peça

(OAB/Exame Unificado – 2010.1 – 2ª fase) Júlia ajuizou ação sob o rito ordinário, distribuída à 34.ª Vara de Família de São Paulo – SP, com o objetivo de ver declarada a existência de união estável que alega ter mantido, de 1989 a 2005, com Jonas, já falecido. Arrolou a autora, no polo passivo da lide, o nome dos herdeiros de Jonas, que, devidamente citados, apresentaram contestação no prazo legal.

Preliminarmente, os réus alegaram que:

- o pedido seria juridicamente impossível, sob o argumento de que Jonas, apesar de não viver mais com sua esposa havia vinte anos, ainda era casado com ela, mãe dos réus, quando falecera, algo que inviabilizaria a declaração da união estável, por ser inaceitável admiti-la com pessoa casada;

- a autora não teria interesse de agir, sob o argumento de que Jonas não deixara pensão de qualquer origem, sendo inútil a ela a simples declaração;
- o pedido encontraria óbice na coisa julgada, sob o fundamento de que, em oportunidade anterior, a autora ajuizara, contra os réus, ação possessória na qual, alegando ter sido companheira do falecido, pretendia ser mantida na posse de imóvel pertencente ao último, tendo sido o julgamento dessa ação desfavorável a ela, sob a fundamentação de que não teria ocorrido a união estável;
- haveria litispendência, sob o argumento de que já tramitava, na 1.ª Vara de Órfãos e Sucessões de São Paulo – SP, ação de inventário dos bens deixados pelo falecido, devendo necessariamente ser discutido naquela sede qualquer tema relativo a interesse do espólio, visto que o juízo do inventário atrai os processos em que o espólio é réu.

No mérito, os réus aduziram que Jonas era homem dado a vários relacionamentos e, apesar de ter convivido com a autora sob o mesmo teto, tinha uma namorada em cidade vizinha, com a qual se encontrava, regularmente, uma vez por semana, no período da tarde.

Considerando as matérias suscitadas na defesa, o juiz conferiu à autora, mediante intimação feita em 21/9/20XX (segunda-feira), prazo para manifestação.

Considerando a situação hipotética apresentada, na qualidade de advogado(a) contratado(a) por Júlia, redija a peça processual cabível em face das alegações apresentadas na contestação. Date o documento no último dia de prazo.

PADRÃO DE RESPOSTA - PEÇA PROFISSIONAL - EXAMINADORA

Deve-se redigir uma réplica, com argumentos jurídicos capazes de levar à rejeição das alegações aduzidas pelos réus em contestação.

A PEÇA

Réplica endereçada ao juiz da 34.ª Vara de Família de São Paulo – SP.

Data: 9 de outubro de 20XX (CPC, art. 351).

Relato da situação fática.

PRELIMINARES:

A separação de fato entre o falecido e sua esposa, ocorrida há mais de vinte anos, não serve de óbice à possibilidade jurídica do pedido (Código Civil, art. 1.723, § 1.º), verificando-se a possibilidade jurídica do pedido quando este é admitido pelo ordenamento jurídico, ou não é vedado. Estabelece o Código Civil:

> "Art. 1.521. Não podem casar:
> (...)
> VI – as pessoas casadas;
> (...)
> Art. 1.723. É reconhecida como entidade familiar a união estável entre o homem e a mulher, configurada na convivência pública, contínua e duradoura e estabelecida com o objetivo de constituição de família.

§ 1º A união estável não se constituirá se ocorrerem os impedimentos do art. 1.521, não se aplicando a incidência do inciso VI no caso de a pessoa casada se achar separada de fato ou judicialmente."

Existe interesse de agir mesmo na simples declaração da união estável sem que haja pensão. A convivência duradoura entre duas pessoas é um fato, sendo a união estável um conceito jurídico que poderá ou não definir tal relação. A lei prevê a possibilidade de ser declarada a existência de relação jurídica (CPC, art. 19, I). Ademais, considerando-se que há ação de inventário em curso, o falecido deixou bens, podendo algum deles ter sido adquirido na constância da união estável. Não ocorre litispendência, pois os elementos das ações não são coincidentes. Para que ocorra a litispendência, deverá ser repetida ação em curso. De fato, uma ação é idêntica a outra quando ambas têm as mesmas partes, a mesma causa de pedir e o mesmo pedido (CPC, art. 337, §§ 1º e 2º).

A atração exercida pelo inventário não se põe de tal modo a determinar que o pedido de reconhecimento da união estável de quem não é herdeira precise necessariamente ser processado nos autos do inventário. O reconhecimento de união estável é de competência da vara de família. Foi respeitada a competência do foro, visto que a ação declaratória foi proposta no foro do domicílio do autor da herança (CPC, art. 48).

Não ocorre, na hipótese, coisa julgada, pois o pedido é diferente nas duas ações. Ademais, os fundamentos de uma sentença não transitam em julgado de modo a impedir novo pronunciamento judicial acerca da matéria já discutida em momento anterior (CPC, art. 337, §§ 1º, 3º e 4º).

MÉRITO

A existência de relacionamento não estável não serve de empecilho ao reconhecimento da união estável da autora com o falecido, visto que, conforme informação da própria contestação, o suposto relacionamento não tinha os atributos de união estável nos termos da lei civil, de acordo com o que dispõe o art. 1.723 do Código Civil:

"É reconhecida como entidade familiar a união estável entre o homem e a mulher, configurada na convivência pública, contínua e duradoura e estabelecida com o objetivo de constituição de família."

REQUERIMENTO FINAL

Deve ser requerida ao juiz a rejeição das preliminares alegadas, da causa de extinção do processo, com a procedência do pedido inicial.

Observação para a correção: atribuir pontuação integral às respostas em que esteja expresso o conteúdo do dispositivo legal, ainda que não seja citado, expressamente, o número do artigo.

(OAB/Exame Unificado – 2010.2 – 2ª fase) Em janeiro de 2005, Antonio da Silva Júnior, 7 anos, voltava da escola para casa, caminhando por uma estrada de terra da região rural onde morava, quando foi atingindo pelo coice de um cavalo que estava em um terreno à margem da estrada. O golpe causa sérios danos à saúde do menino, cujo tratamento se revela longo e custoso. Em ação de reparação por danos patrimoniais e morais, movida em janeiro de 2009 contra o proprietário do cavalo, o juiz profere sentença julgando improcedente a demanda, ao argumento de que Walter Costa, proprietário do animal, "empregou o cuidado devido, pois mantinha o cavalo amarrado a uma árvore no terreno, evidenciando-se a ausência de culpa, especialmente em uma zona rural onde é comum a existência de cavalos". Além disso, o juiz argumenta que já teria ocorrido a prescrição trienal da ação de reparação, quer no que tange aos danos morais, quer no que tange aos danos patrimoniais, já que a lesão ocorreu em 2005 e a ação somente foi proposta em 2009.' Como advogado contratado pela mãe da vítima, Isabel da Silva, elabore a peça processual cabível.

RESOLUÇÃO DA PEÇA PRÁTICO-PROFISSIONAL

Peça: Apelação.
Fundamento: art. 1.009 do CPC.
Endereçamento: Petição de interposição: ao juiz da causa.
Razões: ao E. Tribunal competente.
Prazo: 15 dias úteis.
Teses: a) a responsabilidade pelo fato do animal é objetiva no CC/2002 (art. 936); b) não corre prescrição contra absolutamente incapaz (art. 198, I, do CC).

Modelo: Apelação

[o que estiver entre colchetes é apenas nota do autor – não deve constar da peça]

início da peça

EXCELENTÍSSIMO SENHOR DOUTOR JUIZ DE DIREITO DA ... VARA ... DA COMARCA DE ... .

Pular 10 linhas

Autos n.º ... .

Antônio da Silva Júnior, qualificado nos autos, neste ato representado por sua mãe, Isabel da Silva, já qualificada, por meio de seu advogado que subscreve a presente, vem, respeitosamente, à presença de Vossa Excelência, com fulcro no art. 1.009 e seguintes do Código de Processo Civil, interpor o presente

RECURSO DE APELAÇÃO

contra a r. sentença de fls. ..., proferida por esse D. Juízo, nos autos da ação de indenização proposta em face de Walter Costa, já qualificado, nos termos das razões de fato e de direito apresentadas na minuta em anexo.

Requer, outrossim, seja o presente recurso recebido nos efeitos legais, intimando-se a parte contrária para, querendo, apresentar suas contrarrazões, no prazo legal.

Requer, em seguida, a remessa dos autos para o E. Tribunal de Justiça, para processamento, conhecimento e julgamento.

Por fim, requer a juntada das custas de preparo e porte de remessa e retorno.

Nestes termos, pede deferimento

Local ... , data ...

[não assine, rubrique ou, de outra forma, identifique sua prova!]

_____

Advogado ...
OAB ...

(As razões são na página seguinte)

RAZÕES DE RECURSO DE APELAÇÃO

Apelante: Antônio da Silva Júnior, representado por sua mãe Isabel da Silva.
Apelado: Walter Costa.

EGRÉGIO TRIBUNAL, COLENDA CÂMARA, NOBRES JULGADORES.

1. BREVE RESUMO

O apelante propôs contra o apelado ação de indenização por danos materiais e morais, pelo fato de que, em janeiro de 2005, quando voltava da escola para casa, caminhando por uma estrada de terra da região rural onde morava, foi atingindo pelo coice de um cavalo que estava em um terreno à margem da estrada, animal de propriedade do segundo.

O golpe causou sérios danos à saúde do apelante, cujo tratamento se revelou longo e custoso.

O pedido foi julgado improcedente pela r. sentença recorrida, sob o argumento de que que Walter Costa, proprietário do animal, "empregou o cuidado devido, pois mantinha o cavalo amarrado a uma árvore no terreno, evidenciando-se a ausência de culpa, especialmente em uma zona rural onde é comum a existência de cavalos".

Além disso, o juízo recorrido argumentou que já teria ocorrido a prescrição trienal da ação de reparação civil, quer no que tange aos danos morais, quer no que tange aos danos patrimoniais, já que a lesão ocorrera em 2005 e a ação somente foi proposta em 2009.

Irresignado, o autor interpõe o presente recurso de apelação.

2. DAS RAZÕES DE FATO E DE DIREITO

2.1. Da inexistência de transcurso do lapso prescricional no presente caso (art. 198, I, do Código Civil)

O apelante promoveu a presente ação reparatória no ano de 2009, em relação a fato ocorrido no ano de 2005, quando contava com 7 anos de idade.

Tais circunstâncias revelam que nem mesmo na data da propositura da ação indenizatória o apelante havia completado idade suficiente para que se iniciasse a contagem do prazo prescricional de três anos em seu desfavor.

Com efeito, o art. 198, I, do Código Civil é claro ao dispor que não corre prescrição em face de absolutamente incapazes.

Assim sendo, a preliminar de mérito utilizada na sentença recorrida deve ser afastada, a fim de que se verifique o mérito da ação proposta.

2.2. Da responsabilidade objetiva pelo fato do animal (art. 936 do Código Civil)

O artigo 936 do Código Civil tem o seguinte teor:

"Art. 936. O dono, ou detentor, do animal ressarcirá o dano por este causado, se não provar culpa da vítima ou força maior."

Repare que o dispositivo em questão traz, hoje, norma jurídica que impõe clara responsabilidade objetiva em desfavor do dono ou do detentor de animal.

As duas excludentes existentes – culpa da vítima e força maior – são excludentes próprias da responsabilidade objetiva.

O dispositivo em questão não permite ao dono ou detentor do animal fazer prova de que não agiu com culpa ou dolo para efeito de excluir a sua responsabilidade, o que faz espancar de dúvida qualquer ilação no sentido de que a responsabilidade, no caso, seria subjetiva.

Nesse sentido, o argumento utilizado na sentença judicial – no sentido de que o dono do animal não agiu com culpa ou dolo – não tem relevância no caso concreto.

A petição inicial demonstrou não só os danos materiais causados ao autor, como também os danos morais experimentados por este, fazendo-se de rigor o provimento do recurso para o fim de julgar procedente a ação indenizatória promovida, invertendo-se os ônus sucumbenciais.

3. DO PEDIDO

Ante o exposto, requer seja processado e conhecido este recurso na forma prevista no Código de Processo Civil, para que, ao final, seja dado provimento à presente apelação para o fim de que seja julgada procedente a ação indenizatória promovida pelo apelante, condenando-se o apelado a pagar a quantia de R$ ..., nos termos da petição inicial de fls. ..., e invertendo-se os ônus sucumbenciais para condenar o apelado no pagamento de honorários advocatícios fixados em 20% sobre o valor da condenação, bem como no pagamento das custas e despesas processuais desembolsadas pelo apelante. Requer ainda, a manifestação do membro do Ministério Público por tratar-se de direito que envolve interesse de uma criança.

Local ..., data ...

[não assine, rubrique ou, de outra forma, identifique sua prova!]

_____

Advogado ...

OAB ...

fim da peça

GABARITO COMENTADO - EXAMINADORA

Além dos aspectos fundamentais do recurso de apelação (requisitos objetivos e subjetivos, bem como observância das formalidades do art. 1.009 do CPC), o candidato deve prever, corretamente, a representação do incapaz na petição de interposição e nas razões do recurso. Deve dirigir o recurso ao juízo competente, mencionar o nome das partes e descrever os fatos.

Não deve atribuir valor a causa ou protestar pela produção de provas, eis que não se trata de uma petição inicial. Não deve requerer a citação, pelos mesmos motivos, mas a intimação para, querendo, apresentar as contrarrazões. Também não é cabível a menção à revelia do apelado, caso não responda ao recurso.

Igualmente, devem ser explorados os pontos de direito substancial. Assim, deve esclarecer que a responsabilidade por fato do animal é objetiva no CC de 2002, que eliminou a excludente relativa ao emprego do "cuidado devido" pelo proprietário ou detentor (art. 936), de modo que a ausência de culpa é irrelevante para a caracterização da responsabilidade do réu no caso concreto. Quanto à prescrição, o candidato deve esclarecer que não corre contra os absolutamente incapazes (art. 198, I) do CC. Tais circunstâncias devem ser explicadas na peça recursal, observados os fatos descritos no enunciado e indicados os dispositivos legais pertinentes. Não basta repetir as mesmas palavras do enunciado ou apenas indicar o dispositivo legal sem qualquer fundamento ou justificação para sua aplicação. A ideia é que o candidato demonstre capacidade de argumentação, conhecimento do direito pátrio e concatenação de ideias.

Deve formular adequadamente os pedidos, solicitando o conhecimento e provimento, mencionando danos materiais e morais, justificadamente, pedindo a inversão do ônus da sucumbência, fixação de honorários, intimação do Ministério Público.

Item 01 - Observar requisitos de admissibilidade da apelação: adequação (0,25), preparo (0,25), tempestividade (0,25) e cabimento (0,25) - 0 / 0,25 / 0,5 / 0,75 / 1,0

Item 02 - Abordar corretamente a legitimidade e a representação do incapaz. Fundamentar. - 0 / 0,25 / 0,5

Item 03 - Mencionar a responsabilidade civil objetiva - Art. 936 do Código Civil. Fundamentar. - 0 / 0,25 / 0,5

Item 04 - Afirmar que não corre a prescrição contra o incapaz - Art. 198, I do Código Civil. Fundamentar. - 0 / 0,5 / 1,0

Item 05 - Mencionar o cabimento de danos materiais e morais. Fundamentar e justificar. - 0 / 0,5 / 1,0

Item 06 - Formular corretamente os pedidos: requerer o conhecimento do recurso (0,25); o provimento do recurso para reforma da sentença (0,25); o provimento do recurso para que seja proferido novo julgamento enfrentando mérito pela procedência do pedido (0,25); a inversão do ônus de sucumbência e fixação de honorários (0,25) - 0 / 0,25 / 0,5 / 0,75 / 1,0

(OAB/Exame Unificado – 2010.3 – 2ª fase) Manuel foi casado com Maria pelo regime da comunhão universal de bens por 50 (cinquenta) anos. Acabaram construindo um patrimônio comum de R$ 2.400.000,00 (dois milhões e quatrocentos mil reais). Da relação conjugal nasceram três filhos (José, Joaquim e Julieta), que, ao atingirem a maioridade civil, passaram a trabalhar com os pais na rede de padarias da família. Ocorre que Manuel faleceu, e foi necessária a abertura do processo de inventário-partilha para que os bens deixados pelo *de cujus* fossem inventariados e partilhados entre seus sucessores. José, Joaquim e Julieta, filhos maiores, capazes e solteiros do casal, objetivando resguardar o futuro da família e a velhice de sua mãe, procuraram o Dr. João, advogado conhecido e amigo de muitos anos de seu falecido pai, para receberem orientações acerca da sucessão e ajuizar o inventário. Contudo, o Dr. João sabia de um segredo e, em respeito à amizade que existia entre ele e Manuel, nunca o havia revelado para que a família se mantivesse unida e admirando o *de cujus* por ter sempre a ela dedicado sua vida. O segredo era que Manuel possuía um filho (Pedro) fora do casamento. Ele havia acabado de completar 13 (treze) anos e morava com a mãe. Manuel não o havia registrado, apesar de reconhecer a paternidade da criança para a mãe de Pedro e várias outras pessoas. Havia provas em documentos particulares, em pronunciamentos nas festas de aniversário de Pedro, além do fato de contribuir para o seu sustento, apesar de omitir a sua existência para a sua família legítima. José, Joaquim e Julieta disseram ao Dr. João que, para que sua mãe tivesse uma velhice tranquila e ficasse certa do amor, respeito e admiração que sentiam por ela e seu falecido pai, bem como da enorme união entre os seus filhos, optavam por renunciar à parte que cabia a cada um na herança, em favor de sua mãe. Assim, a mãe continuaria com todas as padarias, já que somente as receberiam e partilhariam entre eles após o falecimento dela. O Dr. João, considerando que todas as partes envolvidas na sucessão de Manuel eram maiores e capazes, ajuizou um procedimento sucessório adotando o rito do Arrolamento Sumário e elaborou termos de renúncia "em favor do monte" de José, Joaquim e Julieta, que foram reconhecidos como válidos judicialmente. Questionado pelos três sobre o porquê de não constar no documento, expressamente, que as partes deles estavam sendo doadas para a sua mãe, foi esclarecido que não havia necessidade, já que, como os seus avós não eram mais vivos, Maria acabaria por receber, além de sua meação, as cotas dos renunciantes, na qualidade de herdeira, diante da ordem de vocação hereditária da sucessão legítima prevista no artigo 1.829 do Código Civil, além de evitar o pagamento do imposto de doação, que incidiria no caso de renúncia translativa. Tal orientação foi dada acreditando que a mãe de Pedro manteria em segredo a paternidade de seu filho, o que não ocorreu. Em virtude disso, Pedro acabou por receber toda a herança avaliada no montante de R$ 1.200.000,00 (um milhão e duzentos mil reais), ficando Maria apenas com a sua meação de igual valor. José, Joaquim e Julieta nada receberam, o que os abalou profundamente no âmbito emocional.

Considerando todos os fatos narrados acima, a ocorrência de danos sofridos por José, Joaquim e Julieta em decorrência de orientação equivocada de seu então advogado (Dr. João) e o reconhecimento judicial dos direitos de Pedro no procedimento sucessório de Manuel, você, na condição de novo advogado contratado pelos filhos legítimos de Manuel para serem ressarcidos por todos os danos sofridos, **elabore a peça adequada para pleitear os direitos deles.**

RESOLUÇÃO DA PEÇA PRÁTICO-PROFISSIONAL

Este problema causou dúvida em vários candidatos, especialmente em relação ao que se pleitear (acionar o advogado ou debater a renúncia realizada?).

Contudo, considerando que o enunciado fala em "ressarcir os danos sofridos", isso é obtido mediante uma ação em face do anterior advogado, em virtude de sua falha profissional.

Peça: Petição inicial, demanda indenizatória.

Fundamento: arts. 186 e 927 do CC (também o art. 32 da L. 8906/94)

Competência: foro do domicílio do réu (CPC, art. 46).

Pedido: condenação ao pagamento dos prejuízos materiais (o que os filhos deixaram de receber) e morais em virtude da atuação indevida do advogado.

Valor da causa: valor da soma dos danos (CPC, art. 292, VI)

Modelo: Petição inicial - indenizatória danos materiais e morais

[o que estiver entre colchetes é apenas nota do autor – não deve constar da peça]

início da peça

EXCELENTÍSSIMO SENHOR DOUTOR JUIZ DE DIREITO DE UMA DAS VARAS CÍVEIS DA COMARCA DE ... (foro do domicílio do réu: CPC, art. 94)

Pular 10 linhas

José ..., estado civil ..., profissão ..., , inscrito no CPF sob nº ..., RG nº ..., residente e domiciliado no endereço ..., Joaquim ..., estado civil ..., profissão ..., , inscrito no CPF sob nº ..., RG nº ..., residente e domiciliado no endereço ..., Julieta..., estado civil ..., profissão ..., , inscrita na CPF sob nº ..., RG nº ..., residente e domiciliada no endereço ..., todos por seu advogado que firma a presente (procuração anexada – doc. anexo), com escritório para recebimento de intimações na ... (CPC, art. 39, I), vêm, respeitosamente, propor, com fundamento nos arts. 186 e 927 do Código Civil, a presente

AÇÃO DE RESSARCIMENTO DE DANOS MATERIAIS E MORAIS

em face de Dr. João..., estado civil ..., residente e domiciliado na ... e com escritório na ..., inscrito no CPF sob nº ..., RG nº ..., OAB nº ... pelos motivos que passa a expor:

1. DOS FATOS

Os autores, irmãos, são filhos do falecido Manuel e da viúva Maria.

Quando do falecimento de Manuel, os autores buscarem o ora réu, Dr. João, para assessorá-los no aspecto sucessório.

Considerando serem também os únicos herdeiros de Maria, optaram por deixar, inicialmente, todos os bens para a viúva. Ou seja, uma renúncia em favor da viúva-meeira.

Seguindo a orientação do Dr. João, foi realizado um arrolamento sumário (já que todos os filhos são maiores e capazes) no qual foi feita uma renúncia em favor do monte – ou seja, uma renúncia abdicativa (cópia integral do arrolamento em anexo).

Contudo, o causídico João tinha ciência de um fato de extremo relevo e que era de desconhecido dos autores: o falecido Manuel tinha um filho.

Assim, no decorrer da tramitação do feito, o filho Pedro ingressou no feito e pleiteou sua habilitação como herdeiro, vindo a receber a legítima no valor de R$ 1,2 milhão (um milhão e duzentos mil reais). A viúva Maria ficou apenas com sua meação em igual valor, ao passo que os autores NADA receberam.

Isso tudo em virtude de uma orientação equivocada do réu, especialmente considerando o fato de saber que o falecido tinha o filho Pedro.

É certo que, além do prejuízo material, os autores se sentiram extremamente abalados do ponto de vista moral.

É o relato dos fatos.

2. DO DIREITO

2.1) Da falha na prestação de serviços

Da simples leitura dos fatos já se depreende a gritante falha do réu ao prestar seus serviços jurídicos, o que acarretou sérios prejuízos aos autores. Especialmente considerando a ciência de um outro filho do falecido.

Como se sabe, no âmbito do direito sucessório, existem duas espécies de renúncia: a renúncia abdicativa e a renúncia translativa.

A primeira é aquela em que o renunciante não indica uma pessoa certa para receber a herança, havendo, portanto, uma renúncia "em favor do monte", sendo as cotas-partes dos renunciantes recebidas pelos demais herdeiros da mesma classe e, em caso de inexistência de outros herdeiros da mesma classe, devolver-se-á aos da subsequente (artigos 1804, parágrafo único, c/c 1810, ambos do CC). Esta foi a renúncia materializada pelo réu no caso dos autos.

Já a outra é uma renúncia "em favor de uma pessoa determinada", independentemente da ordem de vocação hereditária. Tem-se a aceitação tácita da herança (artigo 1805, 2ª parte, do CC) seguida de uma doação (artigo 538, do CC) para uma determinada pessoa.

Se a renúncia translativa fosse a realizada, o filho Pedro – não se discute seu direito a um quinhão, considerando ser filho – receberia apenas 25% da herança.

Contudo, com a renúncia abdicativa, Pedro foi reconhecido como o ÚNICO herdeiro, percebendo, assim, 100% da herança (art. 1810 do CC). Restou à viúva sua meação e aos autores, nada. Cabe lembrar que a renúncia abdicativa é irrevogável (artigo 1812 do CC).

Do exposto percebe-se a falha do réu – frise-se, que sabia da existência do filho Pedro do falecido. Ora, em benefício de seus clientes, o Dr. João, ao invés de ter providenciado uma renúncia abdicativa em favor do monte, deveria ter sugerido uma renúncia translativa em favor de Maria.

2.2) Da responsabilidade civil objetiva do réu

Diante do dano (prejuízo dos autores), nexo (conduta do réu) e culpa (falha na prestação de serviço), tem-se a responsabilidade civil do réu.

É o que decorre dos artigos 186 e 927 do CC, bem como do artigo 32 da L. 8.906/94, a seguir transcritos:

(reprodução dos artigos)

2.3) Do dever de indenizar pelos danos materiais e morais

Considerando o valor total da herança (R$ 1,2 milhão), tem-se que cada filho teria direito a R$ 300.000,00 (trezentos mil reais) – já que cada qual teria direito a 25% dos bens, como já visto.

Assim, o prejuízo dos autores, em valores não corrigidos, chega a R$ 900.000,00 (novecentos mil reais).

De seu turno, também presente o dano moral, em virtude do constrangimento, dor, angústia, tristeza, humilhação decorrentes dos fatos narrados.

Além da dor pela perda do pai, o objetivo de doar o quinhão em prol da mãe – para que esta tivesse sua tranquilidade na velhice – não foi cumprido.

Portanto, trata-se de dor moral notória e indenizável.

3. DO PEDIDO

Ante o exposto, requer seja:

a) determinada a citação do réu, por oficial de justiça, para, querendo, contestar a presente ação no prazo legal, sob as penas da lei processual civil;

b) julgado procedente o pedido, para que o réu seja condenado a indenizar cada autor em R$ 300.000,00 (trezentos mil reais), devidamente atualizados, a título de dano material e danos morais no valor de .... / em quantia fixada por V. Exa.;

c) o réu condenado a pagar as custas e despesas processuais, bem como honorários advocatícios;

Por fim, requer-se provar o alegado por todos os meios permitidos em lei, especialmente documental, testemunhal e depoimento pessoal (CPC art. 369).

Dá-se à causa o valor de R$ ..... (art. 292, VI, do CPC)

Nestes termos, pede deferimento

Local ..., data ...

[não assine, rubrique ou, de outra forma, identifique sua prova!]

_____

Advogado ...

OAB ...

fim da peça

GABARITO COMENTADO - EXAMINADORA

A peça cabível será uma petição inicial direcionada para o Juízo Cível.

Trata-se de uma ação indenizatória proposta por José, Joaquim e Julieta em face do Dr. João, com base na responsabilidade civil dos profissionais liberais, pleiteando danos materiais (cota-parte de cada um na herança de seu pai) e danos morais (decorrentes da dor, do sofrimento, da angústia e da humilhação causadas pela orientação e atuação falhas do Dr. João, ao efetuar uma renúncia abdicativa, e não translativa, mesmo sabendo da existência de um outro herdeiro, Pedro – filho havido fora do casamento).

FUNDAMENTO DA RESPONSABILIDADE CIVIL SUBJETIVA

Responsabilidade civil subjetiva do advogado: artigo 32 da Lei 8.906/94 (Estatuto da Advocacia) c/c 927, caput, do CC.

ARGUMENTOS A SEREM ABORDADOS PARA CONFIRMAR A ATUAÇÃO FALHA DO ADVOGADO

1) São duas as espécies de renúncia, quais sejam: a renúncia abdicativa e a renúncia translativa.

A renúncia abdicativa é aquela em que o renunciante não indica uma pessoa certa para receber a herança, havendo, portanto, uma renúncia "em favor do monte", sendo as cotas-partes dos renunciantes recebidas pelos demais herdeiros da mesma classe e, em caso de inexistência de outros herdeiros da mesma classe, devolver-se-á aos da subsequente (artigos 1804, parágrafo único, c/c 1810, ambos do CC). Esta foi a renúncia materializada pelo Dr. João no caso acima.

Já a renúncia translativa é uma renúncia "em favor de uma pessoa determinada", independentemente da ordem de vocação hereditária. Trata-se de ato complexo e que corresponde a uma aceitação tácita da herança (artigo 1805, 2ª parte, do CC) seguida de uma doação (artigo 538, do CC) para a pessoa determinada, já que o herdeiro não poderia doar algo que não recebeu para alguém.

2) O Dr. João não procedeu de forma correta, pois efetuou, ao elaborar um termo de renúncia em favor do monte, uma renúncia abdicativa (em favor do monte) ao invés de uma renúncia translativa (aceitação tácita seguida de doação para Maria), já que até conseguiu evitar a configuração do imposto de doação, mas acabou prejudicando os filhos renunciantes de Manuel, pois, não havendo mais qualquer distinção entre os filhos havidos no casamento e os filhos havidos fora do casamento, Pedro poderá se habilitar no procedimento sucessório de seu pai, acabando por receber toda a herança de seu pai, ante a renúncia abdicativa de seus irmãos, que são irrevogáveis (artigo 1812 do CC), não havendo falar em transferência para as classes subsequentes diante da existência de filho não renunciante (artigo 1810 do CC), ficando Maria apenas com a sua meação diante do regime da comunhão universal de bens.

3) DANOS MORAIS E MATERIAIS ORIUNDOS DO MESMO FATO: FALHA NA PRESTAÇÃO DO SERVIÇO DO ADVOGADO: Danos materiais no valor de R$ 300.000,00 que cada um deixou de receber da herança de seu pai, pois havendo 4 filhos e a herança sendo avaliada em R$ 1.200.000,00, cada um faria jus a R$ 300.000,00; danos morais causados pela dor, sofrimento, angústia e humilhação decorrentes da atuação falha do advogado, que ampliou a perda pelo ente querido com uma desestruturação familiar e possibilidade de perda de toda a herança e não efetivação da doação para a sua mãe em virtude da falha do advogado Dr. João.

PEDIDOS A SEREM FORMULADOS (282 do CPC)

1) Citação do réu.

2) Condenação no pagamento de danos materiais no valor de R$ 300.000,00 (trezentos mil reais), para cada autor, pois havendo 4 filhos e a herança sendo avaliada em R$ 1.200.000,00, cada um faria jus a R$ 300.000,00, e danos materiais a serem arbitrados pelo Juiz para cada autor.

3) Protesto genérico de provas.
4) Valor da causa.
5) Condenação de honorários sucumbenciais.
6) Indicação da inserção de data e assinatura.

Distribuição de pontos

Em relação aos itens da correção, assim ficaram divididos:

Item	Pontuação
Endereçamento correto ao juízo cível	0 / 0,45
Identificar e qualificar os polos ativo e passivo na referida ação (deve ser proposta por José e/ou Joaquim e/ou Julieta em face do Dr. João, com coerência ao longo da peça).	0 / 0,25
Estrutura da peça (fatos, fundamentos e pedido) (estrutura coerente, constituída dos elementos essenciais) 0,2 para cada um	0 / 0,2 / 0,4 / 0,6
Caracterização da responsabilidade civil subjetiva do advogado (0,25). Fundamentação quanto à existência de culpa pela identificação da renúncia abdicativa, e não translativa, mesmo sabendo da existência de um outro herdeiro (0,25). Fundamentação pautada no artigo 32 da Lei 8.906/94 (Estatuto da Advocacia) (0,25) c/c 927, caput, do CC OU art. 186 CC (0,25). 0,25 cada um.	0 / 0,25 / 0,5 / 0,75 / 1,0
Caracterizar os danos materiais (0,5) e morais (0,5) e o nexo de causalidade (0,5). (condicionar a pontuação à clareza/riqueza da fundamentação/argumentação)	0 / 0,5 / 1,0 / 1,5
Formulação correta dos pedidos + Pedido principal: Condenação no pagamento de danos materiais (0,15) e danos morais (0,15). 0,1 = adequação dos pedidos	0 / 0,1 / 0,15 / 0,25 / 0,3 / 0,4
Formular corretamente os pedidos (0,2 cada um): 1) Citação do réu; 2) Protesto genérico de provas; 3) Condenação de honorários sucumbenciais.	0 / 0,2 / 0,4 / 0,6
Valor da causa	0 / 0,2

Igualmente seria possível compor uma ação indenizatória, por meio da qual o examinando demonstrasse que o advogado deixou de ser proficiente no cumprimento do mandato que lhe foi outorgado, devendo ser responsabilizado pelo insucesso da orientação profissional.

Nesse caso, usou-se como base no critério de correção a demonstração da falta de cuidado do Dr. João que importou na perda da chance de José, Joaquim e Julieta obterem tutela jurisdicional que os satisfizesse na medida de seus objetivos, o que era juridicamente possível. A pontuação foi conferida de acordo com a coerência e fundamentação apresentadas pelos examinandos que identificaram a responsabilidade contratual dos profissionais liberais, correlacionando-a a dispositivos que tratassem de atos ilícitos e obrigação de indenizar.

(OAB/Exame Unificado – 2011.1 – 2ª fase) Antônio Pedro, morador da cidade Daluz (Comarca de Guaiaqui), foi casado com Lourdes por mais de quatro décadas, tendo tido apenas um filho, Arlindo, morador de Italquise (Comarca de Medeiros), dono de rede de hotelaria. Com o falecimento da esposa, Antônio Pedro deixou de trabalhar em razão de grande tristeza que o acometeu. Já com 72 anos, Antônio começou a passar por dificuldades financeiras, sobrevivendo da ajuda de vizinhos e alguns parentes, como Marieta, sua sobrinha-neta. A jovem, que acabara de ingressar no curso de graduação em Direito, relatando aos colegas de curso o desapontamento com o abandono que seu tio sofrera, foi informada de que a Constituição Federal assegura que os filhos maiores têm o dever de amparar os pais na velhice, carência ou enfermidade. De posse de tal informação, sugere a seu tio-avô que busque o Poder Judiciário a fim de que lhe seja garantido o direito de receber suporte financeiro mínimo de seu filho. Antônio Pedro procura, então, você como advogado(a) para propor a ação cabível.

Elabore a peça processual apropriada ao caso narrado acima.

RESOLUÇÃO DA PEÇA PRÁTICO-PROFISSIONAL

Peça: Petição inicial, ação de alimentos (procedimento especial).
Fundamento: CC, art. 1694 e ss. e L. 5478/68.
Competência: foro do domicílio do credor (CPC, art. 53, II).
Pedido: condenação ao pagamento dos alimentos e fixação de alimentos provisórios.
Valor da causa: soma de 12 (doze) prestações mensais (CPC, art. 292, III)

Modelo: Petição inicial - ação de alimentos

[o que estiver entre colchetes é apenas nota do autor – não deve constar da peça]

início da peça

EXCELENTÍSSIMO SENHOR DOUTOR JUIZ DE DIREITO DA ... VARA CÍVEL / FAMÍLIA DA COMARCA DE GUAIAQUI (CPC, art. 53, II)

Pular 10 linhas

Antonio Pedro ..., viúvo..., profissão ..., , inscrito no CPF sob nº ..., RG nº ..., residente e domiciliado no endereço ..., na cidade de Daluz, nesta Comarca, por seu advogado (procuração em anexo), com escritório para recebimento de intimações na ... (CPC, art. 106, I), vem, respeitosamente, propor, com fundamento nos arts. 1694 e ss. do Código Civil, a presente

AÇÃO DE ALIMENTOS com pedido de fixação liminar de **ALIMENTOS PROVISÓRIOS**

pelo procedimento especial previsto na L. 5478/68, em face de seu filho Arlindo..., empresário, estado civil ..., residente e domiciliado na ..., inscrito no CPF sob nº ..., RG nº ..., pelos motivos que passa a expor:

1. DOS FATOS

O autor é pai do réu e viúvo.

Desde o falecimento de sua esposa, o autor encontra-se triste, com sinais de depressão e, por isso, parou de trabalhar.

Atualmente com 72 anos, o autor passa por dificuldades financeiras sérias, o que pode ser comprovado pelos documentos em anexo. Suas necessidades somam atualmente o montante de R$ ... (consoante recibos de despesas anexados a esta petição).

Cabe esclarecer que o autor não recebe qualquer auxílio material de seu filho.

De seu turno, o réu é empresário bem sucedido que atua no ramo hoteleiro, sendo dono de rede de hotelaria (cf. docs. anexos nesse sentido). Assim, é notório que possui situação financeira confortável.

2. DO DIREITO

Nos termos do art. 1.694 do CC, é dever dos parentes prestar alimentos, de modo a arcar com as necessidades dos demais. Da mesma forma, o pedido tem lastro no art. 229 da Lei Maior.

Outrossim, o § 1º do art. 1.694 do CC é claro ao afirmar que os alimentos devem ser fixados em face do binômio necessidade/possibilidade, sendo este verificado à luz da proporcionalidade.

As necessidades do autor foram claramente expostas acima e comprovadas pelos documentos anexos, ou seja, tudo aquilo necessário para uma vida minimante digna a um idoso (cabendo aqui lembrar, ainda, a aplicação do Estatuto do Idoso – L. 10.741/03).

No tocante à possibilidade do réu, esta também resta claramente configurada, visto sua excelente saúde financeira decorrente de seu sucesso empresarial.

Assim, provado o parentesco, a necessidade de um e a possibilidade do outro, o pedido deve ser julgado procedente.

No mais, nos termos do art. 4º da L. 5478/68, cabível desde logo a fixação dos alimentos provisórios.

3. DO PEDIDO

Ante o exposto, pede-se e requer-se:

a) a fixação dos alimentos provisórios, na quantia de ...., nos termos do art. 4º da L. 5478/68;

b) a citação do réu, por correio (Lei 5.478/1968, art. 5º, §§ 2º e 8º), para que compareça à audiência a ser designada por V. Exa. e, querendo, apresente contestação;

c) a prioridade na tramitação do feito, por se tratar de idoso (CPC, art. 1048, I);

d) a concessão dos benefícios da gratuidade de justiça, por ser o autor pobre na acepção jurídica do termo (art. 98 e ss. CPC);

e) a oitiva do MP, como fiscal da lei (L. 10.741/03, art. 75);

f) seja julgado procedente o pedido, para que o réu seja condenado, em definitivo, a prestar alimentos no valor de ....;

g) ainda, seja o réu condenado a pagar as custas e despesas processuais, bem como honorários advocatícios;

h) provar o alegado por todos os meios permitidos em lei, especialmente documental, testemunhal (testemunhas que comparecerão à audiência, nos termos do art. 8.º da Lei 5.478/1968) e depoimento pessoal.

Dá-se à causa o valor de R$ ..... (art. 292, III, do CPC)

Nestes termos, pede deferimento

[não assine, rubrique ou, de outra forma, identifique sua prova!]

_____

Advogado ...

OAB ...

fim da peça

(OAB/Exame Unificado – 2012.1 – 2ª fase) Sergio, domiciliado em Volta Redonda/RJ, foi comunicado pela empresa de telefonia ALFA, com sede em São Paulo/SP, que sua fatura, vencida no mês de julho de 2011, constava em aberto e, caso não pagasse o valor correspondente, no total de R$ 749,00, no prazo de 15 dias após o recebimento da comunicação, seu nome seria lançado nos cadastros dos órgãos de proteção ao crédito.

Consultando a documentação pertinente ao serviço utilizado, encontrou o comprovante de pagamento da fatura supostamente em aberto, enviando-o via fax para a empresa ALFA a fim de dirimir o problema.

Sucede, entretanto, que, ao tentar concretizar a compra de um veículo mediante financiamento alguns dias depois, viu frustrado o negócio, ante a informação de que o crédito lhe fora negado, uma vez que seu nome estava inscrito nos cadastros de maus pagadores pela empresa ALFA, em virtude de débito vencido em julho de 2011, no valor de R$749,00. Constrangido, Sérgio deixou a concessionária e dirigiu-se a um escritório de advocacia a fim de que fosse proposta a ação cabível.

Elabore a peça processual adequada ao caso comentado. (valor: 5,00)

GABARITO COMENTADO – EXAMINADORA

A peça cabível consiste em uma Ação Declaratória de Inexistência de Débito c/c Obrigação de Fazer e Indenização por Danos Morais. Poderá ser proposta no foro do domicílio do consumidor ou do fornecedor (art. 101, I, CDC e art. 46, CPC). Sergio deve figurar no polo ativo e a pessoa jurídica ALFA deve figurar no polo passivo, sendo ambos qualificados, atendendo ao disposto no art. 319, do CPC.

Ao explicitar os fatos, deve o candidato destacar a existência de relação jurídica material entre as partes, referente ao serviço de telefonia, caracterizando-se como relação de consumo, nos termos da Lei 8.078/90. Apontar que houve uma falha na segurança do serviço prestado pela empresa ALFA, evidenciando o fato do serviço (art. 14, CDC), vez que lhe fora cobrada dívida já paga e indevidamente lançado seu nome nos cadastros de inadimplentes. Salientar que as consequências da falha foram danosas, atingindo sua honra, reputação e bom nome, causando-lhe constrangimento que caracteriza o dano moral, o qual deve ser indenizado, nos termos do art. 6°, VI, da Lei 8.078/90. Deverá formular pedido de antecipação de tutela para que seja *inaudita altera pars* retirado seu nome dos cadastros de maus pagadores.

Ao final, deverá formular os pedidos sucessivos de declaração de inexistência de débito, exclusão de seu nome dos cadastros de inadimplentes e indenização por danos morais, além de custas e honorários de advogado.

(OAB/Exame Unificado – 2012.2 – 2ª fase) Norberto da Silva, pessoa desprovida de qualquer bem material, adquiriu de terceiro, há nove anos e meio, posse de terreno medindo 240m² em área urbana, onde construiu moradia simples para sua família. O terreno está situado na Rua Cardoso Soares n° 42, no bairro de Lírios, na cidade de Condonópolis, no estado de Tocantins. São seus vizinhos do lado direito Carlos, do esquerdo Ezequiel e, dos fundos, Edgar. A posse é exercida ininterruptamente, de forma mansa e pacífica, sem qualquer oposição.

No último ano o bairro passou por um acelerado processo de valorização devido à construção de suntuosos projetos imobiliários. Em razão disso, Norberto tem sido constantemente sondado a se retirar do local, recebendo ofertas de valor insignificante, já que as construtoras alegam que o terreno sequer pertence a ele, pois está registrado em nome de Cândido Gonçalves.

Norberto não tem qualquer interesse em aceitar tais ofertas; ao contrário, com setenta e dois anos de idade, viúvo e acostumado com a vida na localidade, demonstra desejo de lá permanecer com seus filhos.

Por não ter qualquer documentação oficial que lhe resguarde o direito de propriedade do imóvel, Norberto procura um advogado a fim de que seja intentada medida judicial.

Elabore a peça processual cabível *in* caso, indicando os seus requisitos e fundamentos nos termos da legislação vigente.

GABARITO COMENTADO – EXAMINADORA

A medida judicial é AÇÃO DE USUCAPIÃO ESPECIAL URBANO, regido pela Lei 10.257/01 c/c art. 1.240 do CC. O examinando deverá dirigir a petição inicial ao juízo cível competente para conhecer e julgar a medida, que é o da comarca de Condonópolis, à luz da competência territorial absoluta em razão do disposto no art. 47, §1° do CPC. No bojo da petição inicial deverá indicar corretamente os polos passivo (Cândido Gonçalves) e ativo (Norberto da Silva), qualificando as partes, e o nome correto da ação e por isso deve indicar, desde logo, o rol de testemunhas.

O endereço profissional para onde deverão ser encaminhadas as intimações também deve ser apresentado em atenção ao que dispõe o art. 106, I, do CPC.

Por se tratar o autor de pessoa idosa e desprovida de recursos materiais, deve ser apresentada fundamentação para a concessão da prioridade na tramitação do feito (art. 71 da Lei 10.741/03 – Estatuto do Idoso – OU art. 1.048,I do CPC) e que justifique a concessão dos benefícios da Justiça Gratuita (art. 98 e ss. do CPC), inclusive no âmbito do cartório do registro de imóveis (§ 2° do art. 12 da Lei 10.257/01).

Além da narrativa dos fatos com clareza, devem ser apresentados os fundamentos jurídicos compreendendo, em razão da natureza da causa, a exposição do exercício prolongado da posse, sem oposição, de maneira ininterrupta e para fins de moradia, além do aponte da inexistência de outro bem de propriedade do autor, bem como a demonstração de que o imóvel é inferior 250m² nos termos da planta do imóvel anexada, tudo nos moldes do art. 183 da CRFB/88 OU 1.240 e seguintes do CC OU 9º da Lei 10.257/01.

No pedido, deverá ser requerida a concessão dos benefícios da gratuidade de justiça e da prioridade na tramitação; a citação do réu, dos confinantes pessoalmente (Súmula 391 do STF) e dos interessados, por edital; intimação das Fazendas Públicas e do Ministério Público e a produção de provas. Ao final, a procedência do pedido para declarar a propriedade do imóvel e a condenação em honorários e custas processuais. Por fim, deverá indicar o valor da causa e apontar o rol de testemunhas (art. 14 da Lei 10.257/01).

(OAB/Exame Unificado – 2012.3 – 2ª fase) Moema, brasileira, solteira, natural e residente em Fortaleza, no Ceará, maior e capaz, conheceu Tomás, brasileiro, solteiro, natural do Rio de Janeiro, também maior e capaz.

Tomás era um próspero empresário que visitava o Ceará semanalmente para tratar de negócios, durante o ano de 2010.

Desde então passaram a namorar e Moema passou a frequentar todos os lugares com Tomás que sempre a apresentou como sua namorada. Após algum tempo, Moema engravidou de Tomás. Este, ao receber a notícia, se recusou a reconhecer o filho, dizendo que o relacionamento estava acabado, que não queria ser pai naquele momento, razão pela qual não reconheceria a paternidade da criança e tampouco iria contribuir economicamente para o bom curso da gestação e subsistência da criança, que deveria ser criada por Moema sozinha.

Moema ficou desesperada com a reação de Tomás, pois quando da descoberta da gravidez estava desempregada e sem condições de custear seu plano de saúde e todas as despesas da gestação que, conforme atestado por seu médico, era de risco.

Como sua condição financeira também não permitia custear as despesas necessárias para a sobrevivência da futura criança, Moema decidiu procurar orientação jurídica. É certo que as fotografias, declarações de amigos e alguns documentos fornecidos por Moema conferiam indícios suficientes da paternidade de Tomás.

Diante desses fatos, e cabendo a você pleitear em juízo a tutela dos interesses de Moema, elabore a peça judicial adequada, a fim de garantir que Moema tenha condições financeiras de levar a termo sua gravidez e de assegurar que a futura criança, ao nascer, tenha condições de sobrevida. (Valor: 5,0)

GABARITO COMENTADO – EXAMINADORA

ARGUMENTOS A SEREM ABORDADOS PARA CONFIRMAR O CABIMENTO DA CONCESSÃO DOS ALIMENTOS GRAVÍDICOS:

A peça cabível será uma petição inicial direcionada para o Juízo de Família de Fortaleza. Trata-se de uma ação de alimentos gravídicos, fundada na Lei 11.804/08.

A legitimidade para o ajuizamento de tal ação é da mãe (Moema) em nome próprio, já que o nascituro não tem personalidade jurídica, nos termos do art. 1º, da Lei 11.804/08.

Na petição inicial, com fulcro no art. 2º da referida lei, deve o candidato evidenciar a necessidade de obtenção de valores suficientes para cobrir as despesas adicionais do período de gravidez e que sejam dela decorrentes, da concepção ao parto, inclusive as referentes à alimentação especial, à assistência médica e psicológica, aos exames complementares, internações, parto, medicamentos e demais prescrições preventivas e terapêuticas indispensáveis, a juízo do médico, além de outras que o juiz considere pertinentes.

Deve o candidato frisar que a fixação dos alimentos deve ser feita observando-se o binômio: necessidade da requerente e possibilidade do querido em obediência ao art. 6º, *caput*, da Lei 11.804/04 que recomenda ao Juiz sopesar as necessidades da parte autora e as possibilidades da parte ré.

Tal ação deve conter o pedido de antecipação de tutela para custear as despesas de gestação, pois conforme dispõe o art. 11 da lei em comento, aplica-se supletivamente aos processos regulados por essa lei as disposições do CPC, razão pela qual pode ser amparado o pedido de antecipação de tutela, nas disposições do art. 300, CPC.

Com efeito, o pedido alimentar pressupõe, por sua natureza, urgência na sua obtenção para que não haja prejuízo à subsistência do requerente.

Deve-se indicar, ainda, a necessidade de conversão dos alimentos gravídicos em pensão alimentícia em favor do menor, após o seu nascimento, nos termos do art. 6º, § único, da Lei 11.804/08.

PEDIDOS A SEREM FORMULADOS (art. 319, do CPC)

1) Citação do réu para apresentação de resposta em 5 (cinco) dias;

2) Fixação de alimentos gravídicos com a procedência do pedido formulado pela autora (art. 6º, *caput* da Lei 11.804/08);

3) Antecipação de tutela com a observância do binômio: necessidade da requerente e possibilidade do requerido;

4) Protesto genérico pela produção de provas;

5) Conversão dos alimentos gravídicos em pensão alimentícia para o menor após o seu nascimento;

6) Intervenção do Ministério Público;

7) Gratuidade de justiça, art. 98 e ss. CPC;

8) Condenação do réu em custas e honorários advocatícios;

9) Indicação do valor da causa;

10) Indicação de data e assinatura sem identificação do candidato

(OAB/Exame Unificado – 2013.1 – 2ª fase) José Afonso, engenheiro, solteiro, adquiriu de Lúcia Maria, enfermeira, solteira, residente na Avenida dos Bandeirantes, 555, São Paulo/SP, pelo valor de R$100.000,00 (cem mil reais), uma casa para sua moradia, situada na cidade de Mucurici/ES, Rua Central, nº 123, bairro Funcionários. O instrumento particular de compromisso de compra e venda, sem cláusula de arrependimento, foi assinado pelas partes em 02/05/2011. O valor ajustado foi quitado por meio de depósito bancário em uma única parcela.

Dez meses após a aquisição do imóvel onde passou a residir, ao fazer o levantamento de certidões necessárias à lavratura de escritura pública de compra e venda e respectivo registro, José Afonso toma ciência da existência de penhora sobre o imóvel, determinada pelo Juízo da 4ª Vara Cível de Itaperuna / RJ, nos autos da execução de título extrajudicial nº 6002/2011, ajuizada por Carlos Batista, contador, solteiro, residente à Rua Rio Branco, 600, Itaperuna/RJ, em face de Lúcia Maria, visando receber valor representado por cheque emitido e vencido quatro meses após a venda do imóvel. A determinação de penhora do imóvel ocorreu em razão de expresso requerimento formulado na inicial da execução por Carlos Batista, tendo o credor desprezado a existência de outros imóveis livres e desimpedidos de titularidade de Lúcia Maria, cidadã de posses na cidade onde reside.

Elabore a peça processual prevista pela legislação processual, apta a afastar a constrição judicial invasiva sobre o imóvel adquirido por José Afonso.

GABARITO COMENTADO – EXAMINADORA

Trata-se da hipótese em que o examinando deverá se valer de ação de Embargos de Terceiro (art. 674 e ss. CPC).

O foro competente é o da 4ª Vara Cível de Itaperuna/RJ, devendo o feito ser distribuído por dependência aos autos da Execução n. 6002/2011, na forma do art. 676, do CPC.

José Afonso figurará como autor dos embargos de terceiro, tendo Carlos Batista como requerido, devendo as partes estar devidamente qualificadas. A legitimidade de Carlos Batista decorre da aplicação do princípio da causalidade, eis que a penhora do imóvel foi formulada após requerimento do credor que desprezou a existência de outros bens livres e desimpedidos em nome de Lúcia Maria.

O examinando deverá indicar como fundamento legal o art. 674, do Código de Processo Civil E/OU art. 1.210, do CC, bem como a Súmula 84 do STJ.

O examinando deve formular estruturadamente a petição escrita, observando os requisitos do art. 319 do CPC, fazendo descrição dos fatos e dos fundamentos jurídicos com riqueza na argumentação, coerência e raciocínio jurídico, caracterizando:

– Aquisição do imóvel mediante compromisso de compra e venda;

– Anterioridade da aquisição do imóvel em relação a dívida;

– A existência da posse do imóvel;

– A turbação decorrente da penhora efetivada.

– Existência de outros imóveis livres e desimpedidos.

O examinando deverá requer, no mérito, o pedido de desconstituição da penhora OU manutenção da posse do imóvel.

O examinando deve requerer:

– Citação/Intimação do embargado para responder aos embargos de terceiro (Art. 677, § 3º, do CPC)

– Condenação de honorários sucumbenciais e custas.

– Protesto pela produção de provas.

Por fim, deve indicar o valor da causa e inserir indicativos de data e local e assinatura do causídico.

(OAB/Exame Unificado – 2013.2 – 2ª fase) Jorge, professor de ensino fundamental, depois de longos 20 anos de magistério, poupou quantia suficiente para comprar um pequeno imóvel à vista. Para tanto, procurou Max com objetivo de adquirir o apartamento que ele colocara à venda na cidade de Teresópolis/RJ. Depois de visitar o imóvel, tendo ficado satisfeito com o que lhe foi apresentado, soube que este se encontrava ocupado por Miranda, que reside no imóvel na qualidade de locatária há dois anos. O contrato de locação celebrado com Miranda não possuía cláusula de manutenção da locação em caso de venda e foi oportunizado à locatária o exercício do direito de preferência, mediante notificação extrajudicial, certificada a entrega a Miranda.

Jorge firmou contrato de compra e venda por meio de documento devidamente registrado no Registro de Imóveis, tendo adquirido sua propriedade e notificou a locadora a respeito da sua saída. Contudo, ao tentar ingressar no imóvel, para sua surpresa, Miranda ali permanecia instalada. Questionada, respondeu que não havia recebido qualquer notificação de Max, que seu contrato foi concretizado com Max e que, em virtude disso, somente devia satisfação a ele, dizendo, por fim, que dali só sairia a seu pedido.

Indignado, Jorge conta o ocorrido a Max, que diz lamentar a situação, acrescentando que Miranda sempre foi uma locatária de trato difícil. Disse, por fim, que como Jorge é o atual proprietário cabe a ele lidar com o problema, não tendo mais qualquer responsabilidade sobre essa relação. Com isso, Jorge procura o advogado, que o orienta a denunciar o contrato de locação, o que é feito ainda na mesma semana. Diante da situação apresentada, na qualidade de advogado constituído por Jorge, proponha a medida judicial adequada para a proteção dos interesses de seu cliente para que adquira a posse do apartamento comprado, abordando todos os aspectos de direito material e processual pertinentes.

A simples menção ou transcrição do dispositivo legal não pontua. (Valor: 5,0).

GABARITO COMENTADO – EXAMINADORA

A AÇÃO DE IMISSÃO NA POSSE deverá ser proposta no foro da situação do imóvel (art. 58, II, da Lei 8.245/91).

O comprador deve figurar no polo ativo e aquele que detém injustamente o imóvel no polo passivo, ambos qualificados, atendendo ao disposto no art. 319, do CPC. Ao explicitar os fatos, deve-se destacar a existência de contrato de compra e venda de bem imóvel com fonte da pretensão, e a prova da posse injusta pela ré após a compra do imóvel, mediante notificação. Deve fundamentar sua pretensão nos artigos 1228 e 1245 do Código Civil. Deverá formular pedido de antecipação de tutela alegando presentes a verossimilhança e o periculum in mora, na forma do art. 300, do CPC, e requerer a confirmação da liminar para determinar a expedição de mandado de desocupação do imóvel contra a Ré, além de custas e honorários de advogado. Além disso, também poderá ser considerada a hipótese de o examinando ter nomeado a sua ação de reivindicatória, se a fundamentação e pedido forem compatíveis com o descrito acima, em que o proprietário reclama obter a posse, levando-se em consideração o direito do proprietário de reaver a coisa de quem quer que injustamente a possua. Caso opte o candidato por encerrar a pretensão apenas em torno da questão possessória, especialmente o disposto no art. 554 do CPC, também será considerada como resposta possível a propositura de ação de REINTEGRAÇÃO DE POSSE que contiver os fundamentos (existência de posse derivada do contrato de compra e venda de bem imóvel e a prova do esbulho da posse, que se tornou injusta pela ré após a compra do imóvel) e os pedidos indicados acima (antecipação de tutela e confirmação da liminar para expedição de mandado de desocupação do imóvel), que for proposta observando o que prescrevem os artigos 560 e ss. do Código de Processo Civil.

(OAB/Exame Unificado – 2013.3 – 2ª fase) Maria de Fátima, viúva, com idade de 92 (noventa e dois anos), reside no bairro "X", da cidade "Z", com sua filha Clarice, a qual lhe presta toda a assistência material necessária. Maria de Fátima, em virtude da idade avançada, possui diversas limitações mentais, necessitando do auxílio de sua filha para lhe dar banho, alimentá-la e ministrar-lhe os vários remédios que controlam sua depressão, mal de Alzheimer e outras patologias psíquicas, conforme relatórios médicos emitidos por Hospital Público Municipal. Ao ponto de não ter mais condições de exercer pessoalmente os atos da vida civil, a pensão que recebe do INSS é fundamental para cobrir as despesas com medicamentos, ficando as demais despesas suportadas por sua filha Clarice.

Recentemente, chegou à sua residência, correspondência do INSS comunicando que Maria de Fátima deveria comparecer ao posto da autarquia mais próximo para recadastramento e retirada de novo cartão de benefício previdenciário, sob pena de ser suspenso o pagamento. Diante disso, Clarice, desejando regularizar a administração dos bens de sua mãe e atender a exigência do INSS, a fim de evitar a supressão da pensão, o procura em seu escritório solicitando providências.

Diante dos fatos narrados, elabore a peça processual cabível. (Valor: 5,0)

GABARITO COMENTADO – EXAMINADORA

Deverá Clarice ajuizar ação de interdição com pedido de antecipação de tutela, em face de Maria de Fátima, perante o juízo comum estadual, nos termos dos artigos 1.767 a 1.783, do Código Civil e artigos 747 a 756, do Código de Processo Civil. Para tanto, deverá descrever as graves limitações psíquicas de sua genitora em razão da idade avançada que a impedem de gerir-se e administrar seus bens. Requererá a antecipação de tutela com o deferimento de curatela provisória, a citação da interditanda para comparecer à audiência especial, a produção de provas, sobretudo a pericial, a intimação do Ministério Público e, ao final, pedirá a procedência do pedido para decretar a interdição de Maria de Fátima.

(OAB/Exame Unificado – 2014.1 – 2ª fase) Em 15 de janeiro de 2013, Marcelo, engenheiro, domiciliado no Rio de Janeiro, efetuou a compra de um aparelho de ar condicionado fabricado pela "G" S. A., empresa sediada em São Paulo. Ocorre que o referido produto, apesar de devidamente entregue, desde o momento de sua instalação, passou a apresentar problemas, desarmando e não refrigerando o ambiente. Em virtude dos problemas apresentados, Marcelo, no dia 25 de janeiro de 2013, entrou em contato com o fornecedor, que prestou devidamente o serviço de assistência técnica. Nessa oportunidade, foi trocado o termostato do aparelho. Todavia, apesar disso, o problema persistiu, razão pela qual Marcelo, por diversas outras vezes, entrou em contato com a "G" S. A. a fim de tentar resolver a questão amigavelmente. Porém, tendo transcorrido o prazo de 30 (trinta) dias sem a resolução do defeito pelo fornecedor, Marcelo requereu a substituição do produto. Ocorre que, para a surpresa de Marcelo, a empresa negou a substituição do mesmo, afirmando que enviaria um novo técnico à sua residência para analisar novamente o produto. Sem embargo, a assistência técnica somente poderia ser realizada após 15 (quinze) dias, devido à grande quantidade de demandas no período do verão. Registre-se, ainda, que, em pleno verão, a troca do aparelho de ar condicionado se faz uma medida urgente, posto que as temperaturas atingem níveis cada vez mais alarmantes. Ademais, Marcelo comprou o produto justamente em função da chegada do verão. Inconformado, Marcelo o procura, para que, na qualidade de advogado, proponha a medida judicial adequada para a troca do aparelho, abordando todos os aspectos de direito material e processual pertinentes. (Valor: 5,00)

GABARITO COMENTADO – EXAMINADORA

A peça cabível será uma **AÇÃO DE OBRIGAÇÃO DE FAZER COM PEDIDO DE TUTELA ANTECIPADA** direcionada a um dos Juizados Especiais Cíveis da Comarca do Rio de Janeiro ou, ainda, ao Juízo de uma das Varas Cíveis também da Comarca do Rio de Janeiro (foro de domicílio do autor, nos termos do artigo 101, I, do CDC). A ação poderá ser proposta ainda na Comarca de São Paulo (foro de domicílio do réu), seguindo a regra geral do CPC. O candidato deve destacar que se trata de uma relação de consumo, nos termos do disposto nos arts. 2º e/ou 3º do CDC.

O candidato deve indicar, como fundamento, que o produto adquirido possui vícios de qualidade que o torne impróprio ou inadequado ao consumo a que se destina ou lhe diminua o valor, nos termos do que dispõe o art. 18, caput do CDC. Além disso, deve indicar que o vício não foi sanado no prazo máximo de trinta dias, podendo o consumidor exigir a substituição do produto por outro da mesma espécie, em perfeitas condições de uso, nos termos do §1º, do art. 18 do CDC ou demonstrar que, em razão da extensão do vício, a substituição das partes viciadas compromete a qualidade ou características do produto ou se trata de produto essencial, nos termos do §3º, do art. 18 do CDC. Por fim, o pedido de tutela antecipada deve ser feito com fundamento nos artigos 300 e/ou 311, do CPC, ou no artigo 84, § 3º, da Lei nº 8.078/90.

(OAB/Exame Unificado – 2014.2 – 2ª fase) Pedro, brasileiro, solteiro, jogador de futebol profissional, residente no Rio de Janeiro/RJ, legítimo proprietário de um imóvel situado em Juiz de Fora/MG, celebrou, em 1º de outubro de 2012, contrato por escrito de locação com João, brasileiro, solteiro, professor, pelo prazo de 48 (quarenta e oito) meses, ficando acordado que o valor do aluguel seria de R$ 3.000,00 (três mil reais) e que, dentre outras obrigações, João não poderia lhe dar destinação diversa da residencial. Ofertou fiador idôneo. Após um ano de regular cumprimento da avença, o locatário passou a enfrentar dificuldades financeiras. Pedro, depois de quatro meses sem receber o que lhe era devido, ajuizou ação de despejo cumulada com cobrança de aluguéis perante a 2ª Vara Cível da Comarca de Juiz de Fora/MG, requerendo, ainda, antecipação de tutela para que o réu/locatário fosse despejado liminarmente, uma vez que desejava alugar o mesmo imóvel para Francisco.

O magistrado recebe a petição inicial, regularmente instruída e distribuída, e defere a medida liminar pleiteada, concedendo o prazo de 72 (setenta e duas) horas para João desocupar o imóvel, sob pena de multa diária de R$ 2.000,00 (dois mil reais).

Desesperado, João o procura, para que, na qualidade de seu advogado, interponha o recurso adequado (excluídos os embargos declaratórios) para se manter no imóvel, abordando todos os aspectos de direito material e processual pertinentes. (Valor: 5,00)

GABARITO COMENTADO – EXAMINADORA

Trata-se de decisão interlocutória proferida em ação de despejo fundada em falta de pagamento no qual o magistrado, contrariando o que prevê o art. 62, II, da Lei nº 8.245/91, observado, ainda, o art. 59, § 1º, IX da mesma Lei, determinou a desocupação do imóvel *inaudita altera parte*, sem conceder ao locatário o direito de, em 15 (quinze) dias, purgar a mora. Ademais, a utilização das astreintes para o despejo é claramente descabida, na medida em que bastaria, para tanto, a determinação de remoção de pessoas e/ou coisas (art. 537 e art. 536, §1º e art. 139, IV todos do CPC). Assim sendo, o examinando deve elaborar um recurso de agravo de instrumento (art. 1.015, CPC), demonstrando o seu cabimento ("lesão grave e de difícil ou incerta reparação"), requerendo a antecipação de tutela recursal (art. 1.019, I, do CPC), a fim de que a decisão recorrida tenha sua eficácia suspensa até o julgamento final do recurso. Cabe, ainda, ao candidato demonstrar a presença dos requisitos de admissibilidade (art. 1.017 do CPC) e requerer, ao final, o provimento recursal (art. 1.015 e seguintes, do CPC).

(OAB/Exame Unificado – 2014.3 – 2ª fase) João utiliza todos os dias, para retornar do trabalho para sua casa, no Rio de Janeiro, o ônibus da linha "A", operado por Ômega Transportes Rodoviários Ltda. Certo dia, o ônibus em que João era passageiro colidiu frontalmente com uma árvore. A perícia concluiu que o acidente foi provocado pelo motorista da sociedade empresária, que dirigia embriagado. Diante disso, João propôs ação de indenização por danos materiais e morais em face de Ômega Transportes Rodoviários Ltda. O Juiz julgou procedentes os pedidos para condenar a ré a pagar a João a quantia de R$ 5.000,00 (cinco mil reais), a título de danos materiais, e mais R$ 2.500,00 (dois mil e quinhentos reais) para compensar os danos morais sofridos. Na fase de cumprimento de sentença, constatada a insolvência da pessoa jurídica para o pagamento de suas obrigações, o Juiz deferiu o pedido de desconsideração da personalidade jurídica, procedendo à penhora, que recaiu sobre o patrimônio dos sócios Y e Z. Diante disso, os sócios de Ômega Transportes Rodoviários Ltda. interpuseram agravo de instrumento, ao qual o Tribunal de Justiça, por unanimidade, deu provimento para reformar a decisão interlocutória e indeferir o requerimento, com fundamento nos artigos 2º e 28 do CDC (Lei nº 8.078/90), por não haver prova da existência de desvio de finalidade ou de confusão patrimonial. O acórdão foi disponibilizado no DJe em 05/05/2014 (segunda-feira), considerando-se publicado no dia 06/05/2014. Inconformado com o teor do acórdão no agravo de instrumento proferido pelo TJ/RJ, João pede a você, na qualidade de advogado, a adoção das providências cabíveis.

Sendo assim, redija o recurso cabível (excluída a hipótese de embargos de declaração), no último dia do prazo, tendo por premissa que todas as datas acima indicadas são dias úteis, assim como o último dia para interposição do recurso. (Valor: 5,00)

GABARITO COMENTADO – EXAMINADORA

A peça processual cabível é o recurso especial para o STJ, nos termos do art. 105, III, a, da CF/88, bem como do art. 1.029 e seguintes do CPC. Deverá ser interposto por João perante o Presidente ou o 3º Vice-Presidente do TJ/RJ, para o juízo prévio de admissibilidade, indicando os sócios Y e Z, da pessoa jurídica, como recorridos.

Os fundamentos do recurso são a violação dos artigos 2º e 28 do CDC, eis que, tratando-se de relação de consumo (art. 2º do CDC), a desconsideração da personalidade jurídica é regida pela teoria menor (art. 28 do CDC), que dispensa a prova da existência de desvio de finalidade ou de confusão patrimonial, bastando a constatação da insolvência da pessoa jurídica para o pagamento de suas obrigações. Deve ser enfatizado que tais artigos da legislação federal foram devidamente prequestionados pelo TJ/RJ.

O pedido formulado deverá ser no sentido de que o STJ conheça do recurso e a ele dê provimento para sanar violação aos dispositivos de Lei Federal e, consequentemente, reformar o acórdão do TJ/RJ, a fim de manter, na íntegra, a decisão proferida pelo juízo de primeiro grau, autorizando, assim, a desconsideração da personalidade jurídica.

Atenção para os prazos pleiteados, pois com a alteração do CPC, todos devem ser contados nos termos do artigo 212 e 219 do CPC. Nesse sentido, o prazo do Recurso Especial é de 15 dias, na forma do artigo 1.003, §5º, assim, o último dia do prazo para interposição desse recurso seria 27/05/2014 (terça-feira)

(OAB/Exame Unificado – 2015.1 – 2ª fase) João andava pela calçada da rua onde morava, no Rio de Janeiro, quando foi atingido na cabeça por um pote de vidro lançado da janela do apartamento 601 do edifício do Condomínio Bosque das Araras, cujo síndico é o Sr. Marcelo Rodrigues.

João desmaiou com o impacto, sendo socorrido por transeuntes que contataram o Corpo de Bombeiros, que o transferiu, de imediato, via ambulância, para o Hospital Municipal X. Lá chegando, João foi internado e submetido a exames e, em seguida, a uma cirurgia para estagnar a hemorragia interna sofrida.

João, caminhoneiro autônomo que tem como principal fonte de renda a contratação de fretes, permaneceu internado por 30 dias, deixando de executar contratos já negociados. A internação de João, nesse período, causou uma perda de R$ 20 mil.

Após sua alta, ele retomou sua função como caminhoneiro, realizando novos fretes. Contudo, 20 dias após seu retorno às atividades laborais, João, sentindo-se mal, voltou ao Hospital X. Foi constatada a necessidade de realização de nova cirurgia, em decorrência de uma infecção no crânio causada por uma gaze cirúrgica deixada no seu corpo por ocasião da primeira cirurgia. João ficou mais 30 dias internado, deixando de realizar outros contratos. A internação de João, por este novo período, causou uma perda de R$ 10 mil.

João ingressa com ação indenizatória perante a 2ª Vara Cível da Comarca da Capital contra o Condomínio Bosque das Araras, requerendo a compensação dos danos sofridos, alegando que a integralidade dos danos é consequência da queda do pote de vidro do condomínio, no valor total de R$ 30 mil, a título de lucros cessantes, e 50 salários mínimos a título de danos morais, pela violação de sua integridade física.

Citado, o Condomínio Bosque das Araras, por meio de seu síndico, procura você para que, na qualidade de advogado(a), busque a tutela adequada de seu direito.

Elabore a peça processual cabível no caso, indicando os seus requisitos e fundamentos, nos termos da legislação vigente. (Valor: 5,00)

Responda justificadamente, empregando os argumentos jurídicos apropriados e a fundamentação legal pertinente ao caso.

GABARITO COMENTADO – EXAMINADORA

A peça a ser formulada é uma **CONTESTAÇÃO** à ação indenizatória proposta por João, cumprindo todos os requisitos do artigo 335 e seguintes do CPC.

O Condomínio deverá defender a sua ilegitimidade passiva pelo fato de, em relação à queda do pote de vidro, ser identificado o condômino e, com relação ao erro médico, ser responsabilidade do Hospital Municipal X.

O Condomínio deverá arguir improcedência do pedido de indenização em relação à primeira cirurgia, tendo em vista que o pote de vidro foi lançado de apartamento individualizado – 601 –, isto é, de unidade autônoma reconhecida. De acordo com o art. 938 do Código Civil, "aquele que habitar prédio, ou parte dele, responde pelo dano proveniente das coisas que dele caírem ou forem lançadas em lugar indevido". Assim, o habitante (proprietário, locatário, comodatário, usufrutuário ou mero possuidor) da unidade autônoma é o responsável pela prática do ato danoso, e não o Condomínio.

Outrossim, deverá o Condomínio arguir que não há obrigação de indenizar de sua parte em relação aos danos decorrentes da segunda cirurgia sofrida por João, na medida em que o dano é resultado de erro médico cometido pela equipe cirúrgica do Hospital Municipal X, não da queda do pote de vidro. Ainda que materialmente relacionado ao evento, a queda do pote de vidro do edifício somente se pode atribuir a consequências danosas do primeiro evento, de acordo com o art. 403 do CC: "Ainda que a inexecução resulte de dolo do devedor, as perdas e danos só incluem os prejuízos efetivos e os lucros cessantes por efeito dela direto e imediato, sem prejuízo do disposto na lei processual".

Por fim, deverá defender a inexistência de danos morais a serem indenizados e, caso seja diferente o entendimento do juízo, que o valor a ser fixado a título de indenização seja inferior àquele pedido pelo autor.

(OAB/Exame Unificado – 2015.2 – 2ª fase) Mario e Henrique celebraram contrato de compra e venda, tendo por objeto uma máquina de cortar grama, ficando ajustado o preço de R$ 1.000,00 e definido o foro da comarca da capital do Rio de Janeiro para dirimir quaisquer conflitos. Ficou acordado, ainda, que o cheque nº 007, da Agência nº 507, do Banco X, emitido por Mário para o pagamento da dívida, seria pós-datado para ser depositado em 30 dias. Ocorre, porém, que, nesse ínterim, Mário ficou desempregado. Decorrido o prazo convencionado, Henrique efetuou a apresentação do cheque, que foi devolvido por insuficiência de fundos. Mesmo após reapresentá-lo, o cheque não foi compensado pelo mesmo motivo, acarretando a inclusão do nome de Mário nos cadastros de inadimplentes.

Passados dez meses, Mário conseguiu um novo emprego e, diante da inércia de Henrique, que permanece de posse do cheque, em cobrar a dívida, procurou-o a fim de quitar o débito. Entretanto, Henrique havia se mudado e Mário não conseguiu informações sobre seu paradeiro, o que inviabilizou o contato pela via postal.

Mário, querendo saldar a dívida e restabelecer seu crédito perante as instituições financeiras procura um advogado para que sejam adotadas as providências cabíveis.

Com base no caso apresentado, elabore a peça processual adequada. (Valor: 5,00)

Obs.: o examinando deve fundamentar suas respostas. A mera citação do dispositivo legal não confere pontuação.

GABARITO COMENTADO – EXAMINADORA

A peça cabível consiste em uma **AÇÃO DE CONSIGNAÇÃO EM PAGAMENTO**, nos termos dos artigos 539 a 549 do CPC e dos artigos 334 a 345 do Código Civil. A demanda deverá ser proposta perante uma das Varas Cíveis da Comarca do Rio de Janeiro. Deverá Mário figurar no polo ativo e Henrique no polo passivo, atendendo-se aos requisitos previstos no art. 319 do CPC.

Na abordagem dos fatos e fundamentos, deve o examinando salientar a existência de relação jurídica contratual entre as partes, destacar a existência de dívida pendente e a pretensão de liberar-se da obrigação pelo pagamento, o que não ocorreu em virtude do fato de que o credor reside em local desconhecido, o que autoriza a consignação.

Deverá, ainda, requerer o depósito da quantia devida, pedindo-se a antecipação dos efeitos de tutela jurisdicional, com determinação da retirada do nome de Mário dos cadastros de inadimplentes, a citação por edital do réu para levantar a quantia depositada ou oferecer resposta, deduzir pretensão declaratória de extinção da obrigação pelo pagamento, a condenação em custas e os honorários advocatícios e a produção de prova por todos os meios admitidos.

Ao final, deve o examinando indicar o endereço do advogado, o valor da causa, o local, a data e a assinatura do advogado, além de comprovar o pagamento das custas.

(OAB/Exame Unificado – 2015.3 – 2ª fase) Fernando e Lara se conheceram em 31/12/2011 e, em 02/05/2014, celebraram seu casamento civil pelo regime de comunhão parcial de bens.

Em 09/07/2014, Ronaldo e Luciano celebraram contrato escrito de compra e venda de bem móvel obrigando-se Ronaldo a entregar o bem em 10/07/2014 e Luciano a pagar a quantia de R$ 200.000,00 (duzentos mil reais) em 12/07/2014.

O contrato foi assinado pelos seguintes sujeitos: Ronaldo, Luciano, duas testemunhas (Flávia e Vanessa) e Fernando, uma vez que do contrato constou cláusula com a seguinte redação: "pela presente cláusula, fica estabelecida fiança, com renúncia expressa ao benefício de ordem, a qual tem como afiançado o Sr. Luciano e, como fiador, o Sr. Fernando, brasileiro, casado pelo regime de comunhão parcial de bens, economista, portador da identidade X, do CPF-MF Y, residente e domiciliado no endereço Z".

No dia 10/07/2014, Ronaldo entregou o bem móvel, enquanto Luciano deixou de realizar o pagamento em 12/07/2014.

Em 15/07/2014, Ronaldo iniciou execução de título extrajudicial apenas em face do fiador, Fernando, distribuída automaticamente ao juízo da MM. 2ª Vara Cível da Comarca da Capital do Estado do Rio de Janeiro. O executado é citado para realizar o pagamento em 03 dias.

Fernando apresentou embargos, os quais são rejeitados liminarmente, porquanto manifestamente improcedentes. Não foi interposto recurso contra a decisão dos embargos.

A execução prosseguiu, vindo o juiz a determinar, em 08/11/2014, a penhora de bens, a serem escolhidos pelo Oficial de Justiça, para que, uma vez penhorados e avaliados, sejam vendidos em hasta pública, a ser realizada em 01/03/2015.

Em 11/12/2014, foi penhorado o único apartamento no qual Fernando e Lara residem — avaliado, naquela data, em R$ 150.000,00 (cento e cinquenta mil reais) —, bem imóvel esse adquirido exclusivamente por Lara em 01/03/2000.

Na mesma data da penhora, Fernando e Lara foram intimados, por Oficial de Justiça, sobre a penhora do bem e sobre a data fixada para a expropriação (01/03/2015).

Em 12/12/2014, Lara compareceu ao seu Escritório de Advocacia, solicitando aconselhamento jurídico.

Na qualidade de advogado (a) de Lara, elabore a peça processual cabível para a defesa dos interesses de sua cliente, indicando seus requisitos e fundamentos nos termos da legislação vigente. (Valor: 5,00)

Obs.: o examinando deve apresentar os argumentos jurídicos apropriados e a fundamentação legal pertinente ao caso. A mera citação do dispositivo legal não confere pontuação.

GABARITO COMENTADO – EXAMINADORA

A peça processual cabível é a de EMBARGOS DE TERCEIRO, nos termos do art. 674, caput e § 2º, I, do CPC, direcionada à 2ª Vara Cível da Comarca da Capital do Estado do Rio de Janeiro, por dependência, na forma do disposto no art. 676 do CPC.

Como Lara e Fernando são casados pelo regime da comunhão parcial de bens uma de suas consequências é a não comunicação dos bens anteriores à união matrimonial, permanecendo seus respectivos bens como de sua propriedade exclusiva (art. 1.658 do CC).

Sendo assim, penhorado indevidamente bem exclusivo — que não se comunica pelo regime de bens do casamento — de cônjuge de fiador que não anuiu ao contrato de fiança (Lara), faz-se cabível o ajuizamento de embargos de terceiros, por parte do cônjuge de fiador em face exclusivamente do exequente, Ronaldo, cujo termo final do prazo é até 05 dias após arrematação, adjudicação ou remição, mas antes da assinatura da respectiva carta, na forma do art. 675 do CPC. O pedido formulado nos embargos deve ser o de suspensão do processo principal quanto aos atos de expropriação do bem imóvel de sua propriedade, na forma do art. 679 do CPC, com a consequente desconstituição da penhora.

(OAB/Exame Unificado – 2016.1 – 2ª fase) Antônio Augusto, ao se mudar para seu novo apartamento, recém-comprado, adquiriu, em 20/10/2015, diversos eletrodomésticos de última geração, dentre os quais uma TV de LED com sessenta polegadas, acesso à Internet e outras facilidades, pelo preço de R$ 5.000,00 (cinco mil reais). Depois de funcionar perfeitamente por trinta dias, a TV apresentou superaquecimento que levou à explosão da fonte de energia do equipamento, provocando danos irreparáveis a todos os aparelhos eletrônicos que estavam conectados ao televisor.

Não obstante a reclamação que lhes foi apresentada em 25/11/2015, tanto o fabricante (MaxTV S.A.) quanto o comerciante de quem o produto fora adquirido (Lojas de Eletrodomésticos Ltda.) permaneceram inertes, deixando de oferecer qualquer solução. Diante disso, em 10/03/2016, Antônio Augusto propôs ação perante Vara Cível em face tanto da fábrica do aparelho quanto da loja em que o adquiriu, requerendo:

(i) a substituição do televisor por outro do mesmo modelo ou superior, em perfeito estado;

(ii) indenização de aproximadamente trinta e cinco mil reais, correspondente ao valor dos demais aparelhos danificados; e

(iii) indenização por danos morais, em virtude de a situação não ter sido solucionada em tempo razoável, motivo pelo qual a família ficou, durante algum tempo, sem usar a TV.

O juiz, porém, acolheu preliminar de ilegitimidade passiva arguida, em contestação, pela loja que havia alienado a televisão ao autor, excluindo-a do polo passivo, com fundamento nos artigos 12 e 13 do Código de Defesa do Consumidor. Além disso, reconheceu a decadência do direito do autor, alegada em contestação pela fabricante do produto, com fundamento no art. 26, inciso II, do CDC, considerando que decorreram mais de noventa dias entre a data do surgimento do defeito e a do ajuizamento da ação. A sentença não transitou em julgado.

Na qualidade de advogado(a) do autor da ação, indique o meio processual adequado à tutela do seu direito, elaborando a peça processual cabível no caso, excluindo-se a hipótese de embargos de declaração, indicando os seus requisitos e fundamentos nos termos da legislação vigente. (Valor: 5,00)

Obs.: o examinando deve fundamentar suas respostas. A mera citação do dispositivo legal não confere pontuação.

> **GABARITO COMENTADO – EXAMINADORA**
>
> A decisão em questão tem natureza jurídica de sentença, na forma do art. 203, § 1º, do art. 485, inciso VI, do art. 487, inciso II, e do art. 490, todos do Código de Processo Civil. Com efeito, extinguiu-se o processo, sem resolução do mérito, quanto ao comerciante, acolhendo-se a sua ilegitimidade passiva, e com resolução do mérito, no tocante ao fabricante, em cujo favor se reconheceu a decadência. Em virtude disso, o meio processual adequado à impugnação do provimento judicial, a fim de evitar que faça coisa julgada, é o recurso de **APELAÇÃO**, de acordo com o art. 1.009 do CPC. Deve-se, para buscar a tutela integral ao interesse do autor, impugnar cada um dos capítulos da sentença, isto é, tanto a ilegitimidade do comerciante quanto a decadência que aproveitou ao fabricante.
>
> Quanto ao primeiro ponto, deve-se sustentar a solidariedade entre o varejista, que efetuou a venda do produto, e o seu fabricante, admitindo-se a propositura da ação em face de ambos na qualidade de litisconsortes passivos (art. 7º. § único do CDC). A responsabilidade do comerciante, em relação ao primeiro pedido deduzido da petição inicial, qual seja, o de substituição do produto, encontra fundamento no art. 3º, CDC, que conceitua os fornecedores, e no art. 18 do CDC, que trata de hipótese de vício do produto.
>
> Quanto ao segundo capítulo da sentença, deve-se pretender o afastamento da decadência. No que concerne ao primeiro pedido, referente à substituição do produto, a pretensão recursal deve basear-se na existência de reclamação oportuna do consumidor, a obstar o prazo decadencial, na forma do art. 26, § 2º, inciso I, do CDC.
>
> Já no tocante aos demais pedidos formulados (indenização por danos patrimoniais e morais), há responsabilidade civil por fato do produto, haja vista os danos sofridos pelo autor da ação, a atrair a incidência dos artigos 12 e 27 do CDC. Deste modo, a pretensão autoral à indenização dos danos não se submete a prazo decadencial, mas ao prazo prescricional de cinco anos, estipulado no artigo 27, do CDC.
>
> Nessa linha, deve-se requerer a reforma da sentença para que o pedido seja apreciado, mediante o reconhecimento da legitimidade passiva do comerciante, e o afastamento da decadência, determinando-se o retorno dos autos ao juízo de primeira instância, para prosseguimento do feito.

(OAB/Exame Unificado – 2016.2 – 2ª fase) Em 2015, Rafaela, menor impúbere, representada por sua mãe Melina, ajuizou Ação de Alimentos em Comarca onde não foi implantado o processo judicial eletrônico, em face de Emerson, suposto pai. Apesar de o nome de Emerson não constar da Certidão de Nascimento de Rafaela, ele realizou, em 2014, voluntária e extrajudicialmente, a pedido de sua ex-esposa Melina, exame de DNA, no qual foi apontada a existência de paternidade de Emerson em relação a Rafaela.

Na petição inicial, a autora informou ao juízo que sua genitora encontrava-se desempregada e que o réu, por seu turno, não exercia emprego formal, mas vivia de "bicos" e serviços prestados autônoma e informalmente, razão pela qual pediu a fixação de pensão alimentícia no valor de 30% (trinta por cento) de 01 (um) salário mínimo. A Ação de Alimentos foi instruída com os seguintes documentos: cópias do laudo do exame de DNA, da certidão de nascimento de Rafaela, da identidade, do CPF e do comprovante de residência de Melina, além de procuração e declaração de hipossuficiência para fins de gratuidade.

Recebida a inicial, o juízo da 1ª Vara de Família da Comarca da Capital do Estado Y indeferiu o pedido de tutela antecipada inaudita altera parte, rejeitando o pedido de fixação de alimentos provisórios com base em dois fundamentos:

(i) inexistência de verossimilhança da paternidade, uma vez que o nome de Emerson não constava da certidão de nascimento e que o exame de DNA juntado era uma prova extrajudicial, colhida sem o devido processo legal, sendo, portanto, inservível; e

(ii) inexistência de "possibilidade" por parte do réu, que não tinha como pagar pensão alimentícia pelo fato de não exercer emprego formal, como confessado pela própria autora.

A referida decisão, que negou o pedido de tutela antecipada para fixação de alimentos provisórios, foi publicada no Diário da Justiça Eletrônico em 01/12/2015, segunda-feira. Considere-se que não há feriados no período.

Na qualidade de advogado(a) de Rafaela, elabore a peça processual cabível para a defesa imediata dos interesses de sua cliente, indicando seus requisitos e fundamentos nos termos da legislação vigente. (Valor: 5,00)

Obs.: o examinando deve fundamentar suas respostas. A mera citação do dispositivo legal não confere pontuação.

GABARITO COMENTADO – EXAMINADORA

Em Ação de Alimentos, é plenamente possível a fixação liminar de alimentos provisórios, medida que desfruta da natureza jurídica de tutela provisória de urgência antecipada.

Para a concessão de alimentos provisórios, embora a necessidade do menor seja presumida, deve ser apontada a necessária comprovação de dois requisitos ("verossimilhança da alegação" e "risco de dano irreparável") a respeito do dever alimentar (presunção de paternidade por meio de realização de prova extrajudicial) o binômio necessidade-possibilidade (necessidade pelo alimentando e possibilidade de pagamento pelo alimentante).

No caso vertente, há verossimilhança do dever de prestar alimentos, uma vez que foi apresentado exame de DNA realizado extrajudicialmente, que apontou o réu como o pai da autora, menor. Há, ainda, possibilidade de pagamento de alimentos pelo réu (que, apesar de não ter emprego formal, realiza atividade informal remunerada) e risco de dano irreparável (necessidade de percepção de alimentos pela autora, que vive com a mãe, desempregada).

A decisão do juiz, que indefere o pedido de tutela provisória de urgência antecipada para fixação dos alimentos provisórios, tem natureza de decisão interlocutória, a qual deve ser recorrida por agravo de instrumento.

Deve a autora interpor recurso de AGRAVO DE INSTRUMENTO, com fundamento no artigo 1.015, I e seguintes do CPC, com pedido de tutela antecipada recursal ("efeito suspensivo ativo") por parte do relator, com fundamento no artigo 1.019, I, do CPC, a fim de ser reformada a decisão que indeferiu o pagamento de alimentos provisórios, até que venha a ser proferida a decisão final, colegiada, pelo órgão julgador do agravo, confirmando a reforma do conteúdo da decisão agravada, para que seja mantido o deferimento de pensão alimentícia provisória.

(OAB/Exame Unificado – 2016.3 – 2ª fase) Em junho de 2009, Soraia, adolescente de 13 anos, perde a visão do olho direito após explosão de aparelho de televisão, que atingiu superaquecimento após permanecer 24 horas ligado ininterruptamente. A TV, da marca Eletrônicos S/A, fora comprada dois meses antes pela mãe da vítima. Exatos sete anos depois do ocorrido, em junho de 2016, a vítima propõe ação de indenização por danos morais e estéticos em face da fabricante do produto.

Na petição inicial, a autora alegou que sofreu dano moral e estético em razão do acidente de consumo, atraindo a responsabilidade pelo fato do produto, sendo dispensada a prova da culpa, razão pela qual requer a condenação da ré ao pagamento da quantia de R$ 50.000,00 (cinquenta mil reais) a título de danos morais e R$ 50.000,00 (cinquenta mil reais) pelos danos estéticos sofridos.

No mais, realizou a juntada de todas as provas documentais que pretende produzir, inclusive laudo pericial elaborado na época, apontando o defeito do produto, destacando, desde já, a desnecessidade de dilação probatória.

Recebida a inicial, o magistrado da 1ª Vara Cível da Comarca Y, determinou a citação da ré e após oferecida a contestação, na qual não se requereu produção de provas, decidiu proferir julgamento antecipado, decretando a improcedência dos pedidos da autora, com base em dois fundamentos:

(i) inexistência de relação de consumo, com consequente inaplicabilidade do Código de Defesa do Consumidor, pois a vítima/autora da ação já alegou, em sua inicial, que não participou da relação contratual com a ré, visto que foi sua mãe quem adquiriu o produto na época; e

(ii) prescrição da pretensão autoral em razão do transcurso do prazo de três anos, previsto no art. 206, § 3º, inciso V, do Código Civil.

Na qualidade de advogado(a) de Soraia, elabore a peça processual cabível para a defesa imediata dos interesses de sua cliente, no último dia do prazo recursal, indicando seus requisitos e fundamentos nos termos da legislação vigente. Não deve ser considerada a hipótese de embargos de declaração. (Valor: 5,00)

Obs.: a peça deve abranger todos os fundamentos de Direito que possam ser utilizados para dar respaldo à pretensão. A simples menção ou transcrição do dispositivo legal não confere pontuação.

GABARITO COMENTADO – EXAMINADORA

A decisão em questão tem natureza jurídica de sentença, na forma do art. 203, § 1º, do art. 487, incisos I e II, e do art. 490, todos do CPC. Com efeito, extinguiu-se o processo, com resolução do mérito, rejeitando o pedido de indenização pelo fato do produto, ao entender que a vítima não se qualificava como consumidora, na forma da lei, decidindo, também, de ofício, pelo reconhecimento da prescrição da pretensão autoral. Em virtude disso, o meio processual adequado à impugnação do pronunciamento jurisdicional, a fim de evitar que faça coisa julgada, é o recurso de APELAÇÃO, de acordo com o art. 1.009 do CPC. Deve-se, para buscar a tutela integral ao interesse da autora, impugnar cada um dos capítulos da sentença, isto é, tanto a inexistência da relação de consumo quanto o reconhecimento de ofício da prescrição. Ademais, como a autora já produziu toda a prova pré-constituída que julga adequada, deve devolver toda a matéria, pugnando pelo provimento total do recurso de apelação, para que o Tribunal examine as demais questões, sem determinar o retorno do processo ao juízo de primeiro grau, na forma do art. 1.013, § 4º, do CPC.

Quanto ao primeiro ponto, deve-se sustentar a existência de relação de consumo entre a autora da ação, vítima de acidente de consumo, e a ré, fabricante do produto defeituoso que lhe causou dano moral e estético. Nesse caso, a despeito de não ter participado, como parte, da relação contratual de compra e venda do produto, a autora é qualificada como consumidora, pois, nas hipóteses de responsabilidade pelo fato do produto, é consumidor toda pessoa que "utiliza o produto ou serviço como destinatário final" (art. 2º, caput, do CDC), assim como "equiparam-se aos consumidores todas as vítimas do evento" (art. 17 do CDC).

Presente a relação de consumo, deve-se postular pelo julgamento do mérito, sem necessidade de retorno dos autos à instância inferior, alegando que a fabricante responde, independentemente de culpa, pelos danos causados por defeitos de fabricação de produtos que ponham em risco a segurança dos consumidores, como ocorreu no caso vertente (art. 12, caput e § 1º, do CDC).

Quanto ao segundo capítulo da sentença, deve-se pretender o afastamento da prescrição. Isso porque não corre prescrição contra absolutamente incapaz (art. 198, inciso I, do CC), razão pela qual o termo inicial de contagem do prazo prescricional de 5 (cinco) anos (art. 27 do CDC) efetivou-se apenas em 2012, quando a autora completou 16 anos, tornando-se relativamente capaz. Dessa forma, a prescrição de sua pretensão ocorreria apenas em 2017.

Nessa linha, deve-se requerer a reforma da sentença para que o pedido seja julgado, desde logo, procedente, mediante o reconhecimento da relação de consumo e o afastamento da prescrição, dando provimento integral ao recurso de apelação, com o julgamento do mérito da demanda, na medida em que o feito se encontra maduro para julgamento.

(OAB/Exame Unificado – 2017.1 – 2ª fase) A editora Cruzeiro lançou uma biografia da cantora Jaqueline, que fez grande sucesso nas décadas de 1980 e 1990, e, por conta do consumo exagerado de drogas, dentre outros excessos, acabou por se afastar da vida artística, vivendo reclusa em uma chácara no interior de Minas Gerais, há quase vinte anos.

Poucos dias após o início da venda dos livros, e alguns dias antes de um evento nacional organizado para sua divulgação, por meio de oficial de justiça, a editora foi citada para responder a uma ação de indenização por danos morais cumulada com obrigação de fazer, ajuizada por Jaqueline. No mesmo mandado, a editora foi intimada a cumprir decisão do Juízo da 1ª Vara Cível da Comarca da Capital do Estado de São Paulo, que deferiu a antecipação de tutela para condenar a ré a não mais vender exemplares da biografia, bem a recolher todos aqueles que já tivessem sido remetidos a pontos de venda e ainda não tivessem sido comprados, no prazo de setenta e duas horas, sob pena de multa diária de cinquenta mil reais.

A decisão acolheu os fundamentos da petição inicial, no sentido de que a obra revela fatos da imagem e da vida privada da cantora sem que tenha havido sua autorização prévia, o que gera lesão à sua personalidade e dano moral, nos termos dos artigos 20 e 21 do Código Civil, e que, sem a imediata interrupção da divulgação da biografia, essa lesão se ampliaria e se consumaria de forma definitiva, revelando o perigo de dano irreparável e o risco ao resultado útil do processo.

A editora procura você como advogado(a), informando que foi intimada da decisão há três dias (mas o mandado somente foi juntado aos autos no dia de hoje) e que pretende dela recorrer, pois entende que não se justifica a censura à sua atividade, por tratar-se de informações verdadeiras sobre a vida de uma celebridade, e afirma que o recolhimento dos livros lhe causará significativos prejuízos, especialmente com o cancelamento do evento de divulgação programado para ser realizado em trinta dias.

Na qualidade de advogado(a) da editora Cruzeiro, elabore o recurso cabível voltado a impugnar a decisão que deferiu a antecipação da tutela descrita no enunciado, afastados embargos de declaração. (Valor: 5,00)

Obs.: a peça deve abranger todos os fundamentos de Direito que possam ser utilizados para dar respaldo à pretensão. A simples menção ou transcrição do dispositivo legal não confere pontuação.

GABARITO COMENTADO – EXAMINADORA

A decisão impugnada é uma decisão interlocutória que concedeu tutela provisória, razão pela qual o recurso cabível para sua impugnação é o **AGRAVO DE INSTRUMENTO** (art. 1.015, inciso I, do CPC/15), cuja interposição deve ocorrer dentro dos próximos quinze dias úteis (art. 1.003, § 5º, do CPC/15), já que se contam da data da juntada aos autos do mandado de intimação (art. 231, inciso II, do CPC/15).

No mérito, deve ser impugnada a probabilidade do direito, de acordo com a interpretação conforme à Constituição dada aos artigos 20 e 21 do CC pela jurisprudência superior, no sentido de ser inexigível autorização de pessoa biografada. A ponderação, nesta hipótese, deve privilegiar a liberdade de expressão, assegurada pelo art. 5º, IX, da Constituição da República, especialmente em se tratando de pessoa notória, cabível somente, em caso de abuso, a responsabilização posterior, mas não a censura prévia.

Deve ser deduzido pedido de concessão de efeito suspensivo ao agravo, de forma a evitar risco de dano grave, na forma do art. 995, parágrafo único e/ou art. 1.019, inciso I, ambos do CPC/15.

(OAB/Exame Unificado – 2017.2 – 2ª fase) Ricardo, cantor amador, contrata Luiz, motorista de uma grande empresa, para transportá-lo, no dia 2 de março de 2017, do Município Canto Distante, pequena cidade no interior do Estado do Rio de Janeiro onde ambos são domiciliados, até a capital do Estado. No referido dia, será realizada, na cidade do Rio de Janeiro, a primeira pré-seleção de candidatos para participação de um concurso televisivo de talentos musicais, com cerca de vinte mil inscritos. Os mil melhores candidatos pré-selecionados na primeira fase ainda passarão por duas outras etapas eliminatórias, até que vinte sejam escolhidos para participar do programa de televisão.

Luiz costuma fazer o transporte de amigos nas horas vagas, em seu veículo particular, para complementar sua renda; assim, prontamente aceita o pagamento antecipado feito por Ricardo.

No dia 2 de março de 2017, Luiz se recorda de que se esquecera de fazer a manutenção periódica de seu veículo, motivo pelo qual não considera seguro pegar a estrada. Assim, comunica a Ricardo que não poderá transportá-lo naquele dia, devolvendo-lhe o valor que lhe fora pago. Ricardo acaba não realizando a viagem até o Rio de Janeiro e, assim, não participa da pré-seleção do concurso.

Inconformado, Ricardo ingressa com ação indenizatória em face de Luiz menos de um mês após o ocorrido, pretendendo perdas e danos pelo inadimplemento do contrato de transporte e indenização pela perda de uma chance de participar do concurso. A ação foi regularmente distribuída para a Vara Cível da Comarca de Canto Distante do Estado do Rio de Janeiro. Citado, o réu alegou em contestação que Ricardo errou ao não tomar um ônibus na rodoviária da cidade, o que resolveria sua necessidade de transporte. Ao final da instrução processual, é proferida sentença de total procedência do pleito autoral, tendo o juízo fundamentado sua decisão nos seguintes argumentos:

i) o inadimplemento contratual culposo foi confessado por Luiz, devendo ele arcar com perdas e danos, nos termos do art. 475 do Código Civil, arbitrados no montante de cinco vezes o valor da contraprestação originalmente acordada pelas partes;

ii) o fato de Ricardo não ter contratado outro tipo de transporte para o Rio de Janeiro não interrompe o nexo causal entre o inadimplemento do contrato por Luiz e os danos sofridos;

iii) Ricardo sofreu evidente perda da chance de participar do concurso, motivo pelo qual deve ser indenizado em montante arbitrado pelo juízo em um quarto do prêmio final que seria pago ao vencedor do certame.

Na qualidade de advogado(a) de Luiz, indique o meio processual adequado à tutela integral do seu direito, elaborando a peça processual cabível no caso, excluindo-se a hipótese de embargos de declaração, indicando os seus requisitos e fundamentos nos termos da legislação vigente. (Valor: 5,00)

Obs.: a peça deve abranger todos os fundamentos de Direito que possam ser utilizados para dar respaldo à pretensão. A simples menção ou transcrição do dispositivo legal não confere pontuação.

GABARITO COMENTADO

A decisão tem natureza jurídica de sentença, na forma do art. 203, § 1º, do art. 487, inciso I, e do art. 490, todos do CPC. Com efeito, extinguiu-se o processo, com resolução do mérito, para deferir integralmente os pedidos formulados na ação. Em virtude disso, o meio processual adequado à impugnação do provimento judicial, a fim de evitar que faça coisa julgada, é o Recurso de APELAÇÃO, segundo o art. 1.009 do CPC. Deve-se buscar a tutela integral do interesse do réu, pugnando-se ao final pela integral reforma da sentença.

O recurso deve impugnar especificamente os três fundamentos da sentença, nos seguintes termos:

i) A hipótese é de responsabilidade contratual, isto é, oriunda do inadimplemento do negócio firmado entre as partes, motivo pelo qual o art. 475 do Código Civil reconhece ao credor inadimplido o direito de pedir a resolução e cobrar perdas e danos. No entanto, essa indenização depende da demonstração de algum prejuízo efetivamente sofrido pelo credor, não decorrendo do simples fato da resolução. Não se justifica, assim, o arbitramento realizado pelo juízo sentenciante, desamparado por qualquer elemento probatório, até porque Ricardo aceitou espontaneamente o preço pago como forma de resolução do contrato.

ii) O fato de Ricardo não ter tomado nenhuma medida para, minorando as consequências do inadimplemento, realizar a viagem para o Rio de Janeiro configura fato concorrente da vítima, nos termos do art. 945 do Código Civil. Assim, caso se reconheça algum dano imputável a Luiz, o montante indenizatório deverá ser reduzido proporcionalmente ao fato concorrente de Ricardo.

iii) Nos moldes de seu desenvolvimento doutrinário e jurisprudencial, a figura da perda de uma chance exige, para a sua configuração, que exista a probabilidade séria e real de obtenção de um benefício, o que não restou demonstrado no presente caso, tendo em vista que não havia certeza mínima sequer quanto à participação de Ricardo do concurso televisivo.

Por fim, o fechamento da peça: local, data, assinatura e OAB.

(OAB/Exame Unificado – 2017.3 – 2ª fase) Marilene procura você, como advogado(a), assustada, porque, há duas semanas, recebeu a visita de um Oficial de Justiça, que entregou a ela um Mandado de Citação e Intimação. O Mandado refere-se à ação de execução de título extrajudicial ajuizada por Breno, distribuída para a 1ª Vara Cível da Comarca da Capital do Estado de São Paulo, em que é pretendida a satisfação de crédito de R$ 15.000,00 (quinze mil reais), consubstanciado em instrumento particular de confissão de dívida, subscrito por Marilene e duas testemunhas, e vencido há mais de um mês.

Breno indicou à penhora valores que Marilene tem em três contas bancárias, um carro e o imóvel em que reside com sua família. Alegou ainda que a executada estaria buscando desfazer-se dos bens, razão pela qual o juízo deferiu de plano a indisponibilidade dos ativos financeiros de Marilene pelo sistema eletrônico gerido pela autoridade supervisora do sistema financeiro nacional. Pelo andamento processual no sítio do Tribunal de Justiça do Estado de São Paulo, você verifica que o mandado de citação e intimação positivo foi juntado aos autos há dois dias.

Marilene, muito nervosa, relata que manteve relacionamento com Breno, durante o qual ele insistiu que ela assinasse alguns papéis, informando se tratar de documentos necessários para que ele pudesse receber um benefício previdenciário acumulado. Ela, sem muito estudo, assinou, acreditando estar apenas declarando que ele, Breno, ainda não tinha recebido R$ 15.000,00 (quinze mil reais), aos quais alegava fazer jus frente ao INSS. Informa, inclusive, que uma das pessoas que assinou como testemunha é uma vizinha sua, que sabe que ele a induziu a acreditar que estava assinando apenas uma declaração para que ele obtivesse o benefício. Esclarece que, quando o relacionamento acabou, Breno se tornou agressivo e afirmou que tomaria dela as economias que sabia ter em uma poupança, mas, na época, ela achou que era uma ameaça vazia de um homem ressentido.

Ela está especialmente preocupada em resguardar sua moradia e os valores que tem em uma de suas contas bancárias, que é uma poupança, que se tornou fundamental para a subsistência da família, já que sua mãe está se submetendo a um tratamento médico que pode vir a demandar a utilização dessas economias, informando que, em caso de necessidade, preferia ficar sem o carro que sem o dinheiro. Gostaria, todavia, de impugnar o processo executivo como um todo, para não mais sofrer nas mãos de Breno.

Na qualidade de advogado(a) de Marilene, elabore a defesa cabível voltada a impugnar a execução que foi ajuizada, desconsiderando a impugnação prevista no art. 854, § 3º, do CPC/15. (Valor: 5,00)

Obs.: a peça deve abranger todos os fundamentos de Direito que possam ser utilizados para dar respaldo à pretensão. A simples menção ou transcrição do dispositivo legal não confere pontuação.

GABARITO COMENTADO

Tendo em vista estar instaurado o processo executivo e que se busca impugnar a validade do negócio jurídico que gerou o título executivo e também os atos de penhora atuais e futuros, a medida cabível são os **EMBARGOS DO DEVEDOR À EXECUÇÃO**, regulamentados no art. 914 e seguintes do CPC/15. A petição deve ser endereçada ao mesmo juízo competente para a execução (1ª Vara Cível da Comarca da Capital do Estado de São Paulo), conforme o art. 61 do CPC/15, identificando Marilene como embargante executada e Breno como embargado exequente. O prazo para apresentação dos embargos é de quinze dias conforme o art. 915 do CPC/15. O prazo se conta da data da juntada do mandado, conforme o art. 231 do CPC/15.

Os embargos devem pleitear a desconstituição do título executivo, com base no art. 917, incisos I ou VI, do CPC/15, em razão de se basear em negócio jurídico viciado por dolo, conforme o art. 145 do Código Civil. Marilene foi induzida em erro por Breno, que a levou a crer que estava realizando uma declaração de que ele não tinha recebido um benefício previdenciário quando, na verdade, estava subscrevendo uma confissão de dívida. Tendo sido vítima de artifício para a celebração de negócio jurídico que, se ciente da realidade dos fatos, não realizaria, ela tem direito à anulação do negócio e, consequentemente, à desconstituição do título executivo em que se baseia o processo.

Os embargos devem pleitear também o reconhecimento da impenhorabilidade da conta poupança de Marilene, até o valor de 40 salários mínimos, com base no art. 833, inciso X, do CPC/15, bem como do imóvel em que reside com sua família, por se tratar de bem de família, com base no art. 1º da Lei nº 8.009/90.

Deve ser pleiteada a suspensão do processo executivo, tendo em vista a presença dos requisitos do periculum in mora, decorrente da necessidade dos valores para o tratamento médico da mãe, bem como está garantido o juízo pela penhora dos valores existentes nas demais contas, conforme exigido no art. 919, § 1º, do CPC/15.

Deve ser requerida a produção de prova testemunhal, para a oitiva de sua vizinha que pode corroborar a existência do vício no negócio, a juntada do comprovante de recolhimento de custas ou pedido de gratuidade de justiça e das cópias relevantes do processo executivo, já que os embargos constituirão autos apartados.

Deve se pedir a desconstituição do título executivo, com a anulação da confissão de dívida, bem como a extinção do processo executivo, com julgamento de mérito, dando-se à causa o valor exequendo, ou seja, R$15.000,00 (quinze mil reais).

Por fim, o fechamento, com a indicação de local, data, assinatura e inscrição OAB.

(OAB/Exame Unificado – 2018.1 – 2ª fase) Em uma determinada ação indenizatória que tramita na capital do Rio de Janeiro, o promitente comprador de um imóvel, Serafim, pleiteia da promitente vendedora, Incorporadora X, sua condenação ao pagamento de quantias indenizatórias a título de (i) lucros cessantes em razão da demora exacerbada na entrega da unidade imobiliária e (ii) danos morais. Todas as provas pertinentes e relevantes dos fatos constitutivos do direito do autor foram carreadas nos autos.

Na contestação, a ré suscitou preliminar de ilegitimidade passiva, apontando como devedora de eventual indenização a sociedade Construtora Y contratada para a execução da obra. Alegou, no mérito, o descabimento de danos morais por mero inadimplemento contratual e, ainda, aduziu que a situação casuística não demonstrou a ocorrência dos lucros cessantes alegados pelo autor.

O juízo de primeira instância, transcorridos regularmente os atos processuais sob o rito comum, acolheu a preliminar de ilegitimidade passiva.

Da sentença proferida já à luz da vigência do CPC/15, o autor interpôs recurso de apelação, mas o acordão no Tribunal de Justiça correspondente manteve integralmente a decisão pelos seus próprios fundamentos, sem motivar específica e casuisticamente a decisão.

O autor, diante disso, opôs embargos de declaração por entender que havia omissão no Acordão, para prequestionar a violação de norma federal aplicável ao caso em tela. No julgamento dos embargos declaratórios, embora tenha enfrentado os dispositivos legais aplicáveis à espécie, o Tribunal negou provimento ao recurso e também aplicou a multa prevista na lei para a hipótese de embargos meramente protelatórios.

Na qualidade de advogado(a) de Serafim, indique o meio processual adequado para a tutela integral do seu direito em face do acordão do Tribunal, elaborando a peça processual cabível no caso, excluindo-se a hipótese de novos embargos de declaração, indicando os seus requisitos e fundamentos nos termos da legislação vigente.

GABARITO COMENTADO

A medida cabível para Serafim, em seu processo, é a interposição do Recurso Especial para o STJ, cujas razões recursais devem rechaçar a ilegitimidade passiva da incorporadora imobiliária, visto que é ela responsável solidária pelos danos ocasionados, na forma do art. 25, § 1º, do Código de Defesa do Consumidor, do art. 942 do Código Civil ou do art. 30 da Lei no 4.591/64. Além disso, o examinando deve abordar a prática do ilícito contratual e os danos sofridos. Ao final, o pedido recursal deve ser no sentido de obter a anulação do acordão em razão da falta de fundamentação específica e, caso o STJ entenda que a invalidação será excessivamente prejudicial ao recorrente, deve ser pedida reforma integral do julgado, com base no art. 282, § 2º, do CPC.

Em relação à multa aplicada em razão do entendimento do Tribunal (embargos protelatórios), esta também deve ser rechaçada pelo examinando, por se tratar de recurso com finalidade de prequestionamento, o que resulta na inaplicabilidade do art. 1026, § 2º, do CPC/15 e na violação ao enunciado de Súmula de Jurisprudência predominante do STJ (Súmula 98)

(OAB/Exame Unificado – 2018.1 – 2ª fase) Aline é proprietária de uma pequena casa situada na cidade de São Paulo, residindo no imóvel há cerca de 5 anos, em terreno constituído pela acessão e por um pequeno pomar. Pouco antes de iniciar obras no imóvel, Aline precisou fazer uma viagem de emergência para o interior de Minas Gerais, a fim de auxiliar sua mãe que se encontrava gravemente doente, com previsão de retornar dois meses depois a São Paulo. Aline comentou a viagem com vários vizinhos, dentre os quais, João Paulo, Nice, Marcos e Alexandre, pedindo que "olhassem" o imóvel no período. Ao retornar da viagem, Aline encontrou o imóvel ocupado por João Paulo e Nice, que nele ingressaram para fixar moradia, acreditando que Aline não retornaria a São Paulo. No período, João Paulo e Nice danificaram o telhado da casa ao instalar uma antena "pirata" de televisão a cabo, o que, devido às fortes chuvas que caíram sobre a cidade, provocou graves infiltrações no imóvel, gerando um dano estimado em R$ 6.000,00 (seis mil reais). Além disso, os ocupantes vêm colhendo e vendendo boa parte da produção de laranjas do pomar, causando um prejuízo estimado em R$ 19.000,00 (dezenove mil reais) até a data em que Aline, 15 dias após tomar ciência do ocorrido, procura você, como advogado. Na qualidade de advogado(a) de Aline, elabore a peça processual cabível voltada a permitir a retomada do imóvel e a composição dos danos sofridos no bem.

GABARITO COMENTADO

A peça processual cabível na espécie é uma Petição Inicial. Considerando que ocorreu esbulho possessório, na forma do art. 1.210 do CC, deve ser proposta Ação de Reintegração de Posse. Como o esbulho ocorreu há menos de ano e dia da propositura da demanda (art. 558 do CPC), pois Aline tomou conhecimento do esbulho dentro deste prazo, deve ser requerida a adoção do procedimento previsto no art. 560 e seguintes do CPC.

A peça deve ser endereçada a um dos juízos cíveis da Comarca de São Paulo, considerando a competência absoluta do foro de situação do imóvel para a ação possessória imobiliária (art. 47, § 2º, do CPC).

No mérito, deve ser afirmada a existência de esbulho possessório, bem como a caracterização da posse de João Paulo e Nice como posse de má-fé, nos termos do art. 1.201 do CC, considerando sua clandestinidade. Também deve ser demonstrada a extensão dos danos sofridos no imóvel.

Deve ser formulado requerimento de concessão de liminar em ação possessória, na forma do art. 562 do CPC, eis que preenchidos os requisitos do art. 561 do CPC.

Deve ser requerida, além da reintegração de posse, a condenação dos réus ao pagamento de indenização por perdas e danos e pelos frutos colhidos, na forma do art. 1.216 e do art. 1.218, ambos do CC, considerando a caracterização da posse como posse de má-fé. Tal cumulação objetiva é possível com fulcro no art. 555, caput, incisos I e II, do CPC/15.

Quanto às provas, deve ser requerida a produção de prova testemunhal, a fim de demonstrar a clandestinidade da posse. Da mesma forma, deve ser requerida a produção de prova pericial, para comprovação da ocorrência dos danos sofridos no imóvel, e em razão da coleta e alienação dos frutos naturais do imóvel.

O valor da causa deve corresponder a R$ 25.000,00 (vinte e cinco mil reais), nos termos do art. 292, inciso VI, do CPC.

Por fim, o fechamento, com a indicação de local, data, assinatura e inscrição OAB.

(OAB/Exame Unificado – 2020.1 – 2ª fase) Carla, domiciliada em Porto Alegre, firmou, em sua cidade, com o *Banco Só Descontos S/A*, sediado no Rio de Janeiro, um contrato de empréstimo, de adesão, subscrito por duas testemunhas, com cláusula de eleição de foro também no Rio de Janeiro, por meio do qual obteve R$ 200.000,00 (duzentos mil reais) para pagar seus estudos na faculdade. O vencimento das parcelas do empréstimo ocorreria em 05/01/2018, 05/05/2018 e 05/09/2018.

No primeiro vencimento, tudo correu conforme o programado, e Carla pagou o valor devido ao *Banco Só Descontos S/A*. Não obstante, na segunda data de vencimento, devido a dificuldades financeiras, Carla não conseguiu realizar o pagamento. O *Banco Só Descontos S/A*, então, notificou Carla, em junho de 2018, sobre o vencimento antecipado da dívida. Indicou, na referida notificação, que, considerando os encargos remuneratórios e moratórios e outras tarifas, o valor da dívida totalizava R$ 250.000,00, já descontada a parcela paga por Carla.

Esta, assustada com o valor e sem condições financeiras, não realizou o pagamento da dívida.

Em novembro de 2018, o *Banco Só Descontos S/A* ajuizou ação de execução em face de Carla, na Comarca do Rio de Janeiro, indicada no contrato de empréstimo como foro de eleição, distribuída para a 1ª Vara Cível e autuada sob o nº 0000-0000XXXX, pelo valor de R$ 350.000,00 (trezentos e cinquenta mil reais), e indicou à penhora o único imóvel de Carla, no qual reside com seu marido, José. Houve decisão, determinando a citação de Carla e postergando a análise sobre o pedido de penhora e constrição de bens para momento futuro.

Carla foi citada e o mandado cumprido foi juntado aos autos em 01/08/2019, uma quinta-feira. Carla procurou seu advogado a fim de analisar qual seria a melhor medida processual para, a um só tempo, afastar a penhora de seu único imóvel, em que reside com seu marido, questionar a tramitação da ação na Comarca do Rio de Janeiro, vez que tem domicílio em Porto Alegre, e questionar o valor do crédito, que, em sua visão, é excessivo.

Relatou Carla que, embora reconheça a existência do contrato de empréstimo, não concorda com o valor indicado pelo *Banco Só Descontos S/A*, que incluiu no cálculo diversas tarifas não previstas no contrato, além de não terem aplicado na atualização monetária os parâmetros contratados, e sim taxas mais elevadas e abusivas, o que estaria claro na planilha de débito.

Após consultar um contador, Carla constatou que a dívida seria equivalente a R$ 180.000,00 (cento e oitenta mil reais), valor muito inferior ao indicado pelo *Banco Só Descontos S/A*, e que seria comprovado mediante dilação probatória. Ainda quer impedir os atos de bloqueio de seus bens, de modo que pretende contratar seguro garantia para a referida execução.

Na qualidade de advogado de Carla, elabore a peça processual cabível para a defesa dos interesses de sua cliente, indicando seus requisitos e fundamentos, assim como a data-limite para o ajuizamento, nos termos da legislação vigente. Considere que não há feriados ou suspensão de expediente forense. **(Valor: 5,00)**

Obs.: a peça deve abranger todos os fundamentos de Direito que possam ser utilizados para dar respaldo à pretensão. A simples menção ou transcrição do dispositivo legal não confere pontuação.

GABARITO COMENTADO

A peça processual cabível é a de *embargos à execução* (Art. 914 do CPC), que independe de penhora e deve ser dirigida ao Juízo em que tramita a execução, por dependência.

O prazo é de 15 (quinze) dias úteis (Art. 915 e Art. 219, ambos do CPC), a partir da juntada aos autos do mandado cumprido. Considerando que na contagem dos prazos se exclui o dia do começo (Art. 224), verifica-se que o prazo se encerraria em 22/08/2019.

Nos embargos, que devem ser apresentados, seguindo os requisitos do Art. 319 do CPC, Carla pode alegar:

(i) incompetência do juízo da execução, invocando a aplicação do Código de Defesa do Consumidor, em razão da abusividade da cláusula de eleição de foro inserta em contrato de adesão (Art. 917, inciso V, do CPC c/c. o Art. 54 do CDC);

(ii) impenhorabilidade de seu imóvel, que é bem de família, nos termos do Art. 917, inciso II, c/c. o Art. 833 do CPC e o Art. 1º da Lei nº 8.009/90;

(iii) excesso de execução (Art. 917, § 2º, inciso I, do CPC), indicando o motivo do excesso, ou seja, cobrança de tarifas não previstas no contrato, e aplicação de atualização monetária fora dos parâmetros contratados, e taxas abusivas (Art. 6º, incisos IV e V e Art. 51, inciso IV, ambos do CDC), e apontando o valor devido (Art. 917, inciso III, § 3º, do CPC), qual seja, de R$ 180.000,00.

Deve pedir, portanto, o reconhecimento da incompetência do juízo e a remessa dos autos ao juízo de Porto Alegre, onde reside, a impenhorabilidade de seu imóvel, e, ainda, o excesso de execução, para que a execução prossiga apenas pela quantia de R$ 180.000,00.

Considerando que Carla pretende contratar seguro garantia, deve-se formular pedido de concessão de efeito suspensivo aos embargos à execução (Art. 919 c/c. o Art. 845 e o Art. 848, todos do CPC), indicando os requisitos da tutela provisória e apresentando o seguro-garantia.

Por fim, o fechamento da peça.

EXCELENTÍSSIMO SENHOR DOUTOR JUIZ DE DIREITO DA 1ª VARA CÍVEL DA COMARCA DO RIO DE JANEIRO/RJ

Distribuição por dependência
Autos nº 0000-0000XXXX

CARLA *(nome completo)*, *(nacionalidade)*, *(estado civil)*, portadora do RG nº _____, inscrita do CPF/MF sob o nº _____, *(endereço eletrônico)*, residente e domiciliada à Rua

_____, vem mui respeitosamente perante Vossa Excelência com fulcro no art. 914 do CPC, por meio de seu advogado infra-assinado conforme procuração anexa, opor

EMBARGOS À EXECUÇÃO c/c PEDIDO DE EFEITO SUSPENSIVO

movida por Banco Só Desconto/SA já qualificado nos autos em epígrafe, pelas razões de fato e de direito a seguir expostas:

I. Da tempestividade

Conforme consta dos autos, o mandado de citação cumprido da embargante foi juntado no dia 01/08/2019, quinta-feira. O prazo para apresentação dos embargos é de 15 dias a contar da data da juntada aos autos do mandado de citação cumprido (art. 915 CPC). Neste passo, deve-se considerar para a contagem que se exclui o dia do início e se inclui o dia do vencimento (art. 224 CPC), bem como que se computa apenas os dias úteis (art. 219 CPC).

Sendo assim: a juntada aos autos do mandado se deu em 01/08/2019, quinta-feira. Excluindo-se o dia do início, o prazo efetivamente passou a correr em 02/08/2019, sexta-feira. Como computam-se apenas dias úteis, o prazo expirará em 22/08/2019, quinta-feira.

Considerando que estes embargos foram apresentados antes deste dia são, portanto, completamente tempestivos.

II. Dos fatos

Consoante consta dos autos da execução, a embargante firmou contrato de empréstimo com o Banco Só Desconto/SA por meio do qual obteve R$ 200.000,00 (duzentos mil reais) para pagar seus estudos na faculdade.

A embargante Carla é domiciliada em Porto Alegre, porém a sede do embargado é na cidade do Rio de Janeiro, razão pela qual foi inserida no contrato de adesão uma cláusula de eleição de foro também para a aquela comarca.

O vencimento das parcelas do empréstimo foi agendado para 05/01/2018, 05/05/2018 e 05/09/2018.

No primeiro vencimento, tudo correu conforme o programado e a embargante pagou o valor devido ao Banco Só Descontos S/A. Não obstante, na segunda data de vencimento, devido a dificuldades financeiras, a embargante não conseguiu realizar o pagamento. O embargado então, notificou Carla, em junho de 2018, sobre o vencimento antecipado da dívida cobrando o valor absurdo de R$250.000,00 (duzentos e cinquenta mil reais), sob a justificativa de incidência de taxas contratuais e encargos moratórios, alegando inclusive que neste valor já estava descontada a parcela que já havia sido paga.

Por não ter o montante, a embargante não pagou a dívida.

Sendo assim, em novembro de 2018 o embargado ajuizou a presente execução cobrando o valor atual de R$350.000,00 (trezentos e cinquenta mil reais) e indicou à penhora o único imóvel de Carla, no qual reside com seu marido.

Contudo, as alegações do embargado não merecem prosperar, pois completamente desconexas com a realidade, conforme se verificará a seguir.

III. Da incompetência do juízo

A natureza do contrato de empréstimo firmado entre as partes é regida pelo Código de Defesa do Consumidor, uma vez que as partes se enquadram na figura de consumidor e fornecedor previstas nos arts. 2º e 3º do CDC. Logo, este é o direito material que deverá ditar as regras da relação jurídica.

Ademais, a avença tem natureza de adesão, uma vez que não trouxe nenhuma possibilidade de discussão das cláusulas por parte da embargante, nos termos do art. 54 do CDC.

Neste passo nota-se que a cláusula de eleição de foro que elegeu a comarca do Rio de Janeiro para resolução do litígio é abusiva, uma vez que implica limitação de direito ao consumidor dificultando sua atuação no processo e o coloca em desvantagem exagerada (art. 51, IV CDC).

Portanto, a fim de respaldar os direitos do consumidor o correto é que a ação tramite na comarca de Porto Alegre, local onde é domiciliada a embargante, restando incompetente este juízo para apreciar o feito.

IV. Da impenhorabilidade do bem de família

A fim de garantir a execução o Banco embargado indicou à penhora o único bem que Carla possui, que é o imóvel em que reside com seu esposo.

Todavia, referido bem se enquadra como *bem de família* nos termos do art. 1º da Lei 8.009/90, sendo, por conseguinte impenhorável, não respondendo por qualquer tipo de dívida civil, comercial, fiscal, previdenciária ou de outra natureza.

Vê-se, pois, que a penhora está incorreta (art. 917, II c/c 833 do CPC), uma vez que referido imóvel não pode ser objeto de contrição.

V. Do excesso de execução

É nítida a postura inadequada do Banco ao agir com excesso de execução por pleitear quantia superior à do título (art. 917, III e §2º, I CPC).

O valor inicial da dívida era R$200.000,00 (duzentos mil reais). Considerando que a embargante pagou a primeira parcela, o saldo a ser pago já com os acréscimos contratuais é de R$180.000,00 (cento e oitenta mil reais), conforme restará comprovado em dilação probatória. Contudo, o embargado entende ser devido o importe de R$350.000,00 (trezentos e cinquenta mil reais).

A cobrança é excessiva, pois o embargado inseriu no cálculo tarifas não previstas no contrato, e aplicação de atualização monetária fora dos parâmetros contratados, e taxas abusivas (Art. 6º, incisos IV e V e Art. 51, inciso IV, ambos do CDC). Nesta toada, a embargante foi colocada em desvantagem exagerada pela modificação das cláusulas de forma desproporcional.

Desta feita, faz-se necessário que o valor da execução seja reduzido, pois mostra-se muito além daquele que é realmente devido.

VI. Do efeito suspensivo e seguro garantia

É sabido que como regra os embargos não têm efeito suspensivo, porém é possível que o juiz o defira caso o embargante demonstre os requisitos para a tutela provisória e a execução esteja garantida (art. 919, §1º CPC).

Neste caso temos presente os requisitos da tutela provisória de urgência (art. 300 CPC). O *fumus boni iuris* está no fato de que há nítida evidência de que a execução é excessiva e que o bem indicado à penhora se configura como bem de família. O *periculum in mora* se afigura no fato de a embargante poder sofrer sérios prejuízos caso o seu único imóvel seja penhorado no curso do processo e a questão apenas seja enfrentada quando houver decisão definitiva, uma vez que referido bem serve para moradia de sua família e eles não têm outro lugar para morar.

Referente a garantia da execução, o embargante requer a substituição da penhora por outra modalidade de garantia nos termos do art. 848 CPC, qual seja o *seguro garantia*, o qual contratou a fim de assegurar o pagamento de sua dívida (doc. anexo).

Portanto, restam plenamente supridas as exigências para a concessão do efeito suspensivo.

VII. Dos pedidos

Por todo o exposto requer-se:

1) que seja declarado incompetente o juízo da comarca do Rio de Janeiro e sejam os autos remetidos à comarca de Porto Alegre, por ser este o domicílio da consumidora/embargante;

2) a intimação do embargado na pessoa do seu advogado, para que, querendo, apresente impugnação no prazo legal;

3) que sejam julgados procedentes os embargos para que:

3.1) seja declarada a impenhorabilidade do imóvel onde reside a embargada por ser considerado bem de família e, portanto, não passível de contrição;

3.2) seja reconhecido o excesso de execução para que a execução prossiga apenas pelo valor de R$180.000,00 (cento e oitenta mil reais) e não R$350.00,00 (trezentos e cinquenta mil reais) como requer o embargado;

3.3) seja concedido efeito suspensivo aos presentes embargos e seja deferido o seguro garantia em substituição à penhora do imóvel;

4) a condenação do embargado no pagamento dos honorários sucumbenciais e custas processuais;

5) que todas as publicações sejam divulgadas em nome do advogado infra-assinado, Dr. XXXXX, OAB/XX n° XXX, sob pena de nulidade.

Provará o alegado por todos os meios em direito admitidos, em especial pela juntada de documentos, oitiva de testemunha e depoimento pessoal do embargado.

Dá-se a causa o valor de XXXXX.

Nestes termos
Pede deferimento.

Cidade, data.

Advogado
OAB/XX